TILBURG
ESSEN
DORTMUND
DUISBURG
BOCHUM
OSTENDE
ANTWERPEN
WUPPERTAL
DÜSSELDORF
DÜNKIRCHEN
KÖLN
GENT
CALAIS
BRÜSSEL
AACHEN
BELGIEN
LILLE
ROUBAIX
BONN
LÜTTICH
BAD NEUENAHR
NAMUR
HESDIN
KOBLENZ
ARRAS
MAUBEUGE
PRÜM
WIESBADEN
BEVILLE
ST. HUBERT
TAVIGNY
MAINZ
HIRSON
LUXEMBURG
AMIENS
ROCROI
TRIER
VERVINS
SEDAN
MONTDIDIER
ST. GOBAIN
MANNHEIM
SOISSONS
REIMS
SAARBRÜCKEN
SENLIS
VERDUN
CHÂTEAU-THIERRY
METZ
KARLSRUHE
CHALONS
PARIS
VILLIERS-HELON
STRASSBURG
ST. DIZIER
NANCY
PROVINS
FONTAINEBLEAU
BRAY
TROYES
SENS
CHÂTEAURENARD
LANGRES
TONNERRE
GIEN
PRESLY
DIJON
BESANÇON
BOURGES
NEVERS
LUZERN
BERN
SCHWEIZ
MOREZ
LAUSANNE
DIGOIN
GENFER SEE
ST. CLAUDE
MACON
GENF
SITTEN
VICHY
NANTUA
CLERMONT-FERRAND
LYON
AOSTA
CHAMBÉRY
ST. ETIENNE
GRENOBLE
TURIN
VALENCE
DEUTSCHES REICH
ITALIEN
Rhein
Mosel
Maas
Seine
Marne
Aisne
Loire
Saône
Yonne
Allier
Cher
Rhone
Isère
Doubs
Somme
Schelde
Po

Kaltenegger / Die Stammdivision der deutschen Gebirgstruppe

Roland Kaltenegger

Die Stammdivision der deutschen Gebirgstruppe

Weg und Kampf der 1. Gebirgs-Division 1935–1945

Leopold Stocker Verlag
Graz - Stuttgart

Umschlaggestaltung: Paul Mangold, Graz
Nachsatz: „Einsatzwegkarte der 1. Gebirgs-Division vom Mai 1941 bis Kriegsende 1945"
Der Nachdruck dieser Karte wurde großzügigerweise vom „DEUTSCHEN ROTEN KREUZ", Generalsekretariat, Suchdienst München, gestattet, wofür der Verlag sich herzlichst bedankt
Bildnachweis: Die SW-Fotos sowie die Textskizzen wurden dem Verlag vom Autor zur Verfügung gestellt. Sie entstammen teilweise dem mit dankenswerter Unterstützung des Kameradenkreises der ehem. Gebirgstruppe und des Schild-Verlages, München, in den Jahren 1973/74 zusammengestellten umfangreichen Manuskript „Die deutsche Gebirgstruppe im Zweiten Weltkrieg 1939-1945", zu dem General der Gebirgstruppen a. D. Hubert Lanz das Geleitwort geschrieben hat

CIP-Kurztitelaufnahme der Deutschen Bibliothek
Kaltenegger, Roland:
Die Stammdivision der deutschen Gebirgstruppe:
Weg u. Kampf d. 1. Gebirgs-Div. 1935-1945 /
Roland Kaltenegger. - Graz; Stuttgart: Stocker, 1981.
ISBN 3-7020-0363-0

Printed in Austria
Gesamtherstellung: Wiener Verlag

Widmung

Dem Andenken der Divisionskommandeure
der alten 1. Gebirgs-Division

General der Gebirgstruppen
Ludwig Kübler
Juni 1935 - Oktober 1940

General der Gebirgstruppen
Hubert Lanz
Oktober 1940 - Januar 1943

Generalleutnant
Walter Stettner Ritter von Grabenhofen
Januar 1943 - Oktober 1944

Generalleutnant
Josef Kübler
Dezember 1944 - März 1945

Generalleutnant
August Wittmann
Oktober 1944 - Dezember 1944
März 1945 - Mai 1945

Und allen unbekannten Gebirgsjägern,
die den Weg der tapferen Pflichterfüllung
von ihrer alpenländischen Heimat über Lemberg und
den Oise-Aisne-Kanal, über Winniza, Uman und Stalino,
über Barwenkowo, den Kaukasus und Belgrad
bis zum bitteren Ende gegangen sind.

Vorwort

In dreijähriger, zum Teil mühevoller Arbeit entstand die Geschichte der 1. Gebirgs-Division, der „Ur-Division" der Gebirgstruppe der Deutschen Wehrmacht. Auf Grund der Vorstudien zu meinen bereits veröffentlichten Gebirgsjäger-Büchern verfügte ich sowohl über ein umfangreiches Quellenmaterial als auch über entsprechende Kenntnisse auf dem Gebiet der Geschichte der deutschen Gebirgstruppe. Dennoch erwies sich in der Folge die Bearbeitung des Buchstoffes schwieriger als erwartet, steckte doch der Teufel gewissermaßen im Detail.

Wenn General Lanz in seinem bereits 1954 herausgegebenen Buch „Gebirgsjäger" feststellen mußte, daß ihm viele wichtige Quellen, die irgendwo in den Archiven unter Sperre lagen, gefehlt hatten, so daß seine Chronik über weite Strecken zwangsläufig zahlreiche Lücken aufweisen mußte, sah sich der Verfasser dieser Divisionsgeschichte im Gegenteil bald mit einer Flut neuer Quellen konfrontiert, nachdem das amerikanische Nationalarchiv etwa ab 1964 die Kriegstagebücher, Tätigkeits- und Gefechtsberichte der 1. Gebirgs-Division und ihrer Regimenter nach und nach freigegeben hatte.

Nach vielmonatigem Sammeln und Sichten unter zusätzlicher Heranziehung privater Nachlässe, nach umfangreichen Recherchen bei öffentlichen Institutionen kam eine solche Fülle von Stoff über die 1. Gebirgs-Division zusammen, daß ich mich gezwungen sah, die „Kunst des Weglassens" anzuwenden, um den Umfang eines normalen Buches nicht zu überschreiten.

In der Zeit zwischen 1935 und 1945 - zwischen Aufstellung und Untergang der alten 1. Gebirgs-Division - wurden die Angehörigen der „Edelweiß-Division" selbst Akteure dieses gewaltigen Völkerringens.

Man darf sich nicht anmaßen, ein so komplexes Thema in einem Buch erschöpfend behandeln zu wollen. Dafür sind die historischen Ereignisse zu vielschichtig, die Quellen zu umfangreich. Ich habe mich daher vor allem darauf beschränkt, unter Heranziehung der bisher vorliegenden Publikationen, die Geschichte der 1. Gebirgs-Division mit Hilfe neu hinzugekommener Quellen anzureichern, weiße Flecken in ihrer Chronik auszufüllen. Ferner war ich bemüht, auch die militär-politischen Entwicklungen aufzuzeigen, um den ehemaligen Gebirgsjägern im nachhinein die Zusammenhänge zwischen ihrem begrenzten Auftrag und der „Großen Lage" zu verdeutlichen, wußte doch der einzelne im unmittelbaren Fronteinsatz nur wenig oder gar nichts von der jeweiligen operativen Lage.

In dieser Divisionsgeschichte habe ich nichts glorifiziert, nichts verschwiegen oder gar neu interpretiert. Ganz bewußt habe ich auch etliche Gebirgsjäger selbst ihre Fronterlebnisse erzählen lassen, um dadurch dem Leser ein besonders plastisches Bild der Kampfereignisse und der Unmittelbarkeit zu vermitteln.

Dieses Gedenkbuch der 1. Gebirgs-Division wurde 45 Jahre nach ihrer Aufstellung und 35 Jahre nach ihrer Auflösung fertiggestellt. Es sei gewidmet

den Toten der deutschen Gebirgstruppe
zum Gedächtnis,
den überlebenden und heimgekehrten deutschen Gebirgsjägern
zur Erinnerung,
der Nachkriegsgeneration
als Mahnung und Verpflichtung.

Dank sage ich allen, die mir zusätzliches Quellenmaterial in Form von Kriegstagebüchern, Gefechtsberichten, Skizzen, Bildern und dergleichen mehr zur Verfügung stellten. Vom Gebirgsjäger bis zum Kommandierenden General haben auf diese Weise weit über hundert ehemalige Angehörige der einstigen deutschen Gebirgstruppe am Entstehen dieses Buches mitgewirkt. Ohne ihre wertvolle Unterstützung hätte die Geschichte der 1. Gebirgs-Division chronologisch nie so lückenlos dargestellt werden können.

Dank schulde ich dem Archiv der 1. Gebirgsdivision der deutschen Bundeswehr in Garmisch-Partenkirchen, dem Kameradenkreis der ehem. Gebirgstruppe in München, dem Militärgeschichtlichen Forschungsamt sowie dem Bundesarchiv/Militärarchiv in Freiburg im Breisgau.

Mein herzlicher Dank als nächstem gilt Herrn General der Gebirgstruppen a. D. Hubert Lanz, der mir auf Grund der mit ihm geführten Gespräche einen tiefen Einblick in Aufstellung und Ausbildung, Weg und Kampf der 1. Gebirgs-Division vermittelt hat. Frau Hilde Wittmann danke ich besonders für die wertvollen zahlreichen militärhistorischen Buchgeschenke und Unterlagen – vor allem für die vertrauensvolle Überlassung der Kriegstagebücher ihres hochverehrten Gatten, Herrn Generalleutnant a. D. August Wittmann (†).

Dank aber vor allem dem Leopold Stocker Verlag, der mich zum Schreiben dieses Buches anregte und ermutigte. Ohne dessen großzügige Förderung hätte es nie in diesem Umfang und in dieser ansprechenden Aufmachung erscheinen können.

Nußdorf am Inn, im Herbst 1981
Roland Kaltenegger

Erster Teil

Friedenszeit ohne Frieden
1935–1939

Entstehung und Aufbau der Gebirgsbrigade

An einem der vielen Fenster des alten bayerischen Kriegsministeriums in München, dem Sitz des Generalkommandos des VII. Armee-Korps, stand Oberst Ludwig Kübler, nicht zu verkennen an seinem markanten, ernsten, zerschossenen Gesicht, und blickte hinauf in den föhnbewölkten Münchner Himmel. Er ließ sich den warmen Fallwind um die Nase wehen, denn wenn er schon die Berge, die ihm so viel bedeuteten, von seinem Standpunkt aus nicht sehen konnte, so wollte er doch wenigstens heute, an diesem denkwürdigen 1. Juni 1935, die lauen Winde spüren, die von dorther kamen.

Oberst Kübler - der den Generalstabs-Major Max-Joseph Pemsel zu seinem 1. Generalstabsoffizier (I a) berufen hatte - war an diesem Tag zum ersten Kommandeur der Gebirgsbrigade, aus der später einmal die 1. Gebirgs-Division entstehen sollte, ernannt worden. Für ihn war damit der größte Wunsch seines bisherigen abwechslungsreichen Soldatenlebens - unter anderem hatte Kübler nach dem Ersten Weltkrieg zwei Jahre eine Kompanie des Kemptener Gebirgs-Jäger-Bataillons geführt - in Erfüllung gegangen.

Der Stab der Gebirgsbrigade befand sich an jenem 1. Juni 1935 in München und verblieb dort auch noch weiterhin, als die Gebirgsbrigade bereits zur Gebirgsdivision aufgestockt worden war, als Divisionsstab bis zum Ausbruch des Zweiten Weltkrieges. Es war später auch noch beabsichtigt, den Stab der 1. Gebirgs-Division nach Garmisch-Partenkirchen zu verlegen, doch verhinderte dies der Krieg. Für München als Friedensstandort des Brigade- (später des Divisions-) Stabes sprachen einerseits die örtliche Nähe zum vorgesetzten Generalkommando andererseits die günstigen Verkehrsverbindungen zu den unterstellten Truppenteilen, deren Friedensstandorte sich vom Allgäu und Bodensee, im Westen bis ins Berchtesgadener Land, im Osten des bayerischen Alpenraumes, verteilten.

Ludwig Kübler stand an jenem 1. Juni 1935 entgegen seiner sonstigen Gewohnheit noch lange am offenen Fenster und sann vor sich hin. Seine Gedanken wanderten weit zurück, in die Zeit nach dem verlorenen Ersten Weltkrieg, als die deutsche Wehrkraft auf Grund der überaus harten Bestimmungen des Versailler Vertrages auf weniger als ein Zehntel des neugegründeten polnischen Nachbarstaates reduziert wurde.

„Beschränkung auf 100.000 Mann, 7 Infanterie-Divisionen und 3 Kavallerie-Divisionen, ab 31. März 1920", diktierte dieser Vertrag dem Deutschen Reich, „das Heer ist nur für die Erhaltung der Ordnung innerhalb des deutschen Gebietes und zur Grenzpolizei bestimmt", hieß es darin weiter, „Abschaffung der allgemeinen Wehrpflicht, der 12jährigen Dienstzeit der Unteroffiziere und Mannschaften, der 25jährigen Dienstzeit der Offiziere; Auflösung des Generalstabes, der Kriegsakademie, der Militärschulen, ... Unterrichtsanstalten, Universitäten, Kriegervereine, Schützengilden, Sportvereine usw. dürfen sich nicht mit militärischen Dingen befassen. Verbot der Verwendung von schwerer Artillerie, Flugzeugen, Luftschiffen, Kampfwagen, Panzerzügen. Anfertigung von Waffen, Munition und Kriegsgerät nur unter Aufsicht der Entente. Auslieferung des deutschen Kriegsmaterials, Verbot aller Vorkehrungen zur Mobilmachung oder zur Vorbereitung einer Mobilmachung."[1])

Bei der Festsetzung und Paraphierung der Vertragspunkte der Friedensverträge von Versailles und Saint-Germain wurden nahezu alle Prinzipien, wie etwa das proklamierte Selbstbestimmungsrecht der Völker, die nach den Vorstellungen des amerikanischen Präsidenten Wilson eine bessere Welt verwirklichen sollten, später von den europäischen Siegermächten einfach ignoriert oder verfälscht. Dennoch war es in der Folge, was die Armee betraf, der verantwortlichen Führung der Reichswehr gelungen, die Tradition der erst während des Ersten Weltkrieges entstandenen deutschen Gebirgstruppe (Deutsches Alpenkorps) in dem sogenannten 100.000-Mann-Heer der Weimarer Republik, diesem personell- und ausbildungsmäßig hochqualifizierten Eliteheer Seeckt'scher Schöpfung, in folgenden Truppenteilen zu bewahren:

Regimentsstab und Minenwerfer-Kompanie des Infanterie-Regiments 19 sowie je 1 Kompanie der Nachrichten-Abteilung 7 und des Pionier-Bataillons 7 in München; III. (Geb.Jäg.) / Infanterie-Regiment 19 mit Stab und 2 Kompanien in Kempten, 2 Kompanien in Lindau; II. (Geb.Art.) / Artillerie-Regiment 7 mit nur 2 Gebirgs-Batterien und 1 Schwadron der Fahr-Abteilung 7 in Landsberg am Lech.

Nachdem 1934 in Genf die Verhandlungen über eine allgemeine Rüstungsbeschränkung endgültig gescheitert waren, unterbreitete Hitler am 16. März 1935, einen Tag nach der Wiedereinführung der zweijährigen Dienstzeit in Frankreich, der Reichsregierung den Entwurf über die Wiedereinführung der allgemeinen Wehrpflicht. Hitler hatte damit, obwohl am Anfang seiner Sache gar nicht so sicher – würde es eine ungünstige Reaktion der deutschen Bevölkerung auf diese Maßnahme geben und wie würden Frankreich, England, Italien und Polen auf die deutsche Aufrüstung reagieren? – die Fesseln des Versailler Friedensdiktates in militärpolitischer Hinsicht abgestreift. In Fortsetzung der seit 1933 getarnt betriebenen Aufrüstung konnte der Aufbau der Wehrmacht, insbesondere der Flieger-, Panzer- und Gebirgstruppe, nunmehr forciert werden.

Hitlers „Erklärung“ vom 16. März 1935 hatte, im Auszug, folgenden Wortlaut:

„An das deutsche Volk!

Als im November 1918 das deutsche Volk – vertrauend auf die in den 14 Punkten Wilsons gegebenen Zusicherungen – nach 4$^1/_2$jährigem ruhmvollen Widerstand in einem Kriege, dessen Ausbruch es nie gewollt hatte, die Waffen streckte, glaubte es nicht nur der gequälten Menschheit, sondern auch einer großen Idee an sich einen Dienst erwiesen zu haben. Selbst am schwersten leidend unter den Folgen dieses wahnsinnigen Kampfes, griffen die Millionen unseres Volkes gläubig nach dem Gedanken einer Neugestaltung der Völkerbeziehungen ...

... Deutschland hat die ihm auferlegten Abrüstungsverpflichtungen nach den Feststellungen der Interalliierten Kontrollkommission erfüllt.

Folgendes waren die von dieser Kommission bestätigten Arbeiten der Zerstörung der deutschen Wehrkraft und ihrer Mittel:

a) Das Heer: 59.897 Geschütze und Rohre, 130.558 Maschinengewehre, 31.470 Minenwerfer und Rohre ...

... Nach dieser geschichtlich beispiellosen Erfüllung eines Vertrages hatte das deutsche Volk ein Anrecht, die Einlösung der eingegangenen Verpflichtungen auch von der anderen Seite zu erwarten. Denn:

1. Deutschland hatte abgerüstet.

2. Im Friedensvertrag war ausdrücklich gefordert worden, daß Deutschland abgerüstet werden müsse, um damit die Voraussetzung für eine allgemeine Abrüstung zu schaffen, d. h.: es war damit behauptet, daß nur in Deutschlands Rüstung allein die Begründung für die Rüstung der anderen Länder läge.

3. Das deutsche Volk war sowohl in seinen Regierungen als auch in seinen Parteien damals von einer Gesinnung erfüllt, die den pazifistisch-demokratischen Idealen des Völkerbundes und seiner Gründer restlos entsprach. Während aber Deutschland als die eine Seite der Vertragsschließenden seine Verpflichtungen erfüllt hatte, unterblieb die Einlösung der Verpflichtung der zweiten Vertragsseite. Das heißt: Die hohen Vertragsschließenden der ehemaligen Siegerstaaten haben sich einseitig von den Verpflichtungen des Versailler Vertrages gelöst ...“[2])

Mit dem Aufbau der Wehrmacht wurde nunmehr der Name „Reichswehr“ fallengelassen und dafür die Bezeichnung „Wehrmacht“ eingeführt. Den Oberbefehl über die Wehrmacht übte im Auftrage Hitlers – seit Hindenburgs Tod am 2. August 1934 als „Führer und Reichskanzler“ Oberhaupt des Deutschen Reiches und Oberbefehlshaber der Reichswehr/Wehrmacht – der Generalfeldmarschall von Blomberg als

Reichskriegsminister aus. Das Heer führte Generaloberst Freiherr von Fritsch. Im Rahmen des „Aufbaus der Wehrmacht" wurde 1935 auch die Kriegsakademie, in der in den folgenden Jahren zahlreiche Generale der deutschen Gebirgstruppe ihre Generalstabsausbildung absolvierten, eröffnet.

Vom Ausbau der Wehrmacht profitierte zweifellos auch die deutsche Gebirgstruppe. Geradezu zwingend wurde die Aufstellung neuer Gebirgsformationen, als sich die Beziehungen zwischen Deutschland und Italien 1934/35 wegen der Österreichfrage auf den Nullpunkt abgekühlt hatten.

Bereits Juni-Juli 1934 waren die deutsch-italienischen Gegensätze nach dem gescheiterten nationalsozialistischen Putsch in Wien, bei dem der österreichische Bundeskanzler Dollfuß ermordet wurde, zutage getreten und konnten auch durch das erste Treffen zwischen Hitler und Mussolini am 14. und 15. Juni in Venedig nicht beigelegt werden. Nun waren gar Alpiniverbände, die Elitetruppen des faschistischen Italien, an der Brennergrenze aufmarschiert und bedrohten die mit deutschen Truppen nur mangelhaft abgeschirmte Alpengrenze des Deutschen Reiches. Was lag also näher, als die bereits vorhandenen, wenn auch wenigen deutschen Gebirgseinheiten zu einem schlagkräftigen Verband zusammenzufassen und aufzustocken?

Oberst Kübler faßte, nachdem er den Auftrag dazu erhalten hatte, beherzt zu und war gewillt, sein ganzes militärisches Wissen und seine soldatischen Tugenden in die neue Gebirgstruppe einfließen zu lassen, sie nach seinem Willen zu formen und aufzubauen. Kübler darf zu Recht als Baumeister der Gebirgstruppe der Deutschen Wehrmacht angesehen werden.

Seine Jäger nannten ihn bald anerkennend und aus echter Zuneigung den „Latschennurmi", denn der damals 46jährige, voll durchtrainierte Gebirgsjägeroffizier konnte Latschenfelder und Steilhänge wie ein Zwanzigjähriger überwinden. Oft tauchte er bei seinen Männern plötzlich und unerwartet an den entlegensten Übungsplätzen auf, während man ihn im Standort oder auf benachbarten Bergen wähnte. Natürlich freute sich der quicklebendige Oberst über diesen ehrenden Beinamen, wußte er doch, daß seine Gebirgsjäger nur echte Leistungen anerkannten und mit Prädikaten dieser Art sehr sparsam umgingen.

Ludwig Kübler wurde 1889 als Sohn eines angesehenen Arztes in Unterdill bei München geboren. 1908 trat er als Fahnenjunker in das bayerische Infanterie-Regiment 15 in Neuburg a. d. Donau ein und wurde 1910 – am Geburtstag des Prinzregenten – Leutnant. Als Zugführer in der Maschinengewehr-Kompanie seines Regiments marschierte er in den Ersten Weltkrieg, wurde im Verlauf der ersten Kämpfe deren Führer und im Herbst 1914 schwer verwundet.

Er hielt es nicht lange in der Heimat aus: 1915 eilte er - noch mit schlecht verheilter Wunde - wieder an die Front und wurde Regimentsadjutant. Doch die Wunde brach wieder auf, so daß er 1918 aus dem Wehrdienst entlassen werden mußte.

Nunmehr folgte für Ludwig Kübler vom Herbst 1921 bis zum Herbst 1935, lediglich durch die Führung des I./Infanterie-Regiments 19 vom Juni 1931 bis September 1932 unterbrochen, eine vielseitige Tätigkeit im Generalstab, und zwar in der Operationsabteilung des Reichswehrministeriums in Berlin (1921-1923); im Truppengeneralstab (3. Inf.-Div., Berlin, 1925-1927); als Lehrer bei der Generalstabsausbildung (1. Inf.-Div., Königsberg, 1927-1931) und als Chef des Generalstabes eines Armeekorps (Generalkommando VII. AK. in München, 1932-1935).

Diese Zeit im Generalstabsdienst, ganze 13 Jahre, gewährten Kübler tiefen Einblick in die Bereiche der operativen und taktischen Truppenführung. Sie machten ihn zum Erzieher bei der Ausbildung des Generalstabsnachwuchses, zum maßgebenden Gehilfen bei der Führung eines Armeekorps und zum Mitwirkenden am Aufbau des Heeres. Es versteht sich von selbst, daß diese arbeitsreichen Jahre für Ludwig Kübler sowohl in militärischer als auch in persönlicher Hinsicht von größter Bedeutung waren. Gewann er doch in dieser Zeit die innere Reife und Festigkeit, um jede Situation, die später an ihn im Zweiten Weltkrieg herantreten sollte, mit kühlem Verstand abwägen und nach bestem Können meistern zu können.

Ludwig Kübler war aber auch ein Offizier so recht nach dem Herzen seiner Jäger. Trotz härtester Anforderungen bei der Ausbildung wußten sie, daß sie mit ihren Sorgen und Nöten stets bei ihm Gehör finden würden. In bester Erinnerung ist den Dabeigewesenen noch jene Begebenheit, als während einer Parade vor dem Unterwirt in Mittenwald ausgerechnet vor Oberst Kübler ein Muli Stuhlgang bekam.

Mit gerunzelter Stirne sah der Oberst dem Mulitreiber zu, wie dieser schwitzend und fluchend das bockige Tier weiterziehen wollte. Als die Bemühungen des Tragtierführers nichts bewirkten, sagte Kübler in seiner unnachahmlichen Art:

„Wenn das Muli scheißen will, dann laß es scheißen."

Die Tragtiere müssen es dem legendären Kübler jedenfalls besonders angetan haben.[3])

Um Kübler selbst entstanden mit der Zeit zahlreiche Anekdoten, die die allzumenschliche Seite des Generals beinhalten. So zog ihn eines Tages irgendwo ein einsamer Posten magisch an. Der brave Jäger meldete sich in geziemender Haltung und mit leuchtenden Augen, unterließ es aber, seinen Auftrag anzugeben. Der General wollte ihn darauf bringen, indem er fragte:

„Schön – und was ist Ihr Auftrag?"

Der Jäger erhöhte nur seine stramme Haltung, wenn dies überhaupt noch möglich war.

„Na, Sie müssen doch einen Auftrag haben!" stocherte Kübler nach.

„Nein, Herr General, davo woaß i nix", antwortete der Posten.

Nun wurde Kübler schon ungeduldig:

„Aber Sie müssen doch wissen, warum Sie hier stehen?"

Der Posten nun sichtlich erlöst und entschlossen:

„Jawoi, Herr General, es hat g'hoaßn, mir müaßn Posten steh'!"

Nun aber zog Kübler sich blitzartig zurück, denn er hatte sichtlich Mühe, seinen einsetzenden Lachkrampf zu unterdrücken.

Eine letzte Anekdote über Kübler weiß K.-A. Hohe von der Gebirgsübung 1936 im Wendelsteingebiet zu berichten:

„General Kübler ... leitete die Übung, die schon über einige Berge und Täler hinweggerollt war. Er hatte die rückwärtigen Dienste besucht und kam über einen Bergrücken heraufgestiegen, auf dem er einen MG-Halbzug in Stellung fand. Die sMG. schossen nicht mehr, die Schlacht war schon zu weit entfernt. Die Männer schliefen fast alle, nur neben dem einen MG. lag einer, der emsig mit seinem Karabiner schoß. Er schoß, er lud, er schoß, er lud – als ihm plötzlich Latschen-Nurmis wohlbekannte Stimme ins Ohr drang:

‚Auf was schießen Sie denn?'

Der Jäger erschrak und blickte zu seinem General herauf und schwieg.

‚Worauf Sie schießen?'

Wieder keine Antwort.

‚Geben Sie eine Antwort!'

Der Mann zog den Kopf ein, der General wurde zornig:

‚Ich will wissen, worauf Sie schießen! Und mit welchem Visier schießen Sie denn?'

Der Jäger gab sich einen Ruck und meldete:

‚Zwoatausend werd' net langen, Herr General!'

Da ließ General Kübler von dem Mann ab und schritt schmunzelnd weiter."[4])

Ludwig Kübler, zuletzt General der Gebirgstruppen, der erste Kommandeur der 1. Gebirgs-Division

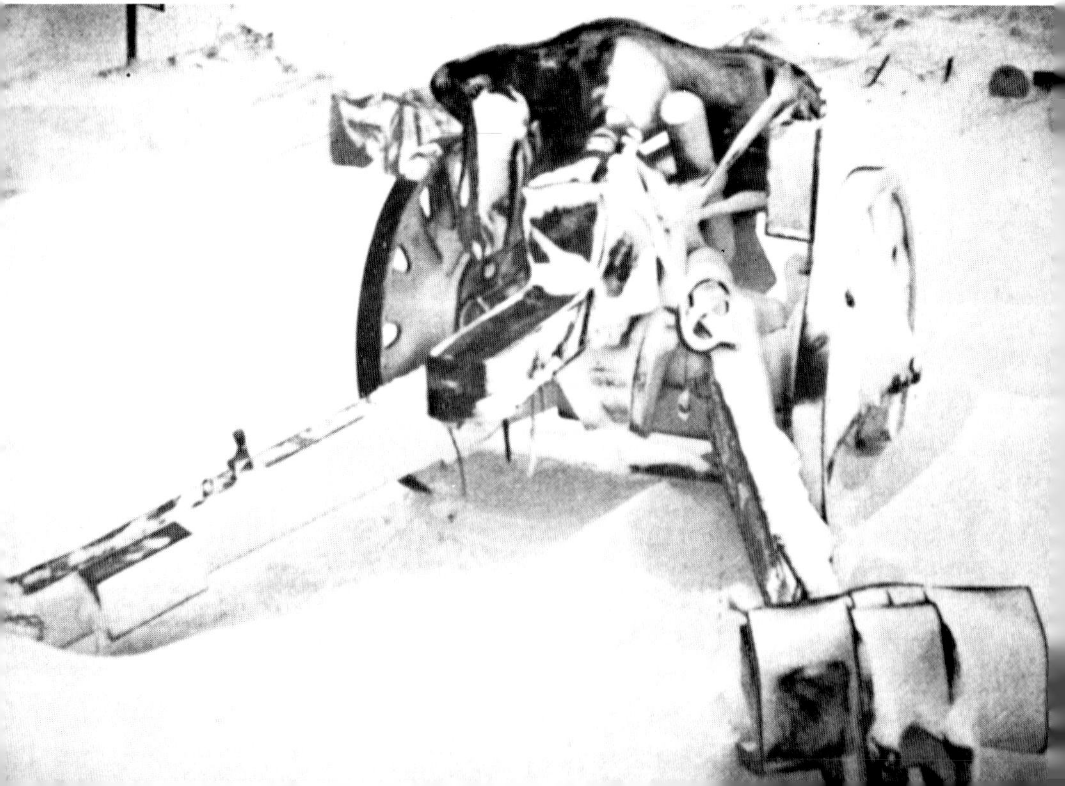

Kübler, in vielerlei Hinsicht eine Ausnahmeerscheinung, widmete sich nun, von der Aufgabe fasziniert, mit allen Kräften dem forcierten Aufbau der Gebirgstruppe. Dabei hatte er recht klare Vorstellungen von der Organisation und dem künftigen Aussehen der Gebirgstruppe.

Küblers Stimme hatte einen hellen Klang, wenn er Befehle und Weisungen erteilte. Seine Ausführungen erfolgten in klaren, sprachlich wohlgeformten Gedankengängen; sein Urteil saß, die Begründung überzeugte Mitarbeiter und Untergebene.

Es ist heute kaum vorstellbar, unter welchen Schwierigkeiten die neue Gebirgstruppe aus den wenigen gebirgstauglichen Verbänden aufgebaut werden mußte - und wurde. Ihre nachhaltigste Prägung erfuhr sie in den Jahren 1935 bis 1939 durch die überragende Persönlichkeit Küblers, sei es in Fragen der Bekleidung; Ausrüstung und Verpflegung; der Führung des jungen Gebirgssoldaten; der Gefechtserziehung der Verbände; der Schulung der Oberjäger und Offiziere als Erzieher, später als verantwortungsvolle Führer im Gefecht, als leistungsfähige Männer in Fels und Eis.

Aber noch war es nicht so weit, wenn sich auch bereits die Konturen der künftigen Gebirgstruppe in den ersten verfaßten Studien und herausgegebenen Befehlen dahingehend abzuzeichnen begannen, daß mit der gezielten Ausbildung begonnen werden konnte. Bis zur Unterstellung der Truppe am 1. Oktober 1935 war der Stab noch reichlich beschäftigt mit Grenzschutzaufgaben, Vorarbeiten für die personelle Aufstellung der Stäbe und Einheiten, Erkundung der Standorte, dem Bau der Kasernen, der Übungs- und Schießplätze, der Stützpunkte im Hochgebirge, mit Fragen der Bewaffnung und Ausrüstung, der Organisation des Sanitätswesens, der Beschaffung von Tragtieren aus Südamerika und vielem anderen.[5])

Zum 15. November 1935 wurde Kübler die Aufstellung zweier Gebirgs-Jäger-Regimenter sowie einer Gebirgs-Artillerie-Abteilung befohlen. Es handelte sich hierbei um die Gebirgs-Jäger-Regimenter 99 und 100 mit je drei Bataillonen zu je 4 Kompanien mit je einer 13. (M.W.) und 14. (Pz.Abw.-)Kompanie sowie um die Gebirgs-Artillerie-Abteilung mit 3 Batterien. Jedem Bataillon wurde ein Ersatztruppenteil angegliedert.

Das für die Gebirgs-Jäger-Regimenter 99 und 100 benötigte Personal stellte das alte Kemptener III.(Geb.Jäg.)/Inf.Rgt. 19., das durch vermehrte Einberufungen von Rekruten zuvor beträchtlich verstärkt

Oben: Ausbildung auf dem Kasernenhof . . .

Unten: . . . und im Hochgebirge

Die Jäger-Kaserne in der Strub bei Berchtesgaden. Friedensstandort des II./Geb.Jäg.Rgt. 100

worden war, so daß daraus schließlich am 1. Oktober 1935 2 neue Gebirgsjäger-Bataillone gebildet werden konnten: Ein Bataillon wurde in Kempten und ein anderes in Bad Reichenhall und Traunstein stationiert. Da die neuen Kasernen noch im Bau waren, mußte die Truppe vorerst Notunterkünfte beziehen.

Als am 15. Oktober 1935 das Gebirgs-Jäger-Regiment 100 aufgestellt wurde, sandte Oberst Kübler der begeisterten Truppe folgendes Grußwort:

„Das Regiment 100 wird sein - dessen bin ich gewiß - ein Kernstück des deutschen Heeres, ein Vorbild im Frieden, unüberwindlich im Feld!"

Wie sehr sollten sich die, man ist geneigt zu sagen, prophetisch gesprochenen Grußworte Küblers knapp vier Jahre später, als der Zweite Weltkrieg ausbrach, bewahrheiten! Und Oberst Rudolf Konrad, der erste Kommandeur des Geb.Jäg.Rgt. 100, sagte in seinem Tagesbefehl vom 15. Oktober 1935:

„Das Regiment ist mit dem heutigen Tage erstanden. Es wird die berechtigten Erwartungen erfüllen mit ganzer Kraft."

Zu Friedensstandorten des Gebirgs-Jäger-Regiments 100 wurden - nach dem Bau der neuen Kasernenanlagen - folgende Orte bestimmt: Bad Reichenhall, alte Salzstadt und renommierter Kurort, für den Regiments-Stab, die Regiments-Truppen und das III./Geb.Jäg.Rgt. 100 (Utz); Brannenburg, am nicht immer grünen Inn, für das I./Geb.Jäg.Rgt. 100 (Rohmeder), das zuvor in Bad Reichenhall und Traunstein stationiert war; Berchtesgaden, überragt von der Bergkulisse des Watzmann-Massivs, für das II./Geb.Jäg.Rgt. 100 (Maier), nach der Abgabe der Erstaufstellung nach Lenggries als II./Geb.Jäg.Rgt. 98; sowie Laufen an der Salzach, die alte Schifferstadt an der Grenze gegen das österreichische Bundesland Salzburg, für das Ersatz-Bataillon (Seitz-Hutterer).

Das ist leichter gesagt als getan, denn viele Gemeinderäte sahen in erster Linie eine Beeinträchtigung des Fremdenverkehrs, der ihrer Meinung nach nicht mit der Kaufkraft der Soldaten zu kompensieren sei. Doch fand man hier bald zu einem Konsens zum Wohle der jeweiligen Truppe und Bevölkerung - als erste Gebirgsgarnison stellte sich die truppenfreundliche Stadt Bad Reichenhall zur Verfügung -, was vielleicht am deutlichsten daran zu sehen ist, daß heute noch, nach Kriegs- und Nachkriegswirren und mancherlei Denunziationen des deutschen Soldatentums eine herzliche Verbundenheit der alten Gebirgsjäger-Garnisonen mit ihren alten Gebirgsjägern besteht, die sich in allen Standorten, in denen heute Truppenteile der 1. Gebirgsdivision der deutschen Bundeswehr stationiert sind, auf die jungen Edelweißträger übertragen hat.

Eine weitere Schwierigkeit, die erst überwunden werden mußte, lag darin, daß der Truppe genügend Standortübungsplätze und Schießanlagen zur Verfügung gestellt werden mußten, denn nicht selten fürchteten die Forstmeistereien und privaten Jagdbesitzer um ihren Wildbestand in den arten- und wildreichen Bayerischen Alpen. Und gar manch einer sah in den Gebirgsjägern ein Aufleben der Wildschützen. Doch durch enge Verbindungen mit den örtlichen Behörden - vor allem in den kleineren Orten entwickelte sich zwischen Truppe und Bevölkerung ein besonders herzliches Verhältnis - und durch gegenseitige Rücksichtnahme wurden derlei Bedenken, rascher als allgemein erwartet, zerstreut.

Den Kern der aufzustellenden Gebirgs-Artillerie-Abteilung 79 bildete die Landsberger Artillerie- und Fahrabteilung VII, die, getarnt vor den Siegermächten des Ersten Weltkrieges, auch eine Gebirgs-Artillerie-Ausbildung betrieben hatte.

Diese wenigen gebirgstauglichen Truppen bildeten, aufgestockt durch die ausgezeichneten gebirgstauglichen Offiziere, Unteroffiziere und Mannschaften der in die Deutsche Wehrmacht überführten Baye-

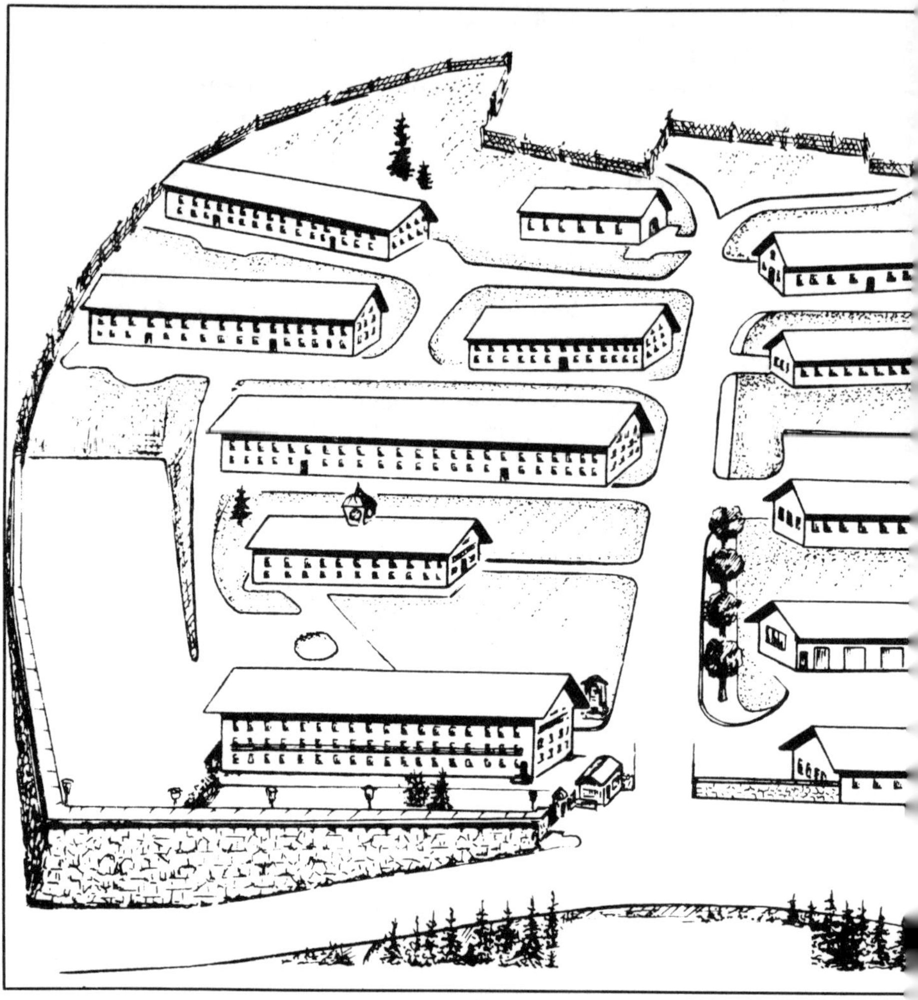

In der Conrad von Hötzendorf-Kaserne in Oberammergau befand sich die Gebirgs-Nachrichten-Abteilung 54

rischen Landespolizei, durch die Reaktivierung von Teilnehmern des Ersten Weltkrieges und durch bergbegeisterte Freiwillige aus dem ganzen Reichsgebiet, vor allem aus Bayern, Württemberg und Rheinland/Westfalen, beim Auf- und Ausbau der Gebirgsbrigade 1935 und 1936 mit ihrem Stammpersonal und den Neueinberufenen die Gebirgs-Jäger-Regimenter 99 und 100. Sie wurden aus strategischen Gründen auf den Flügeln der Alpenfront des Deutschen Reiches, also in den Allgäuer Alpen (Geb.Jäg.Rgt. 99) und in den Bayerischen

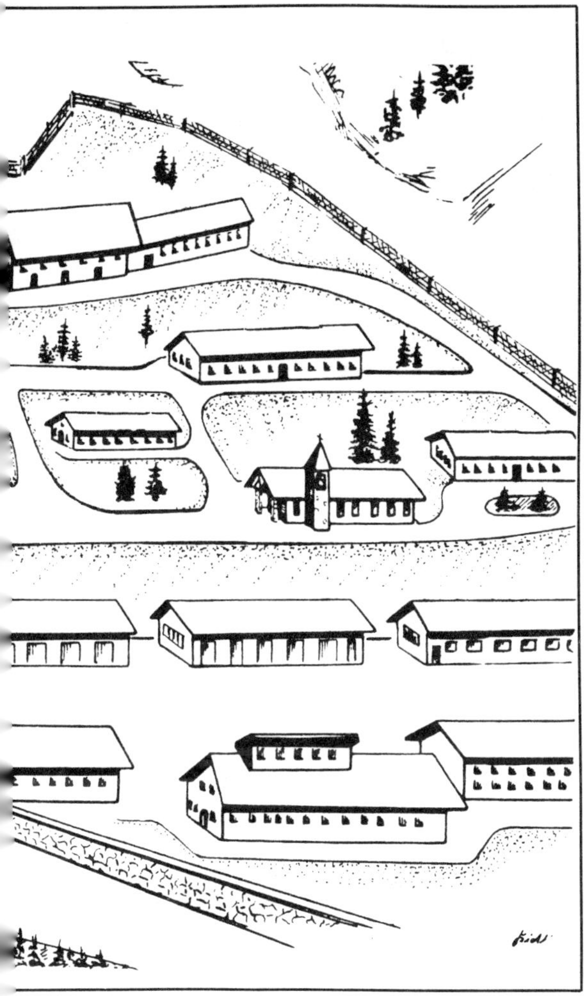

Alpen zwischen Inn und Salzach (Geb.Jäg.Rgt. 100) stationiert. Für den Mittelabschnitt, also für das Gebiet zwischen dem Werdenfelser Land und der oberen Isar mit den Walchenseebergen, den Ammergauer Alpen, dem Karwendel- und Wetterstein-Gebirge, war die dritte Säule der Gebirgsbrigade, das später aufzustellende Gebirgs-Jäger-Regiment 98, vorgesehen.

In der Aufstellungsplanung war bereits vorgesehen, jedem dieser Gebirgs-Jäger-Regimenter eine Gebirgs-Artillerie-Abteilung beizugeben, um damit von Anfang an den einzelnen Truppenteilen und Waffengattungen Gelegenheit zu geben, sich aufeinander einzuspielen.

Diese drei Abteilungen, zu denen später noch eine vierte – schwere – trat, wurden unter dem Kommando des ebenfalls noch aufzustellenden Stabes des Gebirgs-Artillerie-Regiments 79 zusammengefaßt, das gewissermaßen als Stammregiment der Gebirgs-Artillerie der Deutschen Wehrmacht anzusehen ist. Ihm wurde zum Teil das Stammpersonal an Offizieren und Unteroffizieren für die erst später aufgestellten Gebirgs-Artillerie-Regimenter der anderen Gebirgsdivisionen entnommen.

In allen Gebirgs-Artillerie-Abteilungen der deutschen Gebirgstruppe, ab 1938 ergänzt durch die hervorragend geschulten Gebirgsartilleristen des ehemaligen österreichischen Bundesheeres, gelangten auf diese Weise Angehörige des Geb.Art.Rgts. 79. So trat u. a. die ganze Reichenhaller Abteilung des Geb.Art.Rgts. 79 nach dem Frankreichfeldzug zum Gebirgs-Artillerie-Regiment 95 der 5. Gebirgs-Division (General Ringel) über.

Daß sich diese Verschmelzung auch in dienstlicher Hinsicht außerordentlich bewährte, braucht nicht besonders hervorgehoben zu werden. Aus den Erfahrungen der reichsdeutschen Gebirgstruppe einerseits und der bewährten Tradition der altösterreichischen Gebirgsartillerie andererseits entwickelte sich nach dem Anschluß Österreichs an das Deutsche Reich eine fruchtbare Gemeinschaftsarbeit.

Das Gebirgs-Pionier-Bataillon 54, 1936 endgültig von Ingolstadt nach Mittenwald, und die Gebirgs-Nachrichten-Abteilung 54, 1936 von München nach Oberammergau verlegt, wurden in der Mitte der langgestreckten deutschen Gebirgsfront stationiert.

Ins Zentrum der deutschen Alpenfront sollten auch die Gebirgs-Panzer-Jäger-Abteilung, die Gebirgs-Aufklärungs-Abteilung und der Divisionsstab kommen. Der Kriegsausbruch verhinderte schließlich – wie bereits angeschnitten – die Stationierung des Stabes der 1. Gebirgs-Division in Garmisch-Partenkirchen.

Das Gebirgs-Artillerie-Regiment 79 wurde mit dem Regimentsstab, einer leichten und einer schweren Abteilung in die Mitte und mit je einer Abteilung nach dem Ost- bzw. Westflügel der Gebirgsfront gelegt. Bis zum 15. November 1935 entstanden folgende Truppenteile der Gebirgsbrigade:

Rgts.Stab mit Nachr.Zug und 14. (Pz.Abw.)/Geb.Jäg.Rgt. 99 aus Pol.Rgt. Nürnberg und 14./Inf.Rgt. Augsburg; I./Geb.Jäg.Rgt. 99 aus (Ausb.) I./Inf.Rgt. München; II./Geb.Jäg.Rgt. 99 aus I./Inf.Rgt. Augsburg; III./Geb.Jäg.Rgt. 99 aus III./Inf.Rgt. Augsburg; Rgts.Stab und Nachr.Zug Geb.Jäg.Rgt. 100 aus (A) II./Inf.Rgt. München; I./Geb.Jäg.Rgt. 100 aus (A) II./Inf.Rgt. München; II./Geb.Jäg.Rgt. 100 aus III./Pol.Rgt. München; III./Geb.Jäg.Rgt. 100 aus (A) II./Inf.Rgt.

München; 13. (M.W.)/Geb.Jäg.Rgt. 100 aus 13./Inf.Rgt. München; 14. (Pz.Abw.)/Geb.Jäg.Rgt. 100 aus 14./Inf.Rgt. München; sowie I./Geb.Jäg.Rgt. 69 (3 Battr.) aus II./Art.Rgt. München.

Aus Geheimhaltungsgründen trugen die aufgestellten Truppenteile während der Übergangszeit die Namen ihrer Standorte. Bis Ende 1935 war auch das Gebirgs-Jäger-Regiment 99 mit Stab und 3 Bataillonen in den Standorten Kempten, Augsburg und Lindau im Aufbau begriffen.

Stolz lasen die alten und neuen Gebirgsjäger - am 1. November 1935 erfolgte die Einstellung der jungen Rekruten, darunter viele Rheinländer - stolz lasen nun die Soldaten mit dem Edelweiß zum Jahreswechsel im „Völkischen Beobachter" folgenden „Erlaß an die Wehrmacht":

„Soldaten!
Ein entscheidendes Jahr der deutschen Wehrgeschichte liegt hinter uns. Das Reich ist wieder frei und stark.

Ich spreche allen Soldaten und den sonst am Aufbau der Wehrmacht Beteiligten meinen Dank und meine Anerkennung für die Leistungen im vergangenen Jahre aus.

Die Losung für 1936 heißt: Immer wieder vorwärts für den Frieden, die Ehre und die Kraft der Nation.

Berlin, den 31. Dezember 1935.

Der Führer und Oberste Befehlshaber der Wehrmacht:

Adolf Hitler."[6])

Doch noch wurde die Gebirgsbrigade nicht in den Sog der großen Politik hineingerissen. Im Winter 1935/1936 konnte sie sich ganz auf die Organisation und Durchführung des 25 Kilometer-Militär-Skipatrouillen-Laufes im Rahmen der im Februar 1936 in Garmisch-Partenkirchen stattfindenden Winter-Olympiade konzentrieren. Die harte Gebirgsausbildung war für Monate vergessen und wurde nun durch den militärischen Skilauf ersetzt; galt es doch, sich gegen die seit Jahren eingespielten ausländischen Mannschaften achtbar zu behaupten.

In hartem Training bereitete sich die deutsche Mannschaft auf die schwere Prüfung vor. Es schien zunächst aussichtslos, aus dem noch kleinen Kader der deutschen Heeressportler eine Mannschaft aufzustellen, die der Elite der skandinavischen Länder gewachsen sein sollte. Doch nicht die favorisierten Skandinavier, sondern die italienische Mannschaft wurde überraschend Olympiasieger in dem Bewerb. Die deutsche Mannschaft konnte aber dennoch mit ihrem 5. Platz hinter den Nordländern vor den anderen europäischen Mannschaften mehr als zufrieden sein.

Doch wie schnell aus dem militärischen Sport und seinen Annehmlichkeiten blutiger Ernst hätte werden können, zeigte am 7. März 1936, einen Monat nach den friedlich verlaufenen Olympischen Winterspielen, der Einmarsch in das seit 1919 entmilitarisierte Rheinland. Als Begründung diente Hitler damals die Ratifizierung des französisch-sowjetischen Bündnisses, die im Widerspruch zum Locarno-Vertrag stand, der jedoch durch den Überraschungsschlag Hitlers gleichfalls verletzt wurde.

Die Welt hielt den Atem an: in Deutschland, in Europa und in Übersee. Wie würden die Siegermächte - zu deren Sicherheit ja seinerzeit das Rheinland von den deutschen Truppen entmilitarisiert worden war, speziell aber Frankreich, das sich unmittelbar bedroht fühlen könnte - reagieren? Hitler behielt wieder recht: auch dieses Mal kam kaum Widerstand von den Ententemächten.

Genauso freudig wie die Besetzung des Rheinlandes begrüßten die Gebirgsjäger die Öffnung der deutsch-österreichischen Grenze am 28. August desselben Jahres. Mußten die deutschen Gebirgsjäger bisher bei der privaten Sommer- und Winterausbildung vorwiegend in die Hochgebirgsregionen der Schweiz - aber auch Frankreichs - fahren, um sich am Berg, am Monte Rosa, Matterhorn oder Mont Blanc, die nötige Routine und Sicherheit zu holen, so konnten sie jetzt in verstärktem Maße in den viel näher gelegenen Hochgebirgsregionen des Kaiser- und Karwendel-Gebirges, der Zillertaler-, Stubaier- und Ötztaler Alpen, am Großglockner und Großvenediger des „Bruderlandes" das Gehen und Klettern in Fels und Eis üben.

Am 1. Oktober 1936 wurden wieder einmal Truppenteile der Gebirgsbrigade verlegt: Stab Geb.Jäg.Rgt. 99 von Kempten nach Füssen; I./Geb.Jäg.Rgt. 99 von Kempten nach Garmisch-Partenkirchen; II./Geb.Jäg.Rgt. 99 von Augsburg nach Füssen; III./Geb.Jäg.Rgt. 99 von Lindau nach Sonthofen; 14. (Pz.Abw.)/Geb.Jäg.Rgt. 99 von Augsburg nach Füssen; Stab Geb.Jäg.Rgt. 100 nach Bad Reichenhall; I./Geb.Jäg.Rgt. 100 von Traunstein nach Brannenburg; II./Geb.Jäg.Rgt. 100 5. und 6. Kp. von Traunstein nach Lenggries; 7. und 8. Kp. von Bad Reichenhall nach Lenggries; III./Geb.Jäg.Rgt. 100 nach Bad Reichenhall; 13. (M.W.) und 14. (Pz.Abw.)/Geb.Jäg.Rgt. 100 nach Bad Reichenhall; I./Geb.Art.Rgt. 69 von Landsberg am Lech nach Bad Reichenhall; 3./(Geb.)Nachr.Abt. 7 von München nach Oberammergau; 1./(Geb.)Pi.Batl. 7 vom Lager Luttensee nach Mittenwald; 1./Pi.Batl. 47 von Ingolstadt nach Mittenwald.

Es ist erstaunlich, in welch kurzer Zeit sich aus einigen wenigen Kompanien bald ein Bataillon oder gar ein Regiment formierte. Bei der Aufstellung der Gebirgsbrigade wurde im wahrsten Sinne des Wortes

Der Gebirgstruppen-Übungsplatz Lager Luttensee bei Mittenwald, auf dem am 6. Oktober 1936 das Gebirgs-Pionier-Bataillon 54 aufgestellt wurde

mit deutscher Gründlichkeit und deutschem Organisationstalent vorgegangen.

Je eine Ergänzungskompanie kam nach Sonthofen, Füssen, Lenggries und Brannenburg am Inn und wurde den dortigen Gebirgs-Jäger-Bataillonen unterstellt. Neu aufgestellt wurden zum 1. Oktober 1936 noch der Stab und der Nachrichten-Zug des Gebirgs-Pionier-Bataillons 54, die 13. (M.W.)/Geb.Jäg.Rgt. 99, sowie die 4./Geb.Art.Rgt. 69.

Hitlers Auftrag an die Deutsche Wehrmacht, in vier Jahren einsatzfähig zu sein, bedeutete ab 1936, daß das Wachstum in die Breite weitergehen konnte, ein Wachstum in die Tiefe infolge Zeitdrucks ausbleiben mußte. Das sollte sich bei einigen Verbänden während des Zweiten Weltkrieges bitter rächen.

Das Jahr 1937 verlief außenpolitisch ruhig - oder war es bereits die Ruhe vor dem großen Sturm? -, so daß die planmäßige Aufstellung und Ausbildung der Gebirgsbrigade ungestört weitergehen konnte.

Der unermüdlichen Tatkraft und der überragenden Sachkenntnis Oberst Küblers war es gelungen, unterstützt von einem begeisterten Offiziers- und Unteroffiziers Korps, bis zum Spätsommer 1937 nicht nur die Gebirgsbrigade zu einem schlagkräftigen Verband aufzubauen, sondern auch noch das Gebirgs-Jäger-Regiments 98 als dritte Säule der Gebirgsbrigade aufzustellen und die Bildung weiterer, noch fehlender Truppenteile so weit voranzutreiben, daß der Umgliederung der Gebirgsbrigade in eine Gebirgsdivision nichts mehr im Wege stand.

Bis zum 1. Oktober 1937 waren von der Gebirgsbrigade folgende Truppenteile aufgestellt worden: Rgts.Stab Geb.Jäg.Rgt. 98 mit 13. (M.W.) und 14. (Pz.Abw.)Kp. in Mittenwald; Rgts.Stab Geb.Art.Rgt. 79 und II./Geb.Art.Rgt. 79 (2 Battr.) in Garmisch-Partenkirchen; Geb.Nachr.Abt. 54 (2 Fe., 1 Fu.Kp.) in Oberammergau; 2./Geb. Pi.Batl. 54 in Mittenwald; sowie Geb.San.Abt. 41 in Garmisch-Partenkirchen.

Mit der Aufstellung des dritten Gebirgs-Jäger-Regiments wurde die Gebirgsbrigade - nunmehr vom Oberkommando des Heeres verfügt - zur 1. Gebirgs-Division. Die Gebirgs-Jäger-Regimenter bestanden nunmehr aus je 2 Bataillonen, da das I./Geb.Jäg.Rgt. 99 als I. und das II./Geb.Jäg.Rgt. 100 als II. Bataillon zum Geb.Jäg.Rgt. 98 traten. Zur Aufstellung des Stabes Geb.Jäg.Rgt. 98 und der 13. und 14. Kp. gaben die Geb.Jäg.Rgt. 99 und 100 Stämme ab. Da die Jäger-Kaserne in Mittenwald noch nicht fertig war, bezogen der Stab Geb.Jäg.Rgt. 98, sowie die 13. und 14. Kompanie Zwischenunterkunft im benachbarten Lager Luttensee.

Das Jahr 1937 war ein Jahr der trügerischen Ruhe. Hitler war es gelungen, gegen die Bedenken der militärischen Führung den Aufbau der Wehrmacht zu forcieren. Wohin der Weg sie führen sollte, das zeigten Hitlers Gedanken in seiner „Denkschrift über die wirtschaftliche Mobilmachung“:

„Die militärische Auswertung soll durch die neue Armee erfolgen. Das Ausmaß und das Tempo der militärischen Auswertung unserer Kräfte können nicht groß und nicht schnell genug gewählt werden . . .

. . . Wenn es uns nicht gelingt, in kürzester Frist die Deutsche Wehrmacht in der Ausbildung, in der Aufstellung der Formationen, in der Ausrüstung und vor allem auch in der geistigen Erziehung zur ersten Armee der Welt zu entwickeln, wird Deutschland verloren sein. Es gilt hier der Grundsatz, daß das, was in Monaten des Friedens versäumt wurde, in Jahrhunderten nicht mehr eingeholt werden kann."[7])

Ausbildung und Truppenführung im Gebirge

General Ludwig Kübler, der während seiner Gymnasialzeit mit Vorliebe die Werke der großen Männer der Antike gelesen hatte, befaßte sich auch jetzt, da er die Gebirgsbrigade aufzubauen und zur Gebirgs-Division zu erweitern hatte, so oft es ihm die knapp bemessene Freizeit erlaubte, mit den Werken der griechischen Klassiker. Mehr noch aber studierte er jetzt jedoch das 1832/34 postum erschienene große Werk „Vom Kriege" des preußischen Kriegstheoretikers und Kriegsphilosophen General Carl von Clausewitz.

Nicht selten brannte noch lange nach Mitternacht das Licht im Zimmer des Generals, wenn er Clausewitz las. Dem Auftrag der Gebirgsbrigade entsprechend, die deutsche Alpenfront gegen einen etwaigen Angriff Italiens zu schützen, interessierten ihn besonders jene Kapitel, in welchen Clausewitz seine Kriegstheorien über die „Gebirgsverteidigung" abhandelte.

Clausewitz' tiefgründiges Werk regt zu diszipliniertem Denken an, fördert die kritische Urteilsbildung, verleitet zum Reflektieren.

General Kübler neigte dazu. Erst Tage, mitunter erst Wochen später, nachdem er das Gelesene bis ins Detail überdacht hatte, stellte er sich die Frage:

„Was läßt sich davon für die Ausbildung und Taktik der Gebirgsbrigade verwerten? Welche Schlüsse sind daraus auf die gegenwärtige militär-politische Lage des Deutschen Reiches zu ziehen?"

Man konnte, ja man mußte sie ziehen, denn Clausewitz' Gedanken über das „Gebirge als Schlachtfeld einer Hauptschlacht oder untergeordneter Gefechte", über den „Einfluß des Gebirges auf andere Gegenden", über „das Gebirge als strategische Barriere" sowie über „das Gebirge in Beziehung auf den Unterhalt der Heere" haben - auch heute noch, im Zeitalter der neuen Waffentechnik konventioneller und nuklearer Art - nichts von ihrer damaligen Gültigkeit eingebüßt.

Die Kapitel über die „Gebirgsverteidigung" waren für General Kübler besonders aktuell. Hier zeigt Clausewitz sehr eindringlich, daß die Strategie der Verteidigung ganz andere Mittel und andere militärische Teilziele haben muß als die des Angriffskrieges, und sich dementsprechend anders zu rüsten und darzustellen hat.[8])

General Kübler zog die Gebirgsverteidigung näher in Betracht, denn der Auftrag seiner von ihm aufgestellten Gebirgsbrigade lautete zu jener Zeit: Verteidigung des deutschen Alpenraumes gegen einen eventuellen Angriff aus dem Süden; womit die italienischen Truppen des faschistischen Italien, zu dem die Beziehungen bis 1937 zeitweise äußerst gespannt waren, gemeint waren.

Clausewitz hatte zweifellos für die Generalität der Deutschen Wehrmacht seine Gültigkeit behalten. Nur in einem schieden sich - je nach ihren Zielen - die Geister, nämlich daß der Staatskunst der Vorrang vor der Kriegskunst zukomme, daß der Krieg nur ein politisches Instrument sei und durchaus nichts Selbständiges.

Noch war die zur Gebirgsdivision erweiterte Gebirgsbrigade kein schlagkräftiger Kampfverband und schon verdunkelte sich der Himmel des europäischen Kontinents bedrohlich. Jeder gab zwar das Beste, aber oft, allzu oft mußte improvisiert werden, wurden zusammengewachsene Verbände auseinandergerissen und verlegt, um dort wiederum den Stamm für Neuaufstellungen zu bilden. Hier nun griff Kübler massiv ein und stützte sich dabei auf ein Dogma des vielgelesenen Clausewitz:

„Ohne gebieterischen herrischen Willen, der bis auf das letzte Glied durchgreift, ist keine Heerführung möglich, und wer der Gewohnheit folgen wollte, immer das Beste von den Leuten zu glauben und zu erwarten, würde dadurch schon zu einer guten Heerführung ganz untüchtig sein."

Wie aber sah nun die Ausbildung, die, vor allem am Berg, hohe Anforderungen an den Gebirgsjäger stellt, aus? Der Einzelausbildung folgten die eineinhalb Monate dauernde Gruppen- und Zugausbildung im Gefechtsdienst sowie die etwa einen Monat in Anspruch nehmenden Gebirgsübungen im Bataillons- und Regimentsrahmen.

An die Gebirgssoldaten wurden dabei höchste körperliche Anforderungen gestellt, um den Unbilden der rauhen Natur und speziell denen des Gebirges gewachsen zu sein, denn die natürlichen Feinde des Gebirgsjägers sind der Berg und das Wetter, Eis und Schnee, Hitze und Kälte. Doch hören wir, wie Bruno Steinbach, der sich 1935 zum Gebirgs-Jäger-Regiment 100 in Bad Reichenhall meldete, um seiner

Dienstpflicht zu genügen, und der sich später, nach ernster Selbstprüfung für den Offiziersberuf entschied, hören wir, wie dieser sensible Jäger die physischen und psychischen Belastungen der Ausbildung in seinen Briefen und Aufzeichnungen beschrieb:[9])

„Reichenhall, 8. Dezember 1935.
Noch sind unsere Gesichter nicht so hart, wie die der alten Mannschaften, aber sie haben sich schon gewandelt. Langsam werden wir härter und widerstandsfähiger ... Hart ist die Schule, durch die ich gehe, aber ich bin froh, daß mir nichts erspart bleibt."

„Hannover, 3. Mai 1937.
Du mußt Deinen Willen ebenso trainieren, wie man den Körper trainiert. Den ganzen Tag bietet sich genügend Gelegenheit. Das Wesentliche, worin der Mann dem Jungen überlegen ist, ist ein starker Wille."

„Hannover, 31. Juli 1937.
Willensstark, eisern müssen wir an uns arbeiten. Es darf keine Erschlaffung kommen. Der Wille muß trainiert sein bis zum Äußersten. Der Körper hat dem Willen zu gehorchen. Hunger, Durst, Schmerz haben zu schweigen, wenn der Wille es verlangt ..."

Im Mittelpunkt der Gebirgsjägerausbildung standen - und das gilt auch heute noch für die Gebirgstruppe im atomaren Zeitalter - die gründliche Einzel- und Gruppenausbildung, alpine Leistungsmärsche, die unabhängig von der Witterung durchzuführen waren, sowie die Fähigkeit, im wegelosen Hochgebirge zu kämpfen.

Um diesen Ausbildungsaufträgen gerecht zu werden, bemühten sich die verantwortlichen Offiziere der Gebirgsbrigade schon recht früh um den Bau oder die Anmietung von Berghütten, denn eine Gebirgstruppe ohne Berghütten als Stützpunkte für die Gebirgsausbildung ist undenkbar. Die Reichswehr hatte, wie wir aus dem vorigen Kapitel erfahren haben, noch keine Gebirgsstandorte im eigentlichen Sinne. Die alpennächsten Garnisonen waren Kempten, Lindau am Bodensee, Landsberg am Lech und München. Um so dringlicher war daher der Wunsch, Berghütten in den Bayerischen Alpen für die Gebirgsausbildung der Gebirgstruppe zu erwerben.

Auch nachdem 1935 eine Reihe von Standorten im Allgäu, im Werdenfelser Land, im Chiemgau und im Berchtesgadener Land eingerichtet wurden, zeigte es sich sehr bald, daß die Truppe auf die Berghütten nicht verzichten konnte und wollte. Im Gegenteil, die Zahl der von den zuständigen Heeresdienststellen für die Gebirgstruppe erworbenen oder von ihren Truppenteilen selbst erbauten Berghütten stieg an, denn jedes Bataillon, jede Abteilung, ja vielfach sogar Kompanien, trachteten danach, eine Berghütte als ihr Eigentum bezeichnen zu können.

Drei Möglichkeiten boten sich hier an:

Die Pachtung von Hütten und Almen des Staates oder ziviler Besitzer, meist mit der Berechtigung zum Um- und Ausbau.

Diese Lösung wurde vielfach gewählt. Auf diese Weise wurden so zwischen Bodensee und Salzach erworben: Hubertushaus und Alpe Mittelstieg bei Oberstaufen, Alpe Melköde (Kl. Walsertal), Hällritzen-Alpe bei Hungesried, Naturfreundehaus oberhalb Immenstadt, Musauer Alm in den Tannheimer Bergen, Hirschfängalm in der Blökkenau, Kenzenhütte unter der Hochplatte, Tröglenhütte bei Garmisch, Probstalm an der Benediktenwand;

die Errichtung von militäreigenen Stützpunkten: wie Schwarzen-Kopfhütte, Kührointhaus, Blaueishütte, Lager Luttensee;

die Errichtung von privaten Bergheimen durch zivile Sport- oder Hüttenvereine, zu denen sich Angehörige der verschiedenen Truppenteile freiwillig zusammenschlossen. Aus eigener Initiative und aus eigenen Mitteln dieser Vereinigungen entstand eine Reihe prächtiger Berghütten, wie die Barbarahütte, Torrenerjochhütte, das Konrad-Haus am Jenner, die Wartstein-Hütte auf der Reiteralpe, das Oberst-Schlemmer-Haus auf dem Untersberg, das Hubertushaus, die Alpe Hällritzen im Allgäu u. a. m.

Darüber hinaus wurden gelegentlich für Sonderzwecke, wie die Schulung in Fels und Eis, Hütten des nahestehenden Alpenvereins herangezogen.[10])

Das liest sich alles so leicht, aber wie viel Initiative und Schweiß steckten doch hinter jedem neuen Projekt! So erbauten die Gebirgsjäger des II. und III./Geb.Jäg.Rgt. 100 und die Gebirgsartilleristen der I./Geb.Art.Rgt. 79, die ihre Gebirgsausbildung in dem hochalpinen Gelände rings um den Königssee erhielten, dort aus eigener Kraft und aus eigenen Mitteln die Stützpunkte „Oberst-Konrad-Haus" am Jenner und das „Oberst-Winkler-Haus" am Fuße des Schneibstein. Beide Unterkünfte sind heute noch bewirtschaftete, gern und viel besuchte Berggasthäuser in den Berchtesgadener Alpen.

Die Marsch- und Gefechtsübungen, die jedes Jahr stattfanden, und in die die Berghütten der deutschen Gebirgstruppe meist einbezogen wurden, brachten der militärischen Führung wertvolle Erkenntnisse sowohl auf taktischem als auch auf organisatorischem Gebiet. So stellte die im Juni 1936 von der Gebirgsbrigade geleitete „Marsch- und Gefechtsübung" des verstärkten III./Geb.Jäg.Rgt. 100 vom Lager Lut-

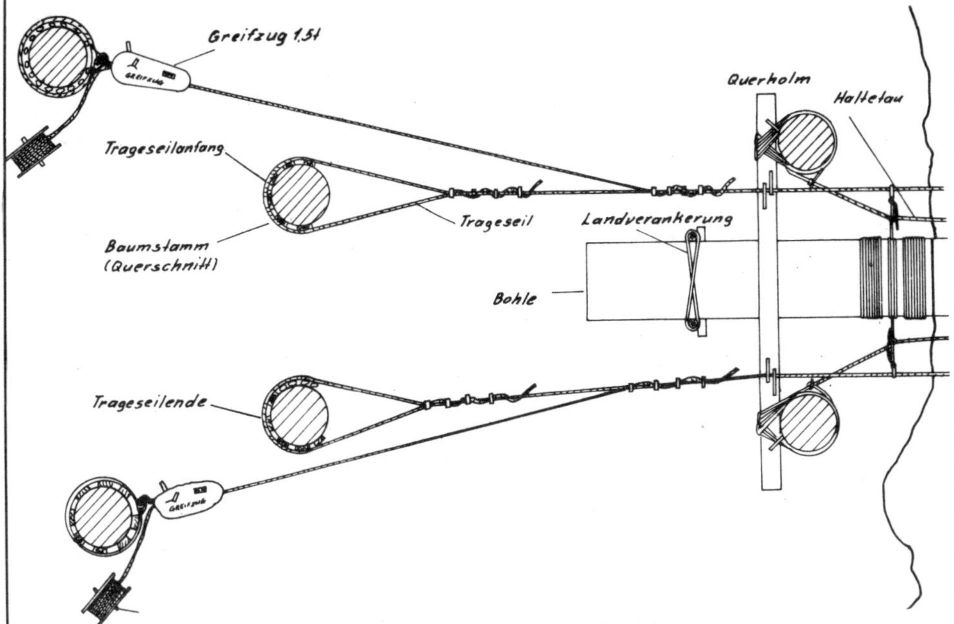

Abb 1: Hängesteg (diesseits)

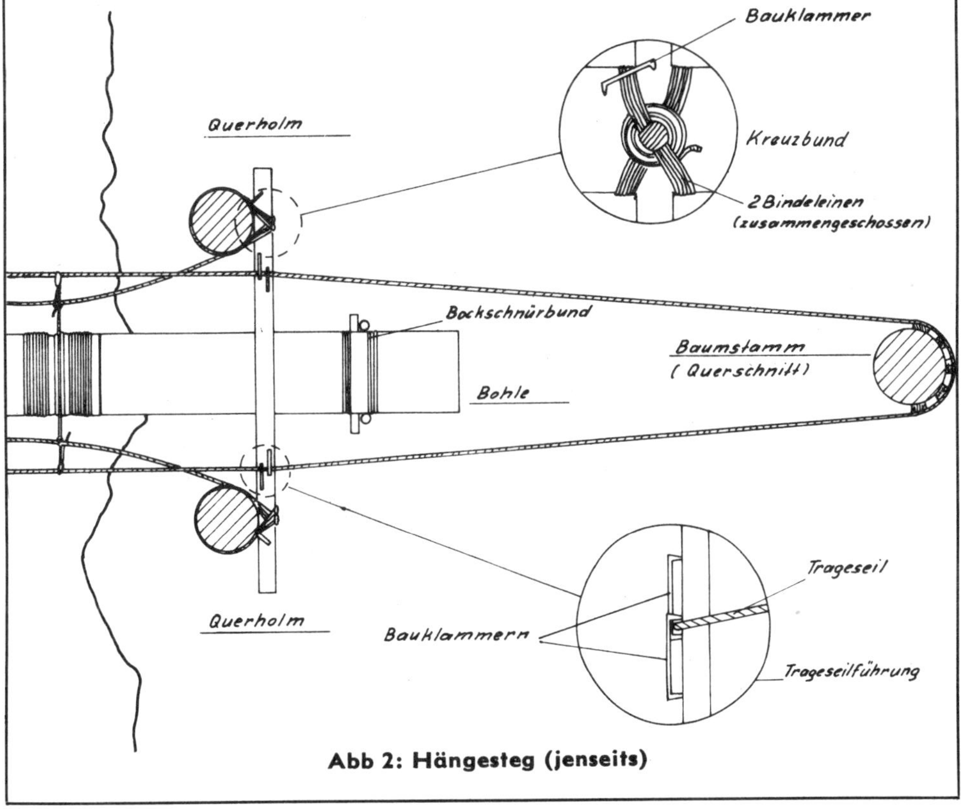

Abb 2: Hängesteg (jenseits)

Gebirgshängesteg

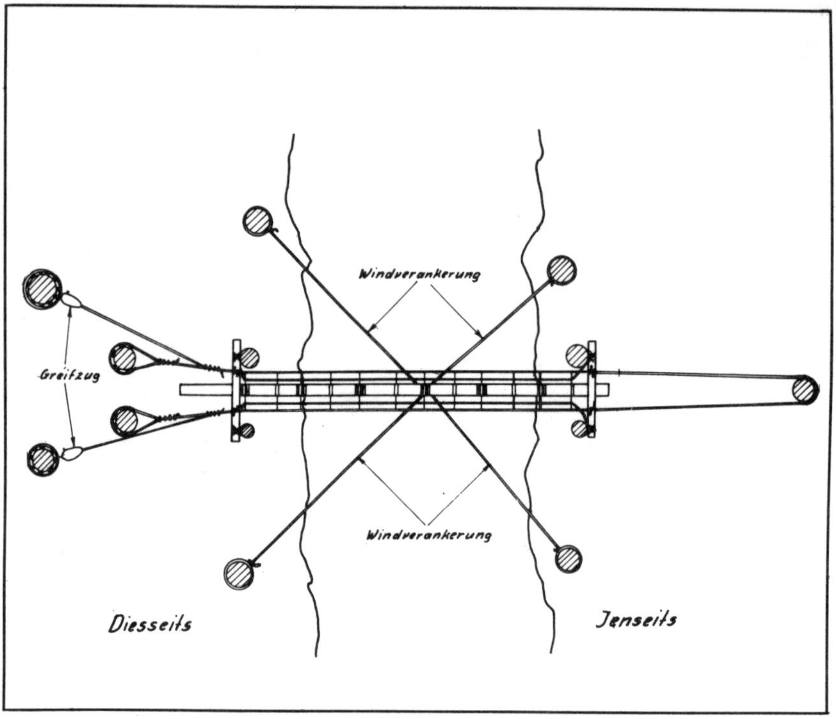

Gebirgshängesteg - Draufsicht

tensee durch das Karwendelgebirge bis nach Lenggries einerseits höchste Anforderungen an die Truppe, andererseits machte sie deren hohen Ausbildungsstand für General Kübler und seine Mitarbeiter deutlich.

Neben einer allgemeinen Ausbildung im Gebirge, die jeder Gebirgssoldat zu durchlaufen hatte, wurde die Truppe in ihren jeweiligen Verbänden den Truppengattungen entsprechend geschult. Die Gebirgsartilleristen erhielten eine spezielle Ausbildung als Beobachter, Funker oder Fernsprecher, um eine sichere Feuerleitung zu gewährleisten. Höhepunkte bildeten dabei stets die Gebirgsübungen, in denen man das Erlernte in die Tat umsetzen konnte.

Kempten - im Bild das Rathaus - gilt als Wiege der deutschen Gebirgstruppe (III. [Geb.Jäg.]/Inf.Rgt. 19 mit Stab und 2 Kp.)

„Wer von denen, die sie mitgemacht", erinnert sich General Max Winkler später, „dächte nicht gern zurück an die großen Übungen auf der Loferer- oder der Reiter-Alpe; drunten im Tal begonnen, wo neben der Geschützstellung die Bäume in voller Blüte prangten, dann über den Schrecksattel Felsensteig, über den die Tragtiere abgelastet am Seil gesichert wurden und die Kanoniere - allerhand Leistung! - die Lasten selbst auf den Sattel jonglierten und zuletzt auf dem noch schneebedeckten Reiteralp-Plateau mit Schneekufen in die Feuerstellung zum scharfen Schuß."[11])

Die Soldaten der Gebirgsnachrichtentruppe lernten, mit ihren Funkstellen Funkverbindungen zum Armeekorps und zu den Nachbarabteilungen und Regimentern herzustellen. In zahlreichen Übungen haben sie ihre Tournisterfunkgeräte geschleppt, um den kämpfenden Gebirgskameraden die Funkverbindung zu bringen: zwischen Artillerie und Jägern, zwischen Beobachtern und Feuerstellung, zwischen dem Spähtrupp und dem Bataillon. Und damit die Verständigung nicht abriß, haben die Funker in den eisigen Hochgebirgsstellungen alles unternommen, um die Funkbatterien zu schützen.

Auf den Erfahrungen der Pioniertruppen des Ersten Weltkrieges, die neben den großen körperlichen und technischen Anforderungen ihres Dienstes auch noch den Tücken und Gefahren des Hochgebirgskrieges widerstehen mußten, baute die Ausbildung der Gebirgspioniere auf. Neben der besonderen Hochgebirgsausbildung wurde jene des „Kampfpioniers" bewußt in den Vordergrund gestellt. Er war in der Lage, im Angriff mit dem Gebirgsjäger die Gasse durch die feindlichen Linien zu bahnen und ihn in der Verteidigung durch den Bau von Hindernissen und Sperriegeln zu unterstützen. Wenn es die Lage erforderte, konnte man ein Gebirgspionierbataillon auch als selbständigen Kampfverband einsetzen.

Neben den Infanteriewaffen waren die Gebirgspioniere mit allen modernen Kampfmitteln, mit einem umfangreichen Maschinenpark und einer Brückenkolonne mit B-Gerät ausgestattet, die den Bau von 8- und 16-t-Kriegsbrücken und von 8-, 16- und 24-t-Fähren ermöglichte. Bei den Fußkompanien wurde Munition, Werkzeug und Sprengstoff in Körben verpackt und auf den Tragtieren verlastet. Die

Landsberg am Lech - hier das mächtige Bayertor - gilt als Geburtsort der deutschen Gebirgsartillerie (II./[Geb.Art.]Art.Rgt. 7)

Tragtierausbildung. Das Verlasten von Tragtieren mußte ständig exerziermäßig geübt werden

mot. Kompanie war für den Einsatz im Tal mit geländegängigen Fahrzeugen ausgestattet. Der Maschinen- und Munitionspark wurde durch eine mot. Pionierkolonne nachgeführt. Die geländegängigen Zugmaschinen der Brückenkolonne dienten auch dem Mannschaftstransport.

Die Vereinigung von Truppenführer und erfahrenem Bergsteiger in einer Person war das angestrebte Ziel der Heeresbergführerausbildung. Dieses Ziel wurde – Willibald Utz und der ältere Schlemmer waren ihre namhaftesten Vertreter und Erzieher – in hohem Maße erreicht.

In Lehrgängen für Heeresbergführer und -anwärter wurde die hochalpine Ausbildung gefördert. Am Blaueisgletscher mit seiner herrlichen Felsumrahmung stand einst die Blaueishütte, eine Stätte der Auslese alpinen Könnens und hoher Charakter- und Führerreife, den Heeresbergführern zur Verfügung. Ein großer Teil der älteren Kommandeure der 1. Gebirgs-Division trug das schöne, hochgeachtete Abzeichen des

Heeresbergführers, das nach dem Zweiten Weltkrieg als Ärmelabzeichen für die Soldaten der 1. Gebirgs-Division der deutschen Bundeswehr auserwählt wurde.

Für die Tragtierführer und die Fahrer vom Bock galt der Satz: „Zuerst das Tragtier oder die Pferde und dann erst der Mann!"

Wenn nach dem Einrücken in die Unterkunft der Jäger mit dem Waffenreinigen fertig war, mußte der Tragtierführer zuerst sein Muli und der Fahrer zuerst seine beiden Pferde versorgen, Sattel und Geschirr in Ordnung bringen, bevor er an sich denken konnte. Einen anschaulichen Artikel mit „heiteren Einlagen" - wie er den Untertitel seines Tragtierberichtes bezeichnete - verfaßte General der Artillerie a. D. W. Fahrmbacher in der Zeitschrift „Die Gebirgstruppe":

„Wichtig ist die Einteilung eines ausgesuchten Tieres an der Spitze einer Marschkolonne. Lebhaft erinnere ich mich des Mulis ‚Turko', welcher jahrelang das Tempo der Marschkolonne meiner Batterie bestimmte. ‚Turko' machte seine Sache hervorragend, suchte und fand die bestgangbare Spur und gab zu erkennen, wann Schnaufpausen einzulegen waren. Anders in seiner Art war ‚Sepp'. Er war ein Genießer. Spaßeshalber gab ihm einmal während einer Rast sein Führer seine Tabakspfeife ins Maul. ‚Sepp' fand einen solchen Gefallen am Rauchen, daß er regelmäßig bei Rasten darnach verlangte und dann den Rauch durch die Nüstern blies. Der rauchende Mulus wurde sogar Filmstar.

Kein Verständnis zeigten die Maultiere bezüglich der Haltung ihrer langen Ohren bei Paraden. Wenn nämlich eine Gebirgsbatterie zu einem Vorbeimarsch antrat, stellten alle Muli in Erwartung der kommenden Dinge die Ohren senkrecht. Sobald sie aber in Höhe des blasenden Trompeterkorps kamen, wandten sie die Ohren wie auf Kommando nach links. Ein Vorgesetzter meinte einmal spaßhaft, das Bild wäre schöner, wenn die Maultiere ihre Ohren nach rechts zum Vorgesetzten wenden würden. Da war aber nichts zu machen. Recht belustigend war auch zu sehen, wenn bei Regen und Wind die langen Ohren flach nach rückwärts gelegt wurden.

Unter den Tragtieren der 4. Batterie befanden sich auch zwei richtige Esel, benannt ‚d'Annunzio' und ‚Poincaré', ersterer ein stattliches Grautier, letzterer dagegen von unansehnlicher Gestalt mit bräunlichem struppigem Fell, weshalb er auch kaum zum Dienst eingeteilt wurde. ‚d'Annunzio' trug meist eine Versorgungslast und marschierte am Ende der Batterie, da er das Tempo nicht mithalten konnte, fand aber stets wieder den Anschluß. Seine besonderen Eigenschaften machten ihn zum Liebling der Batterie. Schmeichelnd wie eine Katze, sehr wohl verwendbar als Mitakteur bei Barbarafeiern und Batteriefesten, immer brauchbar zu sonstigen Soldatenscherzen, war er fast unentbehrlich geworden. Er hatte aber auch seine Eigentümlichkeiten. Im Stall wollte er einen offenen Laufstand, von wo aus er mehrmals bei Tag und Nacht die Stallgasse entlang promenierte, sehr zum Unbehagen der Pferde, welche den Eselsgeruch gar nicht schätzten. Eisenbahnfahren war ihm ein Greuel. Er sträubte sich mit allen vieren und mußte von 4–6 Mann förmlich hineingetragen werden. Weniger schön war seine Neigung, beim Passieren eines Baches sich mitsamt der Last ins Wasser zu legen und ein erfrischendes Bad zu nehmen. Im ‚Dienst' war er einmalig. Oft brachte er seine Last ohne Begleitung eines Führers selbständig zur Hütte, ein Klaps auf die Kruppe genügte, und er trat an. Mit freudigem Eselgeschrei meldete er sich dann zur Stelle. Abgelastet verzehrte er beschaulich seine Heu- und Strohration und stand dann unbeweglich stundenlang im Windschatten der Hütte. Als er einmal nach einem Neuschneefall während der Nacht, bis zu den Sprunggelenken eingeschneit, des Morgens freigeschaufelt werden mußte, nahm er auch dies nicht übel. ‚d'Annunzio' war armeebekannt. Kaum ein Besucher und auch höherer Vorgesetzter kam zur Gebirgsartillerie, der sich nicht nach ihm erkundigte und ihn sehen wollte. Die regelmäßige Frage an den Tierführer war nach ‚d'Annunzios' Alter und die ebenso regelmäßige Antwort seines Pflegers lautete: ‚120 Jahre', was aber doch einiges Kopfschütteln hervorrief. Tatsächlich war er etwa 20 Jahre alt.

Ganz anders geartet war ‚Poincaré'. Dienstlich kaum brauchbar, hatte er mehr sein Gnadenbrot. Der Höhepunkt seines Eselsdaseins mag es gewesen sein, als er auf Ansuchen der Gemeinde Waal bei Landsberg für die dortigen Passionsspiele abgeordnet wurde. Mit bronzierten Hufen durfte er den Christusdarsteller bei seinem Einzug in Jerusalem über die Bühne tragen.

Beide Esel gingen wohl den Weg allen Eselsfleisches, als sie bei der Umstellung von zwei Gebirgsbatterien zu Beobachtungsbatterien versteigert werden mußten.

Doch nun wieder zu den Maultieren. Sie haben in Frieden und Krieg Ausgezeichnetes geleistet, nicht nur beim Transport von Waffen und Gerät, sondern auch bei anderen Aufgaben wie Hütten- und Wegebau und ähnliches. Als die Barbarahütte der Gebirgsartillerie am Kreuzeck bei Garmisch erbaut wurde, beförderte das Tragtierkommando von Hammersbach aus täglich die Baustoffe, die oft langen Bretter, Einrichtungsgegenstände aller Art und Verpflegung hinauf zum Bauplatz und überwand dabei jedesmal einen Höhenunterschied von rund 1000 m. Die Maultiere hatten sich so an diese tägliche Aufgabe gewöhnt, daß kaum mehr Tierführer als Begleiter nötig waren. An der Baustelle angekommen und abgelastet, wälzten sie sich voll Behagen auf dem Almboden und eilten dann nach Auflegen des Tragsattels allein wieder zur Talstation hinab. Eine Glanzleistung war der Transport des rund 2400 m langen Zugseils von etwa 3 cm Durchmesser in einem Stück zur Bergstation der im Bau befindlichen Kreuzeckseilbahn. Rund 30 Maultiere wurden dazu eingesetzt. Jedes bekam einige Schlingen des Seils rechts und links des Sattels aufgelegt, das dann zum nächsten Tier weiterlief. Wie eine lange Schlange setzte sich die Kolonne, nur von etwa 6 Tragtierführern begleitet, in Bewegung und ohne Zwischenfälle war das lange Seil in drei Stunden an Ort und Stelle."[12])

Wie eng die Beziehungen zwischen dem Tragtierführer und seinem Tragtier zuweilen wurden, zeigt die folgende Begebenheit, die sich bei der Gebirgs-Nachrichten-Abteilung 54 in Oberammergau zutrug. Der Tragtierführer Meyer XII - bei den Nachrichtlern in Oberammergau gab es so viele Meyer, daß sie zur Unterscheidung mit römischen Zahlen auseinandergehalten wurden mußten - nun, der Tragtierführer Meyer XII meldete sich bei seinem Kompaniechef zum Rapport, nachdem er erfahren hatte, daß sein Muli mit anderen Tragtieren wegkommen sollte.

„Meyer", fragte der Kompaniechef, „sind Sie mit dem Muli verheiratet?"

„Nein, Herr Hauptmann", kam die Antwort.

„Also", entschied der Kp.-Chef und ließ sich dabei auch nicht durch den traurigen Gesichtsausdruck seines Untergebenen erweichen, „dann wird das Muli versetzt!"

Nach Abschluß der Grundausbildung und zur Überprüfung des Ausbildungsstandes der Truppe, blieb den Gebirgsjägern allerdings auch der Dienst auf den weniger beliebten Flachland-Übungsplätzen Grafenwöhr - dem größten Truppenübungsplatz des Deutschen Reiches - und Hohenfels nicht erspart. Diese Truppenübungen waren aber notwendig, um beim Scharfschießen das Zusammenspiel innerhalb des Regiments und mit Truppenteilen zu üben.

Darüber hinaus wurde während des Aufenthaltes der gesamten 1. Gebirgs-Division auf dem Truppenübungsplatz Grafenwöhr vom 19. bis 31. August 1938 neben den Übungen mit scharfer Munition vor allem der Kampf um befestigte Stellungen geprobt. Wie sich später herausstellte, handelte es sich hierbei bereits um eine gezielte Übung für den Ernstfall. (Einmarsch in die von Bunkerlinien befestigte Tschechoslowakei = Sudetenland.) An eine Schlußbesprechung auf dem Truppenübungsplatz Grafenwöhr erinnert sich Generaloberst a. D. Dr. Lothar Rendulic:

„Nach den Übungen hielt zunächst der die Übung leitende General die Besprechung vor vierhundert Offizieren. Sie dauerte in glühender Sonne zwei Stunden. Es war eindrucksvoll, bis in welche kleinsten Details der Ausbildung und Führung hierbei eingegangen wurde, so daß wirklich Erfahrungen gewonnen werden konnten. Dann sprach der Oberbefehlshaber des Heeres, Generaloberst von Brauchitsch, eineinhalb Stunden lang, ohne daß es aber zu Wiederholungen kam. Die Besprechungen kosteten uns mehr Anstrengungen als die Teilnahme an den Übungen. Wir standen auf tiefem Sandboden, was die Hitze noch unerträglicher machte. In dem dichtgedrängten Zuhörerkreis kam es gelegentlich vor und hinter mir zu einer kleinen Unruhe. Offiziere, meist der jüngeren Jahrgänge, waren umgefallen und wurden weggetragen.“[13])

Gegenüber den monotonen Truppenübungsplatzaufenthalten wurde von den Gebirgsjägern, den Gebirgsartilleristen und den Gebirgspionieren in jedem Falle für die gemeinsamen Übungen das vielgestaltige Gebirge für ihre ausgedehnten Marsch- und Gefechtsübungen bevorzugt. So etwa bei dem ersten großen Manöver, bei dem die 1. Gebirgs-Division aus dem Gebirge vorstoßend mit der Münchner 7. Infanterie-Division ins Gefecht kam. Die anschließende Manöverbesprechung fand dann auf dem sogenannten „Feldherrnhügel“ Irschenberg – im Anblick eines der schönsten oberbayerischen Gebirgspanoramen – statt.

Die Gliederung der 1. Gebirgs-Division 1937–1939

Der 1. Oktober 1937 kann, wie bereits erwähnt, als Geburtsstunde der 1. Gebirgs-Division betrachtet werden, als die Gebirgsbrigade mit der Aufstellung eines dritten Gebirgsjägerregiments zur Division wurde.

Offiziell geschah dies allerdings erst am 1. April 1938, als der Kommandierende General des VII. A.K., von Schobert, am 30. März 1938 an die 1. Gebirgs-Division folgenden Fernspruch sandte:

„Am 1. April 1938 wird die Gebirgsbrigade zur Division erhoben. Zu diesem denkwürdigen Tag rufe ich dem Kommandeur und allen Angehörigen der 1. Geb.-Div. ein freudiges ‚Horrido‘ zu.

von Schobert“

Doch noch bestanden die drei Gebirgsjägerregimenter erst aus je zwei Gebirgsjägerbataillonen – das I./99 war zum Gebirgs-Jäger-Regiment 100 als dessen I. Bataillon nach Brannenburg am Inn gekommen und

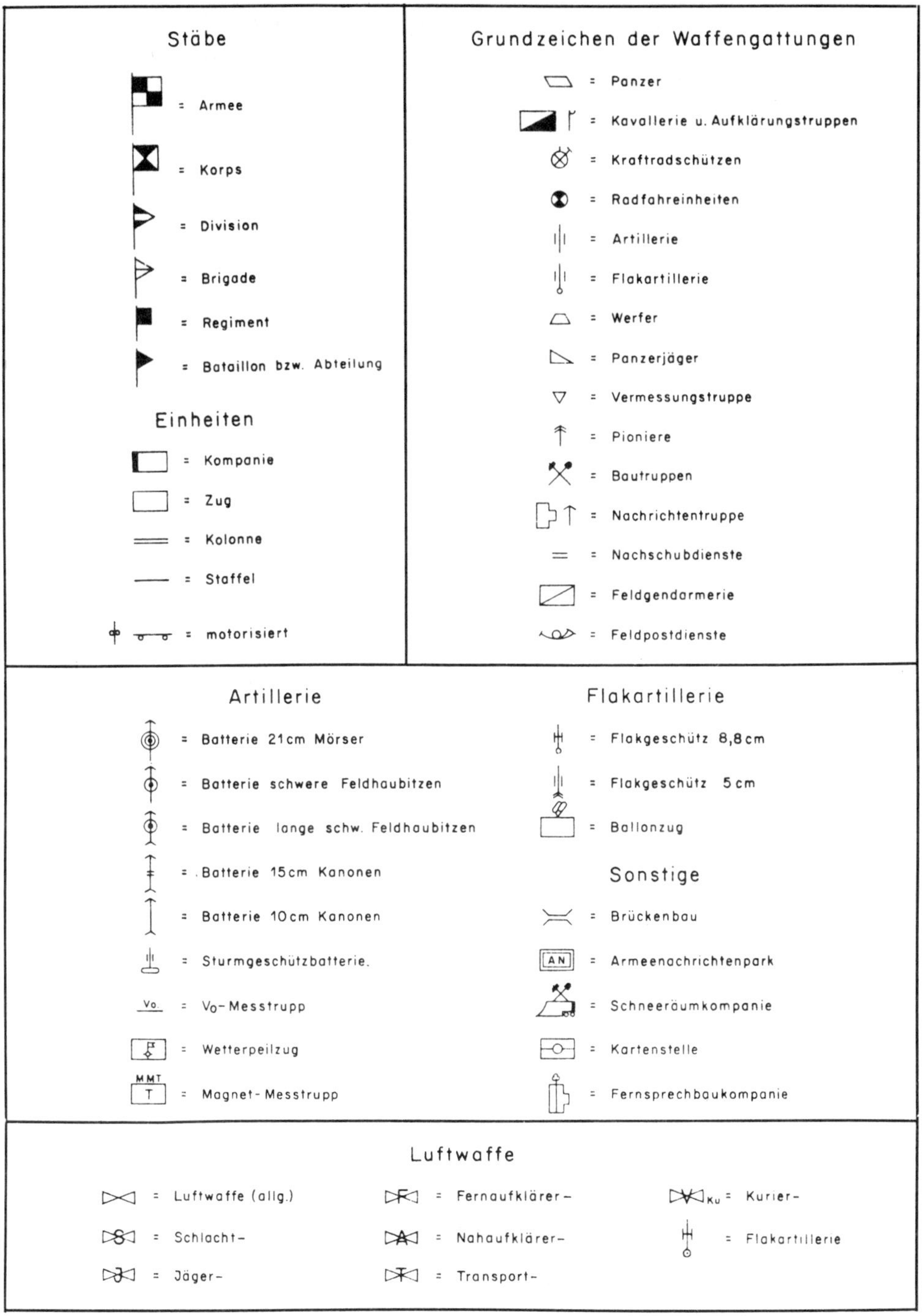

Taktische Zeichen

das II./100 als künftiges II./98 nach Lenggries –, und es fehlten auch noch andere Verbände zu einer etatmäßigen vollen Gebirgsdivision.

Ebenso war die Mehrzahl der Kasernen in den neuen Friedensstandorten erst im Bau. Doch entscheidender für die Truppe war die grenzenlose Bereitschaft, mit der sie ihren Ausbildungsstand laufend vervollständigte. Das Edelweiß-Abzeichen an der Uniform war in jeder Beziehung ein Ansporn zu außergewöhnlichen Leistungen.

Bis zum Herbst 1938 war die Neuaufstellung folgender Truppenteile befohlen worden: Das III./Geb.Jäg.Rgt. 98 in Mittenwald; das II./Geb.Jäg.Rgt. 100 in Berchtesgaden; das III./Geb.Art.Rgt. 79 (1. F. H.) in Sonthofen; das IV.(s.)/Geb.Art.Rgt. 79 in Murnau; sowie die Geb.Pz.Jäg.Abt. 44 in München, später in Murnau. Das II./Geb.Jäg.Rgt. 99 sollte erst im Mobilmachungsfall aufgestellt werden.

Der Antrag der Division zur Aufstellung einer besonderen Gebirgsaufklärungsabteilung und einer Gebirgsbeobachtungsabteilung sowie die Ausstattung mit erprobten, geländegängigen Schmalspur-Kraftfahrzeugen wurde abgelehnt. Lediglich leichte Lastkraftwagen wurden für den Sommer 1939 zugesagt. Eine Aufklärungsabteilung sollte erst im Mobilmachungsfall vom Reiter-Regiment 17 (Bamberg) zur Division treten. Die Verstärkung jeder Geb.Jäg.Komp. durch 3 leichte Granatwerfer (5 cm) und jeder MG-Kompanie durch 6 schwere Granatwerfer (8 cm) bedeutete eine wesentliche Erhöhung der Feuerkraft der Bataillone.

Der ungewöhnlich rasche Heeresaufbau – und als bescheidener Teil davon der der deutschen Gebirgstruppe – in dem kurzen Zeitraum von 1934 bis 1938, war nur auf der Grundlage der hervorragend geschulten und ausgebildeten Reichswehr möglich gewesen. Den Höhepunkt erreichte die deutsche Heereserweiterung aber dennoch erst im letzten Friedensjahr; also in der Zeit vor dem „Münchner Abkommen“ vom 9. September 1938 bis zum Ausbruch des Zweiten Weltkrieges am 1. September 1939.

Bestand das mobile deutsche Heer im Zeitabschnitt 1937/1938 noch aus nahezu 77 großen Verbänden, so wuchs diese Zahl in einem Jahr bis zum Herbst 1939 auf 103 an. Diese starke Erhöhung der Wehrkraft um über 30 Prozent ist im personellen Bereich auf den Bevölkerungszuwachs nach dem Anschluß Österreichs und des Sudetenlandes zurückzuführen. Zum größten Teil resultierte sie jedoch daraus, daß durch das Hinzukommen der tschechischen Rüstungsindustrie das Rüstungspotential fühlbar zunahm.[14])

Die 103 im Jahre 1939 bestehenden Verbände setzten sich wie folgt zusammen: 86 Infanteriedivisionen, 4 Infanteriedivisionen (mot.), 4 leichte Divisionen, 5 Panzerdivisionen, 1 Kavalleriebrigade und 3 Gebirgsdivisionen (1. bis 3. Gebirgs-Division) mit 7 Gebirgsjägerregimentern.

Uns interessieren im Rahmen dieses Kapitels die Gliederung, Stellenbesetzung sowie die Standorte der 1. Gebirgs-Division. Wie sah diese Gliederung und Stellenbesetzung nun nach dem Stand vom 3. Januar 1939 aus?[15])

1. Gebirgs-Division
Garmisch-Partenkirchen (vorläufig München)

Divisionskommandeur: Gen.-Mjr. **Kübler**			1. 1. 38
	Generalstab		
Mjr. **Pemsel**	1. 4. 35	Hptm. **Kimbacher**	1. 8. 34
	Stab		
Mjr. (WE) **Kneidl**	1. 8. 36	Hptm. (E) **Berger**	1. 1. 34
Mjr. **Schrank** (U.Geb.Jäg.R. 99)	1. 1. 37 Adj.	Hptm. (E) **Friederich**	1. 4. 34
Divisionsarzt: Oberst-A. Dr. **Bingler**, zugl. Kdr. d. Geb.S. 41			1. 8. 36
Ob.-A. **Lührmann**, zugl. Geb.S. 41	1. 1. 38 Adj.		
Divisionsveterinär: Ob.St.Vet. Dr. **Rasberger**			1. 11. 34
Ob.Vet. Dr. **Goehr** (Walter)	1. 7. 38 Adj.		

Gebirgs-Jäger-Regimenter 98, 99 und 100	Gebirgs-Pionier-Bataillon 54
Gebirgs-Artillerie-Regiment 79	Gebirgs-Nachrichten-Abteilung 54
Panzer-Abwehr-Abteilung 44	Gebirgs-Sanitäts-Abteilung 41

Der Divisionsstab gliederte sich in drei Hauptgruppen:

1. Führungsabteilung (I a, Alp., 0 1, I c, 0 3, 1. Dolmetscher, 2. Dolmetscher, Div.-Nachrichtenführer);
2. Quartiermeister-Abteilung (I b, 0 2, WuG, IV a und Mitarbeiter, IV b und Adjutant, IV c und Adjutant, IV d, Feldpost, Fü. d. Div. V.-Tr., Fü. d. Div. Gep. Tr., Fü. Feldgend. Tr.);
3. Gruppe Adjutantur und Kriegsgericht (II a, II b, St. Qu., IV z, V a, V b, Reg., III, Urk. Beamter III), außerdem gab es den Führer der Kartenstelle und den Führer des Kradmeldezuges.[16])

Der I a war der 1. Generalstabsoffizier. Er bearbeitete alles, was mit den einzelnen Truppenteilen der Division in führungsmäßiger und taktischer Hinsicht zusammenhing. Daraus ergab sich, daß er auf das engste mit den Sachkennern für die einzelnen selbständigen Waffen innerhalb des Stabes zusammenarbeitete. Sein Motto – wie das aller Generalstabsarbeit – lautete: „Schone deine Truppe, wo es immer möglich ist!“

Der I b war der 2. Generalstabsoffizier. Er war für die gesamte Versorgung der Division verantwortlich; und zwar für den Nachschub aus den rückwärtigen Versorgungsstellen an die Front als auch für den Abschub von der Front in die Etappe (z. B. Gefangene, Verwundete usw.).

Der I c war der 3. Generalstabsoffizier; Feindbearbeiter und Abwehroffizier in einer Person. Er bearbeitete alles, was den Feind betraf. Vor ihm lagen stets die Lagekarten mit sämtlichen Meldungen über die Bewegungen der feindlichen Kräfte, über dessen Stützpunkte, Nachschublinien usw. usw. Der I a und I c arbeiteten ständig zusammen, denn die Kenntnisse über den Feind bildeten die Grundlagen für die eigenen taktischen und operativen Entschlüsse.

Der Adjutant trug die Nr. II a. Er bearbeitete mit seinen Mitarbeitern die Personalangelegenheiten der Division sowie in eigener Regie die Offizierssachen, der II b alle Personalangelegenheiten der Unteroffiziere und Mannschaften.

Der Kriegsrichter - mit dem die Landser am liebsten nichts zu tun haben wollten - trug die Nr. III, die Intendanz - von der man sich so oft wie nur möglich Sonderzuteilungen erhoffte - trug die Nr. IV a, der Divisionsarzt die Nr. IV b und der Veterinär die Nr. IV c. Der katholische und evangelische Militärpfarrer trugen die Nr. IV d.

Die Ordonnanzoffiziere wurden als 0 1, 0 2 und 0 3 bezeichnet. „Mit ihnen konnte man schimpfen oder freundlich reden oder man schüttete vor ihnen das Herz aus. Sie waren die Müllablagerungsstätten für oben und unten. Außerdem verlangten die oberen und unteren Dienststellen von ihnen Allwissen.“[17])

Die Gebirgsjägerregimenter der 1. Gebirgs-Division waren folgendermaßen gegliedert: 3 Bataillone mit je 3 Gebirgsjägerkompanien, bewaffnet mit je 9 leichten, 2 schweren Maschinengewehren und 3 leichten Granatwerfern; 2 schwere Kompanien, davon eine mit Pionierzug und 4 schweren Maschinengewehren bewaffnet, die anderen mit 6 mittleren Granatwerfern und 2 leichten Infanteriegeschützen; sowie eine 16. Kompanie mit 12 Pak.

Gebirgs-Jäger-Regiment 98

RSt., III. Batl. und 16 (Pz.Abw.)Kp.: Mittenwald, I. Batl.: Garmisch-Partenkirchen, II. Batl.: Lenggries, E-Batl. Memmingen

Kommandeur: Obstl. Schörner	1. 3. 37
Obstlt. **Picker**	1. 1. 38 II
Major **Kaiser** (I.R. 134)	1. 6. 35 III
Major (E) **Freiherr v. Gise** (Psych. Prüfst. VII)	1. 9. 35 E
Major **Aldrian** (Geb.Jäg.Rgt. 100)	1. 10. 36 I

Hptm. **Telebo**		
(J.R. 135)	1. 6. 34	St II
Hptm. **Zorn**		
(Gen.St. d. H.)	1. 7. 34	1
Hptm. **Juen**	1. 8. 34	2 (E)
Hptm. **Kostanjec**	1. 11. 34	4 (schw)
Hptm. **Velhorn**	1. 12. 34	St I
Hptm. **Fleischmann**		
	1. 5. 35	4 (EMG)
Hptm. **Dauner**	1. 5. 35	2
Hptm. **Wölfinger**	1. 1. 36	RAdj.
Hptm. **Baumgartner** (Geb.-Jäg.Rgt. 99)	1. 8. 36	8
Hptm. **Salminger**	1. 10. 36	12
Hptm. **Scanzoni von Lichtenfels**	1. 1. 38	11
Hptm. **Merxmüller**		
	1. 3. 38	6
Hptm. **Hohe**	1. 3. 38	14 (schw)
Hptm. **Übelhack**	1. 4. 38	3
Hptm. **Neumayr**	1. 10. 38	15 (St)
Obtl. **Bader**	1. 10. 35	5 (St)
Oblt. **Schirmer** (Geb.-Jäg.Rgt. 99)	1. 10. 35	7
Oblt. **Kozubowski** (Geb.-Jäg.Rgt. 136)	1. 10. 35	9 (schw)
Oblt. **Artmann**	1. 6. 38	13
Oblt. **Leeb**	1. 10. 38	RSt
Oblt. **Jacob**	1. 10. 38	1 (E)
Lt. **Mayr**	1. 4. 36	Adj. III
Lt. **Süßmann**	1. 4. 36	10 (St)
Lt. **Thumser**	1. 4. 36	16 (PzAbw)
Lt. **Herterich** (Geb.-Jäg.Rgt. 99)	1. 4. 36	Adj E

Lt. **Daumiller**		1. 9. 36	Adj I
Lt. **Edler v. Braun**		1. 10. 36	14 (schw)
Lt. **Nordhoff**		1. 4. 37	5 (St)
Lt. **Niessner**		1. 4. 37	2
Lt. **Wildzeisz**		1. 4. 37	10 (St)
Lt. **Praxmarer**		1. 4. 37	1 (E)
Lt. **Kofler**		1. 4. 37	8
Lt. **Jäger** (Geb.-Jäg.Rgt. 99)		1. 4. 37	4 (EMG)
Lt. **Honigmann**		1. 9. 37	16 (PzAbw)
Lt. **Küspert**		1. 1. 38	11
Lt. **Laßkorn**		1. 1. 38	9 (schw)
Lt. **Dietzel**		1. 1. 38	1
Lt. **Lucas**		1. 1. 38	14 (schw)
Lt. **Seidel**		1. 1. 38	4 (schw)
Lt. **Koch**		1. 1. 38	10 (St)
Lt. **v. Hirschfeld**		1. 1. 38	Adj II
Lt. **Spindler**		1. 10. 38	13
Lt. **Schlicht**		1. 10. 38	12
Lt. **Beyer**	Ern.	1. 9. 38	3
Lt. **Feser**	Ern.	1. 9. 38	2
Lt. **Geyer**	Ern.	1. 9. 38	12
Lt. **Freiherr von Hertling**	Ern.	1. 9. 38	6
Lt. **Braun**	Ern.	1. 9. 38	15 (St)
Lt. **Neuner**	Ern.	1. 9. 38	7
Lt. **Willer**	Ern.	1. 9. 38	9 (schw)
Lt. **Nusser**	Ern.	1. 9. 38	11
Lt. **Esterer**	Ern.	1. 9. 38	1
Lt. **Baumann**	Ern.	1. 9. 38	2 (E)

Rgt.Vet.: St.Vet. Dr. **Schmidt** (Hermann) 1. 4. 34 RSt

Ob.Vet. **Selinger** (J.R. 63) 1. 7. 38 II

Unt.Vet. Dr. **Haydn** (Geb.Art.Rgt. 79) I

Die Uniform des Regiments mit den Abzeichen eines Generals trägt:

Gen.Oberst z. V. **Adam** Char. 1. 1. 39

Gebirgs-Jäger-Regiment 99

RSt., II. Batl. und 16. (Pz.Abw.)Kp.: Füssen, III. Batl.: Sonthofen

Kommandeur: Obstlt. **Kreß**		1. 3. 37	
Obstlt. **Buchwiser** (Gen.St. 2. Geb.Div.)	Ern.	30. 6. 37	RSt
Major **Ritter von Hengl**		1. 3. 36	III
Major **Seitz**		1. 4. 37	II

Hptm. **Willam**	1. 8. 34	St II		Lt. **Heber**		1. 4. 36	15 (St)
Hptm. **Fleischmann**	1. 11. 34	St III		Lt. **Simma**		1. 4. 36	7
Hptm. **Kreutzer**	1. 5. 35	RSt		Lt. **Dümler**		1. 8. 36	Adj III
Hptm. **Bresoski**	1. 5. 35	16 (PzAbw)		Lt. **Schwarz**		1. 4. 37	Adj II
Hptm **Raithel**	1. 3. 37	6		Lt. **Hellwig**		1. 4. 37	8
Hptm. **Eisgruber**	1. 4. 37	8		Lt. **Kraft**		1. 4. 37	13
Hptm. **Reisinger**	1. 4. 37	12		Lt. **Stöfler**		1. 4. 37	8
Hptm. **Wilfert**	1. 10. 38	11		Lt. **Schuhmann**		1. 1. 38	15 (St)
Oblt. **Bram**	1. 12. 34	15 (St)		Lt. **Leeb**		1. 1. 38	10 (St)
Oblt. **Fredlmeier**	1. 10. 35	7		Lt. **Ströhl**		1. 1. 38	7
Oblt. **Kopp**	1. 10. 36	13		Lt. **Siebeck**		1. 1. 38	16 (PzAbw)
Oblt. Dr. **Kreuzer**	1. 8. 37	RAdj		Lt. **Kobus**	Ern.	1. 9. 38	6
Oblt. **Grashey**	1. 6. 38	10 (St)		Lt. **Dodel**	Ern.	1. 9. 38	12
Oblt. **Höhne**	1. 8. 38	14 (schw)		Lt. **Feiner**	Ern.	1. 9. 38	11
Oblt. **Bürgis**	1. 10. 38	RSt		Lt. **Ortner**	Ern.	1. 9. 38	9 (schw)
Oblt. **Barth**	1. 10. 38	9 (schw)					
Lt. **Bullinger**	1. 4. 36	14 (schw)					

Kommandiert zur Dienstleistung:

Lt. **Schmidt** d. Res. d. R. 13

Rgt.Vet.: St.Vet. Dr. **Neff** (St.Gen.Kdo. VII.A.K.) 1. 1. 37 RSt

Vet. **Fischer** (Siegfried) 1. 11. 38 III

Gebirgs-Jäger-Regiment 100

RSt., III. Batl. u. 16. (Pz.Abw.)Kp.: Bad Reichenhall, I. Batl.: Brannenburg, II. Batl.: Berchtesgaden, E.-Batl.: Laufen (Oberbayern)

Kommandeur: Obstlt. **Lanz** (Gen.St. IX.A.K.)	1. 3. 37	
Obstlt. **Utz**	1. 3. 37	III
Obstlt. **Maier** (Gen.St. VII.A.K.)	1. 8. 37	II
Obstlt. **Rohmeder**	1. 1. 38	I
Maj. **Ehall** (Geb.Jäg.Rgt. 137)	1. 4. 36	RSt
Maj. **Hutterer** (I.R. 63)	1. 8. 37	E

Hptm. **Schwehr**	1. 1. 34	St I		Hptm. **Pfeiffer**	1. 1. 38	14 (schw)
Hptm. **Friedmann** (Geb.-Jäg.Rgt. 99)	1. 4. 34	St II		Hptm. **Schnetz**	1. 3. 38	4 (schw)
Hptm. **Remold**	1. 8. 34	RAdj		Hptm. **Malter**	1. 10. 38	15 (St)
Hptm. **Gollé**	1. 8. 34	5 (St)		Oblt. v. **Studnitz**	1. 12. 34	13
Hptm. **Hörl**	1. 3. 35	10 (St)		Oblt. **Schlecht**	1. 12. 34	1 (E)
Hptm. **Forster**	1. 5. 35	11		Oblt. **Jaser** (Geb.-Jäg.Rgt. 99)	1. 12. 34	4 (EMG)
Hptm. **Schury**	1. 1. 36	2		Oblt. **Wecker**	1. 10. 35	16 (PzAbw)
Hptm. **Reicheneder**	1. 10. 36	6		Oblt. **Abbt**	1. 10. 37	1
Hptm. **Ernst**	1. 1. 37	3		Oblt. **Gaum**	1. 6. 38	RSt
Hptm. **Lepperdinger** (Kr. Akad.)	1. 3. 37	9 (sch)		Oblt. **Becker**	1. 8. 38	14 (schw)
Hptm. **Ziegler** (Geb.-Jäg.Rgt. 136)	1. 4. 37	7		Oblt. **Dießl**	1. 10. 38	8
				Oblt. **Korinek**	1. 10. 38	2 (E)
				Lt. **Leikam**	1. 4. 36	Adj II
				Lt. **Horbach**	1. 4. 36	Adj III

Lt. **Lingg**	1. 4. 36	Adj I	Lt. **Wengenroth**		1. 10. 38	16 (PzAbw)
Lt. **Rott**	1. 4. 36	10 (St)	Lt. **Häuslmaier**		1. 10. 38	9 (schw)
Lt. **Kühlwein** (Geb.-Jäg.Rgt. 99)	1. 4. 36	Adj E	Lt. **Steinbach**		1. 10. 38	5 (St)
Lt. **Schmid** (Joh. I) (Geb.-Jäg.Rgt. 136)	1. 4. 36	3	Lt. **Rosenhauer**	Ern.	1. 9. 38	13
Lt. **Hörmann**	1. 4. 37	12	Lt. **Feser**	Ern.	1. 9. 38	8
Lt. **Hack**	1. 4. 37	5 (St)	Lt. **Pöschl**	Ern.	1. 9. 38	2 (E)
Lt. **Schmidt** (Joh. II)	1. 4. 37	4 (schw)	Lt. **Holzmann**	Ern.	1. 9. 38	1 (E)
Lt. **Schramm**	1. 4. 37	13	Lt. **Pitrof**	Ern.	1. 9. 38	12
Lt. **Narbeshuber**	1. 4. 37	6	Lt. **Schätz**	Ern.	1. 9. 38	3
Lt. **Hodurek**	1. 4. 37	11	Lt. **Walter**	Ern.	1. 9. 38	12
Lt. **Makuc**	1. 4. 37	2	Lt. **Hofmann**	Ern.	1. 9. 38	7
Lt. **Lobenhoffer**	1. 1. 38	7	Lt. **Graf v. Bullion**	Ern.	1. 9. 38	6
Lt. **Armbruster**	1. 1. 38	4 (schw)	Lt. **Laudon**	Ern.	1. 9. 38	11
Lt. **Dittmann**	1. 1. 38	1	Lt. **Lüttich**	Ern.	1. 9. 38	1
Lt. **Peters**	1. 1. 38	15 (St)	Lt. **Daxwanger**	Ern.	1. 9. 38	4 (EMG)
Lt. **Prosinger**	1. 10. 38	14 (schw)				
Lt. **Zwickenpflug**	1. 10. 38	8				

Rgt.Vet.: St.Vet. Dr. **Grimm** (Rgt.Vet. Geb.A.R. 79) 1. 3. 37 RSt
Ob.Vet. **Gollbeck** 1. 6. 37 I Vet. Dr. **Hornbogen** 1. 12. 38 II

Am 3. November 1940 schied das Gebirgs-Jäger-Regiment 100 aus dem Verband der 1. Gebirgs-Division und trat mit dem I./Geb.Art.Rgt. 79; jetzt I./95, zur 5. Gebirgs-Division (General Julius Ringel) über.

Das Gebirts-Artillerie-Regiment der 1. Gebirgs-Division bestand aus dem Regimentsstab mit Nachrichtenzug, Wetterzug (mot.) und Drukkereitrupp (mot.); 3 Gebirgsartillerieabteilungen mit je einem Stab, Nachrichtenzug und Artillerie-Verm.Trupp, 3 Gebirgsbatterien, mit je 4 Geb.Gesch. 7,5 oder 10,5 cm; sowie aus der schweren Artillerieabteilung (mot.) mit Stab, Nachrichtenzug und Vermessungstrupp (mot.) und 3 Batterien schwerer Feldhaubitzen (mot.) mit je 4 s.F.H. 15 cm (mot.).

Gebirgs-Artillerie-Regiment 79

RSt. und II. Abt.: Garmisch-Partenkirchen, I. Abt.: Bad Reichenhall, III. Abt.: Sonthofen, IV. Abt. mit 14. (E) Battr.: Murnau, 13. (E) Battr.: Garmisch-Partenkirchen (vorläufig Traunstein)

Kommandeur: Oberst **Wintergerst**	1. 6. 38
Obstlt. **Rothwangl**	1. 5. 35 II
Obstlt. **Winkler**	1. 4. 37 I
Major **Schindler** (Geb.Art.Rgt. 112)	1. 6. 35 RSt
Major **Bialoncig**	1. 6. 35 III
Major **Salb** (Kr.-Schule München)	1. 10. 36 IV
Major **Sommer** (II./Art.Rgt. 93)	1. 10. 38 10

Hptm. **Niedermeier**	1. 4. 34	13 (E)
Hptm. Dipl.-Ing. **de Bouché** (A.R. 27)	1. 10. 34	12
Hptm. **Blümel**	1. 3. 35	5
Hptm. **Langrock**	1. 5. 35	6
Hptm. **Hagl**	1. 8. 36	3
Hptm. **Lepperdinger** (A.R. 33)	1. 4. 38	7
Oblt. **Schneider**	1. 10. 35	4
Oblt. **Sternbach**	1. 3. 36	2
Oblt. **Leeb**	1. 8. 37	RAdj
Oblt. **Grodhaus** (II./A.R. 63)	1. 10. 37	14 (E)
Oblt. **Heller**	1. 8. 38	Adj II
Lt. **von Raven**	1. 4. 36	8
Lt. **Gombart**	1. 4. 36	Adj I
Lt. **von Angerer**	1. 4. 36	RSt
Lt. **Fuchs** (A.R. 27)	1. 4. 36	St IV
Lt. **Backofen**	1. 4. 36	St III
Lt. **Zimmermann**	1. 4. 37	5
Lt. **Reiß**	1. 4. 37	St II
Lt. **v. Kaufmann**	1. 4. 37	2
Lt. **Franke**	1. 4. 37	Adj IV
Lt. **Knecht**	1. 4. 37	St I
Lt. **Schäuffel** (Kdr. Schießpl.) Kummersdorf)	1. 4. 37	11
Lt. **Gebhardt**	1. 4. 37	Adj III
Lt. **Fabiankowitsch**	1. 4. 37	3
Lt. **Perger**	1. 4. 37	8
Lt. Dr. **Exner**	1. 5. 37	9
Lt. **Müller**	1. 1. 38	4
Lt. **Rigele**	1. 1. 38	6
Lt. **Eberhardt**	1. 1. 38	12
Lt. **Schmitt**	1. 1. 38	10
Lt. **Beutner**	1. 1. 38	9
Lt. **Lueg**	1. 1. 38	1
Lt. **Schnetzer**	1. 1. 38	9
Lt. **Feineis**	1. 1. 38	11
Lt. **Ziegler**	1. 10. 38	6
Lt. **Schricker**	1. 10. 38	7
Lt. **Boch**	1. 10. 38	13 (E)
Lt. **Weigmann** Ern.	1. 9. 38	7
Lt. **Steffel** Ern.	1. 9. 38	5
Lt. **Costa** Ern.	1. 9. 38	2
Lt. **Kimmerle** Ern.	1. 9. 38	1
Lt. **Stinglwagner** Ern.	1. 9. 38	8

Kommandiert zur Dienstleistung:

Hptm. **Cociancig** d. Res. d. R. 1

Rgt.Vet.: Ob.St.Vet. Dr. **Schwarz** (V Jn) 1. 10. 38 RSt

St.Vet. Dr. **Schulz** (I./A.R. 45)	1. 6. 38	III
Vet. **Falk**	1. 11. 38	I
Unt.Vet. Dr. **Hoffmann** (Robert) (Geb.Jäg.Rgt. 99)		II

Die leichte Artillerie der 1. Gebirgs-Division war hauptsächlich mit der 6,5 cm-Geb.Kan. L/17 (i), dem 7,5 cm-Geb.I.G. 18, dem 7,5 cm-Geb.Gesch. 36 sowie mit der 10,5 cm-Geb.Haub. 40 ausgestattet. An schweren Artilleriewaffen verfügte die Division über schwere Feldhaubitzen (s.F.H. 15 cm). Die Gliederung und Bewaffnung der Artillerie änderte sich während des Krieges einerseits durch die Einführung neuer Waffen, andererseits durch den Mangel an Geschützen und die Verwendung von Beutegeräten.

Panzer-Abwehr-Abteilung 44

Murnau (vorläufig München)

Kommandeur: Maj. **Lang** (Geb.Jäg.Rgt. 99) 1. 1. 37

Hptm. v. **Kirschbaum** (Pz.-Abw.Abt. 27)	1. 4. 34	2
Oblt. **Kaiser** (Pz.-Abw.Abt. 17)	1. 6. 38	1
Lt. **Zimmermann** (Pz.-Abw.Abt. 27)	1. 4. 36	St
Lt. **Frhr. v. Maercken** (Pz.Abw.Abt. 7)	1. 4. 37	Adj
Lt. **Rathgeber** (Pz.-Abw.Abt. 10)	1. 1. 38	1
Lt. **Schinner** (PzAbw-Abt. 37)	Ern. 1. 9. 38	2
Lt. **Länger** (Pz.Abw.-Abt. 17)	Ern. 1. 9. 38	2

Die Panzer-Abwehr-Abteilung der 1. Gebirgs-Division bestand aus dem Stab und Nachrichten-Zug (mot.) sowie aus 3 Panzerabwehrkompanien (mot.) zu je 12 Pak. Weiter war der Division als 4. Kompanie eine MG-Fla-Kompanie mit zwölf 2 cm-Flak-Geschützen (mot.) zugeteilt.

Gebirgs-Pionier-Bataillon 54

Mittenwald

Kommandeur: Obstl. **Zimmer** (Kdr. Pi. 35) 1. 6. 38

Hptm. **Arbinger** (Pi. 82)	1. 11. 34	2
Hptm. **von Ahlfen**	1. 1. 37	3
Oblt. **Müller-Elblein** (Pi. 56)	1. 10. 35	1
Oblt. **Gramm** (Pi. 85)	1. 3. 37	3
Oblt. **List** (Pi. 83)	1. 3. 37	
Lt. **Dietz**	1. 4. 36	Adj
Lt. **Mugler**	1. 4. 36	St
Lt. **Meyer**	1. 1. 38	1
Lt. **Wolff**	1. 1. 38	2
Lt. **Steiner**	Ern. 1. 9. 38	2
Lt. **Bock**	Ern. 1. 9. 38	3
Unt.Vet. **Schaal**		St

Das Gebirgs-Pionier-Bataillon setzte sich – neben dem Stab mit Nachrichtenzug (mot.) und Musikkorps – aus zwei Gebirgspionierkompanien (je 9 l.MG) und einer leichten Pionierkompanie (mot.) mit 9 l.MG, sowie aus einer Brückenkolonne B oder C (mot.) und einer leichten Gebirgspionierkolonne (mot.) zusammen.

Gebirgs-Nachrichten-Abteilung 54

Oberammergau

Kommandeur: Obstlt. Dipl.-Ing. **Kleinschroth** 1. 1. 38

Hptm. **Peter**	1. 8. 36	2(GebFe)	Lt. **Salinger**		1. 4. 37	1 (GebFe)
Hptm. **Binder**	1. 6. 38	1 (GebFe)	Lt. **Zobl**		1. 4. 37	3 (GebFu)
Oblt. (E) **Schnell**	1. 5. 30	St.	Lt. **Schöfer**		1. 1. 38	3 (GebFu)
Oblt. **Klopsch** (N. 47)	1. 8. 37	3 (GebFu)	Lt. **Schneider**		1. 10. 38	(GebFe)
Lt. **Hübsch**	1. 4. 36	Adj	Lt. **Erzberger**	Ern.	1. 9. 38	1 (GebFe)
Lt. **Schleif**	1. 4. 36	2 (GebFe)	Lt. **Berberich**	Ern.	1. 9. 38	2 (GebFe)

Die Gebirgs-Nachrichten-Abteilung der 1. Gebirgs-Division setzte sich aus dem Stab, 2 Gebirgsfernsprechkompanien (t mot.), einer Gebirgsfunkkompanie (t mot.) sowie aus einer leichten Gebirgsnachrichtenkolonne (mot.) zusammen.

Zu diesen Kampf- und Kampfunterstützungstruppen kamen noch die Versorgungsteile. Zu den Versorgungsdiensten einer Division gehörten: die Nachschubdienste, die Verwaltungsdienste, die Sanitätsdienste, die Veterinärkompanie sowie das Feldpostamt.

Bei der Mobilmachung 1939 bestanden die Nachschubdienste einer Gebirgsdivision aus:

StabDivNachschub-Führer,
4 kleinen Kraftwagenkolonnen (30 t),
8 Gebirgsfahrkolonnen,
1 kleinen Kraftwagenkolonne für Betriebsstoff (25 cbm),
Werkstattkompanie (mot.),
Gebirgsnachschubkompanie,
1 Gebirgsträgerbataillon mit Stab und 6 Geb.-Träger-Kp.

Die Verwaltungsdienste einer Division bestanden unter dem Divisionsintendanten aus einer Bäckereikompanie (mot.), einem Schlächtereizug (mot.) und dem Verpflegungsamt.

Bei der Mobilmachung bestand der Sanitätsdienst unter dem Divisionsarzt aus der Gebirgssanitätskompanie (t mot.), einem Feldlazarett

Oben: Die Pionier-Kaserne in Mittenwald – im Hintergrund die Nordwestabstürze des Karwendels – einst Unterkunft des I./Geb.Jäg.Rgt. 98, trägt heute den Namen „General Kübler-Kaserne"

Unten: Die Karfreit-Kaserne in Brannenburg-Degerndorf – rechts im Hintergrund der Heuberg, links das Kranzhorn – beherbergte seinerzeit das I./Geb.Jäg.Rgt. 100

und zwei Krankenkraftwagenzügen. Im Rahmen dieser Zusammenstellung sei abschließend noch die Gliederung und Stellenbesetzung der Gebirgs-Sanitäts-Abteilung 41 vom 3. Januar 1939 aufgeführt.[18])

Gebirgs-Sanitäts-Abteilung 41
Garmisch-Partenkirchen (vorläufig München)

Kommandeur: Oberst-A. Dr. **Bingler,** Div.-Arzt d. 1. Geb.Div. 1. 8. 36

Ob.-A. **Lührmann**
b. St. d. 1. Geb.Div. 1. 1. 38 Adj

Geb.San.Staff. Bad Reichenhall
St.-A. Dr. **Burghardt** (Georg) 1. 9. 35
Ob.-A. Dr. **von Forster** 1. 7. 38
A.-A. **Hürner** 1. 12. 38

Geb.San.Staff. Berchtesgaden
Ob.-A. **Hümmert** (Geb.San.Staff. Bad Reichenhall) 1. 7. 37

Geb.San.Staff. Brannenburg
St.-A. Dr. **Buhl** 1. 4. 37
Unt.-A. Dr. **Flener**

Geb.San.Staff. Füssen
St.-A. Dr. **Sill** 1. 10. 37
Ob.-A. Dr. **Sattelmayer** 1. 10. 38

Geb.San.Staff. Garmisch-Partenkirchen
Ob.-St.A. Dr. **Steinhuber** 1. 3. 37
A.-A. Dr. **Kammerer** 1. 5. 38

Geb.San.Staff. Lenggries
Ob.-A. Dr. **Römer** 1. 3. 38

Geb.San.Staff. Mittenwald
Ob.-A. Dr. **von Niedner** 1. 6. 37
A.-A. **von Angerer** 1. 11. 38

Geb.San.Staff. Murnau
Ob.-A. **Schreck** (Hans-Werner) (Geb.San.Staff. Sonthofen) 1. 7. 38
A.-A. **Hafner** (August) 1. 11. 38

Geb.San.Staff. Oberammergau
Ob.-A. Dr. **Werner** (Egon) 1. 4. 37

Geb.San.Staff. Sonthofen
Ob.-A. Dr. **Brunner** (Hermann) (Geb.San.-Staff. Garmisch-Partenkirchen) 1. 4. 37
A.-A. Dr. **Hohenthal** 1. 11. 38

Personell verfügte die 1. Gebirgs-Division dem Mob-Plan 1939/40 gemäß über eine Gesamt-Soll-Stärke von 24.956 Mann (davon 640 Offiziere, 91 Beamte, 3032 Unteroffiziere und 21.193 Mannschaften).

Die Waffen-Soll-Stärke betrug: 5708 Pistolen, 17.568 Gewehre, 396 leichte Maschinengewehre, 96 schwere Maschinengewehre, 12 Flak (2 cm), 72 Pak (3,7 cm), 81 leichte Granatwerfer (5 cm), 54 mittlere Granatwerfer (8 cm), 18 leichte Gebirgsinfanteriegeschütze (7,5 cm), 36 Gebirgsgeschütze (7,5 oder 10,5 cm), sowie 12 schwere Feldhaubitzen 18 (15 cm). Das ergibt ein Gesamt-Soll von 24.053 Waffen.

Blick vom Predigtstuhl auf Bad Reichenhall und den Hochstaufen. In den Reichenhaller Kasernen waren das II./Geb.Jäg.Rgt. 100 und die I./Geb.Art.Rgt. 79 untergebracht

An Kraftfahrzeugen waren der Division zugeteilt: 391 Solo-Kräder, 345 Kräder mit Beiwagen, 374 Pkw, 793 Lkw, 84 einachsige und 6 mehrachsige Anhänger. Das Gesamt-Soll der Kraftfahrzeuge betrug demnach 1993. Hinzu kamen noch 1007 bespannte und 37 unbespannte Fahrzeuge.

Das Gesamt-Soll an Tieren betrug bei der 1. Gebirgs-Division auf Grund ihres Verwendungszweckes im gebirgigen und unwegsamen Gelände 7405 Tiere. Diese setzten sich wie folgt zusammen: 1333 Reitpferde, 4224 Tragtiere, 1836 leichte und 12 schwere Zugpferde.

Mit der entsprechenden Munitionsausstattung sowie mit den zugewiesenen Ersatzabteilungen zog die 1. Gebirgs-Division nach einer vierjährigen pausenlosen Aufstockung am 1. September 1939 in den Zweiten Weltkrieg. Der Oberste Befehlshaber der Deutschen Wehrmacht, Adolf Hitler, hatte damit sein Wort, das Generaloberst Franz Halder wie folgt überliefert hat, wahr gemacht:

„Die Wehrmacht ist ein Instrument der Politik. Ich werde der Armee ihre Aufgabe zuweisen, wenn der Augenblick gekommen ist. Die Armee hat diese Aufgabe zu lösen und nicht zu diskutieren, ob die Aufgabe richtig oder falsch gestellt ist.“[19])

Die Zeit der „Blumenkriege“ 1938/39

Die Gebirgsjäger des II./Geb.Jäg.Rgt. 100, die damals eben die neue Kaserne in der Strub bei Berchtesgaden bezogen hatten, befanden sich im Februar 1938 gerade mitten in der Winterausbildung, als sich die Aktivitäten auf dem nahe gelegenen Obersalzberg, auf dem sich das „Führerhaus“, der „Berghof“, befand, auffällig steigerten. Öfter als üblich sahen sie, wenn sie durch Berchtesgaden marschierten, Wagenkolonnen aus Berlin und dem benachbarten Österreich der bekannten Auffahrt zum Obersalzberg zustreben.

Irgend etwas lag in jenen Februartagen nicht nur in der schneehaltigen Luft des Berchtesgadener Landes, sondern auch in der politischen Atmosphäre der deutsch-österreichischen Beziehungen. Worum es sich jedoch handelte, darüber vermochten sich die Angehörigen des II./100 vorerst nicht klar zu werden.

Konkretere Formen nahmen die Vermutungen an, als eine Gruppe von Gebirgsjägern während eines Übungsmarsches den österreichischen Bundeskanzler Dr. Kurt Schuschnigg am 12. Februar 1938 in einer Wagenkolonne in Richtung Obersalzberg fahren sah. Am liebsten wären sie, die Gebirgsjäger, hinaufmarschiert, um zu sehen, was sich dort oben ereignen werde, aber an den drei SS-Sperren gab es kein Vorbeikommen. Die erste Sperre befand sich bereits an der Auffahrt zum

V o r o r i e n t i e r u n g

über

" E i n s a t z   Ö s t e r r e i c h "

1.) VII.A.K. bereitet für Sonnabend, den 12.3. Y-Uhr den Einmarsch in Österreich im Abschnitt Hallein-Braunau einschl. zum Vorstoss auf Wien vor. Grenzübertritt erst auf Befehl des Führers.

Es stellen sich nach Entladung bereit:

2.) Geb.Division (ohne G.J.R. 98, II./G.A.R.79, 2./Pi. 54)
Jm Raume südostw. Schellenberg-Reichenhall-Freilassing zur Wegnahme von Salzburg. Später Vorstoss am Nordrand des Gebirges Richtung Steyr. Der Geb.Div. unterstellt: III./J.R. 61, M.G.Batl. 6 und II.s.A.R. 40 (mot).

3.) 7. Division (ohne J.R. 61, Standort Passau, I./A.R. 7)
Mit I./Pz.Rgt. 25, III./s.A.R. 46, Pi.Batl. 47 ohne 1. Kp., südwestl. und nordostw. Simbach zum Vorstoss auf Ried.

4.) Grenzschutzabschnitts-Kdr. 10: (mit unterstellter Gruppe G.J.R.98, II./G.A.R. 79, 2./G.Pi. 54)
im Raume Mittenwald, Lager Mittenwald zur Wegnahme von Jnnsbruck.
Gruppe J.R. 61 (ohne III.Batl.) mit I./A.R. 7 und 1 Kp. Pi. 47 im Jnntal nördl. der Grenze zum Vorstoss auf Wörgl.
Stab Grenzschutzabschnittskdo. 10 zunächst München.
1 gem. Zug G.Na. 54 bleibt zunächst in Mittenwald unter Führung d. Gr.Abschn.Kdo. 10.
Voraussichtl. Nachmobilmachung 97. Landw. Div.

5.) Erkundung für den Flussübergang und Feuerschutz im Osten, wie für den Grenzübertritt im Süden sind zunächst nur auf deutschem Gebiet durchzuführen. Sie müssen im Osten sicherstellen, dass auch bei Sprengung der Brücken durch den Gegner der Flussübergang nach

- 2 -

- 2 -

Freigabe des Grenzübertritts sofort beginnen kann.

Die Überraschung ist zu wahren. Erkundungen auf feindl. Gebiet auch in Zivil sind bis zur Freigabe des Grenzübertritts verboten.

6.) Geb.Div. setzt von vorneherein Teile gegen den Pass Lueg an, um hier ein Festsetzen der Garnison Salzburg zu verhindern und den Pass gegen.Verstärkungen von Süden zu sperren.

Brücke Laufen ist nach Freigabe des Grenzübertritts durch eine besondere Abteilung der Geb.Div. zu nehmen.

7.) Es werden nachgeführt und unterstellt:
SS-Standarte "Deutschland" der Gruppe J.R. 61
SS-Standarte "Germania" der Gruppe Geb.Div.

Sie sind in erster Linie zum Freihalten des Rückens, bei Bedarf jedoch auch in vorderer Linie zu verwenden.

8.) Flakschutz wird besonders befohlen.

9.) Korps-Kdo. ab 11.3. 16.00 Uhr Traunstein.
Verbindungen durch Na. 47 zu Geb.Div., 7. .Div., A.O.K. 8 (Mühldorf) und Gr.Abschn.Kdo. 10.

Vororientierung über den „Einsatz Österreich" - Fall „Otto"

Obersalzberg, die zweite kurz vor dem Gutshof „Obersalzberg" und die dritte Sperre war unweit des Führerhauses errichtet.

Doch soviel wußten die Gebirgsjäger aus der Strub aber dennoch: Es ging um das gespannte Verhältnis zwischen dem Deutschen Reich und seinem alpenländischen Nachbarn Österreich.

Dieser damals kaum lebensfähige österreichische Rumpfstaat - ein typisches Retortenkind der Siegermächte des Ersten Weltkrieges - geriet nach dem Krieg in eine Dauerkrise. Einer der Gründe dieser Krise lag darin, daß sich die beiden österreichischen Großparteien, die damals streng marxistisch eingestellten Sozialdemokraten und die national-konservativen Christlichsozialen, zu keiner Zusammenarbeit zusammenfinden konnten, sondern im Gegenteil sich immer heftiger befehdeten. Nur in einem waren sie sich einig: Österreich sollte den Anschluß an das Deutsche Reich suchen. Diesen Gedanken hielten unmittelbar nach dem verlorenen Krieg alle Regierungen und Parteien für den richtigen.

1932 wurde der christlichsoziale Politiker Engelbert Dollfuß, in einer Zeit, in der auch in Österreich die Nationalsozialisten mächtig geworden waren, österreichischer Bundeskanzler. Die österreichischen Nationalsozialisten suchten - wie auch die anderen Kräfte des Landes - den Anschluß an Deutschland; ein Ziel also, das auch Hitler jenseits der rot-weiß-roten Grenzpfähle anstrebte.

Doch die immer krisenhafter werdende innere Lage Österreichs führte dazu, daß Dollfuß ein autoritäres Regime, den sogenannten „Austrofaschismus", errichtete, indem er das Parlament ausschaltete und versuchte, einen „christlichen Ständestaat" aufzubauen. Unterstützt wurde Dollfuß in seinen politischen Maßnahmen letztlich auch durch Mussolini, den italienischen Duce, der sich damals noch nicht mit dem Gedanken anfreunden konnte, daß sich Deutschland künftig bis zu den italienischen Alpenübergängen ausdehnen sollte.

Um dem Anwachsen der nationalsozialistischen Bewegung zu begegnen, verbot Dollfuß schließlich im Jahre 1933 die österreichische NSDAP und ein Jahr später, 1934, die sozialdemokratischen Organisationen.

Im Juli desselben Jahres unternahmen die österreichischen Nationalsozialisten einen Putsch, während dem der österreichische Bundeskanzler Dollfuß ermordet wurde. Mussolini dirigierte daraufhin sofort Truppen an die Brennergrenze, so daß Hitler von den Putschisten abrücken mußte, während der österreichischen Regierung eine Atempause verblieb.

Im deutschen Heer wurde auf Grund dieser Erfahrungen der Gedanke an eine deutsche Gebirgstruppe, die notfalls auch die Alpenpässe handstreichartig nehmen konnte, lebendig. Der Aufstellung der Gebirgsbrigade unter Oberst Kübler, aus der sich dann später, wie wir bereits vernommen haben, die 1. Gebirgs-Division bildete, stand seit Mussolinis Truppendemonstration am Brennerpaß nichts mehr im Wege.

Nachfolger des ermordeten Engelbert Dollfuß als österreichischer Bundeskanzler wurde Dr. Kurt Schuschnigg. Gerade für ihn wurde die politische Lage zusehends schwieriger, denn Hitler errang im Rahmen seiner Revisionspolitik - wir erinnern uns: 1933 Austritt Deutschlands aus dem Völkerbund, 1934 Freundschaftsvertrag zwischen Deutschland und Polen, 1935 Rückgabe des Saargebietes an Deutschland, Wiedereinführung der allgemeinen Wehrpflicht und deutsch-britisches

Flottenabkommen, 1936 Einrücken deutscher Truppen in die entmilitarisierte Zone des Rheinlandes und Abschluß des Antikomintern-Paktes zwischen Deutschland und Japan (1937 trat Italien dem Antikomintern-Pakt bei und aus dem Völkerbund aus) - Erfolge, die Deutschlands Position immer stärker festigten. Darüber hinaus näherte sich der durch den Abessinienkrieg isolierte italienische Diktator Mussolini Hitler immer mehr. (Begründung der „Achse Rom-Berlin" durch den deutsch-italienischen Vertrag.) Habsburger Restaurationsbestrebungen, denen Schuschnigg geneigt schien, führten zu neuen Spannungen mit dem Deutschen Reich.

Diese für Schuschnigg alles andere als rosige politische Lage ausnutzend, mischte sich Hitler vermehrt und massiv in die inneren Verhältnisse Österreichs ein, zumal die Alpenrepublik notfalls, wie sich herauskristallisierte, nicht mit einer tatkräftigen militärischen Unterstützung der Westmächte rechnen konnte. Der österreichische Bundeskanzler wurde nun einem verstärkten propagandistischen Druck unterworfen. In dieser prekären Situation mußte nun Schuschnigg, der politischen Realität gehorchend, eine Einladung Hitlers auf den Obersalzberg bei Berchtesgaden annehmen.

Die Verhandlungen zwischen Hitler und Schuschnigg auf dem Berghof am 11. Februar 1938 verliefen äußerst dramatisch.

Um 23.00 Uhr unterzeichnete der österreichische Bundeskanzler das „Abkommen", zumal sich Schuschnigg darüber im klaren war, daß Italien hinter Hitler stand, England das Selbstbestimmungsrecht respektierte, und nur Frankreich - innenpolitisch aber geschwächt - bereit schien, vielleicht für Österreich zu kämpfen.

Unter anderem hatte Schuschnigg nach seinem Canossa-Gang auf den Obersalzberg Dr. Seyss-Inquart und den großdeutsch gesinnten ehemaligen Weltkriegsoffizier General Glaise-Horstenau in die österreichische Regierung aufzunehmen und die Zusage einer Amnestie für Nationalsozialisten in Österreich zu machen. Daraufhin unternahm Schuschnigg einen letzten Versuch, sich aus der Umklammerung Hitlers und der österreichischen Nationalsozialisten, auf die die Berchtesgadener Unterredung überaus stimulierend gewirkt hatte, zu lösen, um die österreichische Unabhängigkeit zu erhalten.

Er rief am 9. März 1938 zu einer Volksabstimmung mit undurchsichtigen Methoden für Sonntag, den 13. März, auf, in der das Volk entscheiden sollte, ob es seine Unabhängigkeit als „freies und deutsches, unabhängiges und soziales, christliches und einiges Land" bewahren wolle oder den „Anschluß" an das Deutsche Reich befürworte. Dieser Schritt brachte die Lawine ins Rollen.

Hitler reagierte auf diesen unglückseligen Coup Schuschniggs auf seine Weise. Der österreichische Bundeskanzler wurde zum Rücktritt gezwungen, während Seyss-Inquart die Regierung übernahm. Am 11. März 1938 erließ Hitler unter dem Decknamen Fall „Otto" die geheime „militärische Weisung für den Einmarsch in Österreich". Hier der Wortlaut:

„1. Ich beabsichtige, wenn andere Mittel nicht zum Ziele führen, mit bewaffneten Kräften in Österreich einzurücken und dort verfassungsmäßige Zustände herzustellen und weitere Gewalttaten gegen die deutschgesinnte Bevölkerung zu unterbinden.

2. Den Befehl über das gesamte Unternehmen führe ich. Nach meinen Weisungen führen: der Oberbefehlshaber des Heeres die Operationen zu Lande mit der achten Armee in der mir vorgeschlagenen Zusammensetzung und Stärke und den aus der Anlage ersichtlichen Zuteilungen der Luftwaffe, der SS. und der Polizei; der Oberbefehlshaber der Luftwaffe die Unternehmungen in der Luft mit den mir vorgeschlagenen Kräften.

3. Aufgaben:

a) Heer: Der Einmarsch nach Österreich hat in der mir vorgetragenen Art zu erfolgen. Das Ziel für das Heer ist zunächst die Besetzung von Oberösterreich, Salzburg, Niederösterreich, Tirol, die schnelle Besitznahme von Wien und die Sicherung der österreichisch-tschechischen Grenze.

b) Luftwaffe: Die Luftwaffe hat zu demonstrieren und Propagandamaterial abzuwerfen, österreichische Flughäfen für eventuell nachzuziehende Verbände zu besetzen, das Heer in dem erforderlichen Umfange zu unterstützen und außerdem Kampfverbände zu besonderen Aufträgen bereitzuhalten.

4. Die für das Unternehmen bestimmten Kräfte des Heeres und der Luftwaffe müssen ab 12. 3. 38, spätestens 12 Uhr einmarsch- bzw. einsatzbereit sein. Die Genehmigung zum Überfliegen und Überschreiten der Grenze und die Festsetzung des Zeitpunktes hierfür behalte ich mir vor.

5. Das Verhalten der Truppe muß dem Gesichtspunkt Rechnung tragen, daß wir keinen Krieg gegen ein Brudervolk führen wollen. Es liegt in unserem Interesse, daß das ganze Unternehmen ohne Anwendung von Gewalt in Form eines von der Bevölkerung begrüßten friedlichen Einmarsches vor sich geht. Daher ist jede Provokation zu vermeiden. Sollte es aber zum Widerstand kommen, so ist er mit größter Rücksichtslosigkeit durch Waffengewalt zu brechen. Übergehende österreichische Verbände treten sofort unter deutschen Befehl.

6. An den deutschen Grenzen zu den übrigen Staaten sind einstweilen keinerlei Sicherheitsmaßnahmen zu treffen.

Adolf Hitler."[20])

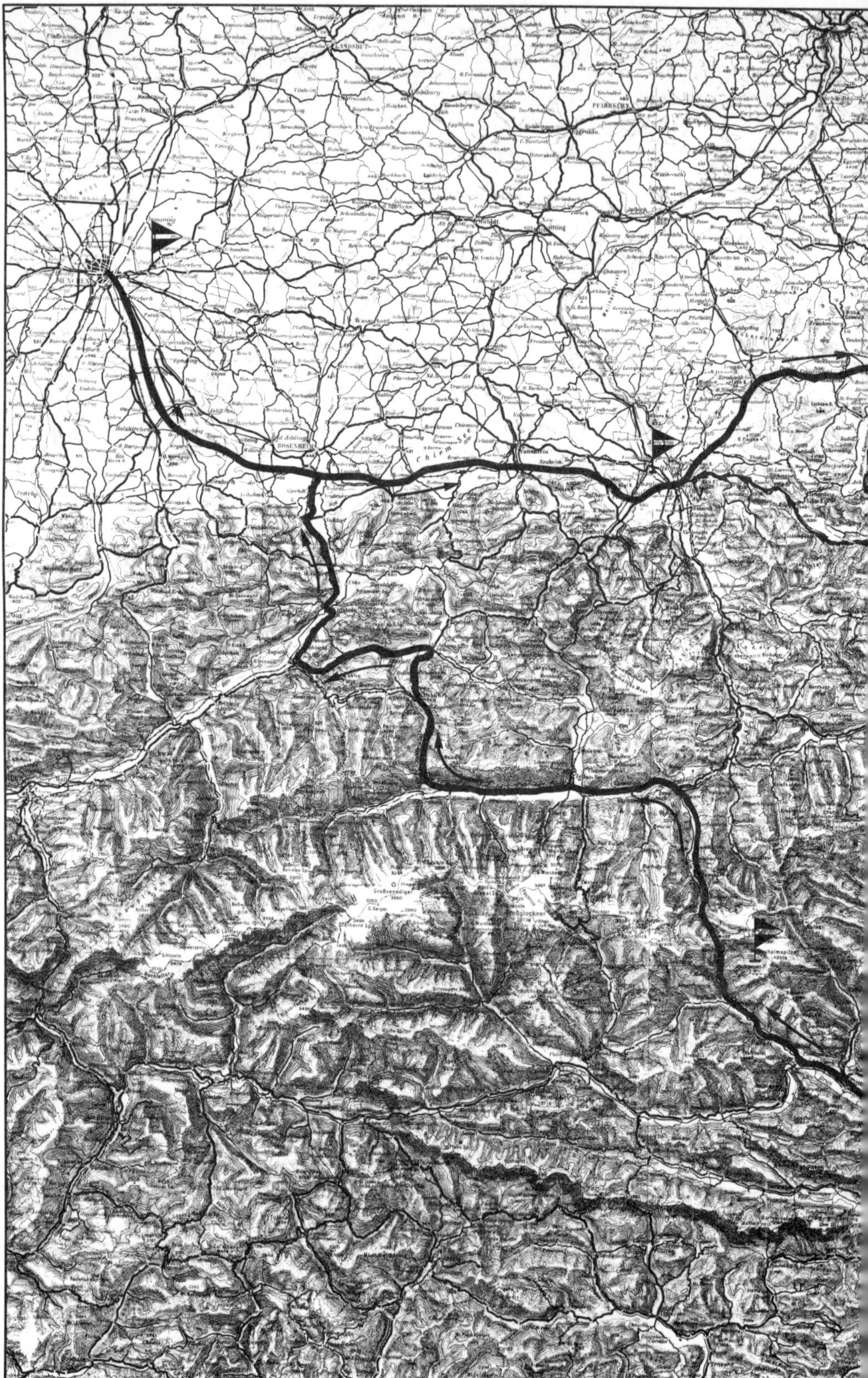

Der Einmarsch der Gebirgs-Brigade in Österreich 1938 – „Die Fahrt in den Frühling“

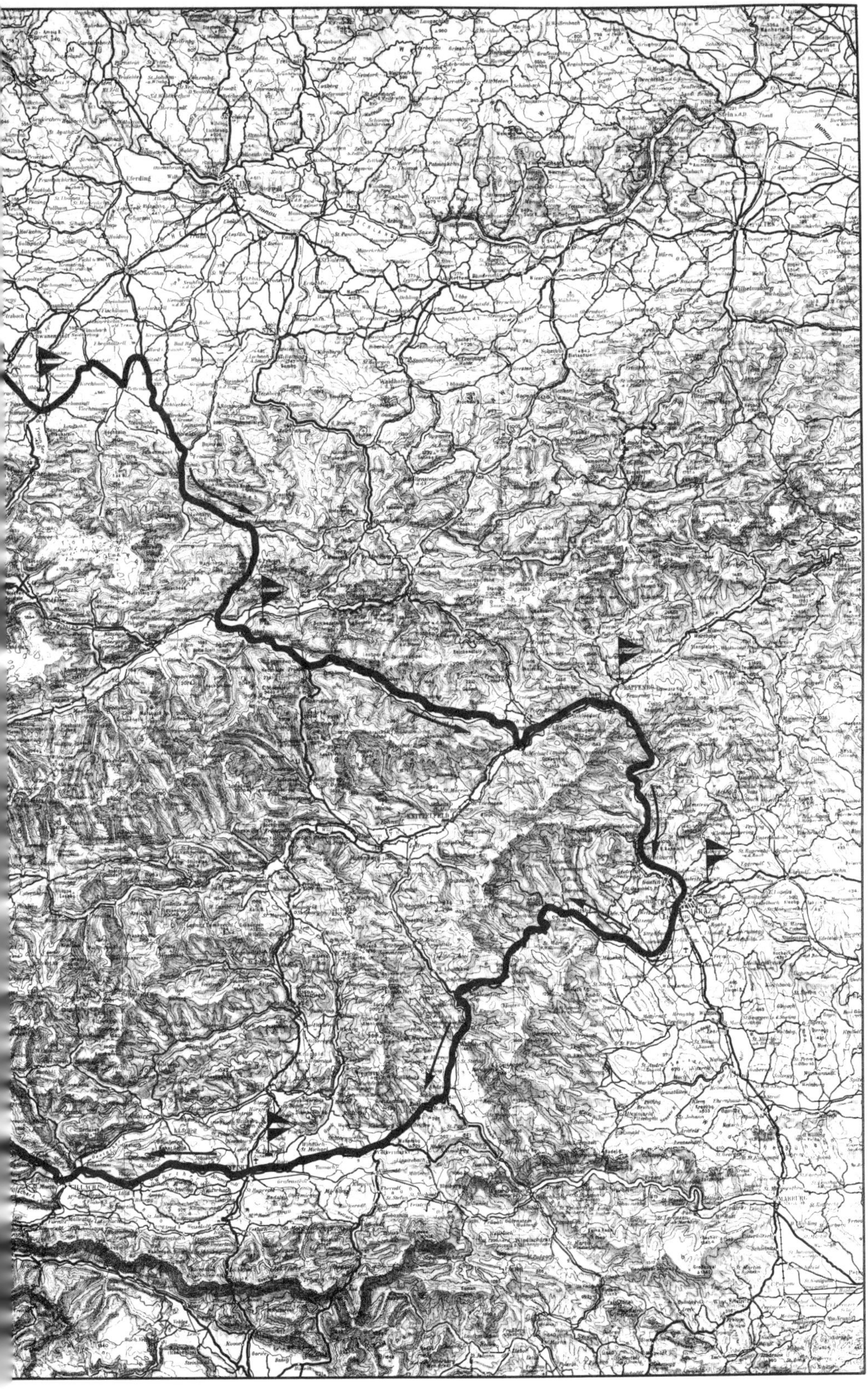
Eferding
Donau
Stein a.D.
Marburg

Der Aufmarschbefehl erreichte die Gebirgsbrigade noch vor dem Abschluß der Winterausbildung. Vorausgegangen war eine Teilmobilisierung - ohne die Einberufung der Ersatztruppen - des VII. und XIII. Armeekorps, die in der 8. Armee (Oberbefehlshaber General der Infanterie von Bock) zusammengefaßt waren.

Im Morgengrauen des 11. März 1938 rückten die deutschen Gebirgsjäger an die bayerisch-österreichische Grenze vor. Die gesamte Gebirgsbrigade - mit Ausnahme des verst. Gebirgs-Jäger-Regimentes 98 mit II./Gebirgs-Artillerie-Regiment 79 und 1./Gebirgs-Pionier-Bataillon 54, die den mittleren und westlichen Teil des deutschen Alpenraumes sicherten - versammelte sich im Ruperti-Winkel und nahm dort die weiteren Befehle für den Einmarsch in das Bruderland entgegen. In dem Armeebefehl Nr. 1 vom 11. März 1938 hieß es:

„Es wird befohlen:
VII., XIII. und Panzer-Korps haben zwischen Hallein und Passau die Reichsgrenze zu überschreiten. Heeresdienststelle 10 hat in Tirol einzurücken. Grenzüberschreitung erst auf besonderen Befehl.

Die Korps halten sich ab Mitternacht bereit, die Grenzbrücken und Grenzübergänge zu besetzen und für den weiteren Vormarsch offenzuhalten; die Masse der Korps steht mit den eingetroffenen Teilen ab 6.00 Uhr vormarschbereit."

Der Armeetagesbefehl Nr. 1 richtete sich mit folgendem Aufruf an die unterstellten Truppenteile:
„A.O.K. 8 Mühldorf, den 11. 3. 1938

Ich habe den Befehl über die Armee übernommen.

Die Herstellung der Ordnung in Österreich soll nach dem Willen des Führers ohne Blutvergießen erfolgen, soweit es die Sicherheit der deutschen Truppen erlaubt.

Allgemein ist zu versuchen, durch frühzeitige Fühlungnahme mit den gegenüberstehenden österreichischen Truppen deren Übertritt zu erreichen. Treten sie zu uns über, so ist mit ihnen gemäß Aufmarschanweisung zu verfahren. General von Bock."

Voller Zuversicht sah die noch junge Gebirgsbrigade ihrer ersten Bewährungsprobe entgegen, als sie zum Einmarsch nach Österreich befohlen wurde. Doch dabei wünschte sich kein Gebirgsjäger, zur Waffe greifen zu müssen, denn bis zuletzt vermochte niemand mit hundertprozentiger Sicherheit zu sagen, ob man auf österreichischer Seite auf Widerstand stoßen würde.

Und so sah der Aufmarsch der einzelnen Regimenter, Bataillone, Abteilungen und Kompanien der Gebirgsbrigade für „Die Fahrt in den

Armeeoberkommando 8
I c

Armeehauptquartier Wels, 13.3.38.

Orientierung über allgemeine politische Lagen.

Der Einmarsch der von der österr. Regierung erbetenen deutschen Truppen nach Österreich hat in der Welt auserordentliche Beachtung gefunden.

Das uns befreundete Italien hat mit warmer Sympatie und vollem Verstehen die Ereignisse begleitet.

Frankreich hat den Versuch gemacht, England und sogar Italien zu einer gemeinsamen Aktion zu Gunsten der Regierung des früheren Systems zuveranlassen. England hat daraufhin seine Protestnote in Berlin überreicht Diesem Vorgehen hat sich die franz. Regierung angeschlossen. Italien hat eine Beteiligung bestimmt abgelehnt. Nach allen vorliegenden Nachrichten ist mit militärischen Handlungen Englands und Frankreichs nicht zu rechnen.

Die Tschechoslowakei verhält sich zurückhaltend. Die Regierung hat zum Ausdruck gebracht, dass durch die Ereignisse in Österreich sich an ihrer Haltung nichts ändere.

Der imponierende Eindruck des raschen und energischen Vormarsches der deutschen Truppen ist aus allen Nachrichten des Auslandes zu entnehmen.

Für das Armeeoberkommando
Der Chef des Generalstabes:
gez. Ruoff.

Gebirgsdivision
empf.1313.38 Ic.

Verteilt:

Marschgruppe	Dietl,		
"	Schlemmer,		
"	Wintergerst,	je	1
"	Winkler,		
"	Geiger,		
	Stab Gebirgsdivi	3	2
			7

Div.Stabsquartier, den 14. 3. 1938.

I.A.
Der erste Generalstabsoffizier:

Frühling" (10. März - 2. April 1938) aus: Das verstärkte Gebirgs-Jäger-Regiment 99 sollte auf Hallein, das verstärkte Gebirgs-Jäger-Regiment 100 auf Salzburg und eine verstärkte Gebirgs-Jäger-Kompanie durch die Röth über das Blühnbach-Törl auf Werfen vorgehen.

Die Garmischer Abteilung der Gebirgsartillerie nahm den Weg nach Innsbruck, Landeck und Bludenz, während das Gebirgs-Jäger-Regiment 98 mit II./Gebirgs-Artillerie-Regiment 79 und der 1./Gebirgs-Pionier-Bataillon 54 im Verband der Heeres-Dienststelle 10 über den deutsch-österreichischen Grenzübergang Scharnitz zum Brenner-Paß vorrückte. Dort überbrachte der Regimentskommandeur dem italienischen Kommandanten die Grüße des Deutschen Reiches.

Welch ein fundamentaler Wandel hatte sich doch in den Beziehungen zwischen dem nationalsozialistischen Deutschland und dem faschistischen Italien vollzogen! Niemand dachte mehr an die bedrohliche Truppenkonzentration der Italiener während der Krise des Jahres 1934.

Mussolini dankte nun Hitler auf seine Weise durch das Wohlverhalten in der Anschlußfrage für die seinerzeitige deutsche Neutralität im Abessinien-Konflikt. Und Hitler dankte dem italienischen Diktator mit den Worten:

„Duce, das werde ich Ihnen nie vergessen."

Mit klingendem Spiel, von der überwiegenden Mehrheit der Bevölkerung ehrlichen Herzens umjubelt, marschierte die Gebirgsbrigade am 12. März 1938 in die Mozartstadt Salzburg ein. Ein altes Traumziel deutscher Politik war damit Wirklichkeit geworden. In den Akten der 8. Armee lesen wir über diesen denkwürdigen Tag:

„Der Aufmarsch zur Versammlung der ersten Welle der Armee dauert an.

1.00 Uhr teilt der Chef der 1. Abt. Gen. St. d. Heeres, Generalmajor Hansen, mit, daß eine starke Massierung um Wien das Endziel der Operation sein müsse. Weiter bittet er im Auftrag des Oberkommandos des Heeres, dem Führer und Obersten Befehlshaber der Wehrmacht bei seinem heutigen Besuche Vorschläge zu machen über die beabsichtigte Einteilung des ‚Operationsgebietes' sowie über die Regelung der ‚vollziehenden Gewalt'.

5.30 Uhr werden die Grenzübergänge bei Lindau, Mittenwald, Kiefersfelden, die Grenzbrücken von Freilassing, Burghausen und Schärding ohne Widerstand besetzt und unversehrt vorgefunden; Brückenköpfe werden gebildet. Die deutsche Truppe wird von der österreichischen Bevölkerung jubelnd empfangen."

Der Oberbefehlshaber des Heeres. Berlin W 35, den 26. März 1938

An den

Oberbefehlshaber der 8. Armee

Herrn Generaloberst v. B o c k

W i e n

Das Oberkommando der 8. Armee und die Masse der ihm unterstellten reichsdeutschen Truppen kehren in diesen Tagen in ihre Standorte zurück. Ihnen war die ehrenvolle Aufgabe zuteil geworden, in den geschichtlich bedeutungsvollen Tagen der Wiedervereinigung Österreichs mit dem Reich als erste Repräsentanten der deutschen Wehrmacht dem österreichischen Volke Schutz und Sicherheit zu gewährleisten.

Ich spreche Ihnen für die Führung der Armee und allen unterstellten reichsdeutschen Kommandostellen und Truppen für ihre Leistungen und ihre vorbildliche soldatische Haltung meinen Dank und meine besondere Anerkennung aus. Ich bitte, dies den unterstellten Kommandostellen und Truppenteilen bekannt zu geben.

gez. von B r a u c h i t s c h.

Der Oberbefehlshaber der 8. Armee. Wien, 28.3.1938

Ich bitte, vorstehenden Befehl des Herrn Oberbefehlshabers des Heeres allen Kommandostellen und Truppenteilen der 8. Armee bekanntzugeben.

Der Oberbefehlshaber der 8. Armee.

Generaloberst.

Der Oberbefehlshaber des Heeres lobt die vorbildliche Haltung der Truppen der 8. Armee beim Einmarsch in Österreich im März 1938

Als Hitler nach Österreich fuhr, empfing ihn nicht nur die Bevölkerung, sondern auch die österreichische Polizei mit dem Hitlergruß. Mit dem Hitlergruß empfing ihn aber auch die Wiener Bevölkerung am 15. März 1938 auf dem Heldenplatz.

Am Tage des „Anschlusses" an das „Großdeutsche Reich", am 13. März 1938, hatte er versprochen, er werde aus der „Ostmark" - wie Österreich von nun an heißen sollte - „einen blühenden Garten machen".

Generaloberst a. D. Dr. Lothar Rendulic, Gebirgssoldat beider Weltkriege - hochdekorierter k. u. k. Offizier im Ersten Weltkrieg und erfolgreicher Oberbefehlshaber des Zweiten Weltkrieges -, schreibt in seinem bedeutenden Werk „Soldat in stürzenden Reichen" über den Einzug deutscher Truppen in Wien, den er selbst miterlebte:

„Den Empfang der Truppen in Wien wiedergeben zu wollen, scheitert an den Grenzen meiner Feder. Ich hätte es nicht für möglich gehalten, daß Menschen gleichgültig welchen Alters in eine derartige Ekstase geraten können. Das Rufen und Schreien, das Schwenken von Hüten und Tüchern nahm kein Ende. Viele konnten in den nächsten Tagen vor Heiserkeit kaum sprechen. Unverständlich ist es mir, daß der nüchterne und meist gut informierte Winston Churchill in seinen Memoiren schreiben konnte, daß die Deutschen mit Flugzeugen Personen nach Wien brachten, die dann den Truppen einen freundlichen Empfang bereiteten."[21])

Es war für die Gebirgsjäger gewiß ein erhabenes Gefühl, als sie, von einer aufgewühlten Menschenmenge mit Gaben überhäuft, fast ausbildungsmäßig im Vormarsch auf Wien und über die noch tief verschneiten Alpenpässe der Steiermark auf deren Landeshauptstadt Graz einschwenkten. Vöcklabruck, Gmunden, Kirchdorf a. d. Krems, Liezen, Rottenmann, Leoben und Bruck a. d. Mur waren die bedeutendsten Stationen dieser „Fahrt in den Frühling".

Man kann und soll es auch heute, in einer Zeit der bequemen Anpassung, nicht verschweigen, daß der begeisterte, von Herzen kommende Empfang der deutschen Gebirgstruppe durch die österreichische Bevölkerung auf dem langen Marsch nach Graz, und ganz besonders in der Stadt unter dem Uhrturm, ein unauslöschliches Erlebnis für die gänzlich unpolitische Truppe war. Bewegte die deutsche Bevölkerung einerseits und die österreichische Bevölkerung andererseits doch nur die Freude über das einigende Deutschtum beiderseits der von den Versailler Siegermächten errichteten und nun niedergerissenen Grenze ...

Wie sich der Gang der deutsch-österreichischen Geschichte nach dem verlorenen Zweiten Weltkrieg später einmal entwickeln sollte, das vermochte in jenen Stunden und Tagen des März 1938 jedoch niemand zu erahnen.

Die Zeit bis zur Rückkehr in die bayerischen Standorte der 1. Gebirgs-Division* nutzte die Truppe zur Ausbildung und Erholung, wobei das Dienstliche und Menschliche gleichermaßen zu ihrem Recht kamen. Insgesamt waren es schöne, denkwürdige Wochen in der herrlichen Bergwelt Kärntens, Tirols und der Steiermark. General a. D. Max Winkler beschrieb den Aufenthalt der Gebirgsartilleristen in Österreich wie folgt:

„Ein herrlich warmer Frühling hatte die Berge nördlich von Graz bis auf 2000 Meter hinauf ausgeapert; dort hatte die Abteilung ein Übungsschießen vorbereitet. Die Durchführung erfolgte anfangs Mai in tief winterlichen Verhältnissen, denn es hatte wieder $1^1/_2$ Meter Schnee hergeworfen und der Sturm peitschte durch die Berge. Kurz darauf ließ ein neuer Wärmeeinbruch die Schneemassen plötzlich schmelzen und die Mur trat mit verheerenden Überschwemmungen überall über die Ufer. Statt des schon angesetzten Bahntransportes nach Hause trat die Geb.-Artillerie-Abteilung zu Wasserschutz- und Rettungsarbeiten an. Der 1. Batterie gelang es bei Frohnleiten 52 Menschen zu retten, die hoffnungslos von den reißenden Fluten in zusammenbrechenden Häusern eingeschlossen waren. Mehrere Retter wagten gefährlichsten Einsatz; Leutnant Günther opferte sein Leben. (Für diese Tat und einige Bergnotrettungen erhielten acht Dienstgrade und Kanoniere Rettungsmedaillen.)“[22])

Am 31. März traf der Stab der 1. Gebirgs-Division bei schönem Wetter die Vorbereitungen für den Abmarsch. Nach einer frischen Nacht erwachte ein sonniger Frühlingstag. Um 9.00 Uhr trat der Divisionsstab in zwei Marschgruppen den Rückmarsch in den Friedensstandort an.

Eine PKW-Kolonne fuhr über den Packsattel, Wolfsberg, Klagenfurt und Villach nach Mallnitz zum Tauerntunnel. Nachdem man dort vom 1. auf den 2. April übernachtet hatte, wurden die PKW um 10.00 Uhr in Mallnitz verladen und durch die Autoverladung nach Böckstein transportiert. Von dort ging die Fahrt über Badgastein, Bruck und Mittersill, den Paß Thurn, Kitzbühel, St. Johann i. Tirol und Kufstein nach München.

Eine zweite Kolonne fuhr mit LKW und Omnibussen als Komman-

* Am 1. April 1928 wurde die Gebirgsbrigade in „1. Gebirgs-Division“ umbenannt. In Gliederung, Stärke und Ausrüstung war sie ja bereits eine Division. (Vgl. Anmerkung S. 38 u. 65.)

deurskolonne über Schladming nach Bad Reichenhall, wo sie vom 1. zum 2. April Unterkunft fand. Am anderen Tag verließ die LKW-Kolonne um 10.00 Uhr die alte Salinenstadt an der Saalach und fuhr über die Reichsautobahn nach München.

Es war ein sonniger, warmer Tag gewesen, als die beiden Marschgruppen des Stabes der 1. Gebirgs-Division um 17.00 Uhr in München eingetroffen waren. Der Einsatz der „Edelweißdivision" in Österreich hatte damit seinen offiziellen Abschluß gefunden.

Nachdem man wieder in die Heimatstandorte eingerückt war, galt es, den Aufbau der Divisionen abzuschließen, den Ausbildungsstand weiter zu heben und das Zusammenspiel zwischen den verschiedenen Truppenteilen und Waffengattungen zu vervollkommnen.

Ferner wurden im Austausch Offiziere und Unteroffiziere von der 1. Gebirgs-Division zu der in Innsbruck und in Graz in Aufstellung begriffenen 2. Gebirgs-Division (General Feurstein) bzw. 3. Gebirgs-Division (General Dietl) kommandiert oder versetzt. Darüber hinaus wurden erste dienstliche und kameradschaftliche Kontakte mit dem in Salzburg neu gebildeten Generalkommando XVIII. Gebirgs-Armee-Korps unter General Eugen Beyer und dessen bewährten Stabschef Konrad hergestellt.

Dem verst. I./Gebirgs-Jäger-Regiment 98 war im Rahmen dieser Neuaufstellungen eine besonders ehrenvolle Aufgabe zugewiesen worden: Es war dazu ausersehen, das Stammpersonal der im Herbst 1938 neu aufzustellenden österreichischen - jetzt ostmärkischen - Truppenteile in Innsbruck, Hall und Salzburg auszubilden.

Das Frühjahr und der Sommer waren ausgefüllt mit der Gefechtsausbildung und mit Verbandsübungen.

Bis Ende 1938 sollten die noch bestehenden Aufstellungslücken geschlossen werden. Nach dem Anschluß Österreichs sah sich die Tschechoslowakei auf drei Seiten von deutschem Gebiet umklammert, in deren Randgebieten nach dem Ersten Weltkrieg die sudetendeutsche Bevölkerung von den Tschechen permanent unterdrückt wurde.

Das sudetendeutsche Problem war so alt wie die am 28. Oktober 1918 in Prag proklamierte Tschechoslowakische Republik. Mit 6,5 Millionen Tschechen, 3,5 Millionen Deutschen, 2,5 Millionen Slowaken und über 1 Million ruthenischen, polnischen und ungarischen

Berghütten der 1. Gebirgs-Division
Oben: Ehrwalder Alm (1575 m) in Tirol, erbaut von der 2./Geb.Nachr.Abt. 54

Unten: Schwarzenkopf-Hütte (1336 m) in den Bayerischen Alpen - oberhalb vom Spitzingsee

Gebirgsdivision   Div.St.Qu. Graz, den 31.3.38.

I a

D i v i s i o n s t a g e s b e f e h l !

Mit Fernspruch vom 30.3.38 erging:

" Am 1.4.38 wird die Gebirgsbrigade zur Division erhoben. Zu diesem denkwürdigen Tag rufe ich dem Kommandeur und allen Angehörigen der 1.Geb.Div. ein freudiges "Horido" zu.

von Schobert. "

Für die Richtigkeit:
J.A.
Der erste Generalstabsoffizier.

Verteilt: nach Verteiler A III
bis Komp..

Die Gebirgs-Brigade wird zur „1. Gebirgs-Division“

Oben: Der Zweite Weltkrieg hat begonnen. Tausende von Gebirgssoldaten wurden so an die jeweiligen Kriegsschauplätze transportiert . . .

Unten: . . . und fuhren einem ungewissen Schicksal entgegen . . .

Minoritäten war die neue Republik von vornherein mit Minderheitenproblemen belastet.

Nach dem Anschluß Österreichs, durch den die Tschechoslowakei - rein strategisch gesehen - in eine militärpolitische Zwickmühle geraten war, da die Deutsche Wehrmacht nun auch in ihrer tiefen Südflanke stand, fuhr die von Dr. Joseph Goebbels geleitete deutsche Propaganda nun mit schärfsten Geschützen gegen dieses Versailler Staatengebilde auf, indem sie ihm - mit Recht - vorwarf, die sudetendeutsche Bevölkerung zu unterdrücken. Die Krise spitzte sich durch die tschechische Mobilmachung im Mai 1938 noch weiter zu.

Vor allem in Großbritannien war man geneigt, die deutschen Ansprüche auf jene böhmischen Grenzgebiete, die eine überwiegend deutsche Bevölkerung aufwiesen, als gerechtfertigt anzusehen, obwohl der böhmisch-mährische Raum die wichtigste strategische Bastion der Westmächte im östlichen Mitteleuropa verkörperte.

Die Tschechoslowakei mit ihrer von Frankreich ausgerüsteten starken und recht guten Armee besaß nicht nur seit ihrer Gründung ein Militärbündnis mit Paris, sondern hatte sich auch in eine Allianz mit der Sowjetunion eingelassen. Deren praktischer Wert war allerdings zu damaliger Zeit gering; es sei denn, Polen oder Rumänien räumten der Roten Armee im Ernstfall das Durchmarsch- und Überflugsrecht ein. Das war allerdings nicht zu erwarten.

Nach dem Anschluß überschlugen sich nun die politischen und militärischen Ereignisse im deutsch-tschechoslowakischen Kräftespiel.

Am 20./21. Mai 1938 beging die Prager Regierung in ihrer Nervosität einen fatalen Fehler. Auf Grund falscher Informationen über angebliche deutsche Truppenbewegungen ließ sie mobilmachen. Daraufhin erließ Hitler am 30. Mai 1938 seine Weisung für den Angriff auf die Tschechoslowakei - „Fall Grün“ -, die bereits 1937 in ihren wesentlichen Punkten für den Kriegsfall mit der Tschechoslowakei beschlossen und am 21. April 1938 festgelegt worden war:

„Berlin, den 22. 4. 38

Chefsache

Grundlagen zur Studie ‚Grün‘

Zusammenfassung der Besprechung Führer/Gen. Keitel am 21. 4.

A. Politisch

1. Strategischer Überfall aus heiterem Himmel ohne jeden Anlaß oder Rechtfertigungsmöglichkeit wird abgelehnt. Da Folge: feindliche Weltmeinung, die zu bedenklicher Lage führen kann.

Solche Maßnahmen nur zur Beseitigung des letzten Gegners auf dem Festlande berechtigt.

2. Handeln nach einer Zeit diplomatischer Auseinandersetzungen, die sich allmählich zuspitzen und zum Kriege führen.

3. Blitzartiges Handeln auf Grund eines Zwischenfalls (z. B. Ermordung des dtsch. Gesandten im Anschluß an eine deutschfdl. Demonstration.)

B. Militärische Folgerungen

1. Zu den politischen Möglichkeiten 2. und 3. sind die Vorbereitungen zu treffen. Fall 2. ist der unerwünschte, da ‚Grün' Sicherheitsmaßnahmen getroffen haben wird.

2. Der Zeitverlust durch die Eisenbahntransporte für die Masse der Divisionen - der unabänderlich und möglichst zu verkürzen ist - darf nicht im Augenblick des Handelns vom blitzschnellen Zupacken absehen lassen.

3. Sofort sind ‚Teilvorstöße' zum Brescheschlagen durch die Befestigungslinie an zahlreichen Stellen und in operativ günstiger Richtung zu unternehmen.

Die Vorstöße sind bis ins einzelne vorzubereiten (Kenntnis der Wege, der Angriffsobjekte, Zusammensetzung der Kolonnen je nach bevorstehenden Aufgaben).

Angriff Heer und Luft zum gleichen Zeitpunkt.

Die Luftwaffe hat die einzelnen Kolonnen zu unterstützen. (Z. B. Sturzbomber: Abriegeln der Werke an den Einbruchstellen. Erschwerung des Heranführens von Reserven, Zerschlagen der Nachrichtenverbindungen, dadurch Isolierung der Besatzung.)

4. Politisch sind die ersten 4 Tage militärischen Handelns die entscheidenden. Bleiben durchschlagende, militärische Erfolge aus, so tritt mit Sicherheit eine europäische Krise ein. Vollendete Tatsachen müssen von Aussichtlosigkeit milit. Eingreifens überzeugen, Verbündete auf den Plan rufen (Teilung der Beute!), Grün demoralisieren.

Daher: Überbrücken des Zeitraumes zwischen 1. Einbruch und Einsatz der anzutransportierenden Kräfte durch entschlossenen, rücksichtslosen Vorstoß einer motorisierten Armee (z. B. über Pi an Pr vorbei).

5. Wenn möglich Trennung der Transportbewegung ‚Rot' von ‚Grün'. Gleichzeitiger Aufmarsch Rot kann Rot zu unerwünschten Maßnahmen veranlassen. Andererseits muß Fall ‚Rot' jederzeit anlaufen können.

C. Propaganda

1. Flugblätter für das Verhalten der Deutschen im Grünland.

2. Flugblätter mit Drohungen zur Einschüchterung der Grünen ...

Schm."[23])

Es waren Gebirgsjäger des II./Geb.Jäg.Rgt. 100 gewesen, die während eines Übungsmarsches von ihrer Kaserne in der Strub durch Berchtesgaden Augenzeugen einer welthistorischen Begegnung wurden. Am Nachmittag des 15. September 1938, es war ein Donnerstag, sahen sie, wie ein alter, hagerer, nicht sehr kraftvoll wirkender englischer Gentleman in einer Wagenkolonne den Obersalzberg, Hitlers Lieblingssitz, hinauffuhr.

Noch waren sie sich nicht ganz sicher, um wen es sich gehandelt haben könnte. Aber als sie von ihrem Übungsmarsch in die Unterkunft zurückgekehrt waren und vor dem Volksempfänger saßen und den Nachrichten lauschten, da wußten sie, daß sie den 69jährigen britischen Premierminister Neville Chamberlain gesehen hatten, der nach Deutschland geflogen war, um mit Hitler auf dem Obersalzberg über die sudetendeutsche Frage zu sprechen. Chamberlain wollte Hitler mit allen Mitteln daran hindern, einen Krieg zu beginnen.

Die Zeichen standen auf Sturm! In jenen Septembertagen des Jahres 1938 stand der Krieg unmittelbar bevor, wenn es auch nicht zu erkennen war, ob es ein deutsch-tschechischer Krieg oder gar ein Zweiter Weltkrieg sein werde.

Angesichts der bedrohlichen Lage rückte die 1. Gebirgs-Division am 18. September 1938 kriegsmäßig mit scharfer Munition in den Bayerischen Wald. Der Aufmarsch der Division nördlich von Passau zwischen der Donauniederung und dem tschechischen Grenzgebiet wurde als Herbstmanöver getarnt, doch war der Gebirgstruppe klar, daß der Friede am seidenen Faden hing.

Genährt wurde diese Meinung noch durch die zahlreichen Übungen im Bataillons- und Regimentsrahmen, welche die Truppe, je nach der augenblicklichen politischen Entwicklung, mehr oder weniger nahe an die Bereitschaftsräume an der böhmischen Grenze heranführten.

Da die Tschechoslowakei im Sommer eine Teilmobilmachung durchgeführt hatte, war anzunehmen, daß die Besetzung der sudetendeutschen Gebiete auf tschechischen Widerstand stoßen würde.

Sollte es wirklich wegen des sudetendeutschen Problems zu einem Krieg kommen?

War man im Kampf um befestigte Stellungen genügend geschult?

Hatte man die notwendigen Waffen?

Fragen über Fragen, die die Truppe, mehr aber noch die Kommandeure der Bataillone und Regimenter und nicht zuletzt General Kübler und seinen bewährten Generalstabsoffizier Major i. G. Pemsel täglich beschäftigten.

Wer dachte nicht mit banger Sorge an die starke tschechische Bunkerlinie, die, nach dem Muster der französischen Maginot-Linie konzipiert, zum Bollwerk ausgebaut worden war? Dieses Befestigungssystem verlief in einem großen Bogen vom Böhmerwald über Nord- und Ostböhmen zur Schlesischen Senke und dann zu den Beskiden.

Generaloberst a. D. Dr. Rendulic schreibt über die brisante Lage im September 1938 und die der Gebirgstruppe zugedachte Aufgabe in seinem Buch „Soldat in stürzenden Reichen“:

„Wir stellten alles auf die Möglichkeit eines Kampfes ab, bei dem es zunächst die tschechische Bunkerlinie zu überwinden galt. Diese Befestigungsanlage bestand aus einer an der Grenze linear angeordneten Reihe ziemlich weit voneinander liegender kleiner Betonwerke mit zwei meist nur nach den Zwischenräumen zeigenden Schießscharten für Maschinengewehre, so daß sich die Werke gegenseitig flankieren konnten, wobei auch die Zwischenräume durch Feuer beherrscht wurden. Die Besatzung betrug drei, höchstens vier Mann. Wir hatten schon aus früherer Zeit ziemlich genaue Anhaltspunkte über die Anlagen. Nun gingen der Kommandierende General und ich sowie andere Generalstabsoffiziere in Zivilkleidung in verschiedene Grenzabschnitte, um die Räume, in denen die Schwerpunkte des späteren Einsatzes beabsichtigt waren, zu erkunden.

Die Werke lagen sehr nahe der Grenze. Nicht nur die starre lineare Ausrichtung ohne jede Tiefenbildung, auch die bauliche Gestaltung machte die Anlage zu der denkbar ungünstigsten Art einer Befestigung. Die Bunker waren durch einige Schüsse aus schweren Feldhaubitzen zu erledigen. Da sich in der Tiefe der Zwischenräume keine frontal wirkenden Anlagen befanden, konnten die Werke auch leicht dadurch ausgeschaltet werden, daß sich Panzer vor die Schießscharten stellten und den Truppen das Durchschreiten der Zwischenräume ohne Gefahr ermöglichten. So konnten die Grenzbefestigungen für uns kein großes Hindernis sein. Sie mußten etwas mehr, aber immerhin noch keinerlei entscheidende Bedeutung gewinnen, wenn sich mobile Feldtruppen auf sie im Kampf stürzen würden.“[24])

Während der Aufmarsch für den Fall „Grün“ auf Hochtouren lief und die Gebirgsjäger gefechtsbereit in ihren Bereitstellungsräumen entlang der böhmischen Grenze lagen, verschärfte Hitler die politische Gangart. Jetzt sollte alles auf einmal geschehen: Abtretung der Sudetengebiete ohne Abstimmung.

In einer zweiten Unterredung im Hotel Dreesen in Bad Godesberg am 22./24. September 1938 versuchte Neville Chamberlain vergeblich, wie vor kurzem auf dem Obersalzberg, Hitler von seinen Forderungen abzubringen.

Da ergriff der italienische Diktator Mussolini in letzter Sekunde die Initiative zur Viermächte-Konferenz zwischen Hitler, Mussolini, dem französischen Ministerpräsidenten Daladier und dem englischen Premierminister Chamberlain in München.

Das „Abkommen zwischen Deutschland, dem Vereinigten Königreich von Großbritannien, Frankreich und Italien, getroffen in München am 29. September 1938", lautete in seinen wesentlichsten Punkten:

„Deutschland, das Vereinigte Königreich von Großbritannien, Frankreich und Italien sind unter Berücksichtigung des Abkommens, das hinsichtlich der Abtretung des sudetendeutschen Gebiets bereits grundsätzlich erzielt wurde, über folgende Bedingungen und Modalitäten dieser Abtretung übereingekommen:

1. Die Räumung beginnt am 1. Oktober ...

4. Die etappenweise Besetzung der vorwiegend deutschen Gebiete durch deutsche Truppen beginnt am 1. Oktober.

Zusatz zu dem Abkommen: Grenzgarantie für die neue Tschechoslowakei."[25])

Und während Chamberlain nach seiner Rückkehr in London tief erleichtert die Parole ausgab: „Peace in our time" – „Friede in unserer Zeit", atmeten die Gebirgsjäger in ihren Bereitstellungsräumen erleichtert auf, daß der Kelch des gewaltsamen Einmarsches in die befestigten Grenzgebiete der Tschechoslowakei an ihnen vorübergegangen war.

Ein Stein, ein ganz schwerer, fiel schließlich von aller Herzen, als der Einmarsch in das Sudetenland auf Grund der Ergebnisse der Konferenz von München ohne Kampf erfolgte. Einige verlassene Bunker gaben den schweren Haubitzen der Gebirgsartillerie übungshalber Gelegenheit, ihre vernichtende Wirkung unter Beweis zu stellen.

Goldfarben hing das Laub an den Bäumen, als die Gebirgsjäger in jenen wunderbaren Herbsttagen des Jahres 1938, noch einmal dem Kriege entronnen, zwischen Dreisessel und Haidmühle über die unendlich weiten, dunklen Kammhöhen des Böhmerwaldes in die sudetendeutschen Randgebiete Böhmens zogen. Auch in diesem „Blumenkrieg" – wonach es ursprünglich, nach dem kriegsmäßigen Aufmarsch, gar nicht ausgesehen hatte – wurden die Gebirgsjäger von der deutschstämmigen Bevölkerung überall auf das allerherzlichste begrüßt.

Weiter zogen sie durch die Hochwälder, über die dunkle Moldau und durch die von den Tschechen eilig verlassene Bunkerlinie in das reiche Tal des altdeutschen Prachatitz. Wer ahnte angesichts der friedlichen Landschaft und der von der tschechischen Unterdrückung befreiten jubelnden sudetendeutschen Bevölkerung, daß schon wenige Jahre später das Pendel des Schicksals grausam zurückschlagen und eine Welle des Hasses gegen die Sudetendeutschen schleudern sollte?

Gemäß dem „Münchner Abkommen" wurde die Grenzziehung zwischen dem 1. und 10. Oktober 1938 durchgeführt. „Der mit I bezeichnete Gebietsabschnitt am 1. und 2. Oktober, der mit II bezeichnete Gebietsabschnitt am 2. und 3. Oktober, der mit III bezeichnete Gebietsabschnitt am 3., 4. und 5. Oktober, der mit IV bezeichnete Gebietsabschnitt am 6. und 7. Oktober. Das restliche Gebiet vorwiegend deutschen Charakters wird unverzüglich von dem obenerwähnten internationalen Ausschuß festgestellt und bis zum 10. Oktober durch deutsche Truppen besetzt werden."[26])

Im Bereich der 1. Gebirgs-Division wurde die neue Grenzziehung von einem britischen Oberst überwacht und im beiderseitigen Einvernehmen vollzogen. Mit dem Abschluß der Grenzziehung waren die von der sudetendeutschen Bevölkerung bewohnten Randgebiete der Tschechoslowakei Bestandteile des Großdeutschen Reiches geworden.

Zum zweiten Male war es damit Hitler seit der Rückkehr des Saargebietes gelungen, das Gebiet des Deutschen Reiches ohne Blutvergießen zu vergrößern. Wen wundert es da, daß die Gebirgstruppe Ende Oktober hochgestimmt aus den annektierten Gebieten in ihre heimatlichen Standorte zurückkehrte?

Nach einem kurzen Urlaub, in dem es zu Hause viel über den Einmarsch in das Sudetenland und seine arbeitsame Bevölkerung zu berichten gab, wurde die Ausbildung in den Bayerischen Alpen und in den Bergen der Ostmark weitergeführt. Vor allem wurde der alpine Teil der Winterausbildung forciert.

Der Erfolg ließ nicht lange auf sich warten. Bereits im Februar 1939 konnte die Mannschaft des III./Geb.Jäg.Rgt. 100 bei den Winterkampfspielen im polnischen Tatra-Ort Zakopane den Weltmeistertitel im Internationalen Militär-Ski-Patrouillen-Lauf gewinnen. Stolz gratulierte General Kübler seinen Gebirgsjägern zu diesem in sportlicher wie in militärischer Hinsicht eindrucksvollen Erfolg.

Doch lange konnten sich die Gebirgsjäger an der (scheinbaren) Friedenszeit nicht erfreuen, denn in dem Reststaat der Tschechoslowakei rumorte und gärte es in allen Landesteilen. Nach der Amputation der sudetendeutschen Gebiete mit ihren Grenzbefestigungen war dieser Staat Deutschland auf Gedeih und Verderb ausgeliefert. Von deutscher Seite war die slowakische Unabhängigkeitsbewegung unterstützt worden und im Oktober 1938 erging dann ein Geheimbefehl zur Bereinigung des Krisenherdes Tschechoslowakei.

Die hierfür von der Wehrmacht zu treffenden Vorbereitungen waren ihrem Umfange nach wohl erheblich geringer als seinerzeit für ‚Grün', hatten dafür aber, unter Verzicht auf planmäßige Mobilmachungsmaßnahmen, eine ständige und wesentlich höhere Bereitschaft zu gewährleisten. Organisation, Gliederung und Bereitschaftsgrad der

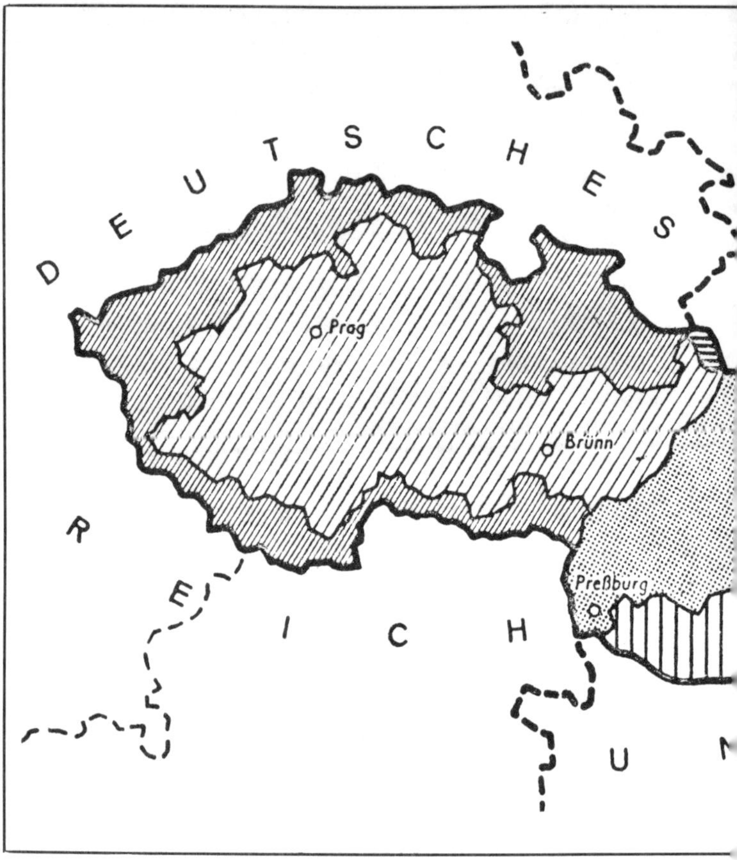

hierzu vorgesehenen Verbände mußten schon im Frieden darauf abgestellt werden, daß der tschechischen Armeeführung selbst jede Möglichkeit planmäßiger Gegenwehr genommen war. Das Ziel war die rasche Besetzung des tschechoslowakischen Rumpfstaates und die Abriegelung Böhmens und Mährens gegen die Slowakei. Die Vorbereitungen mußten so getroffen werden, daß sie gleichzeitig die „Grenzsicherung West" garantierten.[27])

Am 14. März 1939 forderten die Slowaken die Umwandlung der Rest-Tschechoslowakei in einen Bundesstaat mit getrennten Nationalparlamenten für Tschechen, Slowaken und Ruthenen (Ukrainer). Zwischen den Tschechen und Slowaken gab es mehr Trennendes als Einigendes.

Die Aufteilung der Tschechoslowakei 1939

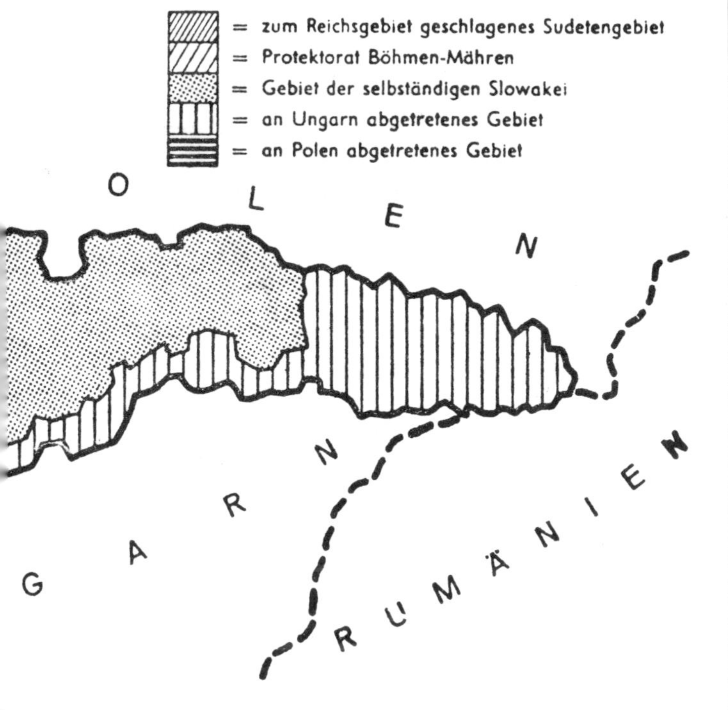

Am Abend des 14. März wurden der greise und kränkliche tschechische Staatspräsident Hacha und Außenminister Chvalkovsky zur Besprechung der schwelenden slowakischen Frage in Berlin auf ihren Wunsch empfangen: Göring drohte mit der Zerstörung Prags, wenn Hacha sich nicht rechtzeitig entscheide.

Hacha erlitt in der Nacht vom 14. zum 15. März einen Herzanfall und wurde von Hitlers Leibarzt Dr. Morell wieder verhandlungsfähig gemacht, um den diktierten Protektoratsvertrag unterzeichnen zu können.

Einen Tag später, am 15. März 1939, erging ein Befehl Hitlers an die Deutsche Wehrmacht:

„... Die Tschecho-Slowakei befindet sich in Auflösung. In Böhmen und Mähren herrscht unerträglicher Terror gegen deutsche Volksgenossen.

Mit dem 15. März 1939 beginnend, werden daher Verbände des deutschen Heeres und der deutschen Luftwaffe in das tschechische Staatsgebiet einrücken, um hier Leben und Eigentum aller Bewohner des Landes gleichmäßig sicherzustellen.

Ich erwarte von jedem deutschen Soldaten, daß er sich den Bewohnern des zu besetzenden Gebietes gegenüber nicht als Feind betrachtet, sondern nur als Träger des Willens der deutschen Reichsregierung, in diesem Gebiet eine erträgliche Ordnung herzustellen. Wo dem Einmarsch Widerstand entgegengesetzt wird, wird er sofort mit allen Mitteln gebrochen werden.

Im übrigen seid euch bewußt, daß ihr als Repräsentanten Großdeutschlands den tschechischen Boden betretet ..."[28])

Am Morgen des 15. März 1939 begann der deutsche Einmarsch in die Rest-Tschechoslowakei. Die Verbände des Heeres und der Luftwaffe, die bereits am 13. März alarmiert und in Marsch gesetzt worden waren, rückten von allen Seiten in das Land ein.

Eine Teilnahme an diesem „Gerade-noch-Blumenkrieg" blieb der 1. Gebirgs-Division erspart, doch wurde das III./Gebirgs-Jäger-Regiment 100 (Utz) als Besatzungstruppe in den Raum Kremsier–Sillein (Slowakei) verlegt.

Am 15. März erschien der erste Wehrmachtsbericht, dem während des Zweiten Weltkrieges noch über 2000 weitere folgen sollten. Er lautete:

„Berlin, 15. März 1939.

Das Oberkommando der Wehrmacht gibt bekannt:

Truppen des deutschen Heeres unter Führung des Generals der Infanterie Blaskowitz und des Generals der Infanterie List haben Mittwoch früh die deutsch-tschechische Grenze überschritten und befinden sich im Vormarsch auf ihre Tagesziele in Böhmen und Mähren. Bereits Dienstagabend (14. März) haben Verbände des Heeres und Teile der Leibstandarte SS. Adolf Hitler Mährisch-Ostrau und Witkowitz besetzt. Geschwader der deutschen Luftwaffe unter Führung der Generale der Flieger Kesselring und Sperrle und des Generalleutnants Löhr haben heute zu gleicher Zeit die deutsch-tschechische Grenze überflogen."[29])

Die ersten deutschen Truppen erreichten Prag, die „Goldene Stadt" an der Moldau, bereits um 9.00 Uhr früh des 1. Einmarschtages. Böhmen und Mähren wurden als „Reichsprotektorat" – so verkündete es Hitler

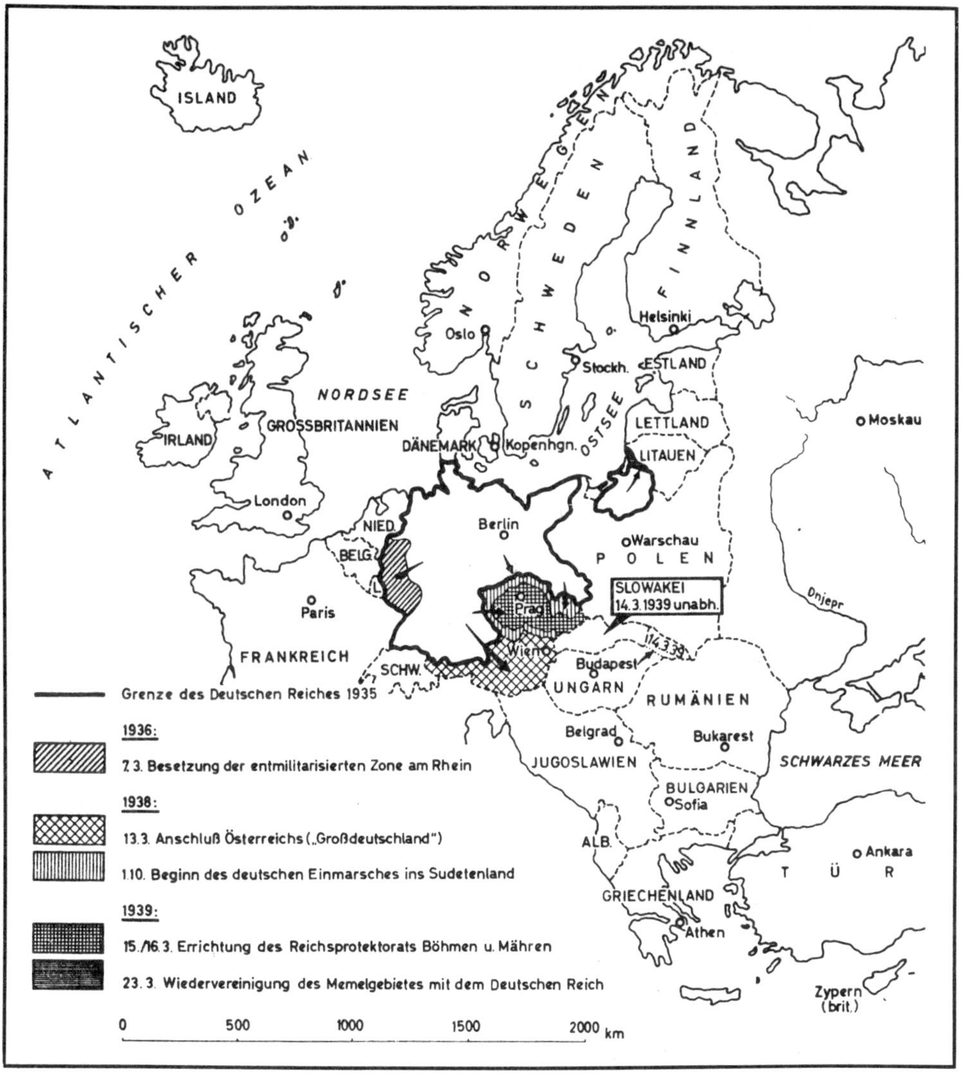

Die Expansion des Deutschen Reiches bis zum Ausbruch des Zweiten Weltkrieges

vom Hradschin, der Prager Burg, aus - mit beschränkter Souveränität und eigenem Staatsoberhaupt dem Großdeutschen Reich unterstellt. Die Slowakei blieb dem Namen nach unabhängig, während die Karpato-Ukraine Ungarn einverleibt wurde.

Acht Tage nach dem Einmarsch in die Tschechoslowakei, am 23. März 1939, wurde auf Grund eines Abkommens mit Litauen auch das Memel-Gebiet mit dem Deutschen Reich wiedervereinigt.

An jenem 17. März aber hielt Chamberlain seine berühmte „Birmingham speech" (Rede in Birmingham), in der er das Ende der „Appeasement Policy", der Politik des Entgegenkommens, ankündigte. Die deutsche Politik hatte in den Augen der Briten „den Rubikon überschritten" (Henderson).

Den Worten folgten jetzt sofort Taten: Bereits am 27. März beschloß das britische Unterhaus die Wiedereinführung der allgemeinen Wehrpflicht, und am 31. März gab Chamberlain höchstpersönlich eine britische Garantieerklärung über die Integrität des polnischen Staates ab. In den folgenden zwei Monaten wurden diesbezügliche Erklärungen auch für Rumänien, Griechenland und die Türkei ausgesprochen.

Schwere politische Gewitterwolken verfinsterten zusehends den Himmel des alten Kontinents. Die für die Gebirgstruppe allzu kurze Friedenszeit ging unaufhaltsam dem Ende zu, als sich die deutsch-polnische Krise von Tag zu Tag verschärfte. Der Ausmarsch der Truppe aus ihren eben erst bezogenen schönen Kasernenanlagen in den oberbayerischen Gebirgsstandorten auf die blutigen Schlachtfelder des sich bereits abzeichnenden Zweiten Weltkrieges stand bevor.

Zweiter Teil

Der Polenfeldzug 1939

1939 erschien eine Karte mit den Bildnissen Hitlers und Mussolinis, die auch von den Gebirgsjägern gekauft, beschrieben und verschickt wurde. Unter den Abbildungen der beiden Führer Deutschlands und Italiens konnte man lesen: „Die Garanten des Friedens".

Wer wollte daran zweifeln?

Alles hoffte auf den „Ewigen Frieden", nachdem Österreich, das Sudetenland, das Memelland und die Tschechei an das Deutsche Reich angeschlossen waren. Niemand wollte den Krieg. Doch wenige Monate später, nachdem die oben erwähnte Karte erschienen war, brach der Zweite Weltkrieg aus, nachdem sich seit Mitte 1939 die weltpolitische Lage bedrohlich verschärft hatte.

Mit tiefem Ernst und banger Sorge verfolgten auch die Soldaten der Gebirgstruppe die sich überstürzenden militärpolitischen Ereignisse. In erhöhter Alarmbereitschaft stand sie Gewehr bei Fuß.

Da erging am 25. August 1939 an die 1. Gebirgs-Division der Befehl zur Marschbereitschaft. Vorbefehle gingen an die Truppe; Vollzähligkeitsappelle wurden durchgeführt; man eilte auf die Bekleidungs- und Waffenkammern, Ausrüstung und Bewaffnung vervollständigt.

Bereits am Abend des 28. August wurde der Divisionsstab in München verladen. Fahrtziel: das nördliche Mähren. Ende August rollten auch die Transporte der Gebirgsartillerie durch die Slowakei, entlang der polnischen Grenze in die Bereitstellungsräume. Der Abtransport der Gebirgsjägerregimenter und der Divisionstruppen erfolgte zwischen dem 1. und 3. September, als der Krieg bereits unwiderruflich angelaufen war, nachdem Adolf Hitler am 1. September 1939 verkündet hatte:

„Seit 5.45 Uhr wird jetzt zurückgeschossen. Und von jetzt ab wird Bombe mit Bombe vergolten!"

Wie kam es nun zum Angriff auf Polen und damit zur Entfesselung des Zweiten Weltkrieges?

Am 23. März 1939, nach der Zerschlagung der Tschechoslowakei, erklärte Chamberlain im englischen Unterhaus:

„... falls Deutschland ... durch sukzessive Maßnahmen Europa zu beherrschen versucht ... würde dies den erfolgreichen Widerstand Englands und anderer Staaten hervorrufen, welche ihre Freiheit schätzen ... die britische Regierung kann sich ... nicht einer Prozedur fügen, durch welche unabhängige Staaten unter Druck und Gewaltdrohung dazu veranlaßt werden, ihre Unabhängigkeit aufzugeben ..."

Hitler antwortete am 1. April in einer Rede aus Anlaß des Stapellaufes des „vierten großen Schlachtschiffes der deutschen Kriegsmarine" in Wilhelmshaven:

„... Das deutsche Volk von heute, das Deutsche Reich von jetzt, sie sind nicht gewillt, Lebensinteressen preiszugeben, sie sind auch nicht gewillt, aufsteigenden Gefahren tatenlos gegenüberzutreten... Wer sich schon bereit erklärt hat, für diese Großmächte die Kastanien aus dem Feuer zu holen, muß gewärtig sein, daß er sich dabei die Finger verbrennt...“

Die folgenschwerste Konsequenz, die Hitler aus den zunehmenden internationalen Spannungen zog – nachdem Polen auch noch alle deutschen Angebote zur Regelung der Grenzfragen kategorisch abgelehnt hatte, die Verhandlungen am 26. März 1939 abgebrochen und gleichzeitig eine Teilmobilmachung angeordnet hatte –, war die Weisung vom 3. April an die Deutsche Wehrmacht, die den Decknamen „Fall Weiß“[30]) trug. Es war der Befehl zur Vorbereitung für den Angriff auf Polen. Das letzte Verhandlungsangebot der deutschen Regierung Ende August 1939 beantwortete Polen mit der Generalmobilmachung; das war die Kriegserklärung.

Während sich die Regimenter der 1. Gebirgs-Division im Frühjahr und Frühsommer 1939 noch auf den Truppenübungsplätzen und im Hochgebirge aufhielten, um dort eine intensive Ausbildung zu betreiben, beschuldigten sich die führenden politischen Köpfe Mitteleuropas zunehmend gegenseitig der Aggression.

Von entscheidender Bedeutung waren in diesem spannungsgeladenen Sommer 1939 die bis heute noch nicht restlos aufgeklärten Vorgänge in Moskau: Eine britisch-französische Militärdelegation verhandelte mit dem sowjetischen Generalstab über die Modalitäten des Zusammenwirkens im Kriegsfalle. Die Hauptschwierigkeit bei diesen Verhandlungen lag darin, daß die polnische Regierung sich entschieden weigerte, ihre Zustimmung zum Durchmarsch sowjetrussischer Truppen durch Polen im Falle einer deutschen Bedrohung zu geben.

Neben den Verhandlungen mit den Westmächten fanden deutschrussische unter dem Deckmantel von Handelsvertragsbesprechungen statt. In der Nacht vom 23. auf den 24. August 1939 fiel dann die Entscheidung Stalins zugunsten Hitlers: Das Deutsche Reich und die Sowjetunion schlossen ein Nichtangriffsabkommen, in dessen geheimen Zusatzprotokoll die Aufteilung des polnischen Staates vorgesehen war. Damit war der letzte große Stein auf dem Weg zum Kriege beseitigt

Oben: Gebirgsjäger beim Kauf von „Zusatzverpflegung“ irgendwo in Polen

Unten: Volksdeutsche reichen einem deutschen Kradmelder einen erfrischenden Trunk

10

worden. Bereits eine Woche nach dem Abschluß dieses Vertrages begann der Zweite Weltkrieg.

Der Ribbentrop-Molotow-Pakt - benannt nach den unterzeichnenden Außenministern beider Vertragspartner - hatte dem Deutschen Reich die unangenehme Situation des Deutschen Kaiserreiches, sich für einen Zweifrontenkrieg vorbereiten zu müssen, genommen. Hitler war davon überzeugt, daß die Schockwirkung dieser Nachricht derart groß sein werde, daß weder Großbritannien noch Frankreich irgendwelche Schritte gegen die nun vereinigten Militärmächte des Deutschen Reiches und der Sowjetunion wagen würden.

Doch während die Westmächte einerseits und die Deutschen andererseits noch heimlich in Moskau um die Gunst der Russen rangen, erklärte der polnische Marschall Rydz-Smigly am 6. August zur Stellung seines Landes zu Danzig:

„... Wir schätzen den Frieden wie die anderen Nationen. Es gibt aber keine Macht, die uns davon überzeugen könnte, daß der Friede ein Recht ist, der für die einen ‚nehmen' und für die anderen ‚geben' bedeutet... Danzig, das mit Polen seit Jahrhunderten verbunden ist, stellt die Lunge unseres wirtschaftlichen Organismus dar. Nicht wir sind es, welche uns der internationalen Verpflichtungen entledigen..."

Am 18. August marschierte nach dieser Rede zum ersten Male die „Danziger SS-Heimwehr" demonstrativ durch die Straßen der Stadt, und Gauleiter Forster verkündete:

„... Wir haben dafür gesorgt, daß Danzig und seine Bevölkerung nicht mehr wehrlos sind..."

Der amerikanische Historiker Professor Dr. David L. Hoggan weist in seinem interessanten Geschichtswerk „Der unnötige Krieg" nach, daß weder die Forderung Hitlers nach Eingliederung Danzigs in das Deutsche Reich noch jene nach einer exterritorialen Eisenbahnlinie und Autobahn durch den Korridor die Ursache des Zweiten Weltkriegs waren. Großbritannien, verkörpert durch den britischen Außenminister Lord Halifax, wollte, nach Hoggan, erneut, wie im Ersten Weltkrieg, die Wirtschaftsmacht Deutschland ausschalten, wobei die USA unter Präsident Roosevelt Schützenhilfe leisteten.

Die Wende der europäischen Politik war erreicht. Die Hoffnung Hitlers, Polen gegen Rußland zu gewinnen, hatte sich nicht erfüllt. Die den Polen durch England - gedeckt durch die USA - gegebene Rük-

Oben: Polnisches Flugzeugwrack auf dem Flugplatz Lemberg

Unten: Ein eroberter polnischer Bunker

kendeckung ließ die mäßigen Forderungen Deutschlands durch den polnischen Außenminister Beck ablehnen, so daß der Krieg unausbleiblich war.

Spannungsgeladen hockten die deutschen Gebirgsjäger in ihren Bereitstellungsräumen und warteten auf die Befehle zum Angriff. Eindrucksvoll beginnen die Berichte von den Kampferlebnissen aus dem Polenfeldzug:

„Abend des 31. August! Dunkelheit! Leichter Regen!

Die Zelte sind abgebrochen. Ringsum ist es still. Doch durch den Äther jagt Meldung auf Meldung.

Da – leises Klappern von Geschirren – kurzes Aufleuchten einer Taschenlampe – mattes Glänzen von Stahlhelmen. Der Tritt der abmarschierenden 2. Kompanie wird verschluckt von der diesigen Feuchte dieser Nacht.

Nun ist es also soweit! Schweigend schiebt sich die graue Kolonne vorwärts. Ernste, gefaßte Gesichter überall. Hin und wieder ein halblautes Scherzwort. Wagen schnurren vorbei und sind in Sekunden verschluckt. Wir marschieren ...

Was sie wohl alle so denken mögen, die mit mir in Reih und Glied marschieren? – Heimat, Elternhaus, Freunde, ein liebes Mädel – alles vorbei ... Vor uns liegt die Nacht, Ungewißheit, Kampf! Vor uns liegt der Krieg! Und vielleicht der Tod.

Raupenschlepper rasseln an uns vorbei. Unheimliche Riesen. Die schweren Mörserrohre der Batterien zeigen uns, daß wir nicht allein sind. Kein Hurra-Patriotismus! Keine oberflächliche Gefühlsduselei! Wir alle begreifen die harte Notwendigkeit dieser Nacht und sehen den Tatsachen als deutsche Soldaten ins Gesicht! In Garnsee stehen die Menschen noch auf der Straße. Von den Häusern hallt unser Schritt wider, und am Ende des Städtchens biegen wir ab und streben unserem Bereitstellungsplatz zu. Der Kompanieführer kommt vom Bataillonsführer zurück. Die Züge werden eingewiesen. Die Bereitstellung eingenommen. Zäune werden zerschnitten, damit sie beim Morgengrauen den Angriff nicht aufhalten. Nun liegen wir auf der Wiese im feuchten Gras. Der Regen ist in einen schweren Nebel übergegangen, der tiefer und tiefer sinkt. Stunde um Stunde verrinnt. Im Osten graut der Tag. Vorsichtig lockern wir die Glieder, zwingen die Kälte, die uns umfaßt, fort und liegen und warten ...

Minuten verrinnen! Näher rückt der Zeiger auf 4.30 Uhr. Dann werden, so wissen wir, die Batterien losbrüllen, die schweren Geschosse uns den Weg bahnen, den Angriff erleichtern.

Noch 3 Minuten ... 2 Minuten ... noch 1 Minute ... Sekunden ...

Vier Uhr dreißig! Kein Schuß fällt! Fieberhaftes Warten! Stille... Alle Konturen verschwinden im Nebel. Aber die Zeit schreitet unaufhaltsam vorwärts. Der große Zeiger deckt eben die neun, da plötzlich fällt ein Schuß! Noch einer... Noch einer... Wieder und wieder. Sekunden später orgeln die Geschosse über unsere Köpfe. In ununterbrochener Reihe. Hinein in Feindesland...

Wir aber sehen mit großen Augen und gespannten Nerven in den Nebel. Dorthin, wo irgendwo die unsichtbare große Mauer steht, die Grenze!

Der Krieg hat begonnen!"[31])

Am Morgen des 1. September 1939 überschritten die deutschen Truppen die polnische Grenze. Ihr Oberster Befehlshaber, Adolf Hitler, erließ seinen ersten Aufruf „An die Wehrmacht!". Wer konnte damals schon ahnen, daß ihm noch Hunderte, ja Tausende solcher Appelle im Verlauf des Zweiten Weltkrieges folgen sollten?

„Der polnische Staat hat die von mir erstrebte friedliche Regelung nachbarlicher Beziehungen verweigert, er hat statt dessen an die Waffen appelliert.

Die Deutschen in Polen werden mit blutigem Terror verfolgt, von Haus und Hof vertrieben. Eine Reihe von für eine Großmacht unerträglichen Grenzverletzungen beweist, daß die Polen nicht mehr gewillt sind, die deutsche Reichsgrenze zu achten. Um diesem wahnwitzigen Treiben ein Ende zu bereiten, bleibt mir kein anderes Mittel, als von jetzt ab Gewalt gegen Gewalt zu setzen.

Die deutsche Wehrmacht wird den Kampf um die Ehre und die Lebensrechte des wiederauferstandenen deutschen Volkes mit harter Entschlossenheit führen.

Ich erwarte, daß jeder Soldat, eingedenk der großen Tradition des ewigen deutschen Soldatentums, seine Pflicht bis zum letzten erfüllen wird.

Bleibt Euch stets und in allen Lagen bewußt, daß Ihr die Repräsentanten des nationalsozialistischen Großdeutschlands seid!

Es lebe unser Volk und Reich!

Berlin, den 1. September 1939.

Adolf Hitler."[32])

Das militärische Kräfteverhältnis

Der Krieg gegen Polen traf die Deutsche Wehrmacht - und somit auch die deutsche Gebirgstruppe mit ihrem Kernstück, der dreigliedrigen 1. Gebirgs-Division - noch im Aufbau. Organisatorische Verzögerungen waren unter anderem insofern entstanden, als die Wehrkraft der dem Deutschen Reich einverleibten Gebiete Österreichs, des Sudetenlandes und der Tschechoslowakei erst noch erfaßt werden mußte, so daß die Mobilisierungspläne für das Jahr 1939 die zusätzliche Aufstellung von weiteren drei Infanterie- und zwei Gebirgsdivisionen, einer Panzer- und einer leichten Division erforderlich machten.

Auf der anderen Seite besaß Deutschland bereits ein, auf der Seeckt'schen Reichswehr aufgebautes, schlagkräftiges und hervorragend ausgebildetes Heer.

Das deutsche Heer 1939

Das deutsche Friedensheer bestand aus
35 Infanterie- und Gebirgsdivisionen,
1 Kavalleriebrigade,
4 motorisierte Divisionen,
4 leichte Divisionen,
5 Panzerdivisionen.

51 Infanteriedivisionen mußten in vier Wellen bei der Mobilmachung neu aufgestellt werden.

Zur Sicherung im Westen verblieben neun aktive und 38 nach und nach eintreffende deutsche Divisionen in Grenzstellungen.

Für den Angriff auf Polen wurden 39 Infanteriedivisionen und sämtliche 13 Panzer- und motorisierten Divisionen sowie die Kavalleriebrigade bereitgestellt.[33])

Was die 1. Gebirgs-Division anbetrifft, so war es General Kübler in den letzten Monaten vor dem Krieg mit Polen noch gelungen, eine stärkere Motorisierung seiner Division durchzusetzen. (Die 2. und 3. Gebirgs-Division, zweigliedrige Verbände, bestanden kaum eineinhalb Jahre und die 4. Gebirgs-Division befand sich noch im Planungsstadium in den Schubladen des Reichskriegsministeriums.)

Am 26. August 1939 war die 1. Gebirgs-Division mit folgenden Divisions-Einheiten mobil:
Geb.Jäg.Rgt. 98 I.-III. Mittenwald,
Geb.Jäg.Rgt. 99 I.-III. Füssen (I. bei Mobilmachung),
Geb.Jäg.Rgt. 100 I.-III. Bad Reichenhall,
Geb.Art.Rgt. 79 I.-IV. Garmisch-Partenkirchen (IV. aus Erg.Battr.),
Gebirgs-Panzer-Jäger-Abteilung 44,
Divisions- und Versorgungs-Einheiten 54.[34])

Die polnische Armee 1939

Friedensheer: 270.000 Mann;
Grenzschutzztruppen: 32.000 Mann.
Das aktive Heer gliederte sich in:
28 Infanteriedivisionen,
2 Gebirgsdivisionen (6 Gebirgsschützenregimenter mit 18 Bataillonen),
11 Kavalleriebrigaden,
1 mot. Brigade,
Heeres-Armeetruppen und Luftwaffe. Die Luftwaffe bildete keinen selbständigen Wehrmachtsteil, sondern war dem Heer angegliedert.

Bei Kriegsbeginn waren, bei einer vorgesehenen Kriegsstärke von 3,600.000 Mann, aufmarschiert und versammelt:
30 aktive Infanteriedivisionen,
9 Reserve-Infanteriedivisionen,
1 Gebirgsdivision,
3 Gebirgsbrigaden,
11 Kavalleriebrigaden,
1 mot. (Pz.) Brigade.

Gegliedert waren diese Verbände in 8 Armeen und in eine Heeresreserve von 2 Armeen.[35])

Aufmarsch und Angriff

Ende August 1939 rollten die ersten Einheiten der 1. Gebirgs-Division durch die Slowakei in den Aufmarschraum. Das Gros der Division folgte etwas später.

Die Nerven der Soldaten waren bis zum äußersten angespannt, als sie erfuhren, daß sie in Galizien zum Einsatz kommen würden, auf jenem Kriegsschauplatz, den sie aus den Erzählungen ihrer Väter und Großväter vom Ersten Weltkrieg her kannten, als diese in den Jahren 1914 bis 1918 u. a. verbissen um Brücken und Furten an den Flüssen Dunajec und San kämpften. Und manchem klang noch das volkstümliche Soldatenlied der k. u. k. Kaiserjäger von der „Festung Przemysl" im Ohr.

War das wirklich schon so lange her, daß der Vater, der Onkel oder der ältere Bruder in den Ersten Weltkrieg, auf die Schlachtfelder Galiziens marschiert sind? Damals begleitete lauter Jubel die Soldaten ins Feld. Wer dachte schon an ein vierjähriges Ringen, an dessen Ende der Zusammenbruch des alten europäischen Staatensystems gestanden hat?

Ganz anders die Stimmung nach dem Ausbruch des Polenfeldzuges. Keine Blumen, kein lauter Jubel auf den Straßen Berlins oder in den einsamen Bauernhöfen des Alpenlandes. Es war so, als erahne die Bevölkerung, daß der Marschbefehl gegen Polen das Signal zum Zweiten Weltkrieg sei.

Die Gebirgstruppe wußte, wie hart und lange ein Materialkrieg gegen den Rest der Welt sein konnte - was sie am meisten fürchtete, war ein langer Zermürbungskrieg -, auch wenn sich einige Verbündete noch als Freunde zu erkennen gaben. Italien - die „Pseudo-Großmacht" - blieb vorerst neutral, während Großbritannien und Frankreich dem Deutschen Reich am 3. September 1939 den Krieg erklärten.

Welche Gedanken bewegten in jenen Septembertagen 1939 den deutschen Soldaten? Bruno Steinbach vom Gebirgs-Jäger-Regiment 100 ist einer von vielen, der die allgemeine Stimmung in seinem Tagebuch festhielt. Am 1. Januar 1938 wurde er Leutnant, und in den ersten Septembertagen des Jahres 1939 kam er mit dem I./Geb.Jäg.Rgt. 100 nach Polen. Hier seine Gedanken über den Krieg:

„Brannenburg, 6. September 1939.
Als ich erfuhr, daß wir unruhigen Zeiten entgegengehen, habe ich mich gefragt, was ich noch zu tun habe. Es war wenig. Ich weiß nun, daß vielleicht in nicht zu ferner Zeit mein Leben seinen Abschluß findet. Und immer wieder frage ich mich nach diesem ‚Kommenden'. Was ist das für ein dunkles Tor, durch das ich hindurch muß, was liegt davor, was liegt dahinter ...

Was steht vor mir? Das Tor zum Leben? Das Leben ist nur eine Stufe in unserem Dasein. Die nächste Stufe, das Jenseits steht über dem Leben ... Mag Gottes Welt noch so schön sein, was vor mir liegt, ist schöner ...

Eine Bitte habe ich: daß mit ganzem Herzen mein Tod meine letzte und größte Tat werde ...

Was mein körperliches Auge sehen wird, ist aufgeschlagen: Granaten, Nebel, Gas, Rauch, Lärm, Flammen, Luftdruck ... Die Wirkungen gegen totes Material sind furchtbar. Was wird mit dem Menschen geschehen, der diesen Wirkungen ausgesetzt sein wird? ... Mit Schrecken sehe ich den neuen Menschen. Was wird aus ihm werden, der Blut in Strömen vergoß, der den Tod in vielfältiger Gestalt um sich schleuderte? ... Nur schwerlich wird sich der abendländische Mensch von der Verwüstung, die er äußerlich und innerlich erlebte, losreißen ...

Wie verhält sich der Christ? Es gibt nur eine Haltung in diesem Falle: ‚Mit dem Vaterland'. Ich mit meiner beschränkten Übersicht kann nicht die Schuldfrage in einem Kriege entscheiden. Diese Verantwortung tragen die Leiter und Führer der Staaten. Der, der über den

Völkern steht, wird dereinst Rechenschaft von ihnen verlangen. Sie tragen die Verantwortung. Kann man überhaupt bei dem Leben unter den Völkern von Schuld sprechen? Ist es gerechtfertigt zu sagen, dieses Volk trägt eine größere Schuld als jenes?

Völker sind vor Gott wie Zahlen, die ihr eigenes Gesetz haben, das ihnen bei ihrer Bewußtseinswerdung gegeben wurde. Der Schöpfer

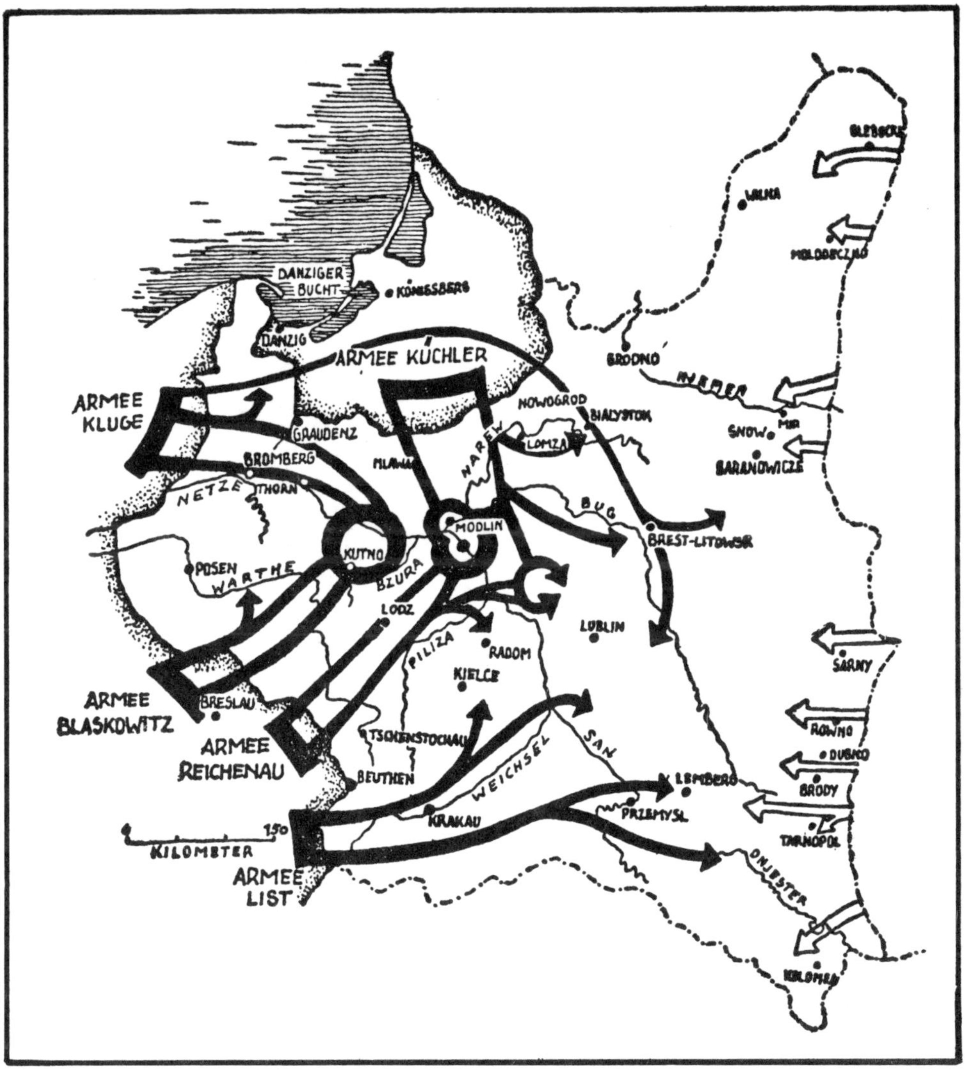

Der Polenfeldzug 1939 in operativer Sicht

lenkt die Völker wie Wasserbäche, die dem Fallgesetz unterstehen ... Mein Volk ist in Not, und ich muß helfen ...

Hinter mir lasse ich mein junges Leben. Aber vor mir liegt ein größeres. Hinter mir liegen alle Sorgen und Wünsche. Frei und ungebunden, wie immer unsere Fahrten waren, soll auch meine letzte sein. Ruhelos war mein Leben. Die innere Unruhe ist nun verschwunden. Aber jetzt liegt ein herrliches Leben vor mir. Herrlich einzugehen in die Zeitlosigkeit, in die Ewigkeit. Was wird das sein, die Anschauung Gottes? Unvorstellbar, unaussprechlich. Ausdruck und Sprache versagen bei der Schilderung dessen, was mich erwartet."[36])

Schon bei der polnischen Teilmobilmachung im März 1939 waren mehrere starke Armeegruppen an der polnischen Westgrenze aufmarschiert, während die Masse des polnischen Heeres, mit drei Armeen rings um Ostpreußen stehend, eindeutig Offensivabsichten gegen dieses deutsche Gebiet erkennen ließ. Der Angriffsgedanke der Polen kam auch in Aussprüchen wie „Marsch auf Berlin" oder in dem vielgesungenen polnischen Soldatenlied mit dem Vers „... Gekleidet in Stahl und Panzer werden wir unter Rydz-Smiglys Führung bis an den Rhein und über den Rhein marschieren ..." zum Ausdruck.

Konzentrische Angriffe der Polen sollten in Oberschlesien und im Raum Posen-Gnesen den Stoß auf Berlin vorbereiten und schließlich zur Einnahme der deutschen Reichshauptstadt führen.

Für eine „klassische Verteidigung" des Landes waren die Grenzen Polens, die in einem weiten Halbkreis das Land umgaben - die ursprünglich 2000 Kilometer lange deutsch-polnische Grenze wurde durch die Besetzung der Tschechoslowakei auf 3000 Kilometer verlängert - denkbar ungeeignet. Die militärgeographische Bedeutung der Tschechoslowakei - die Polen südlich wie ein Zangenarm umfaßten (der andere bestand im Norden aus Ostpreußen) - als Aufmarschgebiet war unübersehbar.

Ziel des deutschen Angriffs, der unter dem Oberbefehl des Generalobersts von Brauchitsch mit zwei Heeresgruppen - Süd (Generaloberst von Rundstedt) und Nord (Generaloberst von Bock), zusammen mit 52 Divisionen sowie einer Kavalleriebrigade, ferner zwei Luftflotten und Seestreitkräften - durchgeführt werden sollte, war es daher, das polnische Heer durch einen konzentrischen Stoß auf Warschau einzuschließen.

Am Polenfeldzug nahmen von der deutschen Gebirgstruppe die 1. Gebirgs-Division (General Kübler), die 2. Gebirgs-Division (General Feurstein) und die 3. Gebirgs-Division (General Dietl) teil, wobei besonders die 1. Gebirgs-Division - wie wir noch sehen werden - harte Kämpfe zu bestehen hatte.

Am 19. August 1939 verließ der Stab des XVIII. Gebirgs-Armee-Korps Salzburg und bezog seine Bereitstellungsräume in der Slowakei. Um diese Zeit befanden sich die 3 Gebirgsdivisionen erst im Zustand der Verladung.

Die 1. und 2. Gebirgs-Division kamen an der slowakischen Grenze zum Einsatz. Die 3. Gebirgs-Division wurde in einer Parallelverschiebung nach Osten transportiert, um zwischen der 1. und 2. Gebirgs-Division eingesetzt zu werden. Sie wurde dann aber aus dem Raum westlich Lemberg nach dem westlichen Kriegsschauplatz verlegt. Dadurch entstand eine bedrohliche Lage zwischen der 1. und 2. Gebirgs-Division – die beide jedoch zu meistern verstanden.

1939 erfuhr auch der Landser aus dem „Wehrmachtsbericht über Vorgeschichte, Anlage, Verlauf und Abschluß des Feldzuges in Polen". Dieser Wehrmachtsbericht, dem zahlreiche andere, die von den großen Erfolgen des deutschen Heeres berichteten, vorausgegangen waren, las sich folgendermaßen:

„Als sich seit dem Frühjahr 1939 die Anzeichen verstärkten, daß Polen, bauend auf die ihm zugesicherte fremde Hilfe, in der Verfolgung seiner weitgespannten nationalen Interessen auch einen Waffengang mit dem Deutschen Reich nicht scheuen würde, wurden in sorgfältigen Prüfungen die wahrscheinlichen Operationsabsichten Polens zu klären versucht. Die aus der polnischen Literatur und aus der Tagesjournalistik gewonnenen Eindrücke gaben in Verbindung mit den unterdes bekanntgewordenen militärischen Maßnahmen der polnischen Heeresleitung ein ungefähres Bild der Kampfabsichten der polnischen Führung.

In einer Reihe von Besprechungen des Führers mit den Oberbefehlshabern des Heeres, der Marine und der Luftwaffe, ihren Generalstabschefs und dem Chef des Oberkommandos der Wehrmacht wurden die sich daraus für die deutsche Wehrmacht ergebenden operativen Gedanken erörtert und geklärt.

1. Polnische Absichten.

Schon die Verfolgung der allgemeinen und wehrwissenschaftlichen Literatur Polens vermittelte ein Bild der Vorstellungen, das sich der polnische private und staatliche Chauvinismus über die künftige Entwicklung des polnischen Staates gemacht hatte ...

Die polnische Heeresleitung lebte in der Unterschätzung der deutschen Wehrkraft in dem Glauben, daß es ihr mit Rücksicht auf die Bindung starker deutscher Kräfte im Westen des Reiches gelingen würde, den Krieg im Osten zumindest in einem gewissen Ausmaß offensiv führen zu können. Der beherrschende Gedanke war, den Freistaat Danzig sofort zu besetzen, Ostpreußen von drei Seiten anzugreifen und als vom übrigen Reich abgeschnürte Insel einzunehmen.

Zu diesem Zweck fand folgende Kräftegruppierung statt: Eine polnische Armee im Raum nördlich von Warschau, ebenso befähigt, einen etwas drohenden deutschen Vormarsch aus Ostpreußen gegen Warschau zu hemmen, wie stark genug, den eigenen Angriff durchzuführen. Diese polnische Gruppe sollte rechts flankiert werden durch eine beachtliche Kräfteansammlung, die aus östlicher Richtung Ostpreußen bedrohen konnte, am linken Flügel durch eine sehr starke Armee im Korridor.

Die Aufgabe der Korridor-Armee war, den Freistaat Danzig zu besetzen, um dann auch von dieser Seite offensiv gegen Ostpreußen vorgehen zu können. Um dieser Operation die notwendige Rückendekkung zu geben, wurde im Raume von Posen die weitaus stärkste polnische Armee aufgestellt. Sie sollte im Falle eines deutschen Angriffs gegen den Korridor mit ihren überlegenen Kräften die Flanke dieses Angriffes bedrohen. Sie konnte aber ebenso der südwärts von ihr aufmarschierenden schwächeren polnischen Armee jederzeit zu Hilfe eilen. Durch ihre Stärke und ihre zentrale Aufstellung im Raume um Posen bedrohte sie somit durch ihre bloße Existenz jede deutsche Angriffsoperation aus dem mittleren Oberschlesien und aus Pommern in der tiefen Flanke. Die polnische Südarmee im Raume Krakau–Lemberg war nach Auffassung der polnischen Heeresleitung stark genug, um die wichtigsten Industriegebiete zu schützen. Sie konnte je nach dem Verlauf der Operation noch zu weiteren Einsätzen herangezogen werden, sei es zur direkten Hilfeleistung der anderen polnischen Armeen, sei es zum Angriff gegen das für Deutschland lebenswichtige oberschlesische Industriegebiet.

2. Ziel und Anlage der deutschen Operationen.

Das Ziel der deutschen Operationen war, die im großen Weichselbogen konzentrierte gewaltige polnische Armee umfassend anzugreifen, zu stellen und zu vernichten. Zu diesem Zweck wurden vom Oberbefehlshaber des Heeres ... zwei Heeresgruppen gebildet: ... Aufgaben der beiden Heeresgruppen:

Der Auftrag der Heeresgruppe Süd war, mit der mittleren Armee des Generals von Reichenau aus dem Raum um Kreuzberg in nordöstlicher Richtung auf die Weichsel durchzustoßen. Zur Abschirmung der rechten Flanke dieser Armee sollte die Armee des Generalobersts List aus Oberschlesien und am Nordrand der West-Beskiden in östlicher Richtung vorgehen. Ihre Aufgabe war, die dort befindlichen polnischen Kräfte zu stellen, um sie dann mit den von Süd nach Nord aus dem slowakischen Raum einbrechenden Verbänden zu umfassen und ihnen, wenn möglich, den Rückzug nach Osten zu verlegen. Zur Sicherung der linken Flanke des Generals von Reichenau sollte die Armee des Generals Blaskowitz aus dem Raum östlich Breslau ebenfalls in allgemeiner Richtung auf Warschau gestaffelt vorgehen, um so den zu erwartenden Flankenstoß der polnischen Heeresgruppe aus dem Raum Posen aufzufangen und abzuwehren.

Der Auftrag der Heeresgruppe Nord war, mit der Armee des Generals der Artillerie von Kluge in kürzester Frist die Verbindung mit Ostpreußen herzustellen, den Weichselübergang zwischen Bromberg und Graudenz zu erzwingen und mit einer aus Ostpreußen gegen Graudenz angesetzten Gruppe dann in allgemein östlicher Richtung die Vereinigung mit dem Nordflügel der Heeresgruppe Süd zu suchen. Die zweite Armee des Generaloberststs von Bock unter dem Befehl des Generals der Artillerie von Küchler hatte den Auftrag, aus Ostpreußen über den Narew und Bug östlich der Weichsel die Verbindung mit der Armee des Generals von Reichenau herzustellen bzw. Warschau von Osten abzuriegeln.

Im Zuge der weiteren Operationen sollte versucht werden, polnische Streitkräfte, denen unter Umständen der Rückzug über die Weichsel doch gelingen würde, durch eine erweiterte große Umfassung hinter San und Bug abzufangen.

Alle aus dieser Anlage sich ergebenden Operationen wurden von der Führung hervorragend gemeistert und von der Truppe glänzend gelöst ...“[37])

Doch blenden wir unsere Gedanken wieder zurück, in jene Tage, als die Masse der 1. Gebirgs-Division noch im Bahntransport über Wien und Preßburg in die Slowakei rollte, während die Mehrzahl der 52 deutschen Divisionen bereits im Angriff gegen die polnischen Streitkräfte standen. Die 1. Gebirgs-Division wurde im Rahmen des XVIII. Gebirgs-Armee-Korps – dessen Kommandierender General der österreichische General der Infanterie Eugen Beyer war – auf dem Südflügel der deutschen Heeresfront (Heeresgruppe Süd) in den Beskiden westlich des Dukla-Passes eingesetzt, wo sie am 5. September ihre Feuertaufe erhielt.

Eindrucksvoll schildert Generaloberst a. D. Dr. Lothar Rendulic den Bahntransport der Gebirgsjäger während des deutschen Aufmarsches gegen Polen in seinem Erinnerungswerk „Soldat in stürzenden Reichen“:

„Die Sonne stand noch hoch am Himmel, als sich der schwere Zug unter brausenden Zurufen der Bevölkerung in Bewegung setzte. Seine Durchschnittsgeschwindigkeit war fünfzehn bis zwanzig Kilometer in der Stunde. Wir kamen durch die gesegnete mährische Landschaft mit ihren reichen Getreidefeldern, die zum großen Teil bereits abgeerntet waren. Die Feldarbeiter winkten freundlich, manche liefen an den langsam fahrenden Zug heran. Auf den Bahnhöfen jubelten uns die dichtgedrängten Menschen zu, und wo wir hielten, überschütteten sie uns wieder mit Liebesgaben und Blumen, obwohl außer unserem Zug Dutzende von Transporten auf der gleichen Strecke rollten. Bis spät in die Nacht hörten wir aus den Waggons den Gesang der Soldaten. In den Wagen der Offiziere konnten wir uns auf den Bänken ausstrecken. Der Schlaf aber wollte bis in die Morgenstunden nicht kommen."[38])

Der Auftrag für die 1. Gebirgs-Division lautete: Vorstoß der Division über die polnische Grenze, zunächst in nördlicher Richtung durch die Karpaten mit vorläufigem Ziel bis zum San, um später von hier aus zur Umfassung des polnischen Südflügels auf Lemberg vorzustoßen und ein Ausweichen polnischer Kräfte über den Raum Lemberg hinaus nach Ungarn zu verhindern. Für die Gebirgs-Jäger-Regimenter 99 und 100 und für die Gebirgs-Artillerie-Abteilung 54 ergab sich am Angriffstag, dem 5. September 1939, folgende Stoßrichtung:

Mit verst. Gebirgs-Jäger-Regiment 100 (Utz) über Piwniczna, mit dem verst. Gebirgs-Jäger-Regiment 99 (Kreß) über Muszyna und mit der Gebirgs-Artillerie-Abteilung 54 (von Aufseß, später Sellier) ostwärts davon. Das Gebirgs-Jäger-Regiment 98 (Schörner) sollte am 5. und 6. September in der Slowakei nach Osten marschieren und im Überholungsgedanken Bardejov erreichen. Auf Grund der sich rasch zugunsten der Deutschen entwickelnden Lage bei der 2. Gebirgs-Division, konnte sich das Gebirgs-Jäger-Regiment 100 auch vom Feinde lösen und ungestört in der Slowakei in Richtung Osten marschieren.

Knapp formuliert, lautete der Auftrag für die 1. Gebirgs-Division: „Auf dem kürzesten Wege Lemberg erreichen!"

Die „Sturmfahrt auf Lemberg"

Während im Deutschen Reich weitere Reservisten einberufen wurden und Militärtransporte an die Front rollten, überschritten die Gebirgsjäger der 1. Gebirgs-Division am 5. September 1939 vom slowakischen Presow aus ostwärts der Hohen Tatra ohne Feindeinwirkung die deutsch-polnische Grenze. Das erste, was sie im Krieg lernten: marschieren, marschieren, marschieren ...

Für jene Soldaten der deutschen Gebirgstruppe, die schon am 1. Weltkrieg teilgenommen hatten, war es ein beklemmendes Gefühl, zum zweitenmal über die staubigen Straßen Galiziens zu marschieren. Vorbei an einsamen Soldatengräbern oder Kriegerfriedhöfen, auf deren verwitterten Steinkreuzen nicht selten noch die Namen ihrer gefallenen Kameraden standen. Die jungen Gebirgsjäger kannten die galizischen Schlachtfelder nur von den Erzählungen ihrer älteren Kameraden. Um so begieriger nahmen sie die Landschaft in sich auf.

„Gleich nach der Ausladung marschierten wir nach Osten, überschritten bei Jaroslau den San und gelangten bald in kleine Dörfer am Ostufer, in denen das Regiment untergebracht wurde. Auf dem Marsch bekamen wir den ersten Eindruck von Galizien. Die niedrigen kleinen Häuser waren meist aus Holz errichtet und mit Stroh gedeckt. Den Fußboden bildete gestampfter Lehm. Auf dem Dach fast jeden Hauses befand sich ein Storchennest, ein Beweis für das Vorhandensein vieler Frösche und ein Beweis auch dafür, daß es hier viele Sümpfe geben mußte. Es gab in den Dörfern mehrere Brunnen. Das Wasser aus den Dorfbrunnen wurde in Holzeimern heraufgewunden und ohne Bedenken getrunken. Erkrankungen traten damals keine auf. Die Bevölkerung gehörte der ruthenischen, zum Teil auch der polnischen Nationalität an.

Die Quartiere stellten das Primitivste dar, das ich je gesehen habe. Ungeziefer, besonders Wanzen und Flöhe, war reich vertreten. Die Bewohner hausten nicht selten mit ihren Tieren im gleichen Raum. Es wurde auf offenem Feuer gekocht, der Rauch zog durch die Tür ab. Die Menschen führten ein Leben fern jeder Kultur und Zivilisation", schreibt Rendulic. „Ich mußte an die Illusionen Rousseaus denken."[39])

Graue Staubwolken, die von den Schritten der Gebirgsjäger, den Hufen der Tragtiere und den Rädern der Wagenkolonnen aufgewirbelt wurden, verhüllten die Marschkolonnen der Gebirgsjäger, deren Kehlen schon bald ausgetrocknet waren. Hart drückten Rucksack und Waffen vor allem auf den Schultern der jungen Marschierer, die, kaum daß sie ihre Stubenkameraden richtig kennengelernt hatten, schon ins Feld ziehen mußten. Neugierig vernahmen sie den Wehrmachtsbericht vom 5. September 1939:

„Das deutsche Ostheer brach am 4. September auf allen Fronten den feindlichen Widerstand und stieß unaufhaltsam weiter vor. Der Gegner geht stellenweise in Unordnung und schwer erschüttert zurück. Gefangenen- und Beutezahlen mehren sich und lassen sich zur Zeit noch nicht übersehen. Die 7. polnische Division wurde südostwärts Tschenstochau aufgerieben, der Divisionsstab gefangen.

Im Süden wurde im scharfen Nachdrängen die Verfolgung auf Krakau fortgesetzt, der Skawa-Abschnitt bei Wadowice überschritten, weiter nördlich Jaworzno genommen. Überstürzt räumt der Feind das ostoberschlesische Industriegebiet . . ."

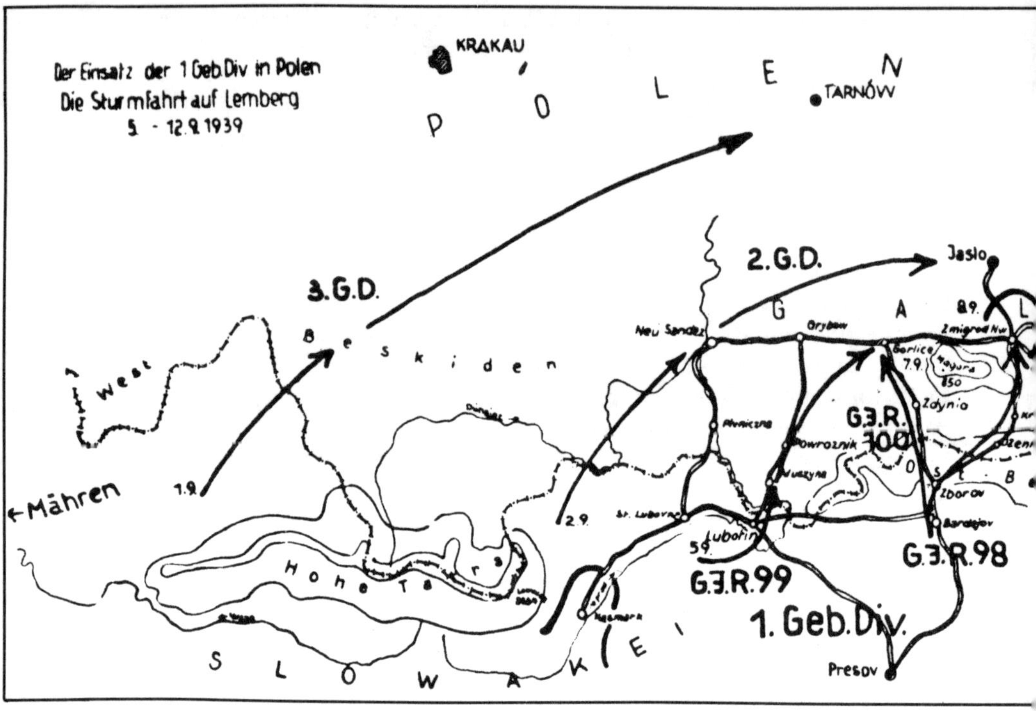

Ohne besondere Vorkommisse endete für die Gebirgsjäger der Edelweißdivision der 5. September 1939, an dem die heiß herniederbrennende Herbstsonne zur Tagesneige wie ein feuerroter Ball im Westen versank.

Für das Gebirgs-Jäger-Regiment 100 war der erste Einsatz beim Vormarsch über Piwnicza und Bradejow auf Krempna friedlich verlaufen, da sich der Feind abgesetzt hatte. Auch vor dem Gebirgs-Jäger-Regiment 99 war der Feind gewichen, nachdem sich das Regiment bei Powroznik in der Nacht zum 6. September zum Angriff bereitgestellt hatte.

Gespannt verfolgten die Gebirgsjäger – sofern sie die Möglichkeit dazu hatten – in ihren Unterziehräumen den Wehrmachtsbericht vom 6. September 1939. In knappen und inhaltsschweren Sätzen erfuhren sie, was sich Tag für Tag auf dem polnischen Kriegsschauplatz ereignete. So wurde die große Linie des Operationsverlaufes auch für den sichtbar, der normalerweise nur im Rahmen seines Bataillons, seiner Abteilung, seiner Kompanie oder Batterie dachte und handelte:

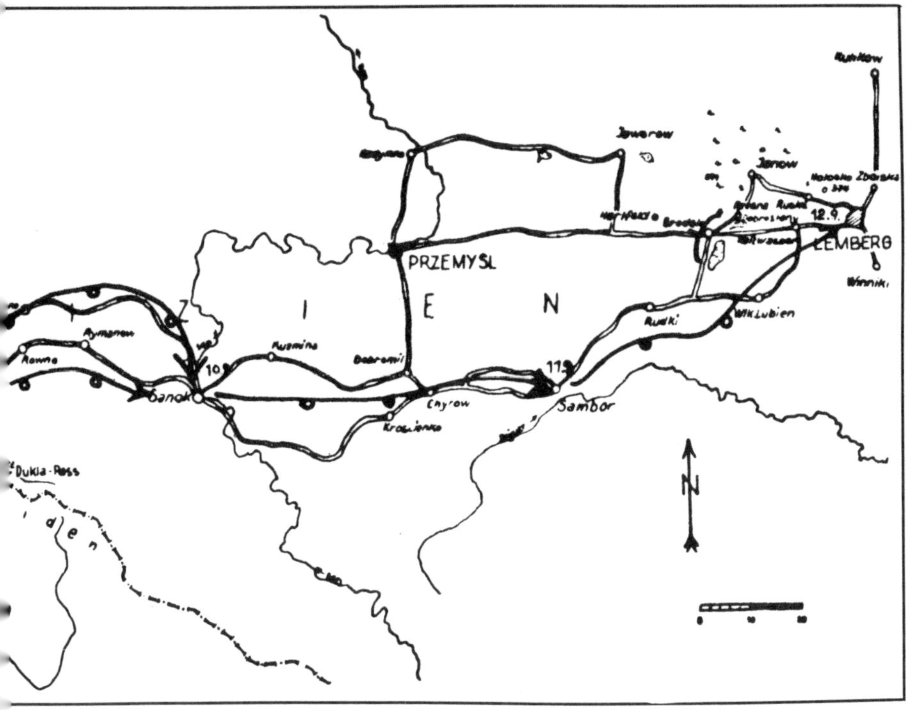

„Die Operationen des Heeres in Polen nahmen am 5. September ihren planmäßigen Fortgang. Gebirgstruppen und bewegliche Truppen erkämpften sich in breiter Front die Nordausgänge der Beskiden und befinden sich in flüssigem Angriff gegen Neu-Sandez.

Die von Süden und Westen gegen Krakau vorstoßenden Kräfte haben den Feind auf die Stadt zurückgeworfen. Das ostoberschlesische Industriegebiet ist in unserer Hand. Weiter nördlich wurde am frühen Nachmittag die Linie Checiny–Lopußno–Piotrkow genommen. Beiderseits Sieradz wurde eine stark ausgebaute Bunkerlinie durchbrochen und der Angriff auf dem Ostufer der Warthe in Richtung Lodz fortgesetzt . . .“

Zum ersten Gefecht kam es beim Gebirgs-Jäger-Regiment 100 erst, nachdem die Gebirgsjäger am 7. September die polnische Grenze beim Zollhaus Ozenna überschritten hatten. Aber auch hier wich der Pole geschickt aus und entzog sich so der drohenden Umfassung. Daraufhin befahl General Kübler, der seine Division von vorderster Linie aus führte, die Bildung einer motorisierten Vorausabteilung, während das Gros der 100er, zusammen mit den 98ern, im Fußmarsch dem San bei Sanok entgegeneilte.

So mancher junge Gebirgsjäger hat später, nachdem er einen gewissen Abstand gewonnen hatte und es ihm die Zeit erlaubte, über seine Feuertaufe im Polenfeldzug berichtet. Lesen wir, wie einer von ihnen, Helmut Loges, die ersten Stunden des Polenfeldzuges erlebte:

„Entscheidendes Erlebnis für den Soldaten wird wohl stets die erste Begegnung mit dem Feinde sein, jene Zeitspanne, in der ihn ein ‚Segen' von Blei und Stahl ... tauft und ihn damit in den unter Männern wohlgeachteten Stand der ‚Frontschweine' erhebt. Es ist sein Ritterschlag nach einer entbehrungsreichen, nicht immer rühmlichen Knappenzeit, sprich Drill und Schliff. Wie er es übersteht, furchtsam oder voll Vertrauen auf ein gütiges Geschick, auf die Führung und die Güte seiner Waffen, so wird er auch den folgenden Kampfhandlungen gegenübertreten.

Auch uns junge Marschierer der 1. Gebirgs-Division ... erwartete dieser erste Gruß aus einer anderen Welt, einer Welt kompromißloser Wirklichkeit ... Nicht so sehr mit Vorurteilen belastet, aber auch nicht wenig neugierig traten wir so der ‚Feuertaufe' entgegen. Es war etwas von der verwegenen Neugier der Jugend darin, die selbst den Tod auf die Probe stellen will.

Man schrieb den 7. September des schicksalvollen Jahres 1939 ... Wir marschieren bereits eine halbe Stunde. Das Getrappel unserer Bergstiefel und das unserer Muli bricht sich an den Hauswänden ... – fünf Kilometer bereits auf polnischem Boden und nichts ...

... da pfeift es plötzlich von irgendwoher ‚wui-wui' über unsere Köpfe ... Schneller als je auf den Reichenhaller Weitwiesen haben wir die Muli in den Straßengraben gezerrt. – So beginnt also, was man etwas poetisch ‚die Feuertaufe' bezeichnet. Einer ruft: 'nen Muli hat's erwischt!' Tatsächlich ist eines unserer Muli an der Schnauze getroffen, es blutet erheblich und schreit gottserbärmlich ... Der erste Verwundete der Division – ein Muli. Das Schicksal macht Späße auf besondere Art. Während wir stehen und warten, hören wir den Abschuß der Haubitzen hinter uns, und bald darauf steigen am Waldrand in Verlängerung der Vormarschstraße weiße Schwaden auf ... Unsere Kolonne setzt sich langsam wieder in Bewegung, zögernd, vorsichtiger. Vorbei an Baumsperren, die bereits von Pionieren an den Straßenrand geschoben sind, vorbei an einigen scheinbar verlassenen Höfen.

Eines der vielen Gebirgsjägergräber in Polen

In Reihen rechts und links der Straßen marschieren wir lange durch weite Waldtäler. Nichts geschieht, kein Widerstand mehr nach dem ersten Aufflackern. Ein breiter nach Norden ansteigender Bergrücken, mit Buschwerk und Hochwald bestanden, scheint unser Vormarschtal abzuschließen. Der Karte nach liegt an seinem Fuß ein Dorf mit Namen Krempna. ‚Wenn die Polen sich da oben nicht eingenistet haben, dann geht der ganze Krieg nicht mit rechten Dingen zu. ‚Von dieser Höhe können sie das Tal beherrschen', meint einer von uns. Und tatsächlich brauchen wir nicht lange zu warten. Schlagartig beginnt das polnische Konzert. Die Spitze des Bataillons ist links und rechts der Straße in Deckung gesprungen. Wir bekommen den Befehl, hinter einem Stadel Schutz zu suchen. Hier warten wir mit unseren Mulis die einbrechende Dunkelheit ab.

Und es wird eine außergewöhnlich illuminierte Nacht. Die Polen haben eine große Holzbrücke mit Petroleum übergossen und in Brand gesteckt. Gleich einer Riesenfackel erhellt sich das Tal, die kleinen weißgekalkten Häuser und die Berghänge. Eine unheimlich-großartige Szenerie für den Festakt unserer Feuertaufe. Das behäbige Knattern der polnischen MG mischt sich mit dem hellen, spritzigen ‚Trrr, Trrr' der unsern, dem Gurgeln der über uns hinwegsegelnden Granaten, ihrem blitzenden Aufschlag und dem Knistern und Krachen des brennenden Brückengebälks zu einer unheimlichen Nachtmusik . . .

Als das Feuer der Polen nachläßt, erhalten wir den Befehl, hinter einer Scheune zu sammeln. Neben unseren braven Mulis legen wir uns zum wohlverdienten Schlaf nieder. Es wird nur ein kurzer Schlaf, denn der Pole hat über Nacht seine Stellungen aufgegeben, und für uns heißt es, ihm auf den Fersen zu bleiben."[40])

Von kurzen Gefechten unterbrochen, marschierten die Gebirgssoldaten der Edelweißdivision durch Hitze, Staub und immer wieder durch Staub, der Hände und Gesichter verkrusten ließ, immer weiter in Richtung Lemberg – teilweise zwischen 35 und 60 Kilometer am Tag!

Am 7. September stieß das Füssener Regiment auf Gorlice, den älteren Gebirgsjägern aus dem Ersten Weltkrieg wohlbekannt, vor, um die Südflanke der benachbarten 2. Gebirgs-Division, die nördlich von Gorlice ausscherte, zu übernehmen. Währenddessen war das I./Geb.-Jäg.Reg. 100, dem später die Gebirgs-Artillerie-Abteilung 54 unterstellt wurde, über Zdynia ebenfalls auf Gorlice vormarschiert. Doch als die Brannenburger Gebirgsjäger die Stadt erreichten, hatte sich der

Gebirgsjäger rasten während des stürmischen Vormarsches in Nordfrankreich

Feind bereits wieder abgesetzt. Vom Rückzug des polnischen Heeres berichtete u. a. auch der Wehrmachtsbericht vom 7. September 1939:

„Der Rückzug des polnischen Heeres hielt am 6. September auf der ganzen Front an. Durch den entschlossenen Einsatz der Luftwaffe tatkräftig unterstützt, blieben die Truppen des Ostheeres dem weichenden Feind in scharfer Verfolgung auf den Fersen und stellten ihn an verschiedenen Stellen zum Kampf.

In Südpolen wurde Neu-Sandez genommen und dort nördlich davon der Dunajec überschritten. Kampflos besetzten unsere Truppen die Stadt Krakau. Dem Grabe des Marschalls Pilsudski wurden militärische Ehren erwiesen. Nach der Einnahme von Kielce sind unsere Truppen im raschen Vordringen durch den Westteil der Lysa Gora und nähern sich weiter nördlich den Städten Tomaszow und Lodz . . .“

Vor der 1. Gebirgs-Division hatte sich der Feind also dem ersten Zugriff der Jäger entzogen. Verfolgung des Gegners, lautete die Parole in den nächsten Tagen.

Die Division bildete deshalb am Vormittag des 8. September motorisierte Verfolgungsgruppen unter dem Befehl des Kommandeurs des Geb.Art.Reg. 79, Oberst Wintergerst. Zur Gewinnung des wichtigsten Sanübergangs bei Sanok wurden von Zmigrod aus folgende Truppenteile angesetzt: eine südliche motorisierte Verfolgungsgruppe (Geiger) über Rymanow; eine nördliche motorisierte Verfolgungsgruppe (Lang) über Krosno. Diese Gruppen setzten sich aus Gebirgsjägern, Panzerjägern und Krad-Schützen, aus schwerer Artillerie, Pionieren, Nachrichten-(Fu) und Flak-Einheiten zusammen. Sie hatten alle einen gleichgroßen Anteil an dem einmaligen Erfolg der „Sturmfahrt auf Lemberg“.

Und in der Tat, die Bildung der Vorausabteilung machte sich schon bald bezahlt. Bereits am 8. September kam es bei Dukla zu einem Gefecht, das die 98er für sich entscheiden konnten. Einen Tag später, am 9. September, erstürmte die südliche Verfolgungsgruppe, unterstützt durch das II./Geb.Jäg.Rgt. 99 (Seitz), die von den Polen erbittert verteidigten Höhen von Rymanow.

Bereits am 10. September erreichten beide Verfolgungsgruppen den strategisch überaus bedeutenden San-Abschnitt, hinter den sich die polnischen Infanteriedivisionen zurückgezogen hatten. Diese Kräfte einzuschließen und auszuschalten, war das Ziel des XVIII. Gebirgs-Armee-Korps, die frühestmögliche Inbesitznahme des großen Verkehrsknotenpunktes Lemberg hierfür eine wesentliche Voraussetzung. Demgemäß erging an die 1. Gebirgs-Division am 10. September der

Befehl „nach dem nächsten erfolgreichen Gefecht mit bereitgehaltenen mot. Reserven und mot. Verbänden sofort ohne weitere Rücksichten auf Lemberg vorzustoßen und die Infanterie in großen Märschen nachzuführen". Diese kühne Angriffsoperation, von General Kübler meisterlich organisiert, sollte, wie wir noch sehen werden, zu einem vollen Erfolg führen.

Noch am 10. September erließ Kübler den berühmten Befehl zur „Sturmfahrt auf Lemberg", demzufolge dem Feind der Rückzug nach Osten verwehrt und dieser dadurch zur Kapitulation gezwungen werden sollte. Damit war der Anstoß zum schlachtentscheidenden Kampf gegeben.

Nun gab es für die Gebirgsjäger kein Halt mehr. Einer Panzerdivision gleich, nach allen Seiten feuernd, fegten die motorisierten Verbände der 1. Gebirgs-Division die Straße nach Lemberg frei. Weil das aber immer noch nicht schnell genug ging, verlud man die Gebirgsjäger einfach auf Lastkraftwagen. Lange Staubfahnen markierten weithin sichtbar ihren Weg in Richtung Osten.

Nur für die Muli-Abteilungen war kein Laderaum übriggeblieben, so daß diese, hart am Rande der Erschöpfung, zu Fuß per Tragtier über die staubigen Straßen Polens hetzten.

Mit welchem Elan die deutschen Truppen durch Polen marschierten, veranschaulicht ein Bericht von Otto Tolischus in der „New York Times" vom 11. September 1939:[41])

„Die Deutschen haben ihre gewaltige Kriegsmaschine gegen Polen geworfen und zerquetschen es wie ein weichgekochtes Ei.

Nachdem sie die Schale der polnischen Grenzverteidigung durchstoßen hatten, fanden die Deutschen im Innern nicht viel mehr vor, im Vergleich zu ihren eigenen Kräften, als einen weichen Eidotter und durchdrangen ihn in vielen Richtungen, ohne einen entschlossenen allgemeinen Widerstand der polnischen Armee gegen sich zu haben."

Zu dieser Erkenntnis kam der Korrespondent auf einer Reise über die polnischen Schlachtfelder, die ihn hinter den deutschen Truppen herführte, „zuweilen im Durcheinander nach einer Schlacht, während versprengte polnische Truppen und Heckenschützen noch immer auf Motorfahrzeuge schossen, in der Annahme, es müßten deutsche sein. Aber die Deutschen sind so zuversichtlich, daß die gespannte Pistole eines Heeresfahrers als ausreichender Schutz für die ausländischen Korrespondenten bei ihrem Auftrag betrachtet wird.

Auch bei einem nur flüchtigen Blick auf die Schlachtfelder mit ihrem Gewirr von Gräben, Stacheldrahtverhauen, Schützenlöchern, gesprengten Straßen und Brücken, bombardierten und ausgebrannten Ortschaften wird klar, daß die Polen an der Grenze entschlossen Widerstand geleistet haben. Aber selbst diese Grenzverteidigungsanlagen erscheinen schwach, und außer ihnen gibt es nichts".

Für die deutschen wie für die neutralen militärischen Sachverständigen, mit denen der Verfasser die Reise unternahm, war es ein Rätsel, „daß die Polen keinerlei Vorbereitungen für zweite oder dritte Verteidigungslinien getroffen und auf dem Rückzug keinen Versuch gemacht haben, Erdwerke oder Schützengräben auszuheben, wie sie 1914 den Deutschen nach dem Marne-Rückzug halfen, die Alliierten aufzuhalten".

„In der Tat", heißt es in dem Korrespondentenbericht dann weiter, „scheint die einzige von den Polen auf dem Rückzug verfolgte Taktik gewesen zu sein, auf Städte zurückzuweichen, aus welchen sie später entweder leicht durch Artilleriefeuer vertrieben oder in denen sie ebenso bequem in die Zange genommen wurden. Aber vermutlich gestattete sowohl ihre Zahl wie ihre - nach den längs der Rückzugsstraße aufgehäuften Überbleibseln zu urteilen - im Vergleich zu der deutschen erbärmlich leichte Ausrüstung im Hinblick auf die enorme Ausdehnung der zu verteidigenden Grenze keinen anderen Ausweg ..."

Die Deutschen sind jedoch nicht allein mit Kraft und Schnelligkeit vorgegangen, sondern auch methodisch, und das bedeutet, daß dies der erste Krieg ist, der nicht durch Infanterie, sondern durch schnelle motorisierte Divisionen und - vor allem - durch die Luftwaffe entschieden wurde ...

Nachdem die Deutschen die Luftherrschaft errungen hatten, warfen sie nicht die Infanterie nach vorn, sondern ihre Tanks, Panzerwagen und motorisierte Artillerie, die vorher jeden Widerstand zerschlagen haben. Das ist unschwer zu verstehen, wenn man die von den Polen versuchten Methoden der offenen Kriegsführung gesehen hat und den nahezu dilettantischen Versuch, Erdwerke für Maschinengewehrnester auszuheben.

Den deutschen und neutralen Sachverständigen scheint, daß die Polen an den Kriegsmethoden des 18. Jahrhunderts festgehalten haben, die, was Umfang und Stärke modernen Feuers anbetrifft, nicht nur sonderbar, sondern auch völlig nutzlos sind. Damit ist nicht gemeint, die Polen hätten keinen tapferen Kampf geliefert. Das haben sie, und die Deutschen gestehen es sich selber freimütig ein.

Rein militärisch gesehen ist die deutsche Armee äußerst schlagkräftig. Sie bewegt sich gleich einem Uhrwerk, ohne Hast und scheinbar fast gemächlich. Doch sie bewegt sich mit unerbittlicher Genauigkeit. Die Straßen nach Polen hinein sind gedrängt voll, jedoch nicht verstopft von den schweren Wagen und Schleppern, die Verpflegung und Munition befördern, während die Polen hauptsächlich auf ihre zerstörten Eisenbahnen und Pferdefuhrwerke angewiesen sind.

Bombardierte Brücken sind für die Deutschen bald passierbar, und sie bewegen sich rasch vorwärts. Verbindungslinien folgen ihnen beinahe automatisch.

Polen mag noch nicht verloren sein und mag durch Ausweichen in das östliche Sumpfgebiet sogar in der Lage sein, weiter Widerstand zu leisten. Aber solange das gegenwärtige Mißverhältnis zwischen den militärischen Mitteln und seinem Willen zum Kampf besteht, sieht es sich einer schrecklichen Partie gegenüber."

An der Spitze der 1. Gebirgs-Division gab General Kübler die entscheidenden Befehle: Angriff auf Lemberg unter gleichzeitiger Rückendekkung in der Seenenge von Grodek.

Bereits am 11. September abends wurde nach mehreren Gefechten der strategisch bedeutende Straßenknotenpunkt Sambor eingenommen. Und einen Tag später erstürmte die motorisierte Verfolgungsgruppe Schörner (früher Wintergerst) die Höhe 374 und kurz darauf die Höhen von Holosko.

Damit stand die Edelweißdivision mit ihren vordersten Kampfverbänden bereits weit im Rücken der Feindkräfte um Przemysl. Die Zange hatte sich geschlossen! General Kübler erkannte diesen günstigen Augenblick und faßte daher die notwendigen Entschlüsse:

„Baldige Gewinnung der beherrschenden Höhen bei Zboiska im Norden Lembergs (Hauptkräfte), Abschließung der Stadt nach Süden und Südosten (schwächere Kräfte), Sperrung der Seenenge von Grodek im Westen Lembergs gegen die Feindkräfte bei Przemysl durch die nachfolgenden Teile der Division" – befahl er seinen Truppen.

Diese Entscheidung war General Kübler nicht leichtgefallen, wußte er doch nur zu genau, daß die Aufgabe nur lösbar sei, wenn es gelingt, die Division vor Lemberg zu vereinen.

Würde die Zange halten?

Würde der Angriff in der geplanten Form zu realisieren sein?

Seinem jüngeren Bruder Karl bekannte Kübler später:

„Ich habe mich vor Lemberg stündlich gefragt, ob ich die Verantwortung noch tragen könne. Das Herz des Soldaten kann nur bis zu einem bestimmten Grad beansprucht werden. Dieses Maß und die Grenze seiner Leistung zu erkennen, ist für die Beurteilung einer Lage und die mögliche Aufgabe entscheidend. Hier vor Lemberg kannte ich das Ausmaß an Kampfkraft meiner Truppe, ihre Stimmung, ihre Waffenrüstung. Hier konnte ich sicher urteilen und mich entschließen."

General Kübler hatte den Einsatz gewagt und – wie wir bald sehen werden – gewonnen.

Doch zuvor mußte noch jene Krise beim XVIII. Geb.AK. gemeistert werden, die nach der britischen und französischen Kriegserklärung an das Deutsche Reich entstanden war und beim OKW. einen französischen Angriff gegen den Westwall befürchten ließ.

Die Krise, die schließlich doch entschärft werden konnte, entstand, als am 13. September die 3. Gebirgs-Division überraschend ostwärts von Sanok aus der Front gelöst wurde, um im Westen eingesetzt zu werden.

Aus dem Wehrmachtsbericht vom 13. September 1939 konnten die Gebirgsjäger entnehmen, daß der Schwerpunkt der deutschen Operationen in dieser Phase des Polenfeldzuges bei ihnen, das hieß am Südflügel des deutschen Ostheeres, lag:

„Am 12. September setzte das deutsche Ostheer mit seinem Süd- bzw. seinem Nordflügel die stürmische Verfolgung des Feindes fort. Beiderseits Przemysl vorstoßend, wurden Sambor und Jaworow genommen und mit vorgeworfenen Abteilungen Lemberg erreicht.

Die südlich Radom eingeschlossene polnische Gruppe hat aufgehört zu existieren. Die gewaltige Beute an Gefangenen, Geschützen und Kampfgerät aller Art wird noch gesichtet und gezählt. Alle Versuche der bei Kutno umstellten fünf polnischen Divisionen und zwei Kavalleriebrigaden, nach Süden durchzubrechen, sind gescheitert. Der konzentrische Gegenangriff unserer Divisionen ist im Gange . . .“

Am 13. September trat die Gruppe Schörner um 10.00 Uhr, unterstützt von leichten und schweren Waffen sowie von anderen Einheiten der 1. Gebirgs-Division, zum Angriff auf die Höhen von Zboiska an, die sich entlang des West- und Nordwestrandes von Lemberg erstrecken. Bereits am Abend war das Angriffsziel, die Straße Kulikow – Lemberg bei Zboiska, ohne große Verluste erreicht.

Der 14. September 1939 stand ganz im Zeichen der Verfolgung des sich zäh verteidigenden Feindes. Der Schwerpunkt der deutschen Operationen war jetzt eindeutig – wie wir aus dem Wehrmachtsbericht erfahren – auf den Südflügel fixiert:

„Die Operationen in Südpolen fanden nur mehr geringen Widerstand und gewannen rasch nach Osten Raum. Die Straße Lublin – Lemberg wurde mit starken Kräften bei Rawa Ruska und Tomaszow erreicht, die Weichsel nördlich Sandomir an mehreren Stellen überschritten.

Als vorläufiges Ergebnis der Vernichtungsschlacht bei Radom sind 60.000 Gefangene, darunter zahlreiche Generale, 143 Geschütze und 38 Panzerwagen eingebracht. Der umfassende Angriff gegen die um Kutno umstellten polnischen Divisionen schreitet vorwärts . . .“

Hart am Rande der Erschöpfung hetzten die Gebirgsjäger vorwärts – galt es doch, drei Feinddivisionen westlich der Seenenge von Grodek einzukesseln, sofern die 57. Infanterie-Division, die 2. Gebirgs-Division und die 7. Infanterie-Division rechtzeitig den Ring um die Polen zu schließen vermochten.

Die Ausbruchsversuche der polnischen 11., 24. und 38. Infanterie-Division scheiterten am 15. September an der Abwehr der Gebirgsjäger und im massierten Feuer der Gebirgsgeschütze. Schwer angeschlagen versuchte der Gegner, die deutschen Stellungen im Norden zu umgehen, wurde aber nachhaltig verfolgt und bei Lesniovice neuerlich eingeschlossen. So, wie sie kamen, rannten die Polen pausenlos verzweifelt gegen die Stellungen der Gebirgsjäger an, die den Ring immer enger zogen. Von diesen Ausbruchsversuchen der Polen verlautet der Wehrmachtsbericht vom 16. September 1939:

„Die Südgruppe des deutschen Ostheeres trieb auch am 15. September die versprengten Teile der polnischen Südarmee vor sich her. Mit ihnen wird vor den Toren Lembergs und am Tanew bei Billgoraj noch gekämpft. Przemysl wurde genommen. Weiter ostwärts davon haben motorisierte Truppen Wlodzimierz erreicht. Unter Einsatz neuer deutscher Kräfte wurde der Ring um die bei Kutno eingeschlossene polnische Armee verstärkt und im Angriff verengt . . .“

Den Polen gelangen zwar vereinzelt örtliche Erfolge, aber den großen Durchbruch verhinderten die Gebirgsjäger. Als der Feind nach Norden auswich, um über Janow nach Lemberg zu gelangen, wurde das Reichenhaller Bataillon, als letzte Reserve gewissermaßen, verstärkt durch Panzerjäger, Kradschützen und Gebirgsartillerie, als „Kampfgruppe Pemsel“ zum Angriff nördlich von Dobrostany eingesetzt. Auch hier konnten die mit letzter Verzweiflung kämpfenden Polen schließlich bezwungen und das wichtige Straßenkreuz Jaryna am 18. September in Besitz genommen werden.

Damit war die Gefahr im Rücken der 1. Gebirgs-Division gebannt. Die Einschließung Lembergs konnte im Norden und Westen durch die Gebirgs-Jäger-Regimenter 98 und 99 und im Osten durch das Gebirgs-Jäger-Regiment 137 vollzogen werden, nachdem nicht weniger als 15 feindliche Gegenangriffe in der Nacht vom 17. zum 18. September abgewiesen worden waren. Und was hatte der Wehrmachtsbericht vom 17. September 1939 zu berichten?

„Die Säuberung Ostgaliziens schritt am 16. September weiter fort. Lemberg ist von drei Seiten umstellt; polnischen Kräften zwischen Lemberg und Przemysl der Rückzug nach Südosten verlegt. Nördlich der San-Mündung dringen unsere Truppen in Richtung Lublin weiter vor. Deblin wurde genommen. Hunderte unzerstörte Flugzeuge fielen dort in unsere Hände. Bei Wlodawa, südlich Brest, haben sich die vordersten Aufklärungstrupps der aus Ostpreußen und der aus Oberschlesien und der Slowakei angesetzten Armeen die Hände gereicht.

Die Schlacht von Kutno nimmt ihren planmäßigen Verlauf. Von Westen her wurde Kutno genommen, die Bzura nach Norden überschritten. Warschau ist eng umschlossen ...

Die Zitadelle von Brest-Litowsk wurde genommen. Damit ist die ganze Festung Brest-Litowsk in deutscher Hand. Bei Einnahme der Zitadelle wurden 600 Gefangene gemacht."

Am Nachmittag des 19. September wurde der Befehl für den konzentrischen Angriff auf Lemberg, der am 21. September erfolgen sollte, herausgegeben. Aber es kam nicht mehr zu diesem Angriff auf die ehemalige österreichisch-ungarische Metropole Galiziens.

Noch konnten die Gebirgsjäger nicht wissen, daß sich inzwischen die politischen Führer Deutschlands und Rußlands etwas sehr Eigenartiges hatten einfallen lassen. Noch lagen sie sturmbereit in ihren Stellungen und lauschten erwartungsvoll den Wehrmachtsberichten vom 18. und 19. September 1939:

„Der Feldzug in Polen geht seinem Ende entgegen.

Nach der völligen Umschließung Lembergs und der Einnahme von Lublin steht ein Teil des deutschen Ostheeres in der allgemeinen Linie Lemberg - Wlodzimierz - Brest - Bialystok und hat damit den größten Teil Polens besetzt ..." Die Auflösung und Kapitulation der versprengten oder eingeschlossenen Reste des polnischen Heeres schreiten rasch vorwärts ... Eine kleinere feindliche Kampfgruppe wurde nordwestlich Lemberg vernichtet und dabei 10.000 Gefangene gemacht. Lemberg wurde zur Übergabe aufgefordert ... Die Luftwaffe hat gestern nur noch einzelne Angriffsflüge durchgeführt. Im übrigen war ihr Einsatz an der Ostfront nicht mehr nötig."

Endlich war es soweit. Für den 21. September war der konzentrische Angriff der Gebirgsjäger im Rahmen der Operationen der deutschen Südfront auf die Stadt Lemberg vorgesehen. Doch siehe da, ganz unerwartet für die kämpfende Truppe, erschienen am 20. September sowjetische Panzer bei Zboiska und Winniki. Die Gebirgsjäger konnten sich noch so oft ihre Augen reiben, aber sie sahen richtig: Panzer, die den Sowjetstern führten.

Bei den Russenfahrzeugen handelte es sich um jene Spitze der sowjetischen Truppen unter General Iwanoff, die auf Grund des „Geheimen

Zusatzprotokolls" des deutsch-sowjetischen Paktes („Molotow-Ribbentrop-Pakt") vom 23. August 1939 in die darin vereinbarte Interessenzone einrückten. Kurz vor Beendigung des „Blitzfeldzuges" in Polen, dessen militärischen Zusammenbruch Stalin von Tag zu Tag aufmerksam verfolgt hatte, wollte sich die Sowjetunion, nachdem nichts mehr schiefgehen konnte, ihren Anteil an der Beute holen.

Um noch zu retten, was im Grunde genommen nicht mehr zu retten war, übergab der Festungskommandant von Lemberg am 21. September mittags die Stadt an die 1. Gebirgs-Division.

Bereits im Morgengrauen des 17. September hatte die Rote Armee die polnische Ostgrenze überschritten.

„Die Bevölkerung, die eine harte Belagerung über sich hat ergehen lassen müssen", erinnert sich der I a der 1. Gebirgs-Division, Max-Joseph Pemsel, „strömt in Massen vor dem drohenden roten Terror nach Westen zu uns, den Feinden von gestern. Zweimal ist der 1. General-Stabs-Offizier der Division in höherem Auftrag zur Begrüßung und Orientierung über die Lage in Lemberg bei dem russischen Oberkommandierenden, General Ivanoff, der von sowjetischen Kommissaren umgeben ist. Der Empfang vollzieht sich beim Obersten Kommissar ablehnend, beim Oberbefehlshaber in guter Form. Man sieht bestes russisches Panzermaterial, eine unterernährte, aber disziplinierte Truppe, roten bewaffneten Mob, der aus Kellern quillt.

Widerwillig kehrt die 1. Gebirgs-Division Lemberg den Rücken, viele Gräber gefallener Kameraden in nun russisch besetzter Erde zurücklassend. Kaum zwei Jahre später sollte die Division diesen heißumkämpften Boden wieder betreten, im Angriff gegen die rote Armee."[42])

Mochte Hitler gegen Ende des Polenfeldzuges in Danzig auch verkünden: „Mit Mann und Roß und Wagen hat sie der Herr geschlagen ...", wie die Geschlagenen verließen auch die Gebirgsjäger Lemberg, um dessen Sieg man sie auf Grund fragwürdiger politischer Entscheidungen in der Reichskanzlei gebracht hatte.

Lemberg mußte den Russen überlassen werden. Das war eine herbe Enttäuschung für die Truppe und ihre Führer. Und es gab nicht wenige, die sich die Frage stellten, ob die toten Gebirgsjäger des Kampfes um Lemberg - der der 1. Gebirgs-Division die meisten Verluste des Polenfeldzuges gekostet hatte - nicht für Stalins expansive Politik gefallen waren?

Die Schlacht um Lemberg war am 22. September zu Ende. 64.000 Gefangene, 110 Geschütze, 340 Granatwerfer, 2600 MG. (300 davon hatte die 1. Gebirgs-Division erbeutet), 20 Panzer, 1000 Tonnen Munition und Zehntausende von Gewehren waren die Beute des XVIII. Gebirgs-Armee-Korps, dem die 1. Gebirgs-Division während des Polenfeldzuges unterstellt war.

Nach den Worten des Kommandierenden Generals des XVIII. Gebirgs-Armee-Korps, General Eugen Beyer, hatte General Kübler mit seinen Gebirgsjägern der Schlacht um Lemberg jene Gestalt gegeben, die schließlich den großen Erfolg brachte. In Anbetracht seiner Verdienste in der Friedenserziehung seiner Division und wegen seiner Erfolge im Polenfeldzug erhielt Generalmajor Kübler am 27. Oktober auf einem Empfang in der Reichskanzlei als einziger Divisionskommandeur des Heeres das Ritterkreuz des Eisernen Kreuzes verliehen. Am 1. Dezember 1939 wurde Kübler zum Generalleutnant befördert.

Den heiß umkämpften Siegespreis Lemberg den sowjetischen Truppen überlassend, beendeten die Gebirgsjäger den Feldzug gegen Polen. Schweren Herzens traten sie den Rückmarsch zum San an, der die Demarkationslinie bildete.

Am 25. September wurde die Demarkationslinie bei Przemysl überschritten. Bei günstigem Wetter vollzog sich der weitere Rückmarsch der 1. Gebirgs-Division durch Galizien über den Dukla-Paß in Richtung Slowakei.

Der Feldzug ist zu Ende, doch der Krieg geht weiter

Praktisch war der Polenfeldzug bereits nach 18 Tagen militärisch beendet, aber erst am 1. Oktober 1939, als sich die Gebirgsjäger bereits in der Slowakei befanden, legten die polnischen Kräfte auf der Halbinsel Hela die Waffen nieder. Damit hatten die unmittelbaren Kampfhandlungen auf dem polnischen Kriegsschauplatz ihr Ende gefunden.

„Verglichen mit dem, was uns der Krieg später noch brachte", heißt es in der Geschichte der 2. Gebirgs-Division, „war der Polenfeldzug eine relativ einfache Unternehmung, eigentlich nur ein unentwegtes Drauflosmarschieren aus ungebrochener Kraft mit beispiellosem Schwunge. Auch die einzelnen Gefechte hatten diesen kühnen Vormarsch nicht aufzuhalten vermocht. Aber es wäre unrichtig, diesen Feldzug nur nach dem Maßstab künftiger Massenschlachten zu messen. Für unsere Jäger bedeutete es die erste Begegnung mit dem Kriege überhaupt. Mann und Material hatten eine harte Probe zu bestehen. Jedem einzelnen war das Äußerste an Einsatzbereitschaft abverlangt worden. Die Unterschiede, die es nach Herkunft und Ausbildungsstand ursprünglich noch gegeben hatte, waren während dieses Feldzuges restlos überbrückt worden. Die Truppe hatte Selbstvertrauen gewonnen."[43]

Die Deutsche Wehrmacht hatte im „Feldzug der 18 Tage" 10.572 Tote, 30.322 Verwundete und 3409 Vermißte zu beklagen. Davon entfielen auf die 1. Gebirgs-Division 484 gefallene und 918 verwundete Soldaten: das sind 1402 von mehr als 17.000 Mann der 1. Gebirgs-Division.

Die Gebirgsjäger erhofften den Frieden. Sie wünschten sich, daß die Kriegsdrohungen der Westmächte sich in Verträgen auflösen möchten. Diese Hoffnung wurde noch bestärkt durch ein Friedensangebot, das Hitler den Westmächten am 6. Oktober unterbreitete und das jedoch abgelehnt wurde.

Bereits drei Tage später, am 9. Oktober 1939, befahl Hitler den Angriff an der Westfront für den 12. November.

Statt in die Friedensstandorte wurde der Großteil des deutschen Ostheeres und mit ihm das XVIII. Gebirgs-Armee-Korps (1. und 2. Gebirgs-Division und 7. Infanterie-Division) nach dem Westen ins Rheinland verlegt. Ab 3. Oktober zog die 1. Gebirgs-Division ins Ahrtal und in die Eifel. Hitlers Aufruf an die „Soldaten der Wehrmacht im Osten" vernahmen die Gebirgsjäger bereits auf dem Bahntransport in ihre neuen Quartiere:

„Am 1. September seid Ihr auf meinen Befehl angetreten, um unser Reich vor dem polnischen Angriff zu schützen.

In vorbildlicher Waffenkameradschaft zwischen Heer, Luftwaffe und Kriegsmarine habt Ihr die Euch gestellte Aufgabe erfüllt. Ihr habt Euch mutig und tapfer geschlagen.

Heute konnte ich die gegen das befestigte Warschau eingesetzten Truppen begrüßen.

Dieser Tag schließt einen Kampf ab, der vom besten deutschen Soldatentum berichtet.

Mit mir dankt Euch voll Stolz das deutsche Volk ...

Ich weiß, Ihr seid zu allem bereit im Glauben an Deutschland."

Was sollte das, so fragten sich viele, die den Aufruf Hitlers genau gelesen hatten, heißen: „Ich weiß, Ihr seid zu allem bereit ...?"

Krieg mit Frankreich und England?

Doch zunächst gab es für die meisten Gebirgsjäger Heimaturlaub – nur in den Standorten herrschte rege Ausbildungstätigkeit nach dem Motto: „Wer rastet, der rostet."

Nachersatz wurde der Division zugeführt, auch neue Waffen und

Geräte; alle Fahrzeuge wurden auf Berggängigkeit überprüft, denn die Straßen der Eifel sind steil. Die motorisierten Teile mußten für den Fall des Falles - was soviel wie Angriff im Westen bedeutete, der auch im Winter erfolgen konnte - gerüstet sein. Sicherstellung der höchsten Marschbereitschaft und Befreiung von allem unnötigen Ballast lautete daher die Devise. Zum Jahreswechsel 1939/1940, den die Gebirgsjäger trotz aller landschaftlicher Reize der Eifel und der aufgeschlossenen Bevölkerung, von der sie „Edelweißsoldaten" genannt wurden, lieber in ihren heimatlichen Bergen verbracht hätten, vernahmen die Gebirgsjäger Hitlers Aufruf „An die Wehrmacht!":

„Soldaten!

Das Jahr 1939 war für die großdeutsche Wehrmacht ein Jahr stolzer Bewährung. Ihr habt die Euch vom deutschen Volk anvertrauten Waffen in dem uns aufgezwungenen Kampf siegreich geführt. In knappen 18 Tagen gelang es durch das Zusammenwirken aller, die Sicherheit des Reiches im Osten wiederherzustellen, das Versailler Unrecht zu beseitigen.

Voll Dankbarkeit erinnern wir uns am Ende dieses geschichtlichen Jahres der Kameraden, die ihre Treue zu Volk und Reich mit ihrem Blut besiegelten! Für das kommende Jahr wollen wir den Allmächtigen, der uns im vergangenen so sichtlich unter seinen Schutz genommen hat, bitten, uns wieder seinen Segen zu schenken und uns zu stärken in der Erfüllung unserer Pflicht! Denn vor uns liegt der schwerste Kampf um das Sein oder Nichtsein des deutschen Volkes!

Mit stolzer Zuversicht blicke ich und die ganze Nation auf Euch! Denn: Mit solchen Soldaten muß Deutschland siegen.

Berlin, 31. Dezember 1939."

Da hatten sie es also vernommen: „Mit solchen Soldaten muß Deutschland siegen." Das konnte also nur bedeuten, daß der Krieg noch nicht zu Ende war, daß dem Polenfeldzug weitere Feldzüge folgen würden.

Recht sollten wieder einmal jene Skeptiker behalten, die davon sprachen, daß dem deutschen Soldaten noch die schwierigsten Aufgaben bevorstünden.

„Fast unmerklich gehen die Wintermonate ins Land", schreibt General Lanz in seiner Divisionsgeschichte, „bis Ende März der Föhn über die verschneiten Stoppeln braust. Am Rhein und an der Ahr beginnt es zu knospen. Fast über Nacht stehen sie jetzt in ihrem zartgrünen Schmuck - die Buchenwälder, in denen da und dort schon der Kuckuck ruft.

Wohl dem, der damals all diese Köstlichkeiten mit offenem Herzen genossen, denn keiner kannte das Los, das ihm die Parzen im kommenden Kampfe bescheren sollten."[44])

Dritter Teil

Der Frankreichfeldzug 1940

Allgemeine politische Lage

Vom Feind nahezu ungestört lag die 1. Gebirgs-Division im Verband der 12. Armee (List) in ihren Quartieren in der rauhen Eifel und im Ahrtal und harrte während des strengen Winters der Dinge, die da kommen sollten.

„Im Westen nichts Neues", lautete - in Anlehnung an Remarques berühmten Romantitel - die Parole der Deutschen, während die Franzosen vom „Drôle du guerre" - „dem seltsamen (komischen), ja drolligen Krieg" sprachen.

Nach der Ablehnung Hitlers ehrlich gemeinten Friedensangebotes durch den britischen Premierminister Chamberlain und den französischen Ministerpräsidenten Daladier erteilte Hitler am 9. Oktober 1939 die Weisung Nr. 6 für die Kriegsführung (im Westen), deren wesentlichste Punkte lauteten:

„1. Sollte in der nächsten Zeit zu erkennen sein, daß England und unter dessen Führung auch Frankreich nicht gewillt sind, den Krieg zu beenden, so bin ich entschlossen, ohne lange Zeit verstreichen zu lassen, aktiv und offensiv zu handeln . . .

2. Für die Weiterführung der militärischen Operationen befehle ich daher folgendes:

a) Am Nordflügel der Westfront ist durch den luxemburgisch-belgischen und holländischen Raum eine Angriffsoperation vorzubereiten. Dieser Angriff muß so stark und so frühzeitig als möglich geführt werden.

b) Zweck dieser Angriffsoperation ist es, möglichst starke Teile des französischen Operationsheeres und die an seiner Seite fechtenden Verbündeten zu schlagen, und gleichzeitig möglichst viel holländischen, belgischen und nordfranzösischen Raum als Basis für eine aussichtsreiche Luft- und Seekriegsführung gegen England und als weiteres Vorfeld des lebenswichtigen Ruhrgebietes zu gewinnen . . .

6. Neben diesen Vorbereitungen für den planmäßigen Beginn des Angriffs im Westen müssen Heer und Luftwaffe jederzeit und in zunehmender Stärke bereit sein, um sofort einem französisch-englischen Einmarsch nach Belgien möglichst weit vorwärts auf belgischem Gebiet entgegentreten und Holland in einem möglichst weiten Umfang in Richtung auf die Westküste besetzen zu können . . ."[45])

Während des Polenfeldzuges wie auch den ganzen Winter 1939/40 über standen die Armeen der Westmächte, von anfänglichen kleineren Grenzgefechten abgesehen,[46]) untätig in und hinter der Maginot-Linie, dem großen französischen Verteidigungswerk, das in der Zwischenkriegszeit an der französischen Ostgrenze aufgebaut worden war. Damit hatten die Westmächte die Chance verpaßt, den Deutschen in den Rücken zu fallen, während deren stärkste Kräfte noch im Osten gegen Polen gebunden waren.

Nicht nur die vielfach veraltete und für einen Angriffskrieg wenig geeignete Ausrüstung und Bewaffnung bewirkten diese passive Haltung, sondern auch die Lähmung Frankreichs durch fehlende Einheit im Innern: Rechtskreise, die mit dem autoritären System des Faschismus sympathisierten, wie Kommunisten standen dem Krieg gegen das mit der Sowjetunion verbündete nationalsozialistische Deutschland durchaus ablehnend gegenüber.

Von der Kriegsunlust der Franzosen konnten sich am besten die deutschen Truppen, die an der deutsch-französischen Grenze in Stellung lagen, ein Bild machen. So notierte Generaloberst Wilhelm Ritter von Leeb, der Oberbefehlshaber der Heeresgruppe C, am Mittwoch, dem 6. September 1939, in seinem Tagebuch:

„Die Propaganda am Oberrhein hat doch gute Erfolge. Selbst Offiziere winken herüber. Plakate auf französischer Seite etwa ‚bitte nicht schießen. Wir schießen nicht' beantworten wir mit ‚Wenn Ihr nicht schießt, schießen wir auch nicht'.

Ich kann mir an der Westfront nur folgende weitere Entwicklungsmöglichkeiten denken:

1. Die Franzosen vollenden ihren Aufmarsch und greifen erst dann an.

2. Sie warten, bis die Masse der Engländer eingetroffen ist, damit nicht nur die Franzosen, sondern auch die Engländer Blutopfer bringen.

3. Sie wollen nicht ernstlich angreifen und hoffen noch auf eine diplomatische Erledigung.

4. Sie führen einen Krieg auf lange Sicht. Sie schieben uns den Angriff zu, warten, bis Polen erledigt ist und der Deutsche seine Kräfte an die Westfront verschoben hat. Dann mag er angreifen, mag die Neutralität Belgiens verletzen. Dann muß wohl auf diplomatischem Wege diesem Zustand ein Ende bereitet werden."[47])

Hitler selbst glaubte noch monatelang, die französische und die britische Kriegserklärung hätten lediglich eine Demonstration bedeutet. Nach Abschluß des Polenfeldzuges und der Aufteilung Polens zwi-

Oben: Arras

Unten: Zerstörte Stadtteile in Reims

P

schen der UdSSR und dem Deutschen Reich würden die beiden Westmächte sich dem fait-accompli beugen.

Im Gegensatz zu seinen militärischen Mitarbeitern sah sich Hitler überzeugt - noch während der Operationen in Norwegen -, im April 1940 Frankreich und die britischen Streitkräfte angreifen zu müssen, um - wie er sagte - den Krieg zu entscheiden.

Dabei sollten die Westmächte nach dem Durchmarsch durch Holland, Belgien und Luxemburg in Nordfrankreich zur Entscheidungsschlacht gezwungen werden.

Während der Planspiele Hitlers und seines Generalstabes übte die Gebirgstruppe fleißig in der Erwartung der Dinge, die auf sie zukommen sollten. Während der Freizeit wurden Briefe geschrieben - Briefe an die Eltern, an die Geschwister, an die Frau, an die Kinder, an die Braut. Briefe, die die Psyche festigen sollten für den bevorstehenden Kampf. Am 24. April 1940 schrieb Bruno Steinbach im Westen:

„Viele Gedanken habe ich mir schon über den Sinn der Umwälzungen unserer Tage gemacht. Ist es wirklich nur die Sicherung eines Lebensraumes? Dieser Kampf, der vielleicht zu vergleichen ist mit einem Kampf aus der Tierwelt, wird nicht eher enden, bis einer der beiden Gegner kraftlos zu Boden sinkt. Und was kommt nach dem Chaos, das auch einem Sieg folgt? Wie ist der Mensch der Zukunft gestaltet?“[48])

Und ein anderer Gebirgsjäger schrieb:

„Mutter!

Es ist Abend. Ich sitze in meiner Unterkunft, die mir schon fast eine zweite Heimat geworden ist in der Zeit der Trennung. Ich sitze zum letzten Male hier. Wenn Dich dieser Brief erreicht, werden wir schon viele Kilometer weitergewandert sein. Viele meiner Kameraden haben schon den Polenfeldzug mitgemacht. Wenn sie erzählen, faßt mich ein seltsames Gefühl. Es ist nicht Angst. Und doch bange ich vor dem Kommenden und dem ersten Kugelregen. Heute muß ich auch denken, daß unser Vater einmal so dasaß und jenen Brief schrieb, den ich oft später gelesen habe, und nach dem keiner mehr von ihm kam. Und ich schreibe wie er, ich werde wiederkommen. Zwischen Leben und Tod steht nur ein Augenblick. Ich habe das noch nie überlegt. In diesem Augenblick muß ich daran denken. Aber ich denke auch, daß

Oben: Erfrischendes Bad für die Gebirgsjäger . . .

Unten: . . . und ihre Tragtiere

es schön sein wird, wenn ich wiederkomme. Dann wird Frieden sein. Und dann, und dann -. Das Leben ist schön. Was jetzt kommt, muß sein . . . Denke oft an mich. Das wird mich stärken.

Von Herzen! Dein dankbarer Sohn."[49])

Die innere Anspannung löste sich bei den Gebirgsjägern erst am 9./10. Mai 1940. Es wurde wieder marschiert: Über die luxemburgische, die belgische und die französische Grenze . . .

Das militärische Kräfteverhältnis

Während des Polenfeldzuges befanden sich unter dem Befehl der Heeresgruppe West (von Leeb) nur acht aktive und $26^2/_3$ Reserve- und Landwehrdivisionen an der Westfront. Diesen deutschen Verbänden standen 110 französische Divisionen unter dem Oberbefehl des Generals Gamelin gegenüber. Obwohl der deutsche Westwall, die „Siegfried-Linie", bei weitem nicht so stark ausgebaut war wie die französische Maginot-Linie, konnten sich die Franzosen zu keiner entschlossen vorgetragenen Offensive entscheiden.

Vielmehr sank die französische Kampfmoral angesichts der überwältigenden deutschen Erfolge auf dem polnischen Kriegsschauplatz zusehends. Kommunisten, Pazifisten und Agenten taten ein übriges, um die französische Wehrkraft zu zersetzen.

Doch während des rund halbjährigen Schwebezustandes wuchsen auf der anderen Seite die britischen Kriegsvorbereitungen: Gewaltige Mengen an Kriegsmaterial überquerten den Kanal in Richtung Frankreich.

Die Deutsche Wehrmacht

Die Deutsche Wehrmacht war der Frankreichs und Englands zu Beginn des Westfeldzuges personell als auch technisch überlegen. Das Verhältnis der auf beiden Seiten eingesetzten Divisionen lautete 137 : 137, aber die Alliierten hatten den zehn deutschen Panzerdivisionen keine gleichwertigen Verbände entgegenzustellen. Deutschland besaß 2580 Panzerkampfwagen und 3854 Flugzeuge, die in der Luftflotte 2 (Kesselring) und Luftflotte 3 (Sperrle) zusammengefaßt waren.

Die französische Armee[50])

Friedensheer: 765.000 Mann;
Kriegsheer: 4,600.000 Mann;
Farbige Truppen: 1,500.000 Mann.
Das französische Heer gliederte sich in zwanzig Wehrkreise.

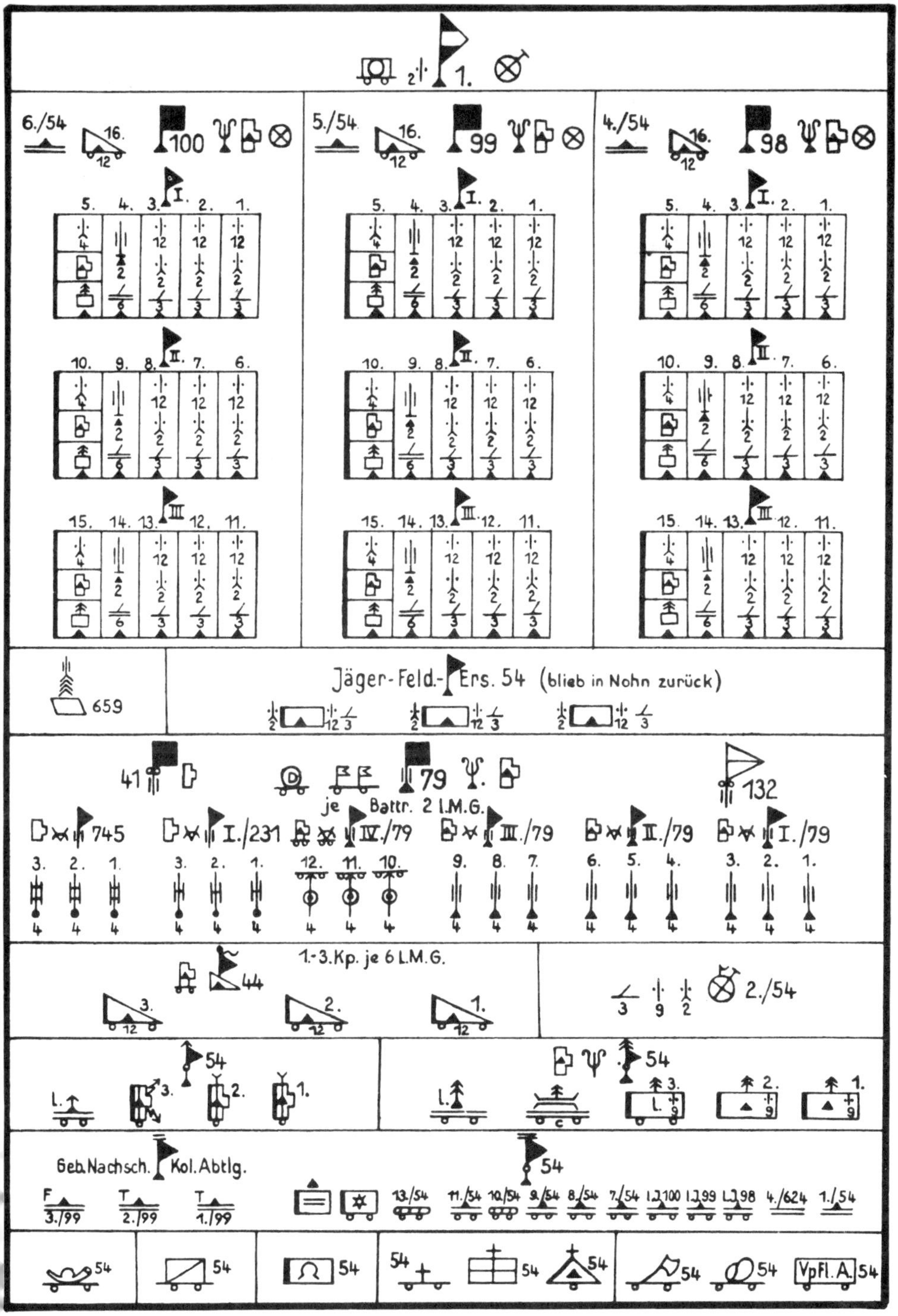

Kriegsgliederung der 1. Gebirgs-Division am 9. Mai 1940

Frankreich

20 Infanteriedivisionen (davon 8 mot.);
4 Kolonialdivisionen;
4 Nordafrikanische Divisionen;
3 Kavalleriedivisionen;
2 mechanisierte Divisionen;
3 selbständige Kavalleriegruppen;
2 Spahi-Brigaden;
26 Korps- und Heeresartillerieregimenter;
12 Panzerregimenter;
7 Pionierregimenter;
4 Nachrichtenregimenter;
2 Eisenbahnregimenter;
60 Infanteriebataillone;
30 Artillerieabteilungen.
(Bei den beiden letzteren handelte es sich um Festungstruppen der Maginot-Linie.)

Übersee (Levante)

9 Infanteriedivisionen;
6 Kavalleriebrigaden;
7 Panzerdivisionen;
6 Pionierbataillone.

Kolonien

3–4 gemischte Brigaden (West- und Äquatorial-Afrika);
2 Divisionen (Indochina);
2 selbständige Brigaden (Indochina);
sowie kleinere Verbände in den übrigen Kolonien.

Der Gesamtbestand an Waffen umfaßte etwa: 16.000 leichte Maschinengewehre (l. MG), 18.500 schwere Maschinengewehre (s. MG); 1650 leichte Geschütze 1300 schwere Geschütze, 350 Flak-Geschütze; 3800 leichte Panzer sowie 200 mittlere und schwere Panzer.

Der Angriffsplan

In den deutschen Angriffsplan gegen Frankreich wurden auch Holland, Belgien und Luxemburg mit einbezogen. Die Westmächte rechneten bei den deutschen Operationen mit einer Wiederholung des „Schlieffen-Plans“ aus dem Ersten Weltkrieg. Der sogenannte „Manstein-Plan“, nach dem schließlich der Angriff gegen Frankreich ablief, unterschied sich aber ganz wesentlich von dem deutschen Operationskonzept des Ersten Weltkrieges.

Nach Mansteins kühnem Plan, für den sich Hitler letztlich, gegen den Widerstand Halders, entschieden hatte, wurde der deutsche Hauptstoß - im Gegensatz zum Schlieffen-Plan - am linken Flügel, unmittelbar am Ende der nördlichen Maginot-Linie, geführt, so daß die Streitkräfte der Gegner durch den „Sichelschnitt" aufgespalten wurden: im Norden die Holländer, die Belgier, die britische Expeditions-Armee (Lord Gort) und die sie unterstützenden Franzosen; im Süden die französische Hauptstreitmacht, die auf die Maginot-Linie vertraute.

Der Angriffsplan auf Frankreich sollte mit drei Heeresgruppen folgendermaßen ablaufen:

Die mittlere Heeresgruppe A (von Rundstedt) sollte mit der Masse der deutschen Panzerkräfte die Ardennen (Südbelgien und Luxemburg) überwinden und bei Sedan, wo die Maginot-Linie von den Panzerdivisionen durchbrochen werden sollte, die Maas übersetzen. Sodann hatte sie nach Nordwesten in den Rücken der französischen Hauptkräfte einzudrehen, um sie von der übrigen Front abzuschneiden.

Die nördliche Heeresgruppe B (von Bock) sollte durch Holland und Belgien angreifen, um dadurch sowohl die holländisch-belgischen wie die französisch-englischen Kräfte, die dort in Erwartung des deutschen Hauptstoßes bereitstanden - man rechnete bei den Westmächten mit einer Neuauflage des Schlieffen-Planes, das heißt mit einem starken rechten Flügel - zu binden.

Die südliche Heeresgruppe C (von Leeb) hatte zunächst ihre bisherige Front gegenüber der Maginot-Linie von Sedan bis zum Rhein und von hier bis zur Schweizer Grenze zu halten. Sie sollte vorerst stehenbleiben, die Kräfte des Gegners binden und sich später dem allgemeinen deutschen Angriff anschließen.

Der Feldzugbeginn gegen die Westmächte - Fall „Gelb" - wurde aus Wetter- und Rüstungsgründen mehrmals - insgesamt 29mal! - verschoben: vom Spätherbst 1939 auf das Frühjahr 1940. Aber am 9. Mai wurde der Angriff endgültig für den darauffolgenden Tag festgelegt.

Am 10. Mai 1940, um 5.35 Uhr, begann die lang erwartete Offensive im Westen zwischen Luxemburg und Nimwegen unter Bedingungen, die für die Deutsche Wehrmacht günstig waren. Hitler glaubte den Krieg in kürzester Zeit siegreich beenden zu können, und der deutsche Soldat hoffte es insgeheim.

Doch einer war nicht gewillt, die deutsche Karte stechen zu lassen: Winston Churchill. Auf dem Höhepunkt der britischen Regierungskrise, am Abend des 10. Mai 1940, als die deutschen Truppen ihren Angriff bereits entfalteten, hatte er das Amt des Premierministers einer

Kriegskoalition übernommen, nachdem Chamberlain unter dem Eindruck des Mißerfolges im Skandinavienfeldzug und der deutschen Westoffensive zurückgetreten war. Das große Spiel lautete von da ab: Churchill oder Hitler?

Im Verband der 12. Armee (List), die der Heeresgruppe A unterstand, marschierten die Gebirgsjäger der 1. Gebirgs-Division aus ihren Bereitstellungsräumen in der Eifel in Richtung Ardennen. Der Sturm gegen Holland, Belgien, Luxemburg und Frankreich brach los und wehte mit seinen Ausläufern bis zu den britischen Inseln hinüber ...

Vormarsch durch Luxemburg und Belgien

Am 9. Mai 1940, als die fernmündlichen Vorbefehle zum Abmarsch in Richtung Westen ausgegeben wurden, lag die 1. Gebirgs-Division noch im Raum Ahrweiler - Hillesheim - Steinborn - Boos - Dümpelfeld. Rasch wurde alles Überflüssige, das sich im Laufe der Monate angesammelt hatte, in die Heimat gesandt. Als Gegenleistung erhielt jeder Jäger sechzig Schuß scharfe Munition - und dann hieß es wieder: marschieren, marschieren, marschieren ...

„Aber Marschieren haben die Soldaten der Gebirgs-Division gelernt", schreibt Gehring, „ja studiert. 300 Kilometer waren es in Österreich. Das Sudetenland ist nicht zu vergessen und nicht die vergangenen Manövermärsche durch ganz Ober- und Niederbayern. 600 Kilometer waren es in Polen. Wie viele werden es in Frankreich erst werden! Und die Jäger sind stolz. Sie ziehen mit einem begeisterten Gesang, mit dem schweren Marschtritt, den nur eine Jägerkompanie haben kann, durch Städte, Dörfer, Wiesen und Wälder."[51])

In mehreren Gruppen erreichte die 1. Gebirgs-Division bei einer Durchschnittsmarschleistung von 40 Kilometern den befohlenen Rastraum, der durch die Orte Prüm - Romersheim - Leudersdorf - Nohn begrenzt war. Hier vernahmen die Gebirgsjäger aus dem Divisionsbefehl ihr neues Ziel:

„Die Gebirgs-Division hat die Reichsgrenze zu erreichen."

Die Gebirgsjäger vernahmen aber auch Hitlers Tagesbefehl zum 10. Mai 1940, der da lautete:

„Soldaten der Westfront!

Die Stunde des entscheidendsten Kampfes für die deutsche Nation ist gekommen.

Seit 300 Jahren war es das Ziel der englischen und französischen

Machthaber, jede wirkliche Konsolidierung Europas zu verhindern, vor allem aber Deutschland in Schwäche und Ohnmacht zu erhalten. Zu diesem Zwecke hat allein Frankreich in zwei Jahrhunderten an Deutschland 31mal den Krieg erklärt.

Seit Jahrzehnten ist es aber auch das Ziel der britischen Weltbeherrscher, Deutschland unter allen Umständen an seiner Einigung zu verhindern, dem Reich aber jene Lebensgüter zu verweigern, die zur Erhaltung eines 80-Millionen-Volkes notwendig sind.

England und Frankreich haben diese ihre Politik durchgeführt, ohne sich um das Regime zu kümmern, das jeweils in Deutschland herrschte. Was sie treffen wollten, war immer das deutsche Volk. Ihre verantwortlichen Männer geben dieses Ziel auch heute ganz offen zu. Deutschland soll zerschlagen und in lauter kleine Staaten aufgelöst werden. Dann verliert das Reich seine politische Macht und damit die Möglichkeit, dem deutschen Volke seine Lebensrechte auf dieser Erde zu sichern.

Auf diesem Grunde hat man auch alle meine Friedensversuche zurückgewiesen und uns am 3. September vorigen Jahres den Krieg erklärt.

Das deutsche Volk hatte keinen Haß und keine Feindschaft zum englischen oder zum französischen Volke. Es steht aber heute vor der Frage, ob es leben oder ob es untergehen will.

In wenigen Wochen hatten die tapferen Truppen unserer Armeen den von England und Frankreich vorgeschickten polnischen Gegner niedergeworfen und damit die Gefahr aus dem Osten beseitigt. Daraufhin haben England und Frankreich beschlossen, Deutschland vom Norden her anzugreifen. Seit dem 9. April hat die deutsche Wehrmacht auch diesen Versuch im Keime erstickt.

Nun ist das eingetroffen, was wir schon seit vielen Monaten immer wieder als eine drohende Gefahr vor uns sahen. England und Frankreich versuchen unter Anwendung eines gigantischen Ablenkungsmanövers im Südosten Europas, über Holland und Belgien zum Ruhrgebiet vorzustoßen.

Soldaten der Wehrmacht!

Damit ist die Stunde nun für Euch gekommen, der heute beginnende Kampf entscheidet das Schicksal der deutschen Nation für die nächsten tausend Jahre!

Tut jetzt Eure Pflicht!

Das deutsche Volk ist mit seinen Segenswünschen bei Euch.

Berlin, 10. Mai 1940 ...“[52])

Und nun begann für die Gebirgsjäger der Marsch über drei Grenzen: die deutsch-luxemburgische, die luxemburgisch-belgische und die belgisch-französische. In Dasburg, dem letzten Dorf vor der deutsch-luxemburgischen Grenze, streckten sich hilfreiche Hände der Dorfbewohner den Gebirgsjägern entgegen.

Tiefe Quertäler und Bäche durchschritten die Jäger in Luxemburg: Ein ideales Gelände für den Gegner, um die deutschen Truppen aufzuhalten. Aber die gegnerischen Stellungen waren infolge der blitzschnellen, überraschenden Vorstöße der deutschen Panzerverbände geräumt. Der Gegner hatte sich nach Westen abgesetzt, so daß am 11./12. Mai weitermarschiert wurde; über die belgisch-luxemburgische Grenze nach Südbelgien.

Aber immer noch war kein Feind in Sicht, die Stellungen des Gegners verlassen.

„Warum stellt sich der Gegner nicht und läßt die deutschen Divisionen so weit in sein Land eindringen?" lautete die Frage der Offiziere. General Kübler fand darauf nur eine Antwort:

„An der Maas findet die Schlacht statt."

General Kübler entschied, daß die Division bis zum Vormittag des 12. Mai die Gegend von Bastogne zu erreichen habe. Unter Oberstleutnant Schörner wurde eine motorisierte Vorhut gebildet und nach St.-Hubert geworfen, um dort den weichenden Gegner zu stellen. Eile war geboten, damit sich der Franzose nicht festsetzen konnte, und so erging am Morgen des Pfingstmontag der Befehl:

„Aufbruch! Hin zur Maas."

Bis zum Morgen des 13. Mai war das Etappenziel erreicht, hatte die Masse der Division die Gegend von St.-Hubert erreicht. An diesem Tage meldete der Wehrmachtsbericht lakonisch:

„Der Angriff der deutschen Wehrmacht im Westen machte am 12. Mai gute Fortschritte."

Doch noch hatte sich der Gegner nicht zum Kampf gestellt.

Immer weiter marschierten die Jäger, dem weichenden Gegner folgend, in jenen Tagen den Schlachtfeldern des Ersten Weltkrieges entgegen. Doch welch ein Gegensatz zum Jahre 1914, als sich die Truppen der Entente den deutschen Divisionen entgegenwarfen, um mit ihnen die Klingen zu kreuzen.

Am 14. Mai entschloß sich General Kübler, die Division unmittelbar an die Maas heranzuziehen. An jenem Tage wurde bekannt, daß die 6. Panzer-Division den Maasübergang bei Monthermé erzwungen hatte. Nicht weniger als sieben Panzerdivisionen hatten im Verlauf dieses Tages die Maas bei Dinant, Monthermé und Sedan überschritten. Kein Wunder also, daß der Feind alle Stellungen aufgegeben hatte. Der Wehrmachtsbericht meldete am 14. Mai 1940:

„Im Raume südlich der Linie Lüttich - Namur haben unsere Truppen die Ardennen hinter sich gelassen und mit Anfängen die Maas zwischen Namur und Givet erreicht ... Unter dem Schutz von ununterbrochen angreifenden deutschen Kampf-, Stuka- und Zerstörerverbänden und deren niederschmetternder Wirkung gelang es, die Maas auch auf französischem Gebiet zu überschreiten."

Und die britische Zeitung „The Times" schrieb einen Tag später:

„Im allgemeinen kann gesagt werden, daß die Deutschen noch keine Gefechtsberührung mit der Hauptmasse der französischen und britischen Streitkräfte haben, abgesehen möglicherweise im Raum von Longwy, wo sie die unterirdischen Hügelfestungen der Maginot-Linie angegriffen haben sollen."

Am 15. Mai, nachdem die 1. Gebirgs-Division wieder zum Weitermarsch angetreten war, erließ General Kübler den Befehl, sofort bei Fumay und Revin über die Maas zu setzen, um vom anderen Ufer aus in Richtung Rocroi weiter nach Frankreich vorzustoßen. Da der Feind seine sämtlichen Stellungen am jenseitigen Ufer aufgegeben hatte, verlief das Übersetzen über die Maas fast übungsmäßig.

Während Spähtrupps versuchten, das 20 Kilometer entfernt liegende Rocri zu erreichen, brachten Schlauchboote die ersten Jäger-Kompanien an das andere Maasufer. Kurz darauf bauten die Gebirgspioniere eine Pontonbrücke, über die die Tragtiere, Geschütze und Fahrzeuge der Division ans jenseitige Ufer rollten, um die Verfolgung des Gegners fortzusetzen.

„Vorwärts, vorwärts!" lautete die Parole der Gebirgsjäger.

Am Ende des Krieges schrieb der französische General Gamelin über die strategische Bedeutung der Maas-Überquerung durch die Deutschen:

„Sie war ein bemerkenswertes Manöver. Aber hatte man es vorhersehen können? Ich glaube nicht - jedenfalls so wenig wie Napoleon das Manöver bei Jena oder Moltke dasjenige bei Sedan (im Jahr 1870) vorausgesehen hatte. Es war eine perfekte Ausnutzung der Verhältnisse. Die Truppen und ihre Führung wußten, wie zu manövrieren war, und ihre Organisation erlaubte ihnen, schnell zu operieren - so schnell wie Panzer, Flugzeuge und Funk es möglich machen. Es ist vielleicht das erste Mal, daß eine entscheidende Schlacht gewonnen wurde, ohne daß die Masse der Streitkräfte eingesetzt zu werden brauchte."

Von der Maas zum Oise-Aisne-Kanal

Unbarmherzig stach die Sonne vom Himmel. In geöffneter Ordnung marschierten die Gebirgsjäger in Richtung Rocroi, der alten Vaubanschen Festung, die die Franzosen in das Verteidigungssystem der Maginot-Linie einbezogen hatten. Am 15. Mai 1940 schrieb Udo von Alvensleben in sein „Tagebuch im Kriege“:

„Fast die ganze Bevölkerung ist vor uns geflohen, was bei der furchtbaren Wirkung unserer Bomben nicht zu verwundern ist. Wie eine Lawine vergrößert sich der Flüchtlingsstrom, der sich auf allen Straßen und Nebenwegen vor unserer Truppe her nach Frankreich hinein ergießt...

Mit Macht drängen wir überall gegen den weichenden Feind vor, der sich in Ortschaften und Wäldern immer wieder zu heftigstem Widerstand ermannt, aber der Wirkung unserer Panzer- und Luftwaffe ist nicht zu widerstehen...“[53])

Vom Gegner war weiterhin nichts zu sehen, die Stellungen der Franzosen verlassen und zerbombt. Die Stukas hatten ganze Arbeit geleistet. Schon waren viele Gebirgsjäger bereit, an eine Falle der Franzosen zu glauben, zumal sie aus dem Wehrmachtsbericht am 16. Mai rege Gefechtstätigkeit in Nordfrankreich gemeldet bekamen:

„Südwestlich Namur erweiterten unsere Divisionen ihre Erfolge auf dem Westufer der Maas und schlugen dabei erneut französische Panzerkräfte. Südlich Sedan wurden französische Gegenangriffe, die unter Einsatz schwerster Panzer geführt wurden, abgewiesen.“

Auf Grund der schweren Rückschläge des französischen Heeres begann die französische Führung die Nerven zu verlieren. Am 15. Mai schickte Reynaud einen neuerlichen SOS-Ruf an die britische Regierung, in dem es knapp hieß:

„Gestern abend haben wir die Schlacht verloren. Der Weg nach Paris liegt offen, schicken Sie alle Truppen und Flugzeuge, die Sie schicken können.“

Und der britische Premierminister Churchill erwiderte:

„Alle Erfahrungen zeigen, daß die Offensive nach einiger Zeit zum Stehen kommen wird. Ich erinnere an den 21. März 1918. Nach fünf oder sechs Tagen müssen sie warten, bis Nachschub kommt, dann ist die Gelegenheit für einen Gegenangriff. Ich habe das aus dem Mund von Marschall Foch selbst erfahren.“

Churchill bemerkte am nächsten Tag:

„Obwohl man sich kein klares Bild von den Geschehnissen machen konnte, war der Ernst der Krise offenkundig. Ich fühlte die Notwendigkeit, am Nachmittag nach Paris zu kommen.“

Und der britische Premier flog um 15.00 Uhr in die französische Hauptstadt, um den Franzosen in ihrer Depression beizustehen. Doch davon wußten die Gebirgsjäger nichts. In ihrem begrenzten Rahmen übersahen sie meist nur den unmittelbaren Gefechtsverlauf im Zug-, Kompanie- oder Bataillonsrahmen.

Nach dem schon fast übungsmäßig durchgeführten Vormarsch erreichten die Gebirgsjäger Rocroi, das im Ersten Weltkrieg so heiß umkämpft worden war. Sie betraten die Vorstadt, drangen in die Stadt selbst ein und besetzten die stark armierten Festungswerke.

Auf der großen Straße dorthin und in der Festung selbst sah man die ersten Anzeichen der französischen Niederlage. Überall lagen Ausrüstungsstücke herum, standen Geschütze und Maschinengewehre. In den Festungsgräben befanden sich Tausende von Gefangenen. Alle Sprachen und Farben des französischen Kolonialreiches waren hier vertreten. Abseits stand eine größere Gruppe französischer Offiziere, die einen niedergeschlagenen und beschämten Eindruck machte.

Am Morgen des 16. Mai erhielt die 1. Gebirgs-Division Nachricht, daß der Feind nach Westen und Südwesten zurückweicht. Das hieß für die Division soviel wie: Verfolgung des Feindes mit aller Kraft! General Kübler befahl seinen Jägern:

„Vorwärts! Das Ziel ist Hirson!“

Verfolgen wir Wolf Kitterles interessanten Bericht über die Marschleistungen und die erste Kampftätigkeit des III./Gebirgs-Jäger-Regiments 99 im Mai 1940 in Nordfrankreich:

„Schwerfällig und müde schlurfen wir über die Straße dahin. Auf dem Gesicht liegt eine dicke Schicht Staub, in die der ständig rinnende Schweiß seine Bahnen eingegraben hat.

Schwer drückt der Rucksack auf dem Rücken, die Riemen schneiden tief in die Schultern. Wie Zentnergewichte hängen die Kästen mit der MG-Munition in den Händen.

So marschieren wir dahin wie im Traumzustand. Wenn der Marsch einmal stockt, dann lassen wir uns einfach in den Graben fallen, um auszuruhen, wenn es auch nur kurze Minuten sind. Mit Murren wird dann wieder weitermarschiert. Ein jeder hat unbändige Wut in sich: auf die Franzosen, die so davonlaufen, daß wir oft 30–40 km nachlaufen müssen; auf die vorfahrenden Rad- und Autofahrer, die fahren können, während wir selbst hatschen müssen mit brennenden Fußsohlen und Blasen an den Füßen.

Wie in einer Tretmühle kommen wir uns vor. Hier macht sich einer

Luft, indem er auf den Vordermann schimpft, dort murrt einer über den Chef, der uns nicht rasten lassen will.

Plötzlich kommt merklich Leben in die dahinwalzende Kolonne. Drei ausgebrannte deutsche Wagen der motorisierten Vorausabteilung stehen am Straßenrand, noch rauchend. Hier hat es Kampf gegeben!

Da muß also der Feind stecken!

Aufmerksam betrachten einzelne den Wald und die Gegend. Schon tauchen die ersten Häuser eines kleinen Städtchens vor uns auf. Da pfeift plötzlich eine MG-Garbe daher!

Verschwunden ist alle Müdigkeit, alle Unlust! Blitzschnell liegen wir in voller Deckung. Der Feind hält das Städtchen besetzt, aber es ist nichts von ihm zu sehen.

Die Kompanie entwickelt sich; links der Straße geht ein Zug vor, ein Zug geht durch den Wiesengrund entlang der Heckenreihe auf die ersten Häuser zu, und ein Zug springt durch den lichten Baumbestand ganz rechts, durchwatet einen Bach, um die vermutete Feindstellung zu umflügeln. Hell pfeifen die feindlichen MG-Geschosse dazu!

Noch immer ist nichts von der gegnerischen Stellung zu bemerken. Angespannt suchen wir mit den Feldstechern jedes Haus ab. Scheinbar ist der ganze Ort stark besetzt, denn von allen Seiten kommt MG-Feuer. Trotzdem eilen die einzelnen Gruppen unaufhaltsam im Sturmangriff vorwärts, in einem Tempo, dem man nichts mehr von der Anstrengung des Marsches anmerkt. Verflogen ist auch alle Unlust.

Plötzlich geht die Meldung durch: Es sind französische Panzer! Daher der dauernde Stellungswechsel der feindlichen Maschinengewehre! Schon kommt auch der Befehl: Panzerbüchsen vor und Gewehre mit Spezialmunition laden!

Eine Gruppe stößt an einer Straßenecke auf einen der Panzer, der sofort mit Granaten zu feuern beginnt und leider auch einen Volltreffer bei uns erzielt.

Doch da gelingt es auch schon einem der Panzerbüchsen-Schützen, aus einem Haus heraus durch einen wohlgezielten Schuß auf den Sehschlitz den Fahrer des Panzers zu erledigen und den Wagen aktionsunfähig zu machen. Aber es ist ein zäher Gegner; erst als die Gewehrläufe drohend an die Sehschlitze gelegt werden, läßt er sich herbei, den Turm zu öffnen. Es ist der Führerwagen, und unsere Waffen machen dem Offizier klar, daß weiterer Widerstand zwecklos ist. Widerwillig gibt er den Befehl zum Einstellen des Kampfes auch an die anderen Panzerwagen.

Unsere Kompanie sammelt sich wieder. Vier Panzerwagen haben wir erbeutet! Allerdings hat es uns einen Toten durch eine Granate gekostet und einen Verletzten, der aus dem Hinterhalt angeschossen wurde.

Die Gefangenen werden gesammelt und zurückgeführt. Der Verletzte wird zur Sammelstelle vorgebracht. Wir aber ziehen wieder weiter, nach kurzem Abschied von unserem Kameraden."[54])

Es waren harte Kämpfe, die das Gebirgs-Jäger-Regiment 99 in den großen Wäldern von Signy-le-Petit und St-Michel zu bestehen hatte. Verglichen allerdings mit dem, was die deutschen Vorausabteilungen und die Stukas bereits geleistet hatten, um den Gebirgsjägern den Weg in das „Herz Frankreichs" zu ebnen, nahmen sich diese Kämpfe dennoch bescheiden aus. Aber was soll es, der letzte Rest der französischen Maas-Armee war unter der Mithilfe der Gebirgsjäger zerschlagen worden. Für die Jäger hieß es aber nach diesen Kämpfen schon wieder: „Marschieren ..."

„Wieder sind es Kilometer über Landstraße", berichtet Kitterle weiter, „durch Dörfer, eine Stadt, die marschiert werden müssen, um dem ständig zurückweichenden Feind auf den Fersen zu bleiben.

Endlich wird in einem Wald Rast gemacht, und die Zelte werden aufgebaut. Jetzt spüren wir erst richtig die Müdigkeit, die noch größer ist als unser Hunger, obwohl wir auch seit morgens früh nichts mehr gegessen haben. Nach einiger Zeit Ruhe kommt dann auch der Magen zur Befriedung, und wohlig strecken wir uns im Zelt in unseren Decken.

Kurz nach Mitternacht werden wir plötzlich wieder geweckt. Unsere Gruppe muß noch eine Spähtrupp-Erkundung ausführen. Es kommt darauf an festzustellen, ob das vor uns liegende Dorf vom Feind besetzt ist oder nicht.

Recht widerwillig stehen wir auf. Wieder nichts mit dem wohlverdienten Schlaf! Müde stolpern wir dahin, bis die ersten Heuschober die Nähe des Dorfes anzeigen. In dem grauen Licht der scheidenden Nacht pürschen wir uns heran. Im Dämmerlicht erkennen wir eine Straßensperre und Schießscharten links und rechts in den Häusern. Wieder ist alle Müdigkeit und Unlust gewichen, und die Nerven sind bis ans Äußerste gespannt. Mit dem Feldstecher wird jedes Loch nach der geringsten Bewegung abgesucht. Langsam schieben wir uns wechselweise vor, während immer der eine Teil die feindliche Stellung beobachtet. Auf etwa 80 Meter sind wir so herangekommen. Jeden Augenblick muß es krachen. Jetzt hört auch jede Deckungsmöglichkeit auf. Es wäre tollkühn, der Straße entlang weiterzugehen. Wir benutzen daher eine Friedhofmauer, um zu versuchen, von einer anderen Seite in den Ort hereinzukommen. Aber auch dort kommen wir auf eine Sperre und einen ‚Bunker'. Inzwischen ist es heller geworden, und wir wagen es angesichts der feindlichen Ruhe, uns über die Mauer zu schwingen, um entlang eines tiefen Straßengrabens vorzugehen.

Schußbereit sind die Waffen, die Handgranaten wurfbereit. Doch es rührt sich nichts. Der Bunker ist leer, die Franzosen ausgerückt. Einige stehengelassene Pferde und Wagen zeigen, daß sie noch nicht allzu lange abgezogen sind. Wir durchsuchen noch einige Häuser und Straßen, und dann geht es zurück.

Die erste Morgenröte zeigt sich schon am Himmelsrand, als wir bei der Kompanie anlangen. Der Spähtruppführer erstattete noch Bericht, und wir wickeln uns so rasch wie möglich in unsere Decken, um die kurze Zeit bis zum Wecken und Weitermarsch mit Schlaf auszufüllen.

So geht es dahin, Tag für Tag, mit Marschleistungen, die oft um 50 Kilometer liegen. Müde schlurfen wir wieder über die Landstraße dahin, durch Wälder, Dörfer und Städte, immer direkt hinter dem Feind, immer bereit, diesen anzugreifen, um ihm keine Zeit zum Festsetzen zu lassen."[55])

Der 18. Mai 1940 war für die arg strapazierte 1. Gebirgs-Division ein wohlverdienter Ruhetag. Lediglich bei den Stäben der Bataillone, Regimenter, Abteilungen und natürlich beim Divisionsstab herrschte rege Aktivität.

Der 19. Mai ergab in der großen Lage eine Änderung der Marschrichtung nach Südwesten, dem Oise-Aisne-Kanal zu. Der unerwartet rasche Durchbruch der deutschen Panzerdivisionen zwischen Hirson und Sedan, in Richtung Amiens, hatte die französische Front aufgerissen und eine tiefe Flacke geschaffen. Bereits am 17. Mai hatten die deutschen Truppen die Oise östlich von St-Querentin, am 19. Mai die Aisne bei Réthel, und tags darauf die Sommemündung erreicht.

Gamelin, der französische Oberbefehlshaber, hatte die Gefahr, die sich aus der tiefen Keilspitze im „Herzen Frankreichs" ergab, voll erkannt und richtete einen dringenden Appell an seine Armeen, der in dem Ausspruch gipfelte:

„Die Truppen, die nicht vorrücken können, müssen sich eher auf der Stelle töten lassen, an der sie stehen, als einen Fußbreit französischen Bodens aufgeben, dessen Verteidigung ihnen anvertraut ist! In dieser Stunde ... lautet die Parole: Siegen oder sterben. Wir müssen siegen!"

Aber anscheinend hatte man in Paris noch nicht voll erkannt, was die Stunde wirklich geschlagen hatte – oder wollte man es nicht erkennen, weil man sich bisher schon so viel Sand in die Augen gestreut hatte? –, denn noch am 21. Mai 1940 stand im „Le Journal" zu lesen:

„Die Deutschen haben die letzte Probe noch nicht bestanden, wir sind noch der alte Gegner von der Marne, der alte Gegner von Verdun. Pétain erscheint uns als ein Symbol, als ein Versprechen. Weygand bringt uns den Genius Foch zurück."

Aber weder ein Foch noch ein Pétain konnten, wie sich ein paar

Tage später für die Franzosen bitter herausstellen sollte, die Niederlage Frankreichs verhindern. Was nützten große Worte, wenn die Moral der Truppe angeschlagen, ja gebrochen war?

Die wenigsten Franzosen sahen einen Sinn in dem Krieg, den nicht Deutschland, sondern Frankreich den Deutschen erklärt hatte.

„Für Polen und Danzig sterben?“ fragte sich der einfache Mann. Die Antwort darauf lautete:

„Non!“

Die 1. Gebirgs-Division hatte auf dem inneren Flügel der 4. und 6. Armee noch am 19. Mai die Gegend von Vervin und am 20. Mai das Waldgebiet nördlich des Kanals zu nehmen. Am 20. Mai wurde um 5.15 Uhr der Weitermarsch über Marle bis Crécy sur Serre angetreten.

Als die 1. Gebirgs-Division über Concy le Château zum Oise-Aisne-Kanal vordrang, stieß sie am Kanal auf starken Feindwiderstand. Es kam im dschungelartigen Sumpfwald, in dem verrosteter Drahtverhau und verstreute Ausrüstungsstücke, überwachsene Gräben und Unterstände an die erbitterten Kämpfe um den Chemin de Dames im Ersten Weltkrieg erinnerten, zur vorübergehenden Verteidigung. Das Südufer des Kanals bot ausgezeichnete Beobachtungsmöglichkeiten in den Angriffsstreifen der Division, was die Gebirgsjäger in den folgenden Kämpfen alsbald zu verspüren bekommen sollten.

Am 21. Mai 1940 konnten sich die Gebirgsjäger nach Durchgabe des Wehrmachtsberichtes ein Bild über die Operationen der deutschen Armeen machen. Stolz vernahmen sie die Waffentaten ihrer Kameraden, die den „Sichelschnitt“ vollzogen hatten:

„Die größte Angriffsoperation aller Zeiten im Westen findet nach einer Reihe großer taktischer Einzelerfolge ihre erste operative Auswirkung; unsere Truppen haben die Kanalküste erreicht.“

Am Oise-Aisne-Kanal

Nach dem ersten ungestümen Vormarsch durch Nordfrankreich gab es für die 1. Gebirgs-Division überraschend ein Halt am Oise-Aisne-Kanal. Allzu gerne wäre General Kübler, den Gegner weiter nachhaltig verfolgend, mit seinen Gebirgsjägern über den Kanal hinweg ins Innere Frankreichs gestürmt, aber die „große operative Lage“ sprach dagegen. Die Division wurde, mit Front nach Süden, am Kanal angehalten, um der Entscheidungsschlacht am Ärmelkanal den Rücken zu decken.

Die deutschen Panzer unter Führung von General Guderian hatten beste Arbeit geleistet und bereits am 20. Mai die Kanalküste erreicht. Die feindlichen Hauptkräfte waren eingekreist. Der französische Oberbefehlshaber Gamelin wurde durch General Weygand ersetzt. Auf ihn, den einstigen Stabschef des Marschalls Foch, setzte jetzt die französische Nation ihre letzte Hoffnung. Aber auch er konnte, wie sich bald herausstellen sollte, das Kriegsglück nicht auf die französische Seite zwingen.

Während sich in Flandern und an der Kanalküste die erste große Entscheidungsschlacht des Westfeldzuges dem Ende näherte, bildete die 1. Gebirgs-Division mit anderen Verbänden eine Abwehrfront nach Südwesten. Damit begann für die Gebirgsjäger eine harte Zeit der Bewährung. Sie hatten es hier nicht nur mit einem zähen Gegner zu tun, der nicht länger gewillt war, zurückzuweichen, sondern auch mit einem schwer gangbaren Gelände, zahllosen, unübersichtlichen Erhebungen, unwegsamen Wäldern, dichtem Gestrüpp, verseuchten Sümpfen, schlechten Straßen und zerstörten Brücken. Hinzu kam das hochsommerlich schwüle Wetter, das den Gebirgsjägern mehr zu schaffen machte als die täglichen Feuerüberfälle der französischen Artillerie auf ihre rasch gegrabenen Stellungen.

Sobald der etwa 10 bis 15 Meter breite und bis zu 2 Meter tiefe Oise-Aisne-Kanal erreicht war, hatte sich die 1. Gebirgs-Division dort zur Verteidigung eingerichtet:

Rechts das Gebirgs-Jäger-Regiment 100 (Utz), links das Gebirgs-Jäger-Regiment 99 (Kress), jedes unterstützt durch eine besondere Artilleriegruppe. Die lange rechte Flanke an der Aisne bis la Fère sicherte nach dem Abzug der 13. Infanterie-Division (mot.) das Gebirgs-Jäger-Regiment 98 (Schörner) zusammen mit dem zugeteilten MG-Bataillon 2. Der Divisionsgefechtsstand befand sich zunächst in St-Gobain.

Am meisten Schwierigkeiten hatten die Gebirgsjäger mit dem Stellungsbau, da sie sich im morastigen Gelände und wegen des Grundwassers nicht überall eingraben konnten. Aber auch hier wußten sich die Soldaten mit dem Edelweiß zu helfen: man legte die Hauptkampflinie – wo es ging – auf trockenes Gelände zurück.

Stellungsbau, Vermessungen, Planschießen und was sonst noch im Stellungskrieg den alten Gebirgsjägern und Gebirgsartilleristen von 1914/18 bekannt war, wurde am Oise-Aisne-Kanal von den jungen Gebirgssoldaten erstmals im Ernstfall betrieben. Viel Arbeit, Plage und Einsatz brachten diese Tage mit sich, aber die Jäger sorgten schließlich

Oben: Die Steilküste bei Kap Gris am Ärmelkanal...

Unten:... von hier aus sollte die 1. Gebirgs-Division beim Unternehmen „Seelöwe" nach England übersetzen

dafür, daß die Verteidigungsstellungen am Kanal für die Franzosen zu einem unüberwindlichen Hindernis wurden.

Vom 22. Mai bis zum 4. Juni 1940 währte der Stellungskrieg und die Verteidigung am Oise-Aisne-Kanal. In der Zwischenzeit, am 2. Juni, wechselte die 1. Gebirgs-Division vom XVIII. Gebirgs-Armee-Korps (12. Armee) zum XXXXIV. Armee-Korps, womit die Division nunmehr am linken Flügel der 6. Armee stand.

Mit jedem Tag rückte der Zeitpunkt für den Angriff über den Oise-Aisne-Kanal näher. Angespannt warteten die Angriffs-Bataillone in ihren Ausgangsstellungen. Am 4. Juni, um 14.20 Uhr, traf endlich der „Korpsbefehl für den Angriff" bei der 1. Gebirgs-Division ein.

Daraufhin erging der „Divisions-Befehl Nr. 38 für Bereitstellung und Angriff am 5. 6.", der um 18.20 Uhr desselben Tages an die Regimenter, Abteilungen und an andere Einheiten der Division hinausgegeben wurde.

In diesem für die Division bisher wichtigsten Befehl während des Frankreichfeldzuges wurde u. a. festgelegt, daß die 1. Gebirgs-Division als linke Flankendivision des XXXXIV. Armee-Korps nach einer halbstündigen Feuervorbereitung auf die gegnerischen Stellungen am Morgen des 5. Juni 1940, um 5.30 Uhr, anzugreifen und den Übergang über den strategisch bedeutsamen Oise-Aisne-Kanal zu erzwingen habe. Im einzelnen wurde befohlen:

„Es greifen an: rechts Geb.Jäg.Rgt. 100, links Geb.Jäg.Rgt. 99.

Div. Grenzen: Rechts zu 72. Inf.Div. die Linie Verneuil (72.) - Guny (72.) - Eisenbahnbrücke südostwärts Guny (1.) - Loire Ferme (1.). Links zu 290. Inf.Div. Grandchamp (1.) - Béthancourt (1.) - Le Bosquet (290.) - Juvigny (290.). Trennungslinie zwischen beiden Regimentern: Brücke nördlich La Vallée (99) - Wegegabel 1 km westlich Catillon (100) - Marieul (100)."[56])

Die Bereitstellung der ersten Angriffgruppen sollte unter Vermeidung aller auffälligen Bewegungen möglichst nahe am Kanal eingenommen werden. Sie war bis 5. Juni um 03.45 Uhr der Division zu melden. Das Gebirgs-Jäger-Regiment 98 blieb als Divisionsreserve im Raum Barisis - Septvaux.

Der Divisionsgefechtsstand befand sich in Coucy le Château.

Das Gebirgs-Pionier-Bataillon 54 erhielt den Auftrag, zu Beginn des Angriffs mit je einer Pionier-Kompanie die Regimenter 99 und 100

Gebirgsjäger erkunden das Gelände für das Unternehmen „Seelöwe"

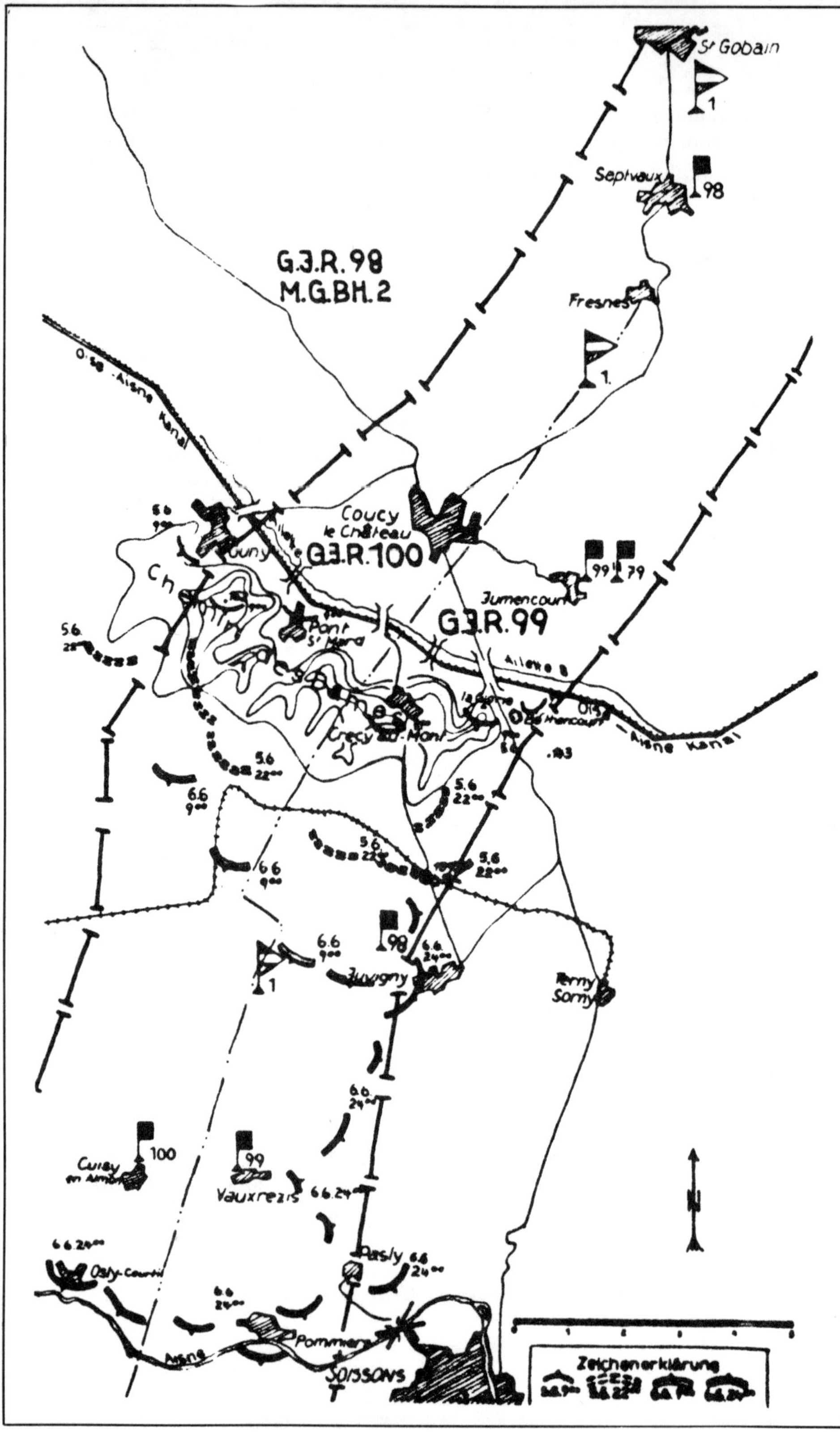

Angriff der 1. Gebirgs-Division über den Oise-Aisne-Kanal am 5. Juni 1940

beim Übersetzen zu unterstützen. Weiter sollte das Bataillon durch den Bau von Schnell- und Floßsackstegen das rasche Übergehen aller folgenden fechtenden Teile über den Kanal gewährleisten. Die 3./Geb.Pi.Btl. 54 hatte außerdem in jedem Regimentsstreifen frühzeitig mit dem Bau einer Kriegsbrücke, und zwar einer 4 t- und einer 8 t-Brücke, zu beginnen.

Die zur Vorbereitung des Angriffs bereitgestellten starken Artilleriekräfte unter dem Arko 132 wurden in 3 Gruppen gegliedert, und zwar in eine Artillerie-Bekämpfungs- und Fernkampfgruppe (Stab Art.Rgt. 183, 2 sFH-Abt., 1 10 cm-Kan.Abt., 2 21 cm-Mörser-Batterie); eine Nahkampfgruppe rechts (Stab Art.Rgt. 41, 1 Geb.Kan.Abt., 2 lFH-Abt.); eine Nahkampfgruppe links (Stab Geb.Art.Rgt. 79, 2 Geb.Kan.Abt., 1 8 cm-Kan.Abt. und 1 15 cm-Haub. Abt.). Beide Nahkampfgruppen waren nach Einstellung des Vorbereitungsfeuers auf Zusammenwirken mit den zwei Angriffsregimentern angewiesen. Je 1 Gebirgs-Kanonen-Abteilung hatte mit Fortschreiten des Angriffs ihre Batterien zur unmittelbaren Feuerunterstützung möglichst frühzeitig über den Kanal nachzuziehen.

Langsam ging der 4. Juni 1940 zur Neige. Melder eilten nach vorne und übermittelten den Angriffskompanien den Befehl:

„Bereitstellung zum Angriff über den Oise-Aisne-Kanal!"

Endlich wurde es Nacht. Im Schutze der Dunkelheit konnten die letzten Angriffsvorbereitungen getroffen werden. Im ganzen sumpfigen Kanalgrund krochen Gebirgsjäger in der Nacht vom 4. zum 5. Juni in ihre Ausgangsstellungen, schoben sich Gebirgspioniere mit ihren Floßsäcken an die Uferböschungen heran, bereiteten die Gebirgsartilleristen das massierte Feuer auf die feindlichen Stellungen vor.

Und dann war es schließlich in den erwachenden Morgenstunden des schicksalhaften 5. Juni 1940 soweit. Um 5.00 Uhr kam für die Gebirgsartilleristen der Feuerbefehl:

„150 Schuß Trommelfeuer auf Sperrfeuerraum A!"

Hart schlugen die Granaten in den feindlichen Stellungen ein. Eine halbe Stunde später, um 5.30 Uhr, wurde das Feuer vorverlegt, um den Gebirgsjägern und den Gebirgspionieren die Möglichkeit zu geben, den Oise-Aisne-Kanal zu übersetzen.

Schon klatschten die ersten Floßsäcke der Gebirgspioniere ins Wasser und brachten die ersten Gebirgsjäger an das andere Ufer, wo der Widerstand nach hartem Kampf bald gebrochen wurde. Dann begannen die Angriffskompanien der verschiedenen Bataillone der Gebirgs-Jäger-Regimenter 99 und 100 mit dem Übersetzen des Gros ihrer Mannschaften.

Doch noch wogte der Kampf hin und her, drohte sich der geschlossen vorgetragene Angriff der Gebirgsdivision wegen des nachhaltigen Widerstandes der Franzosen in Einzelkämpfe aufzulösen. Zwischen 12.00 Uhr und 13.00 Uhr ergab sich beim Divisionsstab über die Lage der eigenen Kräfte folgendes Bild:

Das I./100 war nahezu aufgerieben, hielt sich jedoch noch mit letzter Kraft gegen den rings umklammernden Feind. Zwischen das I. und II./100 hatte der Gegner einen breiten Keil getrieben. Ebenso hielt er noch zäh die Dörfer Pont St-Mard und La Vallée. Beim Regiment 99 saß das I. Bataillon am weitesten vorgedrungen auf der Höhe westlich Crécy au Mont. Teile des III./99 hatten bereits die La Glorie-Höhe genommen, an deren ostwärtigem Fuß das stark befestigte Béthancourt lag. Hier schien die linke Flanke der Division besonders gefährdet. – Von beiden Angriffsregimentern waren bei bisher schweren Verlusten die Reservebataillone noch intakt und nicht eingesetzt. Von den Nachbarn war bekannt, daß die 72. Infanterie-Division weiter um Guny kämpfte, die 290. Infanterie-Division noch nicht über den Kanal gekommen war.[57])

Dem Armee-Oberbefehlshaber, der sich um diese Zeit am Gefechtsstand der 1. Gebirgs-Division aufhielt, gab General Kübler folgenden Lagebericht:

„Die ersten Höhenstufen sind erreicht. Bei La Glorie ist die Flanke der Division ungedeckt... Pont St-Mard ist noch feindbesetzt. Der Feind ist dort im Gegenstoß bis zur Brücke wieder vorgedrungen."

Um 14.15 Uhr wurde das Gebirgs-Jäger-Regiment 99 als Angriffsspitze bestimmt und wurde damit gleichsam zur Speerspitze der gesamten Armee. Das Geb.Jäg.Rgt 100 erhielt den Auftrag, bei sich jeder bietenden Gelegenheit an das Geb.Jäg.Rgt. 99 anzuhängen.

Einmal von ihrer Aufgabe beseelt, warfen die Gebirgsjäger den Gegner, wo sie ihn trafen. Es war abermals Abend und Nacht geworden, als die ersten Divisionseinheiten endlich über die inzwischen über den Kanal geschlagenen Kriegsbrücken und Stege hinweg die Verfolgung des Gegners aufnehmen konnten.

Die Front des Feindes hielt zwar noch eine Weile den massiert vorgetragenen Angriffen der Gebirgsjäger stand, aber sie war bereits nachhaltig erschüttert. Die Gebirgsjäger des Geb.Jäg.Rgts. 99 waren derart rasch vorgeprescht, daß die Nachbardivisionen bald weit zurückhingen. Die eigene Artillerie kam auch nicht mehr nach, so daß sie schließlich das Feuer einstellen mußte.

Der schwerste und zugleich der größte Tag der 1. Gebirgs-Division im Frankreichfeldzug ging zu Ende. Der Gegner, der blutige Opfer hatte bringen müssen, um den deutschen Vorstoß wenigstens vorübergehend am Oise-Aisne-Kanal aufzuhalten, hatte den Jägern den Übergang nicht leicht gemacht. Zwar hatten die Gebirgsjäger rund 600 Gefangene eingebracht, aber ihre Verluste waren an jenem 5. Juni 1940 ebenfalls besonders hoch: 139 Offiziere und Mannschaften waren gefallen, 430 verwundet. Das waren rund 16% der Angriffsstärke der Division. Besonders hoch waren die Verluste beim III./Geb.Jäg.Rgt. 99 und beim I./Geb.Jäg.Rgt. 100: Das III./99 zählte 21 Tote (1 Offz.), 75 Verwundete (1 Offz.) und 1 vermißten Jäger; das I./100 zählte 41 Tote (3 Offz.) und 115 Verwundete (2. Offz.).

Was war, während die Gebirgsjäger in den Niederungen des Oise-Aisne-Kanals auf den Angriff in das „Herz Frankreichs" warteten, geschehen?

Die Panzergruppe von Kleist hatte mittlerweile nach Norden eingedreht und damit die französische Nordgruppe umfaßt. Die britische Armee ging auf einen Brückenkopf um Dünkirchen zurück und rettete sich damit, da Hitler den deutschen Panzerangriff anhielt, zehn Divisionen. Mit der Einnahme von Dünkirchen am 4. Juni 1940 war die militärische Trennung Englands und Frankreichs vollzogen.

Am 5. Juni gab das Oberkommando der Wehrmacht einen Gesamtbericht über das Ergebnis der siegreich beendeten Schlacht in Flandern bekannt: 1,200.000 Gefangene, Waffen und Material von 75 bis 80 Divisionen wurden erbeutet oder zerstört, 3500 Flugzeuge vernichtet.

Was das OKW. aber nicht bekanntgab, das war die Rettung des britischen Expeditionskorps (Operation („Dynamo"), das auf 887 Fahrzeugen über den Kanal auf die britische Insel transportiert wurde: 338.226 Mann (brit. Admiralstab) bzw. 336.423 Mann (brit. Kriegsministerium), davon 224.585 Briten und 112.546 Franzosen waren der „Sichelschnitt-Falle" entkommen.

Damit blieb England der wertvolle Stamm seiner qualifizierten Berufssoldaten erhalten.

Von der Aisne über die Marne zur Seine und Loire

Am 5. Juni 1940 hatte die zweite Phase (Fall „Rot") des Westfeldzuges begonnen: die Schlacht um Frankreich.

Die Angriffe wurden gestaffelt vorgetragen: Von der Heeresgruppe B am 5. Juni gegen die sogenannte „Weygand-Linie"; von der Heeresgruppe A am 9. Juni gegen die obere Aisne; von der Heeresgruppe C am 14. Juni mit der 1. Armee von Norden, aus dem Saar-Raum, gegen die Maginot-Linie und mit der 7. Armee von Osten über die Oberrheinlinie.

Was jetzt auf die Gebirgsjäger zukam, war für sie genauso wichtig wie der Übergang über den Oise-Aisne-Kanal, nämlich die Durchbruchsschlacht am Oise-Aisne-Kanal und der weitere Vorstoß über die Marne und Seine zur Loire. In der ersten Phase dieser Verfolgung des zurückweichenden, sich aber immer wieder zäh verteidigenden Gegners waren drei Flußabschnitte zu überwinden: die Aisne, der Ourcq und die Marne, der Schicksalsfluß der Deutschen im Ersten Weltkrieg.

Dank der umsichtigen Planung des Divisionskommandeurs und seines Stabes, dank der sorgfältigen Vorbereitungsmaßnahmen der Regiments- und Bataillonskommandeure sowie der verschiedenen Truppenteile – besonders der Artillerie mit ihrer wuchtigen artilleristischen Feuerleitung des Angriffs und dem ungestümen Angriffsgeist der Gebirgsjäger und Gebirgspioniere –, dank all dieser kampfentscheidenden Faktoren rollte jeder der drei Angriffe über die Flüsse mit der Präzision eines Uhrwerkes ab.

Für die Gebirgsartillerie stellten sich einem Gefechtsbericht zufolge die Angriffe über die Aisne, den Ourcq und die Marne folgendermaßen dar:

„Die Kommandeure waren bis spät in die Nacht hinein zum Befehlsempfang bei der Division und gaben dann ihrerseits die Befehle an die Batterien. Diese mußten die Stunden bis zum Morgengrauen nutzen, daß jedes Geschütz in dem ausgeklügelten Gesamtaufbau der Artillerie richtig eingefügt, der Stellungsbau durchgeführt, die beträchtlichen Munitionsmengen zur Stelle waren. Die B-Stellen wurden aufgebaut, Fernsprech- und Funkverbindung hergestellt, die genauen Schießgrundlagen errechnet; vor jedem Flußübergang nach dem vorangegangenen schweren Gefechtstag verflucht viel Nachtarbeit und kaum Zeit zum Schlafen! Von den Kommandeuren bis zu den Kanonieren und Tragtierführern waren alle hundemüde, und kaum traute man sich zu hoffen, daß man doch alles in der kurzen verfügbaren Zeit fertigbringen würde – aber am anderen Morgen, punkt 4.00 Uhr, wie befohlen, donnerte aus allen Rohren das Gewitter, daß dem Feind drüben Hören und Sehen vergehen ließ, unseren Gebirgsjägern aber den Weg bahnte zum siegreichen Sturm über den Fluß.

Die Gebirgsgeschütze glichen bei diesen Feuervorbereitungen ihr kleines Kaliber durch um so größeren Munitionseinsatz aus; die entscheidende Wirkung hatten natürlich die großen Brüder, die leichten und besonders die schweren Feldhaubitzen. Doch sobald der Fluß von den Jägern überschritten war, stürmten diese mit solchem Ungestüm vorwärts, daß bald die Feuerunterstützung von diesseits des Flusses nicht mehr möglich war. Folgen aber konnte die bespannte und motorisierte Artillerie erst nach dem Brückenschlag. Das bedeutete bei den Inf.-Divisionen, daß die Infanterie meist warten mußte, bis die Artil-

– 101c –   Kdr.

1.Gebirgs-Division
(Stab Wintergerst)
IIa

St.Qu., den 4.12.40

D i v i s i o n s t a g e s b e f e h l Nr. 32.

Der Führer und Oberste Befehlshaber der Wehrmacht hat unter dem 28.11.40 das Ritterkreuz des Eisernen Kreuzes an

Leutnant M o s a n d l

Zugführer der 6./Geb.Jäg.Rgt. 99

verliehen.

Leutnant Mosandl hat am 8.6.40 mit seinem Zug im Nahkampf die sich verbissen verteidigende Besatzung des feindlichen Stützpunktes an der St.Amand-Ferme genommen und damit in erster Linie dazu beigetragen, den entscheidenden Einbruch in die feindliche Stellung zu erzwingen.

Beim Angriff über und südlich der Aisne hat sich Leutnant Mosandl an der Spitze seines Zuges durch besonders umsichtige Führung und hervorragende persönliche Tapferkeit ausgezeichnet.

Ich beglückwünsche Leutnant Mosandl zu dieser höchsten Auszeichnung.

Der Führer verlieh das Ritterkreuz des Eisernen Kreuzes . . .

lerie nachkam. Bei der Gebirgs-Division aber gingen die Mulibatterien über den primitivsten Behelfssteg oder auf Floßsäcken gleich mit den ersten Gebirgsjägern über den Fluß und trugen dadurch ihr gewichtig Teil dazu bei, daß die Gebirgsdivision bald berühmt wurde, weil sie nichtachtend der Flankendrohung im Angriff ihren Nachbarn stets weit voraus war. Sobald der Brückenschlag fertig war, kam schnellstens unsere motorisierte Abteilung nach und wurde schließlich (nach Überwindung der vier Flußabschnitte), als der Angriff in die Verfolgung überging, mit ihrer wuchtigen Feuerkraft das Rückgrat der Vorausabteilung . . .“[58])

Der 5. und 6. Juni waren für die 1. Gebirgs-Division wieder Tage der Bewährung.

Am 6. Juni ging der Angriff in Richtung Aisne weiter. Durst und Müdigkeit konnten jedoch den Angriffswillen der Jäger nicht brechen, die unter drückender Last in den ersehnten kühlenden Abend marschierten. Da die 1. Gebirgs-Division, ihren Nachbardivisionen weit voraus, allein an der Aisne stand, wurde den stark erschöpften Gebirgsjägern am 7. Juni ein Rasttag gegönnt.

Die Vorbereitungen für den Angriff über die Aisne liefen ähnlich ab wie jene beim Übergang über den Oise-Aisne-Kanal. In der Nacht vom 7. zum 8. Juni wurden die Vorbereitungen zum Angriff über den Fluß getroffen.

Die Regimenter zogen in ihre Bereitstellungsräume. Die Gebirgspioniere polterten mit ihren Pontonwagen an die vorgesehenen Brückenstellen heran, während die eigene und feindliche Artillerie von Stunde zu Stunde mehr Granaten auf die vermuteten gegnerischen Stellungen abfeuerte. Und dann war es endlich soweit: die Anspannung bei den Angriffskompanien wich, als der Befehl zum Angriff über die Aisne gegeben wurde:

„Milchig brodelt“, so erzählt ein Gefechtsbericht, „der Nebel über den Niederungen der Aisne. Die Regimenter . . . treten befehlsgemäß um 7 Uhr 30 Minuten an. Schon sind Floßsäcke bis dicht an die letzten Deckungen vorgebracht. Mit der letzten Sekunde der vollendeten halben Stunde schieben sich die Jäger in langen Sprüngen die letzten Meter an den Fluß heran. Floßsäcke klatschen in das Wasser. Schwere Schlauchboote werden vorwärts geschleppt. Die schweren Maschinengewehre schießen Dauerfeuer, Gurt um Gurt. Dazwischen ertönt das gellende Gekläff der Panzerabwehrkanonen. Hoch über den Köpfen fauchen und heulen die Granaten der schweren Artillerie. Die ersten Boote erhalten Flankenfeuer. Die Ruder klatschen im Takt, die Steuermänner brüllen ihn. Die vordersten Boote landen. Dicht pressen sich die Übergesetzten an die Uferböschung. Ebene, deckungslose Wiesen in einer Breite von etwa 300 Metern sind zu überwinden. Dann ist Wald und dichtes Buschwerk gewonnen. Dahinter steilen sich die Uferhöhen auf, in die die eigene Artillerie Granate um Granate schleudert. In langen Sprüngen jagen die Züge einzeln an den Waldrand. Andere kämpfen mit den Uferbunkern. Sprung! Auf, marsch, marsch! Es beginnt ein Wettlauf mit den französischen Maschinengewehren. Füße verhängen sich in Drähte, stolpern, Körper fallen, reißen sich hoch, stürmen weiter, markerschütternde Schreie ertönen und vergehen in Stöhnen, mitten im Lauf brechen Stürmende zusammen und bewegen sich nicht mehr. Eigene Artillerie schlägt neben den Jägern ein. Leuchtpistole! schreit ein Kompaniechef. Der Melder mit der Pistole ist verwundet. Die Artillerie schießt weiter. Ein Melder hetzt heran, eine Leuchtpistole ist gefunden. Mit der nächsten Lage schon springt das Artilleriefeuer vor! Nun geht es auf die feindliche Halbhangstellung los. Zäh wehrt sich der Feind. Panzerabwehrkanonen schießen aus den Bunkern. Von den Höhen herab streuen feindliche Maschinengewehre ihre Garben. Granatwerfer hauen in die Reihen der Vorwärtsstürmenden. Handgranaten detonieren an den feindlichen Erdnestern. Mit Hurra werden sie einzeln gestürmt. Gewehrfeuer flackert auf. Leichte Maschinengewehre zielen mit rascher Schußfolge in die Scharten der Befestigungen. Stellenweise flüchtet der Feind schon. Vorwärts, vorwärts! In rasendem Tempo geht es den Flüchtlingen nach. Wer sich zum Kampf stellt, wird niedergeschossen. Viele werfen die Waffen weg und strecken die Hände hoch. Die feindlichen Gewehre werden zerschlagen, denn es ist keine Zeit, Gefangene zu machen. Keuchend geht es den Steilhang hinan. Die Sonne brennt bereits heiß. Der Schweiß rinnt. In beiden Flanken hämmern wieder Maschinengewehre, da rechts, neben dem Regiment die Nachbardivision zurückhängt, während links ... Soissons im Angriff ausgespart wird. Während die Vordersten schon die obersten Bäume sehen, wird an einzelnen Punkten der Halbhangstellung noch um zäh verteidigte Feldstellungen gekämpft. Vom obersten Höhenrand bricht wütendes Infanteriefeuer herab. Schneller geht es durch die dichten Büsche vorwärts. Die Jäger schießen mit den Gewehren den Steilhang hinauf. Eine Gruppe ist es zuerst nur, schon weichen die Franzosen auf der Hochfläche zurück, an vielen Stellen steigen jetzt die Jäger herauf. Verbindung zurück zu den Kompanien wird aufgenommen. Es ist 8 Uhr 20 Minuten. Ein Eckpfeiler der französischen Aisnestellung im Abschnitt der Gebirgs-Division ist genommen, das Vorkommen der rechten Nachbardivision erleichtert.

Um 8 Uhr 20 Minuten beginnt das Regiment seinen Übergang. Mit gleichem Schwung und derselben Unwiderstehlichkeit wie bei den andern Regimentern spielt sich auch hier das Übersetzen ab. Die Hauptkampflinie des Feindes kann bereits als durchbrochen gelten und seine Kampfbereitschaft ist erschüttert, seine Moral zermürbt. Die Uferbefestigungen werden auf der ganzen Linie des Regiments im Sturm genommen. Der Waldstreifen wird planmäßig abgekämmt. Der Feind ist überall gewichen. Einmal noch setzen feindliche Flieger an. Bomben fallen. Hilfeschreie ertönen. Die Sanitäter eilen, zwei Kameraden liegen mit bleichen Gesichtern. Ein tolles Abwehrfeuer aus allen Gewehren zwingt die Vögel zum raschen Verschwinden. Da haut eine feindliche Batterie Dauerfeuer herein. Ein Zurück gibt es nicht für die Jäger. Also, vorwärts! Vorwärts durch das dichte Feuer. Die Erde dröhnt vom Einschlag der Granaten. Endlich, Minuten werden zur Ewigkeit, sind die Jäger dem Feuer entronnen. Die Kompanien und Bataillone nehmen untereinander Verbindung auf. Ohne Aufenthalt geht es weiter, den gesteckten ersten Zielen entgegen."[59])

Unter dem Schirm der Gebirgsartillerie wurde die Aisne nach wechselvollem Kampf von den Gebirgsjägern, den Gebirgspionieren, den Gebirgspanzeraufklärern, den Soldaten der Gebirgsnachrichtenabteilung, den Tragtierkompanien sowie dem Gros der 1. Gebirgs-Division überschritten. Es sollte der Beginn eines unwahrscheinlichen Siegeszuges für die Division durch Frankreich werden!

„Seit Tagen", schreibt Lanz, „herrscht Hochsommerwetter. Die Hitze brütet über den hohen Getreidefeldern, durch die bergauf, bergab unsere Jäger stapfen, müde, durstig und staubbedeckt. Schwer lasten die MG und Granatwerfer auf den zerschundenen Schultern, auf den durchschwitzten Rücken. Der Stahlhelm ist kein idealer Sonnenschutz. Mit aufgekrempelten Ärmeln, offenem Rock, den Helm am Koppel, die schußfertige Knarre in der Hand, so gehen sie zum Angriff vor, fast ohne auf den Feind zu achten. Und drunten auf den Straßen, den kerzengeraden Chausseen aus Napoleons Zeiten, folgen die Fahrzeugkolonnen in Staubwolken gehüllt. Welch eine Erlösung, wenn es Abend wird und kühl!"[60])

Jetzt wich der Gegner, nachdem er auch noch die Hiobsbotschaft vom nordfranzösischen Kriegsschauplatz erhalten hatte, auf der ganzen Linie zurück. Aus diesem Grunde wurde die Verfolgung am 9. Juni wieder aufgenommen, um den stark angeschlagenen Gegner zu stellen. Franzosen wurden durch abgestellte Trupps entwaffnet und nach hinten gebracht. Ohne Zweifel, der Feind war erschüttert, sein Rückzug glich mehr einer Flucht als einer geordneten Absetzbewegung: Verwirrung auf der ganzen Linie – bei Mensch, Tier und Material. Für die Deutschen aber wurde der Feldzug zusehends zu einem Verfolgungsrennen auf den staubigen Straßen Frankreichs.

Am Abend des 9. Juni erreichten die Gebirgsjäger noch den kleinen Flußlauf des Ourcq und bereiteten den Angriff vor. In der Nacht schaffte Oberst Utz mit seinem Gebirgs-Jäger-Regiment 100 einen Brückenkopf und erleichterte damit der Truppe am anderen Tage den Übergang über den aus dem Ersten Weltkrieg bereits bekannten Fluß.

Am 10. Juni konnte sich der Feind vor der 1. Gebirgs-Division mangels eigener Artillerie kaum noch wehren und ergab sich schließlich. Das veranlaßte die Division, zwei schnelle Vorhuten zu bilden, um den deutschen Schicksalsfluß des Ersten Weltkrieges, die Marne, so bald wie nur möglich zu erreichen. General Kübler gab den für die Truppe befreienden Befehl:

„Die Truppen haben frei Bahn im Wettlauf zur Marne!"

Jetzt waren die Gebirgsjäger nicht mehr zu halten.

„Hin zur Marne!" lautete die Parole.

Hitze, Schweiß, zerschundene Füße und erschöpfte Muskeln wurden nicht mehr registriert. Das magische Wort Marne ließ die Qualen des seit Tagen währenden Wettlaufes mit dem Gegner vergessen, mobilisierte die letzten Reserven.

„Hin zur Marne!" So scholl es tausendfach durch die Regimenter und Bataillone der 1. Gebirgs-Division.

Der 11. Juni war gekennzeichnet von einem wahren Wettlauf der Gebirgsjäger zur Marne. Westlich von Château Thierry steht auf der Höhe 204 das monumentale Amerikaner-Denkmal für die gefallenen GI's aus dem Ersten Weltkrieg. Die Höhe war den ganzen Tag über noch feindbesetzt und wurde erst gegen Abend von einer Kompanie des I./Gebirgs-Jäger-Regiments 99 und von Teilen des Gebirgs-Jäger-Regiments 100 eingenommen. Hören wir an dieser Stelle einen Gefechtsbericht über den Kampf deutscher Gebirgsjäger um das amerikanische Denkmal des Ersten Weltkrieges an der Marne:

„Da kommt der Zugführer vom Kompaniegefechtsstand zurück. Er holt seine Männer aus ihren Löchern und gibt halblaut die Befehle; je eine Gruppe rechts und links, der Maschinengewehrzug geht in der Mitte vor, Formation ist Schützenreihe, jeweils zwei Sicherer voraus, der südliche Teil der Höhe, der vom Feind besetzt ist, ist zu nehmen. Die Gesichter straffen sich. Jeder Mann weiß Bescheid und ist sich der Schwere des Auftrages und dessen unbedingter Erfüllung vollauf bewußt. Der Ausgangspunkt des Unternehmens ist bald erreicht. Die Rucksäcke werden abgelegt, denn das Unterholz ist so dicht, daß sich die Männer mit dem Gepäck nicht so bewegen können, wie es die Lage erfordert. Ein Posten bleibt zur Bewachung zurück. Die Gruppen streben auseinander, jede ihrem bestimmten Wege nach. Kein Schuß fällt. Die Stille wird quälend. Das Licht der Sonne bricht durch die Zweige und die flirrende Luft hindert eine klare Sicht. Die Jäger tasten sich vorsichtig, nach links, rechts, vorne und hinten scharf beobachtend, die Höhe hinan. Ein besonderes Augenmerk gilt den etwa lauernden Baumschützen. Aber nichts ist zu erspähen und kein Geräusch zu hören. Wo die Vorwärtsstrebenden hinschauen, sehen sie Granattrichter an Granattrichter, angefüllt mit schwarzem, faulem Laub. Dazwischen liegen auch hier verrostete Stahlhelme, vermoderter Stacheldraht, Eisenpfähle sind noch in den Boden gerammt. Bedenklich schreiten die Jäger ihren Weg weiter. Hier muß sich ein schwerer Kampf abgespielt haben, denkt jeder und faßt bei diesem Gedanken sein Gewehr fester. Sie denken an das Blut, das hier schon geflossen ist, und wissen, diesmal gilt es zu siegen . . .

Das Unterholz wird lichter und lichter. Die Sicherer vorne halten, und die Gruppen schließen auf. Der Gegner, der sich, ohne gesehen zu werden, überrascht fühlt, schießt einige Male, schweigt und schießt wieder. Ein Maschinengewehr wird in Stellung gebracht und streut seine Garben. Das feindliche Feuer verstummt. Auf ein Zeichen brechen die Jäger vor. Was ihnen in die Hand fällt, sind 8 Franzosen, die Gnade schreiend ihre Hände in die Höhe strecken. Kein eigener Mann ist verloren! Der Südteil der Höhe wird planmäßig abgekämmt und in Besitz genommen. Noch ist die Höhe nicht erobert, wenn auch der Blick schon hinabgeht in das Tal der Marne. Und es ist ein herrlicher Anblick, der sich den Augen der Jäger darbietet und ihre Herzen mit stolzer Freude erfüllt.

Weit dehnt sich das Tal, in dessen Mitte sich der Fluß wie ein glitzerndes Silberband unter der grellen Sonne hindurchwindet. Unmittelbar zu Füßen der Jäger stehen zu beiden Seiten der Ufer Häuser, ziehen sich Straßen, ballen sich Fabriken und recken sich Schlote. Eine Brücke, über die das mit der Marne parallel laufende Bahngeleise führt, ist gesprengt. Der Gruppenführer greift zur Karte und meint nach einem schnellen, abwägenden Blick, das ist Château Thierry. Dann schreibt er die Meldung, die an den Kompanieführer geht und in der er um weitere Befehle bittet.“[61])

Währenddessen trieben die anderen Truppenteile des Regiments am Spätnachmittag des 11. Juni eine bewaffnete Aufklärungskompanie so weit vor, daß sie das Marneufer bei der Eisenbahnbrücke südwestlich von Château-Thierry und nördlich davon beherrschen konnte. Über die Kriegsbrücke der 81. Infanterie-Division erreichten die 12. und 13. Kompanie des III./Geb.Jäg.Rgt. 99 um 3.50 Uhr ohne Feindeinwirkung das Südufer der Marne. Doch blenden wir nochmals hinüber auf die Höhe 204 mit dem monumentalen Amerikaner-Denkmal, wo die Gebirgsjäger noch immer im Kampf stehen:

„Der Hauptmann bei der Denkmalshöhe“, setzt der Gefechtsbericht fort, „hat sich entschlossen, in einem Zug die beherrschende Höhe 204 endgültig in die Hand zu nehmen. Er wählt drei Gruppen aus, setzt sie als linke, rechte und mittlere Kampfgruppe an und läßt einen Maschinengewehrzug dicht aufgeschlossen in der Mitte nachrücken. Er selbst übernimmt Spitze und Befehl.

Die anfängliche Unruhe, die die bedrückende Stille in den Jägern hervorgerufen hatte, hat sich völlig gelegt. Der Waldrand wird verlassen. Es geht dem Pfade zu, der zur Mitte der Anhöhe führt. Es heißt sehr, sehr vorsichtig zu sein, um von unten her nicht gesehen zu werden, denn Château Thierry und das ganze Marnetal sind noch in den Händen des Feindes. Der Weg führt nach links, und an seinen Rändern leuchten rote Walderdbeeren. Die Jäger bücken sich, um sie zu pflücken. Ein Gruppenführer mahnt zur Aufmerksamkeit. Die Sicherungen halten, und schnell schließen die Gruppen auf. Der Wald hat sich gelichtet. Fast zu plötzlich bietet sich ein märchenhafter Anblick: Ein riesiger, langgestreckter Hallenbau auf hohem Sockel, mit viereckigen gerillten Säulen ist aus weißem Stein getürmt. Und in der Mitte, vor breiter Wand, stehen, überlebensgroß in Stein gehauen, zwei Frauen in langen, griechischen Gewändern und sehen starr den nicht minder starr gewordenen Jägern in das Angesicht. Da zerreißen Maschinengewehrschüsse jäh die Stille. Die linke Gruppe ist auf Feind gestoßen. Der Gruppenführer befiehlt ‚Schützenkette!‘. Für einen Augenblick verharren die Jäger in der rasch eingenommenen Formation. Da tauchen in rascher Aufeinanderfolge Franzosen mit aufgepflanztem Bajonett auf und bilden einen Haufen. Als sie die Jäger erkennen, laufen sie auf das Denkmal zu. Jedem ist klar, daß sie dort die Anstürmenden erwarten wollen. ‚Feuer frei!‘ ertönt das Kommando. Ohne auch nur den Bruchteil eines Augenblicks zu zögern, stürmt die Gruppe auf das Denkmal, das sich wie die Bühne eines antiken Theaters darbietet, zu. Im Laufen wird ein Hüftschuß abgegeben. Taumelnd und völlig überrascht von dem Flankenfeuer, weichen die ersten feindlichen Schützen, die eben den Vorplatz des Denkmals erreicht haben, zurück und nehmen links und rechts in den Zierhecken volle Dekkung. Die Jäger sind nur noch zwanzig Meter davon entfernt. Der Gruppenführer gibt das Zeichen zum Fertigmachen der Handgranaten. Nach einer kurzen Pause ertönt ein Pfiff, und schon sind die Handgranaten detonierend zerborsten. Ein Wimmern und Stöhnen ist in der darauffolgenden, um so stärker spürbaren Stille vernehmbar. Die Jäger sehen, daß sich der Feind hier unmöglich halten kann und, wenn er die

Deckung hinter dem Denkmal suchen will, erst die frei gelegenen Stufen hochgehen muß. Das Maschinengewehr hat nachgeladen. Ein neuer Gurt streift die Hecken ab und peitscht den gehetzten Gegner auf das Denkmal zu. Jeder der lauernden Schützen nimmt sich einen der Hochspringenden ins Visier. Als der zweite Schuß bricht, ist der Rest des Feindes hinter dem Denkmal verschwunden. Da erschallt ein Kommando ‚Volle Deckung!'. Schon liegen die Jäger flach auf der Erde. Feindliches Maschinengewehrfeuer streicht von rechts herüber. Das Nest liegt ganz in der Nähe. Aber der eigene MG-Schütze ist voller Ruhe. Dort, wo eben vorwitzig ein Mündungsfeuer züngelte, setzt er seelenruhig einen Gurt Dauerfeuer hinein. Der Feind weicht! Einen Schwerverwundeten und das Maschinengewehr mit Gerät und Munition läßt er zurück. In diesem Augenblick taucht die andere Gruppe hinten in der Mitte auf. Die Maschinengewehrgruppe wird links davon sichtbar. Nun ist der Augenblick zum Generalangriff auf das Denkmal und auf die vordersten feindlichen Stellungen im abfallenden Hang zur Marne fällig geworden. Die Gruppenführer geben die letzten Anweisungen, ein Oberjäger übernimmt schnell entschlossen das Kommando für diesen letzten Sturm. Seine Stimme ertönt: ‚Achtung – fertig – los!' Die drei Maschinengewehre hämmern mit einem Schlage los. Gewehre, Maschinenpistolen und Pistolen vereinen sich mit ihnen zur vollen Feuerkraft der Stürmenden. Das Denkmal dröhnt und hallt und steht doch, wie die beiden Frauen, unerschüttert, weiß leuchtend in dem grellen Licht der Sonne. Die Jäger stürmen einige Meter vor. Einer wankt, steilt die Arme hoch und sinkt zusammen. Eine feindliche Kugel durchschlug ihm Stahlhelm und Schädel ... In diesem Augenblick geschieht etwas, womit keiner der Stürmenden gerechnet hatte. Links und rechts vom Denkmal stürzen Franzosen und Schwarze in buntem Gemisch aus vorzüglich ausgebauten Stellungen und Laufgräben heraus, hin zum Hang, hinab zur Marne. Im Nu sind auch die Jäger am Rande. In hellen Scharen, die nicht mehr zu zählen sind, haben die Feinde fast schon die Marne erreicht. Hinüber können sie nicht, die von ihnen selbst gesprengte, weit herabhängende Brücke wird ihnen zum Verhängnis. Das Maschinengewehr streift das Ufer ab, und so mancher der Gehetzten wankt und fällt. Der Rest schwenkt zum Bahndamm und verschwindet dahinter für Augen und Waffen.

Die Jäger sind allein auf der Höhe. Sie stehen im Schatten des riesigen Denkmals. Schweißüberströmt schauen die grauen Gesichter hinab auf die Marne, hinüber zu den ansteigenden, lieblichen Hügeln.

Ein Melder eilt zum Kompaniegefechtsstand. Die nachrückende Kompanie besetzt bereits die Höhe 204 und sichert sie nach allen Seiten. Feindliches Artillerie- und Granatwerferfeuer überschüttet die Höhe, aber was die Jäger errungen, das geben sie nicht mehr her."[62])

Nach der Erstürmung der Höhe 204 befahl General Kübler am 12. Juni 1940 das Übersetzen der Marne. Jetzt hatte sich gewissermaßen ein „deutsches Wunder an der Marne“ vollzogen. Die Überwindung des deutschen Schicksalsflusses war für die deutschen Truppen die Voraussetzung für den Einsatz ihrer Panzer, die nun in das Innere Frankreichs vorstoßen konnten. Der erwartete Angriff der Franzosen, die Gegenwehr wie im Ersten Weltkrieg, als sie das Kriegsglück auf ihre Seite zu ziehen vermochten, der hartnäckige Widerstand der Franzosen blieb 1940 erstaunlicherweise aus.

Entgegen Hitlers Willen hatte Italien Frankreich, dessen Regierung Paris bereits verlassen hatte, am 10. Juni 1940 den Krieg erklärt, um - nachdem sich der deutsche Sieg bereits überdeutlich abzeichnete - auch noch daran beteiligt zu sein. In den Westalpen kämpften nun italienische Truppen wenig überzeugend, während Paris auf Grund des unaufhaltsamen deutschen Vormarsches zur „Offenen Stadt“ erklärt wurde, um es vor der Zerstörung zu bewahren.

Die französischen Truppen zogen sich hinter die Linie von Tours-Dijon zurück. Die Oberrhein- und Maginotfront - noch vor ein paar Wochen für uneinnehmbar gehalten - schloß sich diesen Rückzugsbewegungen an. Für die deutschen Panzertruppen galt es nun, die Oberrheinfront vom Rücken her zu Fall zu bringen. So trat auch die 1. Gebirgs-Division am 13. Juni zur weiteren Verfolgung des hart angeschlagenen französischen Gegners an. Petit Morin, Grand Morin, Seine, Yonne, Quanne, Loire und Cher hießen die querdurchschneidenden Flüsse, die die Gebirgsjäger im Verlauf der weiteren Verfolgung noch zu überschreiten hatten.

Doch trotz aller Härten, Hitze und Entbehrungen, die die Jäger auszuhalten und zu durchleiden hatten, in allzu schwere Kämpfe wurden sie nicht mehr verwickelt. Die Tage vom 13./14. bis zum 18. Juni gestalteten sich für die Truppe vielmehr zu einem wahren Siegeslauf nach Süden, wenn sich auch zuweilen der demoralisierte Feind noch einmal, als letztes Aufbäumen gewissermaßen, zu einer kurzen, verzweifelten Gegenwehr stellte.

Während am 14. Juni deutsche Truppen in Paris einmarschierten, setzte die 1. Gebirgs-Division ihren Sturmlauf vom Grand Morin zur Seine fort. 60 Kilometer waren noch bis zur Seine zurückzulegen, und so eilten die Jäger am 15. Juni über Louan und Provins weiter nach St.-Colombe. Kampfspuren deutscher Panzer und auf Lastkraftwagen verladene französische Gefangene markierten den Weg der 1. Gebirgs-Division. Dabei hatte sie durch Flieger zum Stehen gebrachte Beutezüge zu übernehmen.

In langen Kolonnen strömten die Flüchtlinge bei Tag und bei Nacht in das von den deutschen Truppen besetzte Gebiet. Zur Feier des Sieges der 1. Gebirgs-Division in neuntägiger Schlacht ordnete General Kübler als Siegeszeichen für drei Tage das Tragen des grünen Bruches auf der Bergmütze an.

Die Zeit arbeitete sichtlich gegen Frankreich. Seine Lage war hoffnungslos geworden, nachdem die deutsche 1. Armee (von Witzleben) die Maginotlinie zwischen St.-Avold und Saarbrücken durchbrochen und die 7. Armee den Oberrhein bei Kolmar überschritten hatte. Da die deutschen Panzer am 17. Juni bereits bei Tours und an der Schweizer Grenze standen, entschloß sich Marschall Pétain - der Sieger von Verdun im Ersten Weltkrieg -, der die Regierung Reynaud abgelöst hatte, um einen Waffenstillstand nachzusuchen. General de Gaulle, sein Gegenspieler, floh nach England und etablierte dort eine Exilregierung.

Am 19. Juni 1940 wurde bekannt, daß der Feind von der Loire zurückwich. Der deutsche Wehrmachtsbericht meldete:

„Deutschland wird an Frankreich die Waffenstillstandsbedingungen bekanntgeben, wenn die Vertreter der Nation benannt sind."

Am 20. Juni kam die 1. Gebirgs-Division in den Bannkreis der Kämpfe nördlich von Gien. Neben den Kämpfen am Oise-Aisne-Kanal war der Kampf um Gien für die Division der wohl bedeutendste Waffengang während des Frankreichfeldzuges; doch fehlte dem Gegner bereits seit langem jene Zähigkeit, um die Gebirgsjäger wirklich ernsthaft in Bedrängnis zu bringen. Erschütternde Bilder spielten sich auf der Vormarschstraße der Division ab.

Die Gebirgsjäger lagen vor Gien im wahrsten Sinne des Wortes inmitten des Grauens. Die Stadt war ein einziges Flammenmeer. Die am Westrand von Gien über die Loire führende Eisenbahnbrücke war in die Luft geflogen. Ganze Trupps französischer Offiziere ergaben sich den anrückenden deutschen Truppen.

Trotz aller chaotischen Verhältnisse gelang es den Deutschen, eine Kriegsbrücke über die Loire zu schlagen, über die u. a. die 1. Gebirgs-Division marschierte. Nachdem General Kübler mit seiner Division den Übergang über die Loire bei Gien erzwungen hatte, befahl er die Verfolgung bis zum Abschnitt des Cher für den 20. Juni 1940.

„Die Vorausabteilung", schreibt dann wieder Gehring, „hat am Abend den Cher erreicht. Ein Kompanieführer geht mit zwei Meldern vorab über die ungesprengte Brücke. Kaum ist er drüben, fährt eine riesige

Die Straßen waren in Jugoslawien stark vermint und mußten von den Gebirgspionieren in gefährlicher Arbeit geräumt werden

Stichflamme hoch, ohrenbetäubendes Donnern ertönt, die Brücke ist nicht mehr. Der Kompaniechef verliert die Ruhe nicht und schreit über den Fluß zurück den Befehl: ‚Sofort selbständig die nächste Brücke in die Hand nehmen!‘

Die Panzerjäger ... springen auf ihre Fahrzeuge. Ein Oberfeldwebel übernimmt die Führung. Die nicht abgestellten Motoren kommen sofort in sausende Fahrt. Pfeifend und schleudernd geht es um Kurven, hinein nach Mehun. Ein Blick auf die Karte. Rechts ab muß die nächste Brücke sein. Weiter! Die letzte Kurve kommt. Kommando ertönt! ‚Halt! Absitzen! Beobachter vor! Alles heran an die Brücke! Volle Deckung!‘ Drüben huschen Franzosen. Neue Kommandos ertönen: ‚Eine Pak, ein MG und 15 Mann bleiben hier zur Sicherung! Alles andere fertig zum Sturm!‘ Von vorne brüllt der Beobachter: ‚Links der Straße ein versteckt stehender Panzer! Rechts zwei Offiziere, die zur Brücke laufen!‘ Schüsse peitschen über das Wasser. Das Maschinengewehr erwidert sie schlagartig. Das Kommando: ‚Auf! Marsch, marsch!‘ reißt die Jäger hoch. Die Bergschuhe poltern über die Brücke, sie ist ohne Widerstand genommen. Nun hinein in den Ort! Die Panzerwagen bleiben stumm. Zwei französische Offiziere fliehen im Kraftwagen. Schon ist die Ortsmitte erreicht. Der Befehl zur Säuberung der Häuser ertönt. Aus den aufgerissenen Türen kommen Franzosen mit blassen Gesichtern heraus und werfen die Waffen weg. Da brausen Sturzkampfbomber an. Leuchtkugeln schießen sofort hoch. Die Flieger drehen wieder ab. An das Regiment geht die Meldung zurück: ‚Cher-Brücke bei Quincy ohne Beschädigung genommen. Keine eigenen Verluste.‘ “[63])

Am Cher-Abschnitt bei Bourges erging der Befehl an die 1. Gebirgs-Division, den Kampf einzustellen. Damit waren die wesentlichen Kampfhandlungen abgeschlossen, und so erließ General Kübler am 20. Juni 1940 bei Presly einen Tagesbefehl an seine Division, in dem er den „Siegeslauf ohnegleichen“, wie er sich ausdrückte, noch einmal Revue passieren ließ. (Vgl. Anmerkung S. 146.)

Oben und unten: Um die Verbindung zwischen den beiden Angriffsgruppen der 1. Gebirgs-Division – den 99ern bei Pollein und der mot. Gruppe bei Unterdrauburg – während des Jugoslawienfeldzuges herzustellen, mußte erst das Mĕza-Tal freigekämpft werden. Dabei wurden zahlreiche Bunker mit Gebirgshaubitzen beschossen und zerstört

1. Gebirgs-Division
Kommandeur

Bei Presly, 20.6.1940.

SOLDATEN!

Die 1. Gebirgs-Division beendet, zu neuen Taten berufen, diesen Feldzug.

Es war ein Siegeslauf ohnegleichen.

In neuntaegiger Durchbruchsschlacht vom 5. bis 13. Juni habt Ihr den Feind vernichtend geschlagen. Ihr habt ihn angegriffen und durchbrochen

an der Ailette *bei* Coucy-le-Château,
an der Aisne *bei* Soissons,
am Ourcq *bei* Vichel *und*
an der Marne *bei* Château-Thierry.

Als Ihr bis zum Grand Morin 90 km tief vorgedrungen wart, war die entscheidende Bresche geschlagen, durch die sich nunmehr die Panzerkorps in die Weite des Landes ergiessen konnten.

In siebentaegiger Verfolgung vom 14. bis 20. Juni habt Ihr den Feind immer wieder eingeholt und erneut geschlagen.

Ueber die Seine, *die* Loire *und*
die Yonne, *den* Cher

seid Ihr 220 km weit vorgestossen, bis Euch hoeherer Befehl Halt gebot. 11 000 Gefangene sind eingebracht, die Beute ist unübersehbar.

Wir neigen uns in Ehrfurcht vor unseren Toten, die ihr Leben, wir grüssen unsere Verwundeten, die ihre Gesundheit geopfert haben.

SOLDATEN!

Wieder, wie in Galizien und vor Lemberg, habt Ihr Eure Pflicht erfüllt. Wieder, wie in Polen, war die 1. Gebirgs-Division allen anderen stets weit voraus, an der Spitze der Armee.

Ich danke Euch, weil Ihr tapfer wart und treu.

Unsterblicher Ruhm kroent die 1. Gebirgs-Division.

Seid stolz!
Wir grüssen die Heimat.
Es lebe der Führer!

Kübler

Der Divisionskommandant dankt seinen Soldaten …

Grenzschutz im Schweizer Jura

Der 21. Juni 1940 war für die 1. Gebirgs-Division ein Ruhetag. An jenem Tage erging vom OKH. der Befehl, die Division aus dem Cher-Abschnitt herauszuziehen und im Kfz-Transport zu einer anderen Verwendung in die Gegend von Lyon zu verschieben, um die französische Gebirgsfront in den Westalpen, die sich auf den italienischen Angreifer eingerichtet hatte, von hinten aufzurollen.

Die Alpenoffensive hatte bisher den Italienern keinen Geländegewinn gebracht. Vielmehr trieben die italienischen Ansprüche auf Korsika, Savoyen, die Riviera, Tunis und Algerien einen weiteren Keil in die Beziehungen zwischen Hitler und der Vichy-Regierung, die alsbald wegen des britischen Widerstandes und der französischen Exilregierung (de Gaulle) des nationalen Verrats bezichtigt wurde. Es sah ganz so aus, als sollte der militärische Sieg politisch verspielt werden.

Am 22. Juni stand die 1. Gebirgs-Division verladebereit auf der Hauptstraße von Gien–Argent. Am 23. Juni ging die Fahrt über Nevers bis nach Charolles.

Am 25. Juni wurde die Fahrt nördlich von Lyon gestoppt, da am 22. Juni 1940 der Waffenstillstand zwischen Frankreich und dem Deutschen Reich im Wald von Compiègne - in demselben Eisenbahnwagen, in dem Foch 1918 die deutsche Kapitulation entgegengenommen hatte - unterzeichnet worden war und der am 25. Juni, ab 1.35 Uhr, an der gesamten Westfront in Kraft trat.

Die Tage zwischen dem 26. Juni und dem 5. Juli gehörten der Ruhe und der Pflege der Ausrüstung, bis die 1. Gebirgs-Division am 5. Juli an die Schweizer Grenze verlegt wurde, um dort an der mittlerweile festgelegten Demarkationslinie auf den Höhen des Schweizer Jura Wache zu halten.

Am 10. Juli traf die Division im neuen Bereitstellungsraum ein und wurde in den Orten Jougne, Neufs, Les Hopitaux und Vaux einquartiert. Die Bataillone und Kompanien teilten sich den Wachdienst auf den umliegenden Höhen. Im Zuge notwendiger Umgruppierungen wurde die 1. Gebirgs-Division im Juli 1940 der Heeresgruppe C, bzw. der 12. Armee, und hier wiederum dem XVIII. Geb. AK. unterstellt.

Der Frankreichfeldzug war für die Gebirgstruppe beendet. Eine vorläufige Zusammenstellung des französischen Generals Weygand nannte 121.037 gefallene und 250.107 verwundete französische Soldaten. Die Niederländer verzeichneten rund 2000, die Belgier nahezu 3000 Tote. An der Westfront wurden darüber hinaus ca. 1,9 Millionen Soldaten des Gegners gefangengenommen.

Das OKW. gab die eigenen Verluste mit 27.074 Toten, 111.034 Verwundeten und 18.384 Vermißten an.

1. Gebirgs-Division
II a

Div.St.Qu., den 12.7.1940.

D i v i s i o n s t a g e s b e f e h l Nr. 207.

Bei der 1.Gebirgs-Division ist heute folgendes Anerkennungsschreiben des Herrn Oberbefehlshaber des Heeres eingetroffen:

Hauptquartier O.K.H., den 23.6.1940

Ich spreche der

1. G e b i r g s - D i v i s i o n

meine besondere Anerkennung für ihre hervorragenden Leistungen auf dem Schlachtfelde

in .... F r a n k r e i c h ....

am .... 6. Juni 1940 ....

aus.

Der Oberbefehlshaber des Heeres

von Brauchitsch

Ich freue mich, diese Anerkennung des Herrn Oberbefehlshaber des Heeres bekanntgeben zu können.

Kübler.

Der Oberbefehlshaber des Heeres würdigt die Leistungen der 1. Gebirgs-Division im Frankreichfeldzug

Die Gesamtverluste der 1. Gebirgs-Division beliefen sich auf 1826 Mann. Davon waren 17 Offiziere, 76 Unteroffiziere und 353 Mannschaften gefallen; 47 Offiziere, 209 Unteroffiziere und 1106 Mannschaften verwundet; sowie 1 Offizier, 3 Unteroffiziere und 14 Mannschaften vermißt.

Die Marschleistungen der 1. Gebirgs-Division im Frankreichfeldzug waren enorm. Rund 1810 Kilometer wurden im Schnitt von jedem einzelnen Gebirgssoldaten zu Fuß zurückgelegt, 445 Kilometer motorisiert und 2950 Kilometer mit der Bahn, der Bahntransport vom polnischen zum französischen Kriegsschauplatz mitgerechnet.

Jetzt, da die Gebirgsjäger, Gebirgsartilleristen, Gebirgspioniere, die Soldaten der Gebirgs-Nachrichten-Abteilung und alle übrigen Angehörigen der 1. Gebirgs-Division - vom General bis zum Jäger - im Schweizer Jura lagen, waren alle Mühen und Entbehrungen, aller Schweiß und Kampf vergessen. Hier, auf den Höhen, fühlten sich die Jäger wohl, war dies doch so etwas wie ein Stück Heimat. Sehnsüchtig schauten sie durch die Ferngläser auf die schneebedeckten Gipfel des Montblanc-Massivs, dessen Besteigung sie geistig vollzogen. Wer wußte in jenen Tagen schon etwas von der Zähigkeit Großbritanniens?

Vierter Teil

Die geplanten Unternehmen „Seelöwe“ und „Felix“ 1940/41

Die politische Lage nach dem Frankreichfeldzug

Was spielte sich nun, während die Gebirgsjäger im Schweizer Jura lagen, auf der Bühne des „Europäischen Polittheaters" ab?

Bedeutete der Frankreichfeldzug, so fragte man sich, den letzten Akt des europäischen Krieges, oder sollte er nur überleiten zu einem weiteren Feldzug, in dessen Verlauf der europäische Konflikt zu einem weltweiten Krieg ausarten könnte?

Bald tauchten Namen neuer „Operationen" und „Unternehmen" auf, die mit „Seelöwe" und „Felix" umschrieben wurden. Doch noch war es nicht soweit, noch hatten die Politiker das Wort. Der deutsch-französische Waffenstillstandsvertrag vom 22. Juni 1940, der nur in deutscher Sprache abgefaßt wurde, legte im wesentlichen folgendes fest:

Einstellung des Kampfes;
Festsetzung der von den deutschen Truppen besetzten und noch zu besetzenden Gebiete;
Ausübung aller Rechte der besetzenden Macht in den besetzten Teilen Frankreichs durch einen deutschen Militärbefehlshaber;
Demobilmachung aller französischen Streitkräfte;
Übergabe aller ständigen Befestigungen, ebenso der Befestigungs- und Sperrpläne;
der Waffenstillstandsvertrag sollte bis zum Abschluß eines Friedensvertrages gelten. Er konnte von der deutschen Regierung jederzeit mit sofortiger Wirkung gekündigt werden, falls die französische Regierung die von ihr durch den Vertrag übernommenen Verpflichtungen nicht erfüllen sollte."[64])

Am 3. Juli 1940 überfiel die britische Mittelmeerflotte ein vor Mers el Kebir (bei Oran) liegendes französisches Flottengeschwader, um dessen Nutzung für die deutsche Kriegsmarine zu verhindern. Daraufhin brach die Vichy-Regierung – mit Marschall Pétain als „Chef des Staates" – die diplomatischen Beziehungen zu Großbritannien ab, ohne allerdings in den Krieg gegen die Engländer einzutreten.

Während man deutscherseits versäumt hatte, im deutsch-französischen Verhältnis zu mehr als nur zu einer Einstellung der militärischen Feindseligkeiten zu kommen, blieb England nicht müßig und begann, das französische Kolonialreich Stück für Stück für seine Kriegsziele nutzbar zu machen. Zuvor aber hatte der geflüchtete französische General Charles de Gaulle am 18. Juni 1940 in London im BBC in seinem Aufruf zu einem „Nationalkomitee der freien Franzosen" u. a. erklärt:

-42c

Der Militärbefehlshaber in Frankreich

Paris, den 1.November 1940

KTB

Der Oberbefehlshaber des Heeres hat mir mit dem 25.10.1940 die bislang von ihm ausgeübten Befugnisse des Militärbefehlshabers in Frankreich übertragen, und mich mit dem gleichen Tage zum Militärbefehlshaber in Frankreich ernannt.

Ich begrüsse alle Angehörigen meines Befehlsbereichs bei Antritt meiner Stellung aufrichtigst.

Eine grosse Aufgabe ist bisher unter Anspannung aller Kräfte gemeistert worden.

Ich erwarte von jedem Angehörigen meines Befehlsbereiches, daß er sich weiterhin mit völliger, uneigennütziger Hingabe seiner Person für die ihm zugewiesenen Aufgaben einsetzt, zum Heile unseres Vaterlandes und im Interesse des Ansehens unserer Wehrmacht.

H e i l   H i t l e r !

v. Stülpnagel

Der Militärbefehlshaber in Frankreich

Kdr. 12/11

Verteiler:
Seite 2

1. Gebirgs - Division
- Stab Wintergerst -
Eingeg. 12 NOV. 1940
Beil. - Bearb. Ia

- 2 -

Ernennung eines „Militärbefehlshabers in Frankreich“

„Dieser Krieg ist nicht auf das unglückliche Gebiet unseres Landes begrenzt. Dieser Krieg ist durch die Schlacht in Frankreich nicht beendet. Dieser Krieg ist ein Weltkrieg. Alle die Fehler, alle die Unterlassungen, alle die Leiden hindern nicht, daß es in der Welt sämtliche erforderlichen Mittel gibt, eines Tages unsere Feinde zu vernichten ..."

Charles de Gaulle anerkannte den Waffenstillstand, den Pétain abgeschlossen hatte, nicht und bildete eine „freifranzösische Exilregierung". Von den Kolonien unterstellten sich Indochina, Syrien und Nordwestafrika vorerst der Vichy-Regierung, die übrigen der „freifranzösischen".

In den Niederlanden hatten sich die königliche Familie und die Regierung nach London ins Exil begeben, um den Kampf von dort aus fortzusetzen. Holland wurde Dr. Seyß-Inquart als Reichskommissar unterstellt. Der belgische König Leopold III. wurde von den Deutschen interniert. In Belgien wurde eine Militärverwaltung eingerichtet.

Im Rückblick zeigte es sich, daß der Entschluß Hitlers vom 29. Mai 1940, den Angriff auf Dünkirchen einzustellen, als eine Art Wendepunkt des Krieges anzusehen ist. Hitler war durch zwei irrige Überlegungen zu diesem Entschluß gekommen: erstens glaubte er den Zusicherungen seines Oberbefehlshabers der Luftwaffe, Reichsmarschall Hermann Göring, daß die von diesem geschaffene Luftwaffe imstande sei, jede Evakuierung der in Dünkirchen eingeschlossenen britisch-französischen Truppen zu verhindern, und zweitens war Hitler überzeugt, daß England ohnedies den Kampf aufgeben werde, sobald seine kontinentalen Verbündeten besiegt waren.

Doch in Großbritannien hatte sich im Gegenteil in der Stunde der Not eine Koalitionsregierung unter Sir Winston Churchill, der seit Kriegsbeginn Marineminister gewesen war, gebildet, der zur Seele des britischen Widerstandswillens schlechthin wurde – in einer Zeit, da England allein den Krieg gegen die Achse führen mußte.

Das Vabanque-Spiel lautete jetzt, nachdem Churchill als britischer Premierminister die politische Bühne in seiner neuen Rolle betreten hatte: Churchill oder Hitler? Wer hatte von beiden die besseren Nerven, die wertvolleren Reserven und die besseren Verbündeten?

Wieder machte Hitler, wie nach dem Polenfeldzug, ein Friedensangebot, dieses Mal dem einzig noch übriggebliebenen Gegner: Großbritannien. Doch England lehnte das Friedensangebot Hitlers ab. Churchill zeigte grimmige Kampfentschlossenheit. Seine Antwort klang absolut eindeutig:

„Wir werden nicht aufhören zu kämpfen, bis die Freiheit gerettet ist."

Der Krieg ging nun – fast schon zwangsläufig – weiter. Für die Gebirgsjäger bedeutete das, daß sie ab Ende Juli 1940 statt in ihre oberbayerischen Standorte an die Kanalküste, in den Raum von Arras, verlegt wurden, um das Unternehmen „Seelöwe“ vorzubereiten ...

Das Unternehmen „Seelöwe“

Frankreich und die Beneluxländer waren besiegt und besetzt, aber noch lag jenseits des Kanals das intakt gebliebene Königreich Großbritannien, das sich auf keinen Verständigungsfrieden mit Hitler einlassen wollte. Aus diesem Grunde wollte Hitler England angreifen, denn trotz aller gewonnenen Feldzüge auf dem Kontinent konnte er den Endsieg nicht verkünden, solange England nicht niedergerungen war.

Mitte Juli 1940 faßte Hitler den Entschluß, eine militärische Invasion Großbritanniens durchzuführen, das Unternehmen „Seelöwe“. Die Invasionsflotte sollte den Kanal unter einem „Luftschild“ überqueren. Deshalb war die völlige Niederringung der Royal Air Force und der Royal Navy Voraussetzung einer erfolgreichen Durchführung von „Seelöwe“.

Die Vorbereitung der Landungsoperation gegen England wurde in der „Führerweisung Nr. 16“ vom 16. Juli 1940 festgelegt, ohne daß zunächst ein Termin für die Landung selbst festgesetzt wurde.

Die Landung sollte in Form eines überraschenden Überganges deutscher Truppen in breiter Front etwa von Ramsgate bis in die Gegend westlich der Insel Wight erfolgen, wobei Teilen der Luftwaffe die Rolle der Artillerie, Teilen der Kriegsmarine die Rolle der Pioniere zufallen sollte.

Bei der Vorbereitung und der Ausführung des Unternehmens fielen der „Seelöwe“-Weisung gemäß den drei Wehrmachtsteilen folgende Aufgaben zu:

„... a) Heer:
stellt den Operationsplan und den Übersetzplan zunächst für alle zu verschiffenden Verbände 1. Welle auf. Die mit der 1. Welle überzusetzende Flak-Artillerie wird dabei solange dem Heer (den einzelnen Übersetzgruppen) unterstellt, bis sich eine Teilung der Aufgaben in Unterstützung und Schutz der Erdtruppe, Schutz der Ausschiffungshäfen und Schutz der zu besetzenden Luftstützpunkte durchführen läßt.
Das Heer verteilt ferner die Übersetzmittel auf die einzelnen Übersetzgruppen und legt die Einschiffungs- und Landungsstellen im Einvernehmen mit der Kriegsmarine fest.
b) Kriegsmarine:

Anlage zu Gen.Kdo.VII.A.K.
Nr. 1257/40 g.K. v. 26.10.40.

A b s c h r i f t .

– zu 17c –

F e r n s c h r e i b e n .

An A. O. K. 16 - weiter an VII.A.K. -

O.K.H. Gen.St.d.H. Orgt.Abt.(1.St.) I teilt mit Fernschreiben Nr. 1678/40 geh. vom 24.10.40 mit:

Bezug: O.K.H. Gen.St.d.H. Orgt.Abt.(1.St.)(I).-1678 g.K. vom 19.10.40 -
Geb.Jg.Rgt.100 und I./A.R.79 sind an Chef H Rüst und BdE nur mit den kriegsgliederungsmässig zugehörigen Einheiten abzugeben. Die für Unternehmen " Seelöwe" zusätzlich zugeteilten Einheiten ,Waffen und Ausstattung bleiben bei 1.Geb. Division zurück.

Heeresgruppe A Ia Nr. 1305/40 geh.
--- A.O.K.16 I Nr. 1668/40 geh.

25.10.40.

Für d.Richtigkeit d.Abschrift:

Hauptmann .

Der Angriff des III./Geb.Jäg.Rgt. 99 über den Oise-Aisne-Kanal am 5. Juni 1940

stellt die Übersetzmittel sicher und führt sie entsprechend den Wünschen des Heeres nach den seemännischen Gesichtspunkten in die einzelnen Einschiffungsräume zu. Soweit als möglich ist auf Schiffe der niedergeworfenen feindlichen Staaten zurückzugreifen . . .
. . .c) Aufgabe der Luftwaffe ist es:
das Eingreifen der feindlichen Luftwaffe zu verhindern.
. . . Küstenbefestigungen, die gegen die Landungsstellen wirken können, niederzukämpfen, den ersten Widerstand feindlicher Erdtruppen zu brechen und im Anmarsch befindliche Reserven zu zerschlagen. Für diese Aufgabe ist engste Zusammenarbeit einzelner Verbände der Luftwaffe mit den Übersetzgruppen des Heeres nötig . . .“[65])

Die in der „Führerweisung Nr. 16“ fixierten Anweisungen für die Durchführung des Unternehmens „Seelöwe“ lesen sich leichter, als sie in Wirklichkeit durchzuführen waren. Bei der Ausarbeitung der strategischen und taktischen Pläne ergaben sich immer wieder neue, unlösbar scheinende Probleme, wie die Abhängigkeit vom Wetter – das im Kanal stets unvorhergesehen umschlägt –, die Gezeitenströmung, die Gefährdung der Truppe durch die englische Luftwaffe und die mächtige englische Kriegsflotte, die den Kanal kontrollierte.

Das Unternehmen „Seelöwe“ sollte in der ersten Phase von den Gebirgsjägern ausgeführt werden, die die britischen Steilküsten bezwingen sollten. Obwohl das Vorhaben bei der deutschen Wehrmachtsführung keine einhellige Zustimmung fand, begannen im Frühjahr 1940 die Vorbereitungen zu der Landung. Anfangs war geplant, mit 40 Divisionen der Heeresgruppe A und C, darunter die 1. und 6. Gebirgs-Division, auf einer Breite von 300 Kilometern (westlich der Isle of Wight bis zur Themsemündung) die Invasion durchzuführen; schließlich einigte man sich auf 13 Divisionen und auf eine Front von ca. 140 Kilometern (von Folkestone bis Eastbourne). Die 1. Gebirgs-Division verlegte vom Schweizer Jura in einer Fahrt quer durch Frankreich an die Kanalküste (Divisionsstab in Arras), um dort im Rahmen des VII. Armee-Korps (16. Armee) für den Ernstfall zu üben. Und auf der Fahrt dorthin sangen einige Jäger:

„Denn wir faaahren, denn wir faaahren, denn wir faaahren gegen Engeland!“

Für eine Umrüstung geeigneten Schiffsmaterials zu Landungszwecken, wie es etwa die Alliierten bei ihrer Landung 1944 in der Normandie verwendeten, blieb keine Zeit mehr. Daher wurden einfach beschlagnahmte Frachtschiffe, Kohlen- und Rheinkähne umgebaut. So schweißte man ihnen zum Beispiel das Heck ab, um Verladerampen für die Landungsfahrzeuge aller Art zu schaffen. Kurzum, was aussah wie ein Schiff und schwimmen konnte, wurde umgebaut.

Schließlich wurden die so entstandenen „Landungsfahrzeuge" in bestimmten französischen Kanalhäfen zusammengezogen und für den Tag X bereitgehalten. Dort waren sie ungeschützt den Angriffen der Royal Air Force ausgesetzt, da die deutsche Luftwaffe die Luftherrschaft über den Kanal nicht hatte erkämpfen können. Die Anzahl der „Landungsfahrzeuge" betrug etwa: 155 Transportschiffe mit zusammen 700.000 BRT, rund 1300 Kähne und Prähme, 470 Schlepper und rund 1200 Motorboote.[66])

Der englischen Aufklärung blieben diese Schiffskonzentrationen natürlich nicht verborgen, und so fügten die Engländer durch ihre Luftwaffe den deutschen Landungsstreitkräften bereits in den Häfen Verluste zu, was bei den zu diesem Abenteuer bestimmten Landsern alles andere als Zuversicht aufkommen ließ.

Major Josef Remold, seinerzeit Bataillons-Kommandeur des III./Geb.Jäg.Rgt. 99, gab seine Eindrücke über das Unternehmen „Seelöwe" wie folgt wieder:

„Um den Feind zu täuschen und zur Vorbereitung auf die Anlandung übten unsere Jäger in breiter Front das Ersteigen der steilen Kreideküsten zwischen Cap Blanc Nez und Gris Nez mit Kletterseil und Haken, wie sie es in den Wänden der Alpen gelernt hatten. Und dann folgten die Übungen zum raschen Ein- und Auslaufen der Kähne und Prahme, Fahrten auf offener See und schließlich das Anlanden und Inbesitznehmen eines Steilküstenstreifens. Große Freude hatten die Jäger dabei nicht, zumal schon zu Beginn ein Prahm mit Wasser vollschlug und mitsamt den verladenen Waffen absoff. Dabei herrschte höchstens Windstärke 2 und mäßiger Wellengang. Die Leute, welche vorsorglicherweise Schwimmwesten trugen, konnten nach und nach herausgefischt werden. So wurde dem Btl. das Wagnis des Unternehmens frühzeitig bewußt und jeder wünschte sich lieber gewachsenen Fels unter den Sohlen als schwankenden Schiffsboden. Das Dilettantische des Vorhabens erhärtete sich noch dadurch, daß in den Nächten der bereitgestellte Schiffsraum in den Häfen des Pas de Calais zum Teil durch Fliegerbomben versenkt oder schwer beschädigt wurde. Bei unseren Übungen stellten wir außerdem fest, daß die Kähne mit ihren Motoren geringer PS-Zahl als Antriebsmittel kaum in der Lage waren, gegen die Gezeitenströmung aufzukommen. Das bedeutete eine noch geringere Geschwindigkeit und ein langes, ungeschütztes Ausgesetztsein gegenüber von Luftangriffen. Wenn dazu noch die intakte Homefleet mit Schlachtschiffen, Zerstörern und Schnellbooten in die Flanke stieß, dann Gnade Gott uns allen!"[67])

Die Hauptvoraussetzung für die Durchführung des Unternehmens „Seelöwe“ war also die deutsche Luftherrschaft über den Kanal und über Südengland. Die „Führerweisung Nr. 17“ erging am 1. August und forderte, den Luft- und Seekrieg gegen England zu verstärken, was eine vorläufige Zurückstellung des Landeunternehmens bedeutete.

Von Mitte Juli bis Mitte Oktober 1940 versuchte die deutsche Luftwaffe mit über 2500 Jagd- und Bombenflugzeugen, die süd- und mittelenglischen Flugplätze zu zerstören und die englischen Jäger (kaum 500!) auszuschalten. Aber bereits Mitte Oktober mußte dieses deutsche Operationsziel als gescheitert angesehen werden. Damit war auch die Invasion der britischen Inseln unmöglich geworden.

Von Mitte Oktober 1940 an richtete die deutsche Luftwaffe ihre Angriffe nicht mehr in erster Linie auf die englischen Flugplätze, sondern auf die britischen Industriestädte (Coventry u. a. m) und die Hauptstadt London selbst. Das Ziel war jetzt nicht mehr die Vorbereitung der Invasion, sondern die - allerdings nie erreichte! - Zermürbung der englischen Widerstandskraft.

Anstelle der Invasion trat die „Luftschlacht um England“.

Vom Sommer 1941 an ließen dann auch diese Angriffe immer mehr nach, da deutsche Luftwaffenverbände einerseits nun auch vermehrt abgezogen und in Nordafrika und in Rußland eingesetzt werden mußten, und andererseits die englische Abwehr immer mehr erstarkte.

Mehrmals wurde die Landung des Unternehmens „Seelöwe“ verschoben - u. a. vom 21. September auf den 12. Oktober 1940 und dann wiederum auf das Frühjahr 1941 - und schließlich zur sichtlichen Erleichterung der Gebirgsjäger aufgegeben. Verladeübungen auf Transportschiffen und Landekähnen, Kletterübungen an der Steilküste, Baden und Mulischwemmen am Meeresstrand, das waren ganz interessante Abwechslungen, aber die Jäger waren schließlich doch froh, daß der Ernstfall von „Seelöwe“ ausblieb.

Am 25. Oktober 1940 wechselte die Führung der 1. Gebirgs-Division. General der Gebirgstruppen Ludwig Kübler gab seine bewährte Division an Generalmajor Hubert Lanz, den bisherigen Chef des Generalstabes des XVIII. Gebirgs-Armee-Korps, ab, um das neu gebildete XXXXIX. Gebirgs-Armee-Korps zu übernehmen, das in Besançon aufgestellt wurde.

Oben: Durch die Schneeschmelze waren alle Wasserläufe stark angeschwollen, die Brücken von den Jugoslawen zerstört worden. Gebirgsjäger der Gruppe Kreß durchfurten die Mĕza bei Crna

Unten: Gesprengte Draubrücke

Am 3. November 1940 schied das Gebirgs-Jäger-Regiment 100 (Utz) aus dem Divisionsverband und trat zur 5. Gebirgs-Division (General Ringel) über (mit I./Geb.Art.Rgt. 79, jetzt I./95). Die leichte Art. Abt. 745 wurde nun III. und die III. wurde zur I. Abteilung des Regiments. Aus der schlagkräftigen dreigliedrigen 1. Gebirgs-Division war nun eine zweigliedrige Division geworden, deren fehlende dritte Säule in den folgenden Feldzügen oft schmerzlich vermißt wurde.

Nach dem Ausscheiden des Gebirgs-Jäger-Regiments 100 sah die Gliederung der 1. Gebirgs-Division folgendermaßen aus:

Gebirgs-Jäger-Regiment 98	I.–III.
Gebirgs-Jäger-Regiment 99	I.–III.
Gebirgs-Artillerie-Regiment 79	I.–IV.

Als politisch-strategischen Ersatzplan für eine Niederringung Englands, nachdem „Seelöwe“ endgültig abgeschrieben war, befaßte sich Hitler mit dem Gedanken, die Briten durch die Wegnahme ihrer Schlüsselstellungen im Mittelmeer zum Einlenken zu bringen. Alexandrien, der Suezkanal, Malta und Gibraltar sollten die Objekte sein.

Verbesserte Waffen, ein tollkühner Einsatz und das Einverständnis Spaniens waren dafür notwendig. „Felix“ hieß das neue Unternehmen, der beabsichtigte Angriff deutscher Gebirgsjäger auf Gibraltar im Kriegsjahr 1941 ... Ziel des deutschen Eingreifens auf der iberischen Halbinsel sollte sein, die Engländer aus dem westlichen Mittelmeer zu vertreiben.

Das Unternehmen „Felix“

Während das Gebirgs-Jäger-Regiment 100 in die Heimat zurückkehrte, um dort in den Verband der im Raume Salzburg – Zell am See neu aufgestellten 5. Gebirgs-Division (General Julius Ringel) zu treten, wurde die 1. Gebirgs-Division – ausgenommen das Gebirgs-Jäger-Regiment 99, das erst im Dezember 1940 aus Nordfrankreich zurückkam – Ende Oktober wieder in den Raum des Schweizer Jura zurückverlegt, um sich auf den Angriff gegen die starke britische Mittelmeerfestung Gibraltar – Unternehmen „Felix“ – vorzubereiten.

Noch war also für die Gebirgsjäger die Zeit der Überraschungen nicht vorbei. Denn während diese sich im Raum von Besançon mit dem Gedanken vertraut machten, die Engländer aus ihren Felsenne-

Befehlsausgabe bei der Vorausabteilung Lang in Weitenstein zur verstärkten Sicherung des weiteren Vormarsches. Links General Lanz, der die 1. Gebirgs-Division im Jugoslawien- und Rußlandfeldzug führte

1. Gebirgs-Division
(Stab Wintergerst)
Kommandeur

St.Qu., den 3.11.40

T a g e s b e f e h l .

Mit dem heutigen Tage scheidet das Gebirgs-Jäger-Regiment 100 und die I./Gebirgs-Artillerie-Re=giment 79 aus dem Befehlsbereich der 1. Gebirgs-Division (Stab Wintergerst) aus.

Dem Regiment und der Abteilung meinen Dank für die vorbildliche Aufbauarbeit im Frieden, meine höchste Anerkennung für das tapfere Heldentum, das die 1. Gebirgs-Division von Sieg zu Sieg führte und meine aufrichtigsten Wünsche für weiteres Soldatenglück!

Verteilt:
Wie Div.Tg.Bef. = 154

Dank der Divisionsführung

stern von Gibraltar zu vertreiben, währenddessen suchte Hitler neue Bundesgenossen für seine weiteren strategischen Pläne.

So kam es im Herbst 1940 zu einer Reihe bedeutender politischer Entscheidungen: Am 27. September unterzeichneten Deutschland, Italien und Japan in Berlin den Dreimächtepakt, dem im November noch Ungarn, Rumänien und die Slowakei beitraten. Am 23. Oktober kam es zum Treffen des spanischen Staatschefs Franco mit Hitler und tags darauf, am 24. Oktober, zum Treffen Hitlers mit dem französischen Marschall Pétain.

Bei beiden Zusammenkünften kam es zu keinen bindenden Abmachungen. Die zögernde deutsche Politik war in eine Sackgasse geraten.

Da traf der völlig überraschende Einfall Italiens in Griechenland am 28. Oktober Hitler wie ein Keulenschlag. Von nun an bestimmte nicht mehr er den Lauf der Dinge, sondern er hatte nunmehr sein Handeln dem Lauf der Dinge anzupassen.

Erstmals war in der Lagebeurteilung des Chefs des Wehrmachtsführungsstabes, General Alfred Jodl, vom 13. August 1940 von einer Wegnahme Gibraltars die Rede. Nach einer persönlichen Erkundung durch den Chef der Abwehr, Admiral Canaris, sollte das Unternehmen „Felix", so der Codename, in vier Phasen ablaufen:

„1. Bindende Abmachungen mit General Franco darüber, daß Spanien sogleich unter getarnter deutscher Beteiligung die Abwehr eines englischen Vorstoßes aus Gibraltar oder einer englischen Landung in der Zone von Gibraltar sicherstelle.
2. Überraschender Angriff starker Verbände der deutschen Luftwaffe von Bordeaux aus auf die im Hafen von Gibraltar liegenden englischen Kriegsschiffe und gleichzeitige Überführung deutscher Sturzkampfflugzeuge und Küstenbatterien nach Südspanien.
3. Einsatz dieser beiden Kampfmittel zur Zerstörung des Hafens von Gibraltar und zur endgültigen Vertreibung der dort noch verbliebenen englischen Seestreitkräfte.
4. Wegnahme des Felsens durch Angriff von der Land- und möglichst auch von der Seeseite her, wobei spanischer Oberbefehl uneingeschränkt anzuerkennen wäre, in der Persönlichkeit des deutschen Befehlshabers aber die Gewähr gegeben sein müsse, daß die Führung der Operation tatsächlich in deutscher Hand liege."[68])

Hitler stimmte diesem Vorschlag zu, worauf der OKW.-Befehl für „Felix", nämlich die „Weisung Nr. 18" vom 12. November 1940, ausgegeben wurde.

Diese Weisung ist deshalb so interessant, weil sie Aufschluß gibt über Hitlers Planungen für die weitere Kriegsführung:

„... Die vorbereitenden Maßnahmen der Oberkommandos für die Kriegsführung der nächsten Zeit sind nach folgenden Richtlinien zu treffen:

1. Verhältnis zu Frankreich

Das Ziel meiner Politik gegenüber Frankreich ist, mit diesem Land in einer für die zukünftige Kriegsführung gegen England möglichst wirkungsvollen Weise zusammenzuarbeiten. Frankreich wird dabei vorläufig die Rolle einer ‚nicht kriegsführenden Macht' zufallen, die in ihrem Hoheitsgebiet, besonders in den afrikanischen Kolonien, Maßnahmen der deutschen Kriegsführung zu dulden und, soweit erforderlich, auch durch Einsatz eigener Verteidigungsmittel zu unterstützen hat...

Die an meine Zusammenkunft mit Marschall Pétain anknüpfenden Besprechungen mit Frankreich werden – abgesehen von der laufenden Arbeit der Waffenstillstandskommission – vorerst ausschließlich durch das Auswärtige Amt in Verbindung mit dem Oberkommando der Wehrmacht geführt...

2. Spanien und Portugal

Politische Maßnahmen, um den baldigen Kriegseintritt Spaniens herbeizuführen, sind eingeleitet. Das Ziel des deutschen Eingreifens auf der Iberischen Halbinsel (Deckname Felix) wird sein, die Engländer aus dem westlichen Mittelmeer zu vertreiben.

Hierzu soll

a) Gibraltar genommen und die Meerenge abgeschlossen

b) verhindert werden, daß sich die Engländer an einer anderen Stelle der Iberischen Halbinsel oder der Atlantischen Inseln festsetzen..."[69])

Damit waren also die wesentlichen Grundlagen für die Vorbereitung des Unternehmens „Felix" geschaffen. Vom militärischen Standpunkt aus gesehen, waren die Planungen auch alsbald soweit gediehen, daß das Unternehmen einen Erfolg versprach. Wie sah aber damals die politische Situation aus?

Die Schwierigkeit für Hitler war, die offizielle Zustimmung und Mitwirkung des spanischen Diktators, General Franco, zu gewinnen. Der spanische Staatschef sollte auch nominell den Oberbefehl erhalten, während Generalfeldmarschall von Reichenau als der tatsächliche Oberbefehlshaber vorgesehen war. Heer, Luftwaffe und Marine hätten bei dem Unternehmen auf das engste zusammenwirken müssen, um einen Erfolg zu garantieren. Als Befehlshaber der Luftwaffe war Generaloberst Freiherr von Richthofen, als Befehlshaber der Landungstruppen General der Gebirgstruppen Ludwig Kübler bestimmt.

Geheime Kommandosache!

Von der 1. Geb.Div. mit Sonderauftrag ab 27.10.40 b.a.w.

ausgeschiedene Teile.

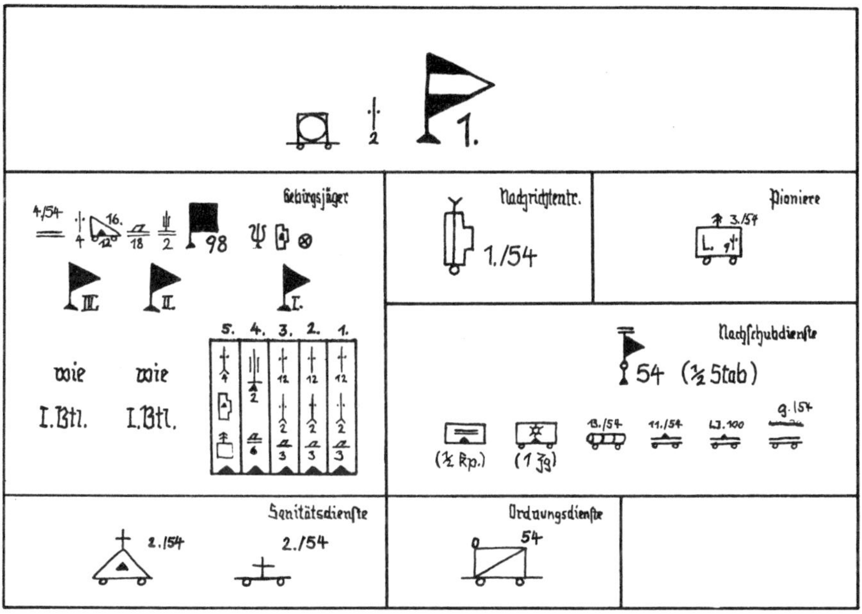

Zugeteilte Heerestruppen

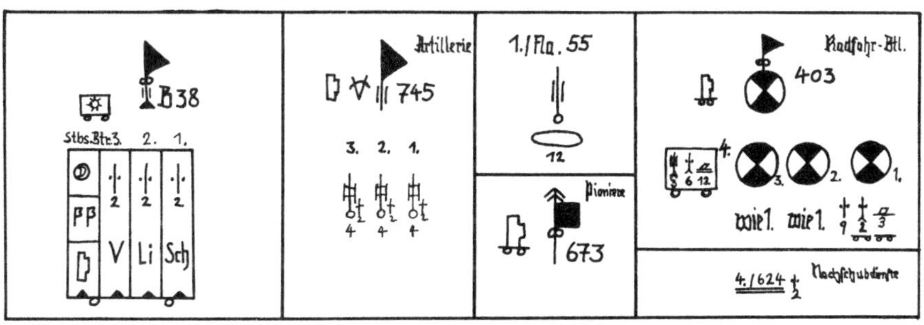

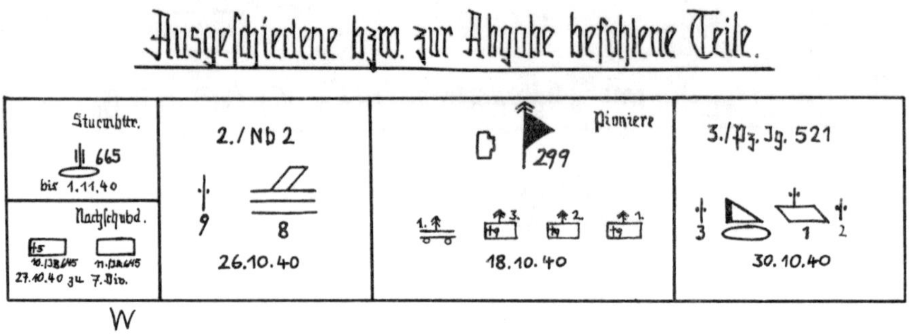

Die härteste Aufgabe wäre wohl der 1. Gebirgs-Division unter ihrem neuen Kommandeur, Generalmajor Lanz, zugefallen, denn sie hätte den Angriff über den schmalen, ebenen Landungsstreifen gegen die steile Wand des Felsens führen müssen, wobei vorausfahrende schwerste Panzer minenfreie Gassen schaffen sollten. Gleichzeitig sollte das Grenadier-Regiment Großdeutschland in Sturmbooten von Westen her – über die Bucht von Algeciras – die Flanke des Felsens angreifen. Schwere und schwerste Artillerie sollte die Geschützscharten der Festung zudecken und die feindlichen Kanonen zum Schweigen bringen.

Ab Ende Oktober 1940 wurden die zum Angriff auf die Festung vorgesehenen Truppen im Raum Besançon und auf dem in der Nähe gelegenen Truppenübungsplatz Le Valdahon versammelt.

Die für die Sonderaufgabe zusammengestellte „Sturmdivision“ hatte etwa folgende Gliederung:

Divisionsstab: Stab der 1. Gebirgs-Division.
Gebirgs-Jäger-Regiment 98 mit 3 Gebirgs-Jäger-Bataillonen zu je 5 Kompanien;
Grenadier-Regiment „Großdeutschland“ mit 5 Bataillonen, darunter zwei schweren Bataillonen bzw. Abteilungen;
Gebirgs-Artillerie-Regiment 79 mit zwei Gebirgskanonen-, einer 10,5 cm-Gebirgshaubitz- und einer 15 cm-motorisierten Haubitz-Abteilung;
Pionier-Regiment „Geiger“ mit 3 Bataillonen, darunter ein Gebirgs-Pionier-Bataillon aus Mittenwald;
1 bis 2 Nebelwerfer-Abteilungen zu je drei Batterien 15 cm-Werfer für Nebel- und Brisanzgranaten;
1 Gebirgsnachrichtenabteilung mit zwei Fernsprech- und einer Funkkompanie;
Gebirgssanitäts- und Versorgungsverbände.

Diese Division hatte eine Personalstärke von rund 460 Offizieren und 16.000 Mann. Sie verfügte über eine gute, teilweise höchst moderne Bewaffnung, die dem Unternehmen angepaßt wurde. Bei allen Verbänden handelte es sich um ausgesuchte Truppen. Hinzu kamen die bereits genannten Verbände der schweren Artillerie und der Luftwaffe, die den Erfolg des eigentlichen Angriffs sicherstellen sollten.

Die Generale von Richthofen und Kübler hatten bei Hitler ihre Absichten für den Ansatz der unterstellten Kräfte bereits vorgetragen und dessen Billigung erhalten. Hitler war - nach Aussagen Jodls - von der Genauigkeit und Gründlichkeit der Erwägungen General Küblers stark beeindruckt. Im Kriegstagebuch des Oberkommandos der Wehrmacht finden wir darüber am 7. Dezember 1940 folgende Eintragung:

„Der Kommandierende General des XXXXIX. AK., General Kübler, und der Führer der gegen Gibraltar einzusetzenden Luftverbände, General Freiherr v. Richthofen, halten dem Führer am Nachmittag in Gegenwart des Ob.d.H., des Gen.Feldm. v. Reichenau, des Chef OKW., des Chef WFSt und des Chef L Vortrag über die taktische Durchführung des Angriffs gegen Gibraltar.

Dieser ist so beabsichtigt, daß die eingesetzten infanteristischen Kräfte sich nach entsprechender Artillerie-Vorbereitung an die Nordecke des Gibraltarfelsens heranarbeiten und dann dessen Nordgipfel ersteigen sollen. Mit der Wegnahme dieses beherrschenden Punktes würde die Hauptarbeit getan sein.

Der Führer ist hiermit einverstanden. Er äußert sich über die Durchführung des Angriffs im gleichen Sinne wie am 5. Dezember und weist noch besonders auf die Notwendigkeit äußerster Sicherung des eigenen Artillerieaufmarsches gegen englische Vorstöße hin, wozu die vor Gibraltar liegenden spanischen Truppen noch vor dem Grenzübertritt der deutschen Heeresverbände durch getarnte Kräfte (Regiment Brandenburg) verstärkt werden müßten.“[70])

General Lanz erhielt den Auftrag, eine Erkundung der Felsenfestung Gibraltar an Ort und Stelle durchzuführen, um sich dementsprechend vorbereiten zu können; denn er sollte ja den entscheidenden Angriff durchführen. Nachdem bereits alle Phasen eines Festungskampfes an den Sperrforts von Belfort und an den Steilfelsen des Loue-Tales geübt worden waren und nebenher die Angriffsplanung und ihre Erprobung an einem großen Relief der Festung im Maßstab 1 : 1.000 durchexerziert wurden, führte General Lanz die Erkundung durch.

Kurz vor Weihnachten 1940 kehrte der Erkundungsstab aus Spanien wieder zurück, um seine Eindrücke auszuwerten. Teilweise mußte die Ausbildung auf die neuen Eindrücke und Erkenntnisse ausgerichtet

Anlage zu

1. Gebirgs - Division
- Stab Wintergerst -
Eingeg. -5 DEZ. 1940
Beil. .... Bearb. ....
Br. B. Nr. 59/40 g.Kdos.

Geheime Kommandosache

Kriegsgliederung der 1.Geb.Div. (Stab Wintergerst)

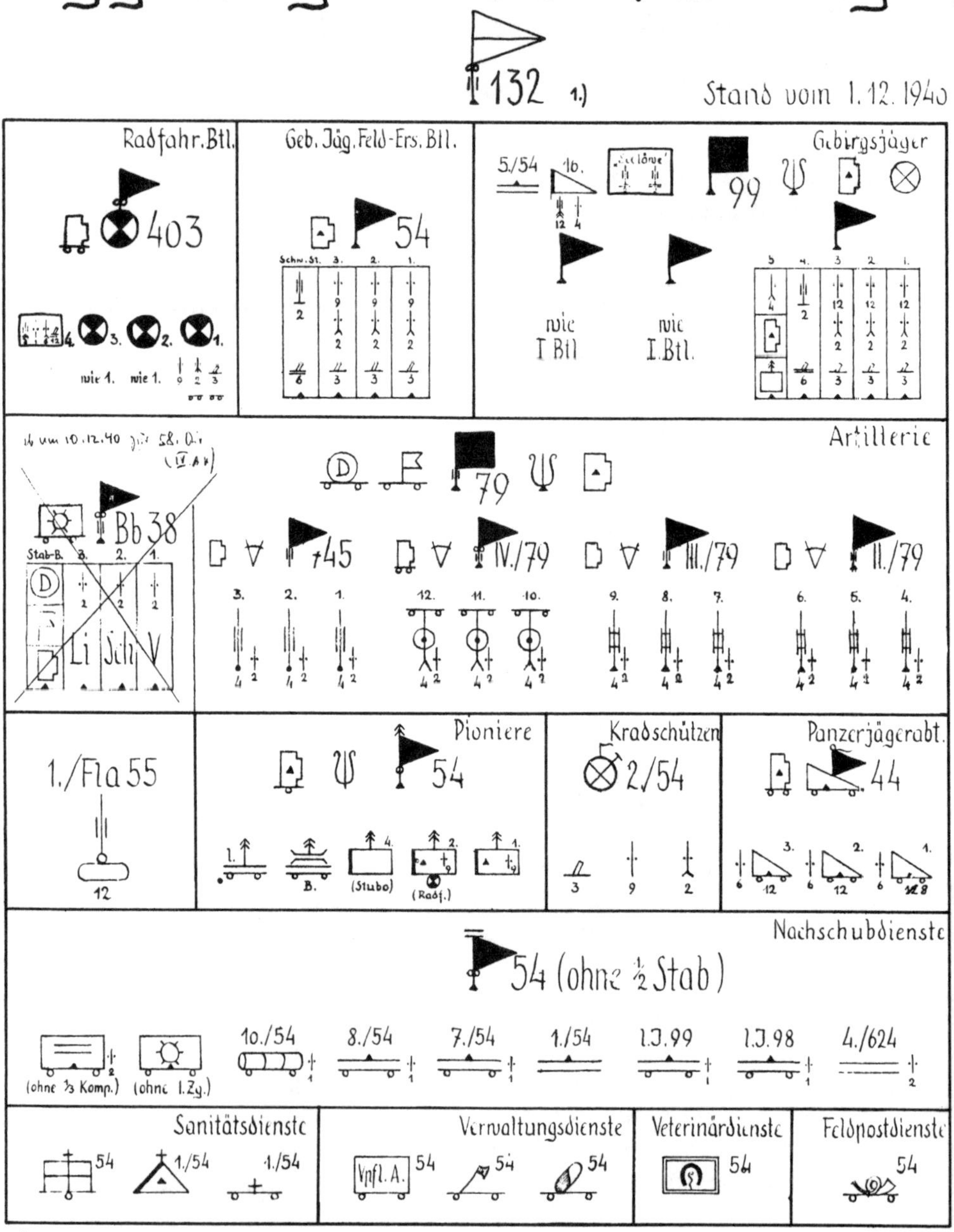

1.) Art. Kdr. 132 als Heerestruppe mit der Führung der 1. Geb. Div. beauftragt.
Bezeichnung: 1. Geb. Div. (Stab Wintergerst)

/ ☐ = Zuteilung „Seelöwe"

W

werden, und auch die Angriffsführung selbst wurde den neuen Erkenntnissen angepaßt.

General Lanz beschrieb die neue Angriffsführung für das Unternehmen „Felix“ in großen Zügen folgendermaßen:

„1. Getarnte Verstärkung der bestehenden spanischen Sperrzone im Raume Algeciras–La Linea durch deutsche Sonderverbände zum Schutz der Bereitstellung der Artillerie und Angriffstruppen (wie bisher).
2. Wellenweises, nächtliches Einrücken der Artillerie in die erkundeten und bereits vermessenen Feuerstellungen. Erstellen der Schießgrundlagen, Munitionieren.
3. Abstimmung der Feuervorbereitung im Zusammenwirken mit der Luftwaffe. Erste Ziele: Flotte und Hafen Gibraltar. Land- und Seefluganlagen. Feindliche Flakabwehr. Festungsbatterie.

Weitere Aufgaben: Zerstörung der Minenfelder vom englischen Zaun bis zum Fußpunkt der Nordwand. Dabei Zerschlagen des Zauns und Bekämpfung der dahinter liegenden Bunker. Blenden der Nordwand und aller erkannten feindlichen Beobachtungsstellen.

Niederkämpfen der Festungsverteidigung.

Begleitender Feuerschutz für die Angriffsgruppe (VB.).

Bekämpfung alliierter See- und Luftstreitkräfte, sofern solche in den Kampf eingreifen sollten.

(Die zeitlichen Überlegungen für den Beginn der Feuervorbereitung bis zur Feuerkonzentration am Angriffstag sind hier nicht Gegenstand näherer Erörterung.)
4. Einrücken der Gebirgsjäger, der Grenadiere und Pioniere in ihre Bereitstellungen. Beziehen der ausgebauten Sturmausgangsstellungen am Südrand La Linea.
5. Nach stärkster Feuerkonzentration auf die gesamte Festung (Schwerpunkt Nordwand und Nordwestschulter) Angriffsbeginn und zwar:

Gebirgsjäger, in Stoßtrupps dicht entlang des Mittelmeerstrandes und auf Sturmbooten, umfassen die Ostschulter, erreichen den erkundeten Einstieg nördlich der Catalan Bucht, erkämpfen dort den Aufstieg, gewinnen den Grat, bauen Sicherungen ein und führen sofort Verstärkungen nach. Grenadiere sickern zwischen Straße und Bucht in die Nordwestschulter ein, nehmen diese und die alte Mole, greifen in Sturmbooten die Nordmole an und forcieren den Hafen. Mit Unterstützung der sich inzwischen auf dem Grat befindlichen Gebirgsjäger nehmen sie den Nordteil der Stadt bis zum Castell Moro. Gebirgspioniere stoßen in breiter, weit aufgelockerter Front über die umgewühlte Düne durch den zerstörten Zaun und setzen sich zunächst in den englischen Bunkern fest.

Sobald die Nordwand genügend zerschlagen ist und die Artillerie den am meisten zerstörten Teil freigibt, ersteigen sie diesen und vereinigen sich mit den Jägern auf dem Grat.

Damit ist die erste Phase des Angriffs beendet.

In präziser Abstimmung mit der eigenen Feuerwalze (VB. mit Funksprech) wird der Angriff abschnittsweise fortgesetzt, wobei die Gebirgsjäger auf dem Grat – inzwischen auf mindestens ein Bataillon verstärkt – den Feind von oben her in Deckung zwingen, die Grenadiere in ihrem Kampf um die stark befestigte Westflanke weiter unterstützen und damit das Tempo des Angriffs bestimmen.

Die Gebirgspioniere bauen inzwischen den Aufstieg durch die Nordwand so aus, daß hier Verstärkungen im toten Winkel gegen die Festung nachgezogen werden können. Gleichzeitig bereiten sie das Eindringen in die Nordgalerien vor und verhindern dort einen Ausbruch des Gegners.

Über die Bucht von Algeciras greifen in mehreren Sturmbootwellen weitere Verbände der Grenadiere eventuell mit den Spaniern unter Nebel- und Feuerschutz den Hafen und die Südmole an und nehmen sie in Besitz.

Mit dem Erreichen der ‚Tunnel-Linie' ist die 2. Phase des Angriffs beendet.

Nach Heranführen weiterer Reserven stoßen die Gebirgsjäger und Grenadiere in enger Zusammenarbeit mit der Artillerie über die ‚Tunnel-Linie' bis zur Südspitze durch und beenden die Besetzung der Oberfläche der Festung.

Inzwischen hat das Pionierregiment mit dem Kampf gegen das Innere der Festung begonnen. Es kommt zunächst darauf an, den unter den Boden gezwungenen Feind im Felsen einzuschließen und dazu möglichst viele Ausgänge unpassierbar zu machen. Ist der Gegner dadurch unter Kontrolle gebracht, kann mit dem planmäßigen Ausräumen begonnen werden."[71])

Am 10. Januar 1941 sollte der gewaltige befestigte und hochmodern bewaffnete und ausgerüstete Felsen von Gibraltar – er steigt bis zu 425 Meter Höhe auf, ist 4,6 Kilometer lang und 1,25 Kilometer breit – erobert werden. Er fällt nach Norden und Osten sehr schroff ab und ist mit dem spanischen Festland durch einen flachen Isthmus von 3 Kilometer Länge und 2 Kilometer Breite verbunden.

Das Unternehmen „Felix" war eine hochbedeutsame Planung, deren Verwirklichung die Seeherrschaft der Briten im Mittelmeer entscheidend geschwächt hätte. Doch noch während der getarnten Erkundungen versagte Franco – ungeachtet der Verbundenheit mit dem Führer – seine Mitwirkung an dem Unternehmen, da Hitler ihm keine konkreten Zusagen auf gewünschte Gebietsforderungen in den Pyrenäen und auf die Erweiterung des spanischen Kolonialreiches durch die Abtretung französischer Kolonien machen konnte.

Im Kriegstagebuch des Oberkommandos der Wehrmacht finden wir unter dem 10. Dezember 1940 folgende interessante Eintragung:

„Chef Ausl./Abw. meldet auf die Anfrage vom 8. Dezember, er habe in der Besprechung am 7. Dezember General Franco wiederholt eindringlich gefragt, ob er zu einem anderen Termin bereit sei, in den Krieg einzutreten, oder einen späteren genauen Zeitpunkt angeben könne. General Franco habe erwidert, daß er einen solchen Termin nicht nennen könne, da dieser von der weiteren wirtschaftlichen Entwicklung Spaniens, die z. Z. nicht zu übersehen sei, wie auch von der weiteren Entwicklung des Krieges gegen England abhängig sei. General Franco habe klar zu verstehen gegeben, daß Spanien erst dann in den Krieg eintreten könne, wenn England unmittelbar vor dem Zusammenbruch stehe.

Auf das Telegramm des Admirals Canaris hin entscheidet der Führer, daß das Unternehmen ‚Felix' nicht durchgeführt werden solle, da die politischen Voraussetzungen nicht mehr gegeben seien. Die z. Z. laufenden Erkundungen sollten zu Ende geführt, die begonnenen Vorbereitungen aber eingestellt werden. Die zur Verstärkung der Verteidigung der spanischen Inseln und Küsten bestimmten deutschen Batterien seien nicht abzugeben."[72])

Wieder hatten die Gebirgsjäger – wie beim Unternehmen „Seelöwe" – vergeblich auf ihren Einsatz gewartet. Abermals waren sie um eine Hoffnung ärmer geworden, daß das Ende des Krieges in Sicht sei. Dafür wurden sie vorläufig aber von der landschaftlichen Schönheit im Raum von Vesoul, Besançon und Polantier, wo die 1. Gebirgs-Division weit zerstreut im Winterquartier lag, um so mehr belohnt.

Fünfter Teil

Der Jugoslawienfeldzug 1941

Die politische Situation 1941

Das Kriegsjahr 1940 neigte sich dem Ende zu. Auf den Hochflächen des französischen Jura und der Franche Comté war es kalt geworden, und der Schnee deckte die Landschaft mit seiner weißen Decke zu. Die Gebirgsjäger lagen in ihren Quartieren und brachten ihre persönlichen Angelegenheiten, soweit es der Dienst zuließ, in Ordnung. Schnell vergingen die Wintermonate, ohne daß sich politisch eine Entspannung in Europa abzeichnete.

Als im März 1941 auf den Hochflächen der Berge der Schnee zu schmelzen und es in den Tälern von Besançon zu grünen begann, wurde die 1. Gebirgs-Division statt in die Heimat in den Südosten Europas verlegt. Die Hoffnung, daß mit dem Westfeldzug der Krieg beendet sei, war geschwunden.

Würde das Kriegsjahr 1941 den Frieden bringen?

Während Hitler im Herbst 1940 noch nach politischen und militärischen Verbündeten Ausschau gehalten hatte, eröffnete Italien auf eigene Faust von Albanien aus einen Angriff auf Griechenland, was keineswegs den Wünschen und Plänen Hitlers entsprach. Vielmehr versuchte der gekränkte Mussolini sein angekratztes Prestige mit einem Feldzug auf dem südosteuropäischen Kriegsschauplatz aufzupolieren. Die deutschen Erfolge in Polen und Frankreich ließen ihn nicht ruhen. Mussolinis Schwiegersohn, der italienische Außenminister Graf Ciano, vermerkte in seinem berühmt gewordenen Tagebuch:

„Hitler stellt mich immer vor vollendete Tatsachen. Diesmal werde ich ihm mit gleicher Münze heimzahlen; er wird aus den Zeitungen erfahren, daß ich in Griechenland einmarschiert bin. So wird das Gleichgewicht wiederhergestellt.“[73])

Hitlers Heeresadjutant, Major Engel, notierte in seinen Aufzeichnungen am 28. Oktober 1940 Hitlers Empörung über Mussolinis Extratour auf dem Balkan:

„F. tobt, als er vom Angriff Italiens auf Griechenland hört. Schimpft auf deutsche Verbindungsstäbe und Attachés, die nur ‚frühstückten‘ und keine Spione seien. Bemerkt, diese Tatsache verdürbe ihm manches Rezept, das er vorhabe. Beurteilt die Lage so, daß Duce Angst vor eigenem, d. h. deutschem wirtschaftlichen Einfluß auf den Balkan habe, und bezweifelt, ob Italiener in der Lage seien, Griechenland niederzuringen, da die Griechen an sich keine schlechten Soldaten seien. Wörtlich sagt F.: ‚Das ist die Rache für Norwegen und Frankreich.‘ Er, F., habe aber nicht anders als geheim handeln können, da jeder zweite Italiener ein Verräter oder Spion sei. Böse Worte ... will Mussolini sprechen. Hat große Besorgnis, daß Vorgehen Italiens den ganzen Balkan in Mitleidenschaft ziehen könne und den Engländern willkommener Anlaß (sei), auf dem Balkan eine Luftbasis zu errichten."[74])

Zwischen dem Führer und dem Duce kam es wegen des italienischen Vorgehens auf dem Balkan zu einer heftigen Auseinandersetzung, die aber am bereits Geschehenen nichts mehr ändern konnte. Die Achse Berlin-Rom zeigte hinsichtlich einer gemeinsamen Politik und Kriegsführung gefährliche Sprünge.

Mussolini, der das Mittelmeer als sein Meer, als „mare nostrum", betrachtete, strebte für Italien eine Art Mittelmeer-Imperium an, wie es zu Zeiten des Römischen Kaiserreiches bestanden hatte.

Der italienische Angriff gegen Griechenland scheiterte nicht nur, sondern die Griechen drangen im Winter 1940/41 ihrerseits weit in Albanien ein, das Italien bereits 1939 annektiert hatte. Gleichzeitig landeten britische Truppen auf Kreta und auf dem griechischen Festland.

Die deutsche Position wurde so in politischer, wirtschaftlicher als auch in militärischer Hinsicht vom Südosten her plötzlich empfindlich bedroht. Aus diesem Grunde entschloß sich Hitler zu einem raschen Eingreifen: Mit Bulgarien und Jugoslawien wurde Ende März 1941 ein Vertrag abgeschlossen, der dem Deutschen Reich das Recht gab, seine Truppen im Spannungsfall durch das Gebiet dieser beiden Balkanstaaten durchmarschieren zu lassen.

Aber unmittelbar darauf, am 27. März 1941, wurde die achsenfreundliche Regierung Jugoslawiens durch einen Offiziersputsch gestürzt, der Prinzregent Paul zur Abdankung gezwungen und der Beitritt zum Dreimächtepakt widerrufen.

General Blumentritt, 1939 Operationschef Rundstedts in Polen und 1940 im Westen, schilderte die Situation wie folgt:

„Es hatte den Anschein, als mißbilligten gewisse Belgrader Kreise die pro-deutsche Politik des Prinzregenten Paul und wollten mit den Westmächten paktieren. Ob die Westmächte oder die UdSSR den Staatsstreich vorher unterstützten, können wir als Soldaten nicht beurteilen. Aber auf jeden Fall hat Hitler ihn nicht inszeniert! Er war im Gegenteil eine höchst unangenehme Überraschung und hätte fast den ganzen Operationsplan der 12. Armee in Bulgarien über den Haufen geworfen."[75])

Oben: Deutsche Gebirgsjäger ziehen durch die endlosen Weiten des südrussischen Raumes

Unten: Kolonnen russischer Gefangener während des deutschen Vormarsches 1941

ARIEŞUL
MUN.A.
Hauptverbandplatz

Der Umsturz war auf amerikanischen Druck und geheime sowjetische Einflüsse zurückzuführen. Moskau schloß am 5. April 1941 einen Freundschaftspakt mit der neuen Belgrader Regierung.

Kleists Panzerdivisionen mußten von Bulgarien aus sofort in nordwestlicher Richtung gegen Belgrad vorgehen. Eine weitere Improvisation war eine Operation der 2. Armee unter Generaloberst Freiherr von Weichs mit schnell zusammengezogenen Einheiten, darunter die 1. Gebirgs-Division im Rahmen des XXXXIX. Gebirgs-Armee-Korps, die in Kärnten und in der Steiermark standen und nun nach dem Staatsstreich südostwärts, nach Jugoslawien hinein, vorzustoßen hatten.

Vor vollendete Tatsachen gestellt, entschloß sich Hitler nun zum gleichzeitigen Angriff auf Griechenland und auf Jugoslawien. Die trügerische Ruhe auf dem Balkan sollte durch die Operation „Marita", durch die Besetzung Jugoslawiens und die Schaffung eines unabhängigen kroatischen Staates, wiederhergestellt werden. Im militärischen Teil der „Führerweisung Nr. 25" hieß es unter anderem:

„... 2. Meine Absicht ist, durch eine konzentrierte Operation aus dem Raum Fiume-Graz einerseits und dem Raum um Sofia andererseits in allgemeiner Richtung Belgrad und südlich in Jugoslawien einzubrechen und die jugoslawische Wehrmacht vernichtend zu schlagen, außerdem den äußersten Südteil Jugoslawiens vom übrigen Land abzutrennen und als Basis für die Fortführung der deutsch-italienischen Offensive gegen Griechenland in die Hand zu nehmen ...

... Durch die Aussicht auf Zurückgewinnung des Banats und Mazedoniens wird versucht, Ungarn und Bulgarien für die Teilnahme an den Operationen zu gewinnen ...
... 3. Im einzelnen befehle ich folgendes:
a) Sobald ausreichende Kräfte bereitstehen und die Wetterlage es zuläßt, sind die jugoslawischen Fliegerbodenorganisationen und Belgrad durch fortgesetzte Tag- und Nachtangriffe durch die Luftwaffe zu zerstören.
b) Möglichst gleichzeitig – keinesfalls früher – ist die Operation Marita zu beginnen, vorläufig mit dem beschränkten Ziel, das Becken von Saloniki in Besitz zu nehmen ...
c) ...
d) Der aus allgemeiner Richtung Graz nach Südosten zielende Stoß ist zu führen, sobald die hierfür erforderlichen Kräfte versammelt sind ...

Gebirgsjäger an einer Straßenkreuzung in Rußland

e) Die Luftwaffe hat mit 2 Angriffsgruppen die Operationen der 12. Armee und die der neu zu bildenden Stoßgruppe im Raum um Graz zu unterstützen und bildet hierzu Schwerpunkte entsprechend dem zeitlichen Ablauf der Operationen des Heeres ..."[76])

Die weiteren Kriegsziele waren festgelegt. Der Angriff auf Jugoslawien konnte beginnen ...

Der kurze Feldzug gegen Jugoslawien

Die 1. Gebirgs-Division befand sich wieder einmal im Aufbruch. Der Abtransport der Gebirgsjäger-Regimenter, -Bataillone und -Abteilungen erfolgte dieses Mal nicht geschlossen, sondern getrennt: Ein Teil auf Kraftfahrzeugen, das Gros der Division wurde mit der Bahn verlegt.

Womit füllten nun die Gebirgsjäger während der tage- und nächtelangen Transporte ihre Zeit aus? Teils mit Vermutungen und Parolen, welchen Kriegsschauplatz sie nun wohl ansteuern würden, teils mit Kartenspiel und Gesang.

Sie sangen sich auch ihre Ängste und ihre Sehnsüchte von der Seele. Die Soldatenlieder, von der „Schwarzbraunen Haselnuß", dem „Schönen Westerwald", den „Blauen Dragonern" bis zum „Weit ist der Weg zurück ins Heimatland", hatten sie in ihren Garnisonen oft und oft gesungen. Meist war ihnen das Singen vom Kompaniechef oder dem Zugführer befohlen worden - oft bis zum Überdruß. Jetzt, da sie kein Befehl dazu aufforderte, sangen sie freiwillig, gewissermaßen zur Ablenkung oder aus Angst vor dem Ungewissen, dem sie entgegenfuhren.

An den Abteilfenstern huschte die Landschaft vorbei: Gehöfte und Dörfer, Seen und Flüsse, Hügel und Wälder, brachliegende Felder und Städte wechselten einander ab, begleitet von den ewig langen, nie enden wollenden Telegrafenleitungen, die den Schienenstrang begleiten.

Den Doubs abwärts ging die Fahrt über Beaume les Dames zur alten Festung Belfort und von dort nach Mühlhausen (Mulhouse) im Elsaß. Bei Breisach wurde der mächtige Rhein, der deutscheste aller deutschen Ströme, überquert.

Von Freiburg im Breisgau aus sahen die Gebirgsjäger bereits die verschneiten Höhen des Schwarzwaldes, durchquerten das winterliche Mittelgebirge, um dann bei Tuttlingen über die rauhe Schwäbische Alb hinüber nach Bayerisch-Schwaben zu gelangen. Höher schlug das Herz der Schwaben, als sie Memmingen und Landsberg am Lech durchfuhren. Sie dachten an zu Hause, die Knie wurden weich, die Kehlen heiser vom Singen, mit dem sie ihren Schmerz über das nicht zustande gekommene Treffen mit den Liebsten zu unterdrücken versuchten:

„Früh morgens, wenn die Hähne krähn,
ziehn wir zum Tor hinaus,
und mit verliebten Augen späh'n
die Mädchen nach uns aus! ..."

Von weitem grüßten bald die Türme der Frauenkirche, als sich die Jäger München näherten. Manchem gelang es, sich mit den Familienangehörigen kurz zu treffen. Doch schon ging der Transport der 1. Gebirgs-Division weiter - über die Autobahn München-Salzburg, den den Irschenberg hinauf und hinunter, am Chiemsee, dem „Bayerischen Meer", entlang zur Mozartstadt Salzburg.

Weiter fuhr die Kolonne durch das regenverhangene Salzachtal am Hagen- und Tennengebirge vorbei zur Burg Werfen und von dort nach Bischofshofen, um dann abrupt nach Osten abzubiegen. Die Jäger sahen hinauf auf die Gipfel des Dachstein-Massivs, der Radstädter und Schladminger Tauern. Erinnerungen an gemeinsame Bergtouren wurden wach. Die Kartenspieler legten die Karten beiseite und stimmten mit den sangesfreudigen Kameraden Berglieder an:

„Steig ich den Berg hinauf, das macht mir Freude,
zu meinem Mägdelein, das ist mir gut.
Sie hat zwei wunderschöne blaue Augen
und einen Rosenmund, den küß ich gern ..."

Weiter ging die Fahrt die Enns entlang nach Steinach-Irdning, wo die Gebirgsjäger müde in den provisorischen Quartieren auf ihr Lager sanken. Doch schon in der Frühe des nächsten Tages fuhren sie weiter über Judenburg, Neumarkt nach Klagenfurt. Urlaubserinnerungen wurden wach. In der Abenddämmerung schlummerten die Kärntner Seen.

Jetzt war es nicht mehr weit zum Versammlungsraum der 1. Gebirgs-Division. Hinter Völkermarkt hielt die Kolonne nach 1200 Kilometern Fahrt auf offener Strecke. Zwischen dem 5. und 8. April 1941 rollten die verschiedenen Truppenteile der Division, meist ohne Troß und Verbindungsmittel, in den Versammlungsraum beiderseits der Drau, zwischen Völkermarkt, Bleiburg und St. Paul.

In den Versammlungsräumen ging schon bald die Grippe um. Die Stabsärzte und Sanis hatten alle Hände voll zu tun. Das Wetter war unfreundlich. Regen und Schnee wechselten einander ab. Es war das reinste Aprilwetter. Welch ein Gegensatz zu dem lieblichen Klima in den französischen Quartieren der Division. Doch was half es. Es war Krieg, und der Krieg allein entschied darüber, aus welchem Bereitstellungsraum zum nächsten Angriff angetreten werden mußte.

Während die 1. Gebirgs-Division also noch auf die Ankunft ihrer weit auseinandergezogenen Truppenteile wartete, begann am 6. April 1941 der deutsche Angriff auf Jugoslawien mit 33 Divisionen, davon sechs Panzerdivisionen, unterstützt von den Stukas und Bombern der deutschen Luftwaffe. Die Jugoslawen verfügten über 28 Divisionen, davon 3 Kavallerie-Divisionen, die längs der ausgedehnten Grenzen in weitgespannter Kordonaufstellung aufmarschiert waren.

Der deutsche Angriffsplan sah vor, daß die 12. Armee (List) von Bulgarien aus nach Skoplje und Monastier vorstoßen und damit die Jugoslawen von der griechischen Unterstützung abschneiden sollten. Zwei Tage später sollte die Panzergruppe 1 des Generalobersts von Kleist nach Nisch und Belgrad und am 12. April schließlich die 2. Armee des Generalobersts Freiherr von Weichs von Österreich nach Ungarn sowie das XLI. motorisierte Armee-Korps von Rumänien aus auf die jugoslawische Hauptstadt Belgrad vorrücken.

Eingeleitet wurde der deutsche Angriff mit einem zwei Tage dauernden schweren Luftangriff auf Belgrad und der Ausschaltung der jugoslawischen Luftwaffe, die aus ca. 500 z. T. veralteten Jagdflugzeugen bestand. Die konzentrisch vorgetragenen Operationen der Deutschen Wehrmacht sorgten dafür, daß Jugoslawien binnen kurzer Zeit von der Landkarte gestrichen und zwischen Deutschland und seinen Verbündeten aufgeteilt wurde. Doch greifen wir den Ereignissen noch nicht zu weit vor, sondern verfolgen wir zunächst den Weg und Kampf der 1. Gebirgs-Division im Jugoslawienfeldzug.

Der österreichisch-jugoslawische Grenzraum wurde schon seit einiger Zeit von Landesschützen aus Klagenfurt gesichert. Als die Gebirgsjäger dort eintrafen, waren sie die ersten, die die Jäger bei den Erkundungen begleiteten und in das Gelände einwiesen. Während bereits die ersten Teile des Gebirgs-Jäger-Regiments 99 (Kress) und die Vorausabteilung Lang den Grenzraum besetzten, befand sich die Masse der 1. Gebirgs-Division noch auf dem Bahntransport zwischen Salzburg und Wien. Niemand konnte sagen, ob die Stammdivision der deutschen Gebirgstruppe während des sich abzeichnenden Jugoslawienfeldzuges geschlossen zum Einsatz käme.

An der Nordfront, zwischen Klagenfurt und Marburg an der Drau, herrschte fieberhafte Eile. Die deutsche 2. Armee formierte sich zum Angriff. Die 1. Gebirgs-Division erhielt den Auftrag, zwischen Bleiburg und Lavamünd vorzustoßen, die Grenze zu überschreiten und die feindlichen Befestigungen zwischen Pollein und Unterdrauburg zu durchbrechen. Wenn diese Aktionen zum Erfolg geführt haben, woran man nicht zweifelte, denn die Erkundigungen hatten ergeben, daß die zahlreichen Bunker beiderseits von Gutenstein nicht ausreichend besetzt waren, sollte die Division in zwei Angriffskeilen auf Cilli vorstoßen.

Voller Ungeduld warteten die vorgeschobenen Teile der 1. Gebirgs-Division auf die restlichen Divisionsteile, um den Angriff mit geballter Kraft durchzuführen. Bereits am 8. April hatten die Klagenfurter Landesschützen die jugoslawische Grenze nördlich von Pollein überschritten und die Waldhöhen, die sich diesseits des Misbachgrundes ausdehnten, besetzt.

Tags darauf griff die 1. Gebirgs-Division in den entbrannten Kampf gegen Jugoslawien ein.

Schwungvoll griff das verstärkte Gebirgs-Jäger-Regiment 99 mit seinen Untergruppen Eschwege und Hörl sowie dem unterstellten Grenzschutz die jugoslawischen Bunker beiderseits von Pollein an. Von der Wucht des deutschen Angriffs überrascht, wich der Gegner zurück, so daß die Gebirgsjäger zügig den Misbach überschreiten und die beherrschenden Höhenzüge besetzen konnten.

Am 8. April führte die Drau starkes Hochwasser, als die vordersten Teile der 1. Gebirgs-Division den Gebirgsfluß erreichten. Da die Bahn- und Straßenbrücke bei Unterdrauburg zerstört war, mußte der Flußübergang an anderer Stelle erzwungen werden. Noch in der Nacht vom 8. zum 9. April klatschten die ersten Floßsäcke der Gebirgspioniere in das reißende Wasser der Drau. Hart mußten die Pioniere zupacken, um nicht von der reißenden Strömung mitgerissen zu werden. Unter dem Schutz der Pak erreichten sie schließlich das andere Ufer und bildeten den ersten Brückenkopf.

Aber wo befand sich der befürchtete nachhaltige Widerstand der jugoslawischen Armee?

Wie beim Drauübergang, so wurde auch die Bunkerlinie im Misbachtal ohne nennenswerten Feindwiderstand aufgerollt. Ganze Arbeit leistete dort die Panzerjäger-Kompanie 99 mit einer schweren Haubitze.

Bereits am Abend des 9. April verstärkte sich beim Divisionsstab die Überzeugung, daß der Gegner unter hinhaltendem Kampf nach Süden ausweicht. So konnte die Division in den kommenden Tagen mit ihren Vorausabteilungen und motorisierten Verbänden zügig in das Innere Jugoslawiens vorstoßen.

Naßkalt war das Wetter, aber der Angriff der Gebirgsjäger ging trotzdem, oder gerade wegen der kühlen Witterung, weiter. Das Gebirgs-Jäger-Regiment 99 besetzte Schwarzenbach (Crna), erklomm den vereisten, über tausend Meter hohen St.-Vid-Paß und stieß von dort in den Talkessel von Schönstein vor. Währenddessen kämpfte sich die Vorausabteilung Lang durch das Mislinja-Tal - vorbei an Windisch-Graz und von dort nach Weitenstein. Kilometer um Kilometer mußten dabei die schweren Panzerabwehrgeschütze über Berg und Tal mitgeschleppt werden.

In dem engen, waldreichen Tal, durch das die Straße nach Cilli führt, verstärkte sich plötzlich der feindliche Widerstand. Schwere Verluste wurden einem Kradschützenzug zugefügt, der während seiner vorgeschobenen Sicherungsaufgaben plötzlich von allen Seiten angegriffen wurde. Rasch gruppierten sich die Gebirgsjäger zum Angriff. Doch als am 11. April der Morgen heraufdämmerte, hatte sich der Feind bereits zurückgezogen.

Wie sah nun die Gesamtlage auf dem jugoslawischen Kriegsschauplatz in jenen Apriltagen des Kriegsjahres 1941 aus? Klaus Olshausen beschrieb sie in seiner militär- und kriegsgeschichtlichen Studie „Zwischenspiel auf dem Balkan. Die deutsche Politik gegenüber Jugoslawien und Griechenland von März bis Juli 1941“ wie folgt:

„Im jugoslawischen Mazedonien war am 10. April jeder geordnete Widerstand zusammengebrochen, und die Verbände der Gruppe Stumme (GenKdo XL. AK) standen von Prizren bis zum Ohrid-See nahe der jugoslawisch-albanischen Grenze. Dadurch wurde der beabsichtigte jugoslawische Angriff auf die albanische Ostgrenze vereitelt und auch ein entscheidender Erfolg des eingeleiteten Vorstoßes über die Nordostgrenze und nach Skutari immer unwahrscheinlicher. Die Panzergruppe v. Kleist erreichte am zweiten Angriffstag Nis, und am Abend des 10. April standen die vordersten Teile der 11. Panzerdivision noch etwa 80 Kilometer von der Hauptstadt Belgrad entfernt im Raum Kragujevac - Jagodina. Die 2. deutsche Armee besetzte noch am ersten Angriffstag mit einer Panzerdivision die kroatische Hauptstadt Zagreb (Agram), während die übrigen schnellen Verbände zwischen Drave und Save südostwärts gegen Belgrad vorstießen.

Am Abend des 12. und in den Morgenstunden des 13. April drangen deutsche Verbände aus drei Stoßrichtungen in Belgrad ein und erzwangen die Übergabe der Stadt. Zwei Tage später erreichten die ersten deutschen Truppen Sarajevo, erzwangen die Kapitulation der 2. jugoslawischen Armee und stießen in den folgenden zwei Tagen mit Vorausabteilungen bis an die Adriaküste bei Dubrovnik (Ragusa) vor.“[77])

In zügigem Vormarsch nahm die 1. Gebirgs-Division die Verfolgung des weichenden Gegners auf. An ihrer Spitze die Vorausabteilungen und ihre motorisierten Verbände, die kühn in die Tiefe des Landes vorstießen und den Feind stellten, wo sie auf ihn trafen.

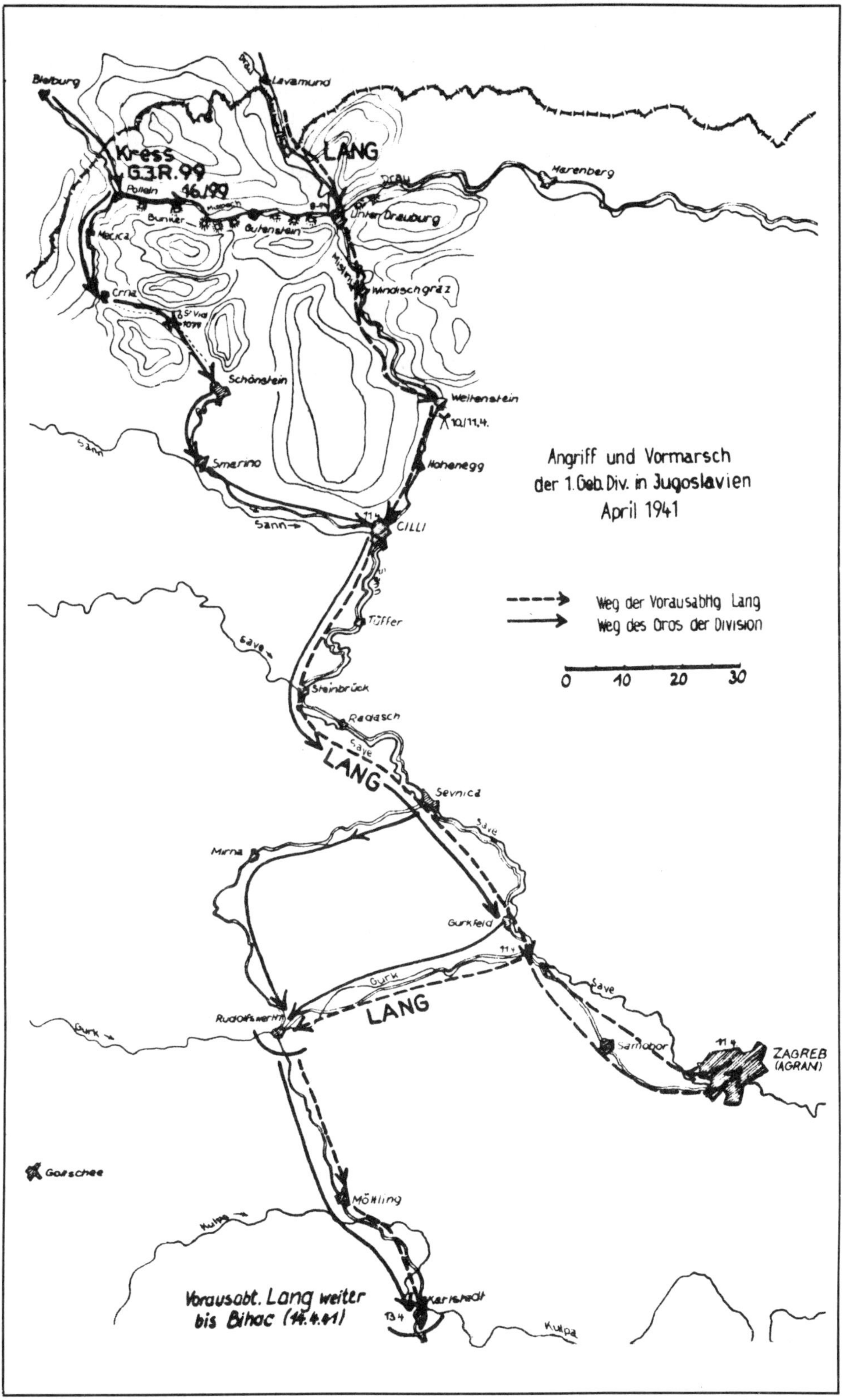

Angriff und Vormarsch
der 1. Geb. Div. in Jugoslavien
April 1941
Weg der Vorausabtlg Lang
Weg des Gros der Division
0 10 20 30
Bleiburg
Lavamund
Kress
G.J.R. 99
LANG
Drau
Marenberg
Pollein
Bunker
Gutenstein
Unter Drauburg
Windischgraz
Crna
Schönstein
Weitenstein
10/11.4.
Sann
Smerino
Hohenegg
Sann
CILLI
Tüffer
Save
Steinbrück
Radasch
Save
LANG
Sevnica
Save
Mirna
Gurkfeld
Save
Gurk
LANG
Rudolfswerth
Gurk
Samobor
ZAGREB
(AGRAM)
Gottschee
Möttling
Kulpa
Vorausabt. Lang weiter
bis Bihac (14.4.41)
Karlstadt
13.4
Kulpa

Alle Truppengattungen waren in den Vorausabteilungen vertreten: Da fuhr ohne Rangunterschied der Sturmgeschützführer neben dem Funkoffizier, der Kradschütze neben dem Stabsarzt, der Gebirgspanzerjäger neben dem Flak-Kanonier, der Gebirgspionier neben dem Gebirgsjäger. Sie alle waren Kameraden der schnellen Vorausabteilungen, ohne die es keine Blitzoperationen gegeben hätte.

Die Vorausabteilung Lang erreichte bereits am 11. April Hohenegg (Voynik), wo sich eine jugoslawische Kompanie demoralisiert ergeben hatte, und marschierte von dort in einem durch bis nach Cilli, wo die vordersten Teile der Division von der meist deutschen Bevölkerung jubelnd begrüßt wurden. So mancher Gebirgsjäger rieb sich verdutzt die Augen; der Jubel machte ihn unsicher. Was war Schein, was Wirklichkeit?

Währenddessen erreichte das Gebirgs-Jäger-Regiment 99 unter Kress in zwei Kolonnen das Sann-Tal westlich von Cilli. Das III. Bataillon besetzte Cilli, wo Major Hörl als Stadtkommandant eingesetzt wurde.

Die Vorausabteilung Lang setzte mit ihren motorisierten Teilen, den Kradschützen, den auf LKW verladenen Jägerkompanien und der zugeteilten Flak, am Nachmittag des 11. April die Verfolgung des Gegners in Richtung Agram fort. Ohne Widerstand vollzog sich der Vormarsch durch das wildromantische Sann-Tal. Die Ortschaft Tüffer (Lasco) wurde fast friedensmäßig durchfahren - und zum Erstaunen der Gebirgsjäger sahen sie, daß die Brücke über den Sann auch noch unzerstört war. Zügiger konnte der Vormarsch durch Jugoslawien beim besten Willen nicht mehr vonstatten gehen.

Erst vor Agram (Zagreb) kam der Angriffsschwung der Gruppe Lang zum Erliegen, nachdem sie dem Gegner keine Gelegenheit gegeben hatte, sich zu formieren. Den Hauptkräften der 1. Gebirgs-Division, die noch im Raum von Cilli lagen, weit voraus, kamen die vordersten Teile der „Edelweißdivision" zur verdienten Ruhe.

Doch nicht lange währte diese Ruhe. In der Nacht vom 11. zum 12. April erhielt die 1. Gebirgs-Division vom XXXXIX. Gebirgs-Armee-Korps (General Kübler) den Befehl, am 12. April bei Rudolfswerth mit der Vorausabteilung Lang einen Brückenkopf zu bilden, die Masse der Division heranzuziehen und den Angriff auf die für bedeutend erachtete Kulpa-Stellung, die sich beiderseits von Karlstadt befand, vorzubereiten.

Ohne wesentlichen Feindwiderstand gewann die Vorausabteilung Lang im Laufe des 12. April 1941 den Brückenkopf jenseits der Gurk bei Rudolfswerth. Währenddessen zog die Division ihre Hauptteile über Steinbrück nach.

Die jugoslawische Armee befand sich sichtbar in Auflösung. Die Heeresleitung sah sich außerstande, die Kulpa-Stellung zu verteidigen.

Sie zog ihre immer schwächer werdenden Kräfte zurück, um sie im Süden des Landes neu zu formieren.

Am 13. April besetzten die Gebirgsjäger Karlstadt kampflos, während die vordersten Teile sofort auf Bihač, eine Stadt, die bereits in Bosnien liegt, vorstießen. „Schon eilen unsere Gedanken und Wünsche voraus nach der blauen Adria ...", schreibt Lanz. „Aber da trifft uns am 14. 4. nachmittags der Befehl, die Verfolgung einzustellen, da die Division zu anderweitiger Verwendung herausgezogen werden soll. Schade! Wer weiß, wo es jetzt wieder hingeht!"[78])

In einem wahren Blitzfeldzug nach „klassisch" gewordenem Muster hatte die Deutsche Wehrmacht Jugoslawien überrannt. Als Teil des XXXXIX. Gebirgs-Armee-Korps (Kübler) hatte sich die 1. Gebirgs-Division im Kärnter Lavanttal versammelt und war dort im Rahmen der 2. Armee über die Hochwasser führende Drau gesetzt, hatte Cilli genommen und Agram und Bihač erreicht, wo sie den Haltebefehl erhielt. Doch lesen wir, was das Oberkommando der Wehrmacht unter dem 14. und 15. April 1941 über die militärischen und politischen Ereignisse auf dem Kriegsschauplatz Balkan in das Kriegstagebuch eingetragen hat:

„14. April 1941: In Jugoslawien nur noch an einzelnen Stellen Widerstand; Versuch, sich im Berggelände von Sarajevo zusammenzuziehen. Ungarisches Gebiet zwischen Drau und Donau besetzt. Eigene Absicht: Vorstoß auf Sarajevo. Panzer-Gruppe 1 und 2. Armee. 12. Armee in Gefechtsberührung mit den Engländern. In Albanien rückwärtige Bewegungen der Griechen. Absicht mit Schwerpunkt auf linken Flügel auf Larissa durchzustoßen. Reste jugoslawischer Luftwaffe Sarajevo. Transportlage: Karawanken-Tunnel zerstört, Wiederherstellung $^1/_2$ Jahr, aber nicht notwendig. Bahn Niš–Sofia ab 19. 4. benutzbar. Türken haben Orient-Bahn an 2 Stellen zerstört."[79])

„15. April 1941: Engländer in vollem Rückzug auf ihre Einschiffungshäfen. Rückzug der Griechen aus Albanien. Jugoslawen haben um Waffenstillstand gebeten. Starke Angriffe des X. und VIII. Flieger-Korps auf Salamis und Piräus.

...

...

Waffenstillstand mit Jugoslawien.

Jugoslawische 2. und 5. Armee haben beim AOK 2 um Waffenstillstand gebeten, sind mit der Erklärung abgewiesen, daß nur Gesamtkapitulation in Frage komme."[80])

Noch am 15. April trat die 1. Gebirgs-Division den Rückmarsch auf Cilli an. Die Gebirgsjäger wußten an jenem Tage noch nicht, daß Jugoslawien besiegt war und um den Waffenstillstand gebeten hatte. Auf Grund dieser neuen militärpolitischen Situation wäre der Vormarsch der Division so oder so beendet gewesen.

Am 17. April wurde in der jugoslawischen Hauptstadt Belgrad die bedingungslose Kapitulation der gesamten jugoslawischen Armee unterzeichnet. 344.000 Jugoslawen marschierten in die Gefangenschaft. Im Kriegstagebuch des Oberkommandos der Deutschen Wehrmacht lesen wir unter dem 17. April 1941 über die Lage auf dem Balkan:

„Kapitulation 2. jugosl. Armee. Anhalten II. und IL. Armeekorps. Zusammendrängen der serbischen Reste im Raum um Ragusa. Einrücken der Bulgaren. Nach 36stündigen Kämpfen Panzerdurchbruch bei Kojani, Griechen im Zurückgehen. Am Olymp halten Teile von 3 britischen Divisionen. Dagegen 2 Pz.-, 1 Geb.Div. Einmarsch in Bulgarien in Thrazien vom Führer freigegeben.“[81])

Zwölf Tage nach dem Beginn des Jugoslawienfeldzuges war der Kampf bereits beendet, und weitere zwölf Tage später, am 30. April, waren die letzten griechischen und englischen Truppen auf dem griechischen Festland vertrieben oder gefangengenommen; aber ein Ende des Krieges war immer noch nicht in Sicht.

Nach Abschluß des Jugoslawienfeldzuges würdigte der Oberbefehlshaber der 2. Armee, Generaloberst Freiherr von Weichs, die Leistungen seiner Armee, der auch die 1. Gebirgs-Division im Verband des XXXXIX. Gebirgs-Armee-Korps unterstellt war, in einem Tagesbefehl:

„In 12 Tagen habt ihr ungeachtet aller Schwierigkeiten das jugoslawische Heer vernichtend geschlagen und seine Kapitulation erzwungen.“

Die Gebirgsjäger vernahmen diese Worte mit Stolz. Und stolz waren sie auch, als sie nach ihrer Rückkehr in Cilli abermals von den Untersteirern begeistert empfangen wurden. Ihnen war, als wäre der Krieg zu Ende. Und auf denselben Straßen, auf denen sie kämpfend nach Jugoslawien einmarschiert waren, marschierten sie jetzt wieder zurück nach Kärnten, um sich am Wörther See zwischen Pörtschach und Klagenfurt auszuruhen und die einzelnen Verbände aufzufüllen.

Beträchtliche Marschleistungen lagen nach diesem Feldzug wieder hinter den Gebirgsjägern – die Bahn- und mot. Transporte vom französischen zum jugoslawischen Kriegsschauplatz sind bei den folgenden Zahlenangaben mit angeführt: rund 2000 Kilometer mit der Bahn, 1880 Kilometer motorisiert und 410 Kilometer zu Fuß.

An Verlusten hatte die 1. Gebirgs-Division im Jugoslawienfeldzug zu beklagen: 15 Gesamtverluste, davon 1 Unteroffizier und 5 Mannschaften gefallen sowie 3 Unteroffiziere und 6 Mannschaften verwundet.

Nach dem Jugoslawienfeldzug lag die 1. Gebirgs-Division (Divisionsstab in Krumpendorf) etwa 14 Tage am Wörther See und genoß die landschaftlich schöne Gegend mit ihrem milden Klima. An Dienst wurde nur das dringend Nötige, wie etwa die Waffen- und Bekleidungsappelle, durchgeführt bzw. der eingetroffene Nachersatz in die Feldeinheiten der Division eingegliedert.

Glücklicherweise war Offizier, Unteroffizier und Mannschaft zu jener Zeit noch nicht bewußt, daß ihnen der schwerste Abschnitt des Zweiten Weltkrieges, nämlich der Rußlandfeldzug, noch bevorstand. Zwar ahnten die Gebirgsjäger, daß wieder ein Einsatz bevorstand, aber gegen Rußland? Wer wollte es denjenigen schon glauben, die stets für Latrinenparolen sorgten?

„Am 27. April, als ein Teil der Division schon im Abtransport in die Slowakei ist", berichtet General Lanz in seiner Divisionsgeschichte, „fährt Hitler durch Klagenfurt, um der 1. Gebirgs-Division, die er eine Gardedivision nennt, seine Anerkennung auszusprechen."[82])

Die Gebirgsjäger fühlten sich geschmeichelt. Doch was Hitler mit ihnen vorhatte, das wurde ihnen erst zur Gewißheit, als sie gegen Ende April in Richtung Slowakei abmarschierten.

Im Bahntransport ging es durch die Slowakei, dann über die polnische Grenze - weiter nach Norden und dann - nach Osten!

„Besatzungstruppe?" rätselten die einen.

„Nein", sagten die anderen, „dazu nimmt man keine Gebirgstruppen!"

Die Gegend kannten die Gebirgsjäger noch aus dem Jahre 1939. Es ging wieder in Richtung Lemberg. Langsam und auf Umwegen. Aber immer mehr näherten sie sich der deutsch-russischen Grenze.

„Ging es etwa gar nach Rußland?" fragten sich viele ahnungsvoll.

Krieg gegen das unermeßlich große, weite Rußland?

Zwischenbilanz

In nur wenigen Wochen waren Jugoslawien und Griechenland durch die Deutsche Wehrmacht überrannt und besetzt worden. Der Balkanfeldzug hatte Hitler zum Herrn des gesamten Balkan gemacht. Aber die militärpolitischen Sorgen des Deutschen Reiches waren damit nicht kleiner geworden.

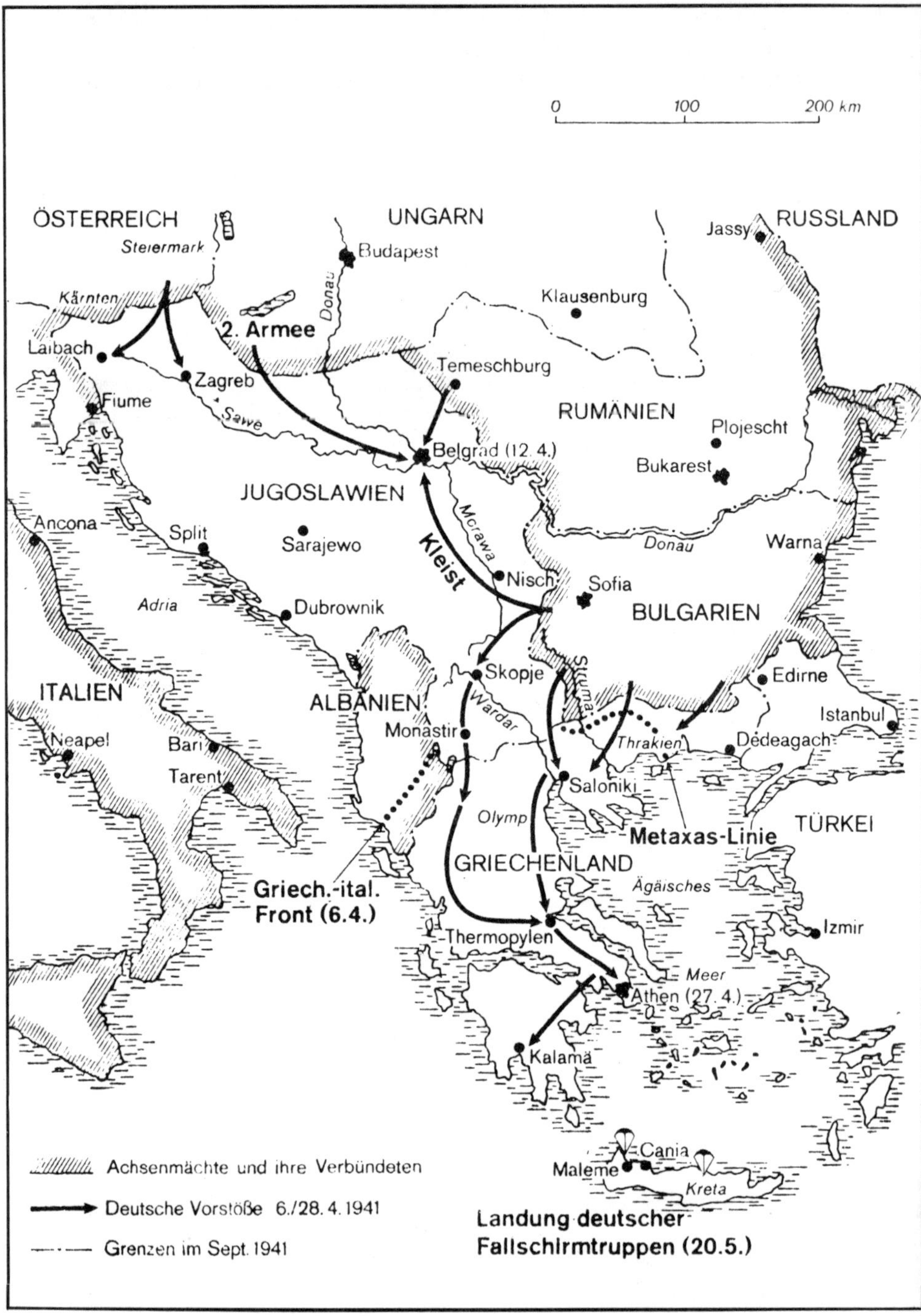

Kriegsschauplatz Balkan 1941 – Operationsübersicht

„Ausgangspunkt der Ereignisse auf dem Balkan im Frühjahr 1941 war der italienische Alleingang gegen Griechenland, mit dem Mussolini nicht nur seiner Mittelmeerkonzeption des ‚mare nostre' näherzukommen, sondern auch das politische Gewicht gegenüber dem ‚Achsenpartner' verstärken wollte. Als der Angriff scheiterte, hoffte Italien, das deutsche Eingreifen werde eine Niederlage vermeiden und die eigenen politischen Ziele doch noch erreichen helfen. Deutschland wollte einerseits Italien unterstützen, andererseits die eigenen Balkaninteressen gegen eine englische Bedrohung schützen. Auch für Bulgarien gilt im Zusammenhang mit der Vorbereitung ‚Marita', daß es seine Unterstützung der deutschen Absichten so teuer wie möglich auf Kosten Griechenlands verkaufen wollte. Als in den Tagen nach dem 27. März der militärische Konflikt mit Jugoslawien zur Gewißheit wurde, waren Italien, Ungarn und Bulgarien entschlossen, bei einem Krieg gegen Jugoslawien und dessen erwarteter Niederlage ihre Revisionsansprüche nunmehr zu befriedigen, zu deren Durchsetzung sie aus eigener Kraft nicht in der Lage waren. Aus diesem Grund unterstützten sie die deutschen Truppen oder erklärten sich bereit, unter besonderen Bedingungen und in bestimmten Grenzen an der Niederwerfung der jugoslawischen Armee mitzuwirken. Insofern gab es eine politische Interessengemeinschaft, eine Koalition. Sie wurde nicht deshalb erst mit dem deutschen Angriff wirksam, weil die anderen nur als ‚Befehlsempfänger' des Deutschen Reiches handelten, sondern weil sie sich ohne Unterstützung einer Großmacht zu schwach fühlten, um ihre langgehegten Wünsche in die Tat umzusetzen."[83])

Enttäuschung breitete sich rasch in Agram (Zagreb) aus, weil die Deutschen den Italienern Dalmatien überließen. Und die Wünsche Jugoslawiens zur Bildung eines Restterritoriums ähnlich dem Vichy-Frankreichs wurde vom Deutschen Reich genauso strikt abgelehnt wie die Existenz eines kleinen Heeres von 40.000 bis 50.000 Mann. Vielmehr gliederten die Deutschen den zerschlagenen jugoslawischen Staat territorial auf. Mit dieser Aufteilung hoffte Hitler, einen stabilen Zustand auf dem Balkan zu erreichen.

Das unmittelbare deutsche Interesse beschränkte sich neben der Vorbereitung der endgültigen Eingliederung der Untersteiermark und von Oberkrain in das Deutsche Reich auf die Eingrenzung des serbischen Einflusses auf das Kernland und die Ausschaltung der „antideutschen Verschwörerclique" aus der Politik und Wirtschaft in Serbien.

Um das Ziel, die neu zu Deutschland gekommenen Gebiete „zu einem deutschen Land zu machen", zu verwirklichen, wurde noch während des Feldzugs angeordnet, die Umsiedlung einer größeren Anzahl von Slowenen aus der Südsteiermark und Oberkrain so schnell wie möglich in Angriff zu nehmen.[84])

Doch eine Befriedung des Balkans konnte auf Grund der getroffenen deutschen Maßnahmen nicht erreicht werden. Vielmehr flackerte zufolge der kompromißlosen Balkanpolitik Hitlers und Mussolinis, vor allem in Jugoslawien unter Führung des monarchistischen Generals Mihailowitsch und des Kommunisten Josip Broz, genannt Tito, sehr bald ein reger Partisanenwiderstand auf, der von der Sowjetunion unterstützt wurde und den die Deutschen schließlich trotz schärfster Gegenmaßnahmen bis zum Kriegsende nicht zu brechen vermochten.

Während Griechenland und Jugoslawien durch militärischen Zwang unter die Herrschaft der Achsenmächte geraten waren, schlossen sich die mehr oder weniger faschistisch regierten Länder Ungarn, Rumänien und Bulgarien der Achse als Verbündete an.

Bevor wir uns nun im nächsten Teil dieses Buches mit dem Einsatz der 1. Gebirgs-Division im Rußlandfeldzug befassen, noch ein kurzer Blick auf die militärische Lage Ende Mai 1941:

Westfront:
Seit dem 25. Juni 1940 herrscht Waffenruhe. Nordfrankreich, einschließlich Paris, Belgien und Holland sind von den Deutschen besetzt. Keine Kampfhandlungen. Das „Freie Frankreich" (General de Gaulle in Großbritannien, General Weygand in Afrika) ruft zu weiterem Kampf auf. Die Résistance formiert sich. Franco kann Spanien „nichtkriegführend" halten.

Nordfront:
Dänemark und Norwegen sind von den Deutschen mit etwa 8 Divisionen besetzt. General Dietl steht mit dem Gebirgs-Korps Norwegen (Anfang 1942 umbenannt in XIX. Gebirgs-Armee-Korps) in Nordfinnland und an der russischen Grenze. Südlich davon stehen finnische Divisionen.

Südostfront:
Griechenland (einschließlich Kreta) und Jugoslawien sind von den deutschen Truppen besetzt. Dort stehen rund 10 Divisionen, meist 2. Linie, dazu italienische Kräfte.

Afrikafront:
Rommel hat mit seinem Afrika-Korps (2 Divisionen) und Italienern die Cyrenaika zurückerobert, Tobruk eingeschlossen und steht an der

ägyptischen Grenze mit den Engländern im Kampf. Die englische Flotte beherrscht das Mittelmeer.

Seekrieg:
Die Schlacht im Atlantik ist für die deutsche Kriegsmarine gut angelaufen. Bisher wurden über 3 Millionen Tonnen versenkt.

Luftkrieg:
Über Deutschland und den besetzten Gebieten besitzt die deutsche Luftwaffe die Luftherrschaft.

Ostfront:
Bisher sind etwa 125 Divisionen in ihren Aufmarschräumen versammelt, weitere befinden sich im Antransport.

Bilder rechts und umseitig: Vernichteter russischer Panzer nach dem ersten sowjetischen Panzerangriff bei Jazow Stary am 26. Juni 1941

Nächste Seite: Abgeschossene Russen-Panzer . . .
. . . überall!

Sechster Teil

Der Rußlandfeldzug 1941–1943

Die Vorgeschichte des Unternehmens „Barbarossa“

Als es Hitler nicht gelang, die Sowjetunion in die Front gegen England einzureihen, um das britische Weltreich durch eine über den Iran gegen Indien geführte militärische Operation zu erschüttern; als Stalin vielmehr zu erkennen gab, daß er an den europäischen Ländern Ungarn, Rumänien, Bulgarien und an der asiatischen Türkei viel mehr interessiert sei; als sich diese miteinander nicht zu vereinbarenden unterschiedlichen Interessengegensätze abzeichneten, entschloß sich Hitler, die Sowjetunion im Sommer 1941 unter Mißachtung des noch bestehenden deutsch-sowjetischen Nichtangriffspaktes anzugreifen, um dieses gewaltige Reich in einem neuen Blitzkrieg zu erobern und zu unterwerfen. Nach einem siegreichen Präventivkrieg gegen Sowjetrußland wollte Hitler das britische Weltreich von Rußland aus im Iran bzw. im Nahen Osten schlagen.

Andererseits darf nicht übersehen werden, daß Stalins Annexionen von Litauen, Lettland, Estland, Bessarabien und Nordbukowina (letztere unter Bruch geschlossener Verträge) - ein Gebiet fast so groß wie die Weimarer Republik - im Jahre 1941 zu einer dramatischen Verschärfung der politischen Lage führten, so daß sich schließlich beide Seiten - das nationalsozialistische Großdeutsche Reich und die kommunistische Sowjetunion - zum Entscheidungskampf gegenüberstanden. Bereits seit dem Hochsommer 1940 bestand für Deutschland ständig die Gefahr, infolge der russischen Expansionspolitik auf dem Balkan von den rumänischen Erdöllieferungen aus Ploesti abgeschnitten zu werden. Dazu kamen noch anläßlich des Besuches des sowjetischen Außenministers Molotow in Berlin im November 1940 Forderungen, die für das Deutsche Reich unannehmbar waren.

Allgemein erwartete man bei der deutschen Führung, die Sowjetunion in drei bis vier Monaten schlagen zu können. Zu dieser verhängnisvollen Auffassung war man nicht zuletzt deshalb gelangt, weil Frankreich zu schnell, zu „blitzartig“ und zu leicht besiegt werden konnte.

Das militärische Kräfteverhältnis

Vor Beginn der großen militärischen Auseinandersetzung im Osten sah das deutsch-russische Kräftepotential folgendermaßen aus:

Deutsche Truppen und Verbündete

Deutsches Heer: 145 Divisionen (110 Infanterie-, 19 Panzer-, 15 motorisierte Divisionen und 1 Kavallerie-Division), zusammen rund 3 Millionen Mann;

Rumänien: 12 Infanterie-Divisionen, 10 Brigaden, darunter 3 Gebirgs-Brigaden;
Italien: 3 Infanterie-Divisionen;
Finnland: 11 Infanterie-Divisionen und 5 Gebirgs-Brigaden (Ski);
Ungarn: 2 Infanterie-Divisionen und 1 Kavallerie-Brigade;
Slowakei: 2 Infanterie-Divisionen.

Sowjetische Truppen
185 Divisionen (133 Schützen-, 10 Panzer-, 24 Kavallerie-Divisionen, 36 Panzer- und mot.-Brigaden) mit zusammen rund 4,2 Millionen Mann. Waffen und Material waren reichlich vorhanden, aber vielfach veraltet. Die Rote Armee fand sich in einer Reorganisationsphase, besaß etwa 24.000 Panzer, davon $^1/_3$ modernen Typs; zahlreiche und gute Artillerie; große Menschenreserven, darunter über 12 Millionen ausgebildete Reservisten.

Drei Verteidigungslinien sollten einen deutschen Angriff aufhalten: eine entlang der „Demarkationslinie", dahinter die „Stalinlinie" sowie eine weitere Linie hinter dem Dnjepr und der Düna.

Doch die UdSSR stand nicht lange allein im Kampf gegen Deutschland. Aus England und vor allem aus den USA wurden gewaltige Mengen kriegswichtigen Materials an die Sowjetunion geliefert: 21.866 Flugzeuge, 12.218 Panzer, 5035 Panzerabwehrkanonen, 8200 Flakgeschütze, 135.000 Maschinengewehre, 343.000 Tonnen Sprengladungen, 2.680.000 Tonnen Stahl, 3.000.000 Tonnen Erdölprodukte, 3.786.000 Autoreifen, 461.780 Motorfahrzeuge, 1981 Eisenbahnlokomotiven, 11.155 Eisenbahngüterwagen, 90 Frachtschiffe, 5.000.000 Tonnen Nahrungsmittel, 57.509.000 Meter Wolltuche, 97.841.000 Meter Baumwolltuche, 15.417.000 Paar Schuhe, 49.000 Tonnen Leder u. a. m.

Der Angriffsplan beider Seiten

Bereits im Sommer 1940 sickerte bei den höchsten Kreisen der deutschen militärischen Führung die Absicht Hitlers durch, die Sowjetunion anzugreifen. In den folgenden Monaten befaßten sich verschiedene Studien mit der Angriffsplanung. Zunächst wurde der junge Generalmajor Marcks, Chef des Generalstabes der 18. Armee, mit der Ausarbeitung einer Studie über den Rußlandfeldzug beauftragt. Ein weiterer, zweiter Operationsentwurf wurde von General Paulus verfaßt. Auf diesen beiden Studien fußend, erging dann am 18. Dezember 1940 mit Billigung des Oberkommandos des Heeres der Führerbefehl für den Angriff auf die Sowjetunion, die schicksalsschwere „Weisung

Nr. 21 Fall Barbarossa". Diese Weisung hatte in den wesentlichen Punkten folgenden Inhalt:

„Die deutsche Wehrmacht muß darauf vorbereitet sein, auch vor Beendigung des Krieges gegen England Sowjetrußland in einem schnellen Feldzug niederzuwerfen ...

... I. Allgemeine Absicht:

Die im westlichen Rußland stehende Masse des russischen Heeres soll in kühnen Operationen unter weitem Vortreiben von Panzerkeilen vernichtet, der Abzug kampfkräftiger Teile in die Weite des russischen Raumes verhindert werden.

In rascher Verfolgung ist dann eine Linie zu erreichen, aus der die russische Luftwaffe reichsdeutsches Gebiet nicht mehr angreifen kann. Das Endziel der Operation ist die Abschirmung gegen das asiatische Rußland aus der allgemeinen Linie Wolga – Archangelsk. So kann erforderlichenfalls das letzte Rußland verbleibende Industriegebiet am Ural durch die Luftwaffe ausgeschaltet werden ...

... III. Die Führung der Operationen:

A.) Heer:

In dem durch die Pripjetsümpfe in eine südliche und eine nördliche Hälfte getrennten Operationsraum ist der Schwerpunkt nördlich dieses Gebietes zu bilden. Hier sind 2 Heeresgruppen vorzusehen.

Der südlichen dieser beiden Heeresgruppen – Mitte der Gesamtfront – fällt die Aufgabe zu, mit besonders starken Panzer- und mot. Verbänden aus dem Raum um und nördlich Warschau vorbrechend die feindlichen Kräfte in Weißrußland zu zersprengen ...

Auch bei der südlich der Pripjetsümpfe angesetzten Heeresgruppe ist in konzentrischer Operation und mit starken Flügeln die vollständige Vernichtung der in der Ukraine stehenden russischen Kräfte noch westlich des Dnjepr anzustreben. Hierzu ist der Schwerpunkt aus dem Raum von Lublin in allgemeiner Richtung Kiew zu bilden, während die in Rumänien befindlichen Kräfte über den unteren Pruth hinweg einen weit abgesetzten Umfassungsarm bilden. Der rumänischen Armee wird die Fesselung der dazwischen befindlichen russischen Kräfte zufallen ...

B.) Luftwaffe:

Ihre Aufgabe wird es sein, die Einwirkung der russischen Luftwaffe soweit wie möglich zu lähmen und auszuschalten sowie die Operationen des Heeres in ihren Schwerpunkten, namentlich bei der mittleren Heeresgruppe und auf dem Schwerpunktflügel der südlichen Heeresgruppe, zu unterstützen ...

C.) Kriegsmarine:

Der Kriegsmarine fällt gegen Sowjetrußland die Aufgabe zu, unter

Sicherung der eigenen Küste ein Ausbrechen feindlicher Seestreitkräfte aus der Ostsee zu verhindern ...“[85])

Mit der „Barbarossa“-Weisung wurde letztlich der Befehl für den Angriff auf die Sowjetunion gegeben. Endziel des deutschen Feldzugplanes war es, „Sowjetrußland in einem schnellen Feldzug niederzuwerfen“, um den Krieg zugunsten des Großdeutschen Reiches zu entscheiden. Hitler bestimmte am 30. April 1941 zum X-Tag des Angriffs auf die Sowjetunion den 22. Juni 1941, 3.15 Uhr früh.

An jenem Tage standen einander vom Norden bis zum Süden der Ostfront folgende Verbände der Deutschen Wehrmacht bzw. des rumänischen Heeres und der Roten Armee gegenüber:

Nord-Abschnitt

Deutsche Kräfte: Heeresgruppe Nord, unter Generalfeldmarschall Ritter von Leeb, mit der 16. und 18. Armee und der Panzergruppe 4, mit 20 Infanterie-, 3 Panzer- und 3 motorisierten Divisionen.

Die deutsche Heeresreserve bestand aus 22 Infanterie-, zwei Panzer-, zwei motorisierten Divisionen und einer Polizei-Division.

Die Heeresgruppe Nord, unterstützt von der Luftflotte 1 (Keller), hatte den Auftrag, aus Ostpreußen vorstoßend, die Feindkräfte im Baltikum zu vernichten, um dann im Zusammenwirken mit schnellen Truppen der Heeresgruppe Mitte Leningrad und Kronstadt zu nehmen.

Sowjetische Kräfte: Heeresfront „Baltikum“, unter Marschall Woroschilow, mit 7 Schützen-Divisionen ostwärts und südlich von Ostpreußen; mit 22 Schützen-, 2 Kavallerie-, 2 Panzer-, 6 motorisierten Divisionen bzw. Brigaden, tiefgestaffelt im Raum Wilna – Kowno – Pleskau.

Ihr Auftrag lautete: Zunächst Abwehr, dann Ausweichen.

Mittel-Abschnitt

Deutsche Kräfte: Heeresgruppe Mitte, unter Generalfeldmarschall von Bock, mit 4., 9. und 2. Armee und den Panzergruppen 2 und 3, mit 31 Infanterie-, 1 Kavallerie-, 9 Panzer- und 7 motorisierten Divisionen.

Die Heeresgruppe Mitte, unterstützt durch die Luftflotte 2 (Kesselring), hatte aus dem Raum Warschau vorzubrechen, den Feind in Weißrußland zu zersprengen und anschließend gemeinsam mit der Heeresgruppe Nord gegen Leningrad zu operieren.

Sowjetische Kräfte: Heeresfront „West“, unter Marschall Timoschenko, mit 36 Schützen-, 8 Kavallerie-, 2 Panzer- und 9 motorisierten Divisionen. Davon lagen zwei Drittel im Raum Bialystok, ein Drittel bei Minsk.

Ihr Auftrag lautete: Zunächst Abwehr, dann Ausweichen.

Süd-Abschnitt

Deutsche und Verbündete: Heeresgruppe Süd, unter Generalfeldmarschall von Rundstedt, mit 11., 17. und 6. Armee; der Panzergruppe 1, der 3. und 4. rumänischen Armee, mit 32 Infanterie-, 5 Panzer- und 4 motorisierten Divisionen, dazu 16 rumänische Divisionen.

Die Heeresgruppe Süd, unterstützt durch die Luftflotte 4 (Löhr), hatte die rechte Heeresflanke mit der 11. Armee und rumänischen Truppen zu schützen und den Angriff aus dem Raum Lublin Richtung Kiew mit der 17. und 6. Armee vorzutragen. Dabei sollten Panzerkeile der Panzergruppe 1 vorauseilen, um den Feind abzuschneiden, einzukesseln und entlang des Dnjepr aufzurollen.

Sowjetische Kräfte: Heeresfront „Südwest", unter Marschall Budjonny, mit einer Gruppe von 11 Schützen-, einer Kavallerie-, zwei Panzer- und 7 motorisierten Divisionen zwischen Pruth und Dnjestr; mit einer zweiten Gruppe von 27 Schützen-, 17 Kavallerie-, 3 Panzer- und 4 motorisierten Divisionen dahinter bis zum Slutsch; mit einer dritten Gruppe von 12 Schützen-, 3 Kavallerie-, 1 Panzer- und 3 motorisierten Divisionen zwischen Slutsch und Bug.

Deren Auftrag lautete: Zunächst Abwehr. Weiteres der militärischen Situation entsprechend.

Das Prinzip der russischen Verteidigung bestand darin, Raum aufzugeben, um Zeit zu gewinnen, und gleichzeitig die deutschen Truppen immer tiefer in den gewaltigen russischen Raum hineinzuziehen.

Aufmarsch und Angriff

Der Aufmarsch des deutschen Ostheeres mit fast 3 Millionen Soldaten vollzog sich von Ostpreußen über die Slowakei und Galizien bis Rumänien. Bei Beginn des Ostfeldzuges war die dem XXXXIX. Gebirgs-Armee-Korps unterstellte 1. Gebirgs-Division (17. Armee von Stülpnagel, Heeresgruppe Süd) in Richtung Lemberg angesetzt. Für die Gebirgsjäger bedeutete das, daß sie Lemberg in diesem Krieg ein zweites Mal zu erobern hatten.

Bis Anfang Mai 1941 waren alle Teile der 1. Gebirgs-Division nach einem Bahntransport über Wien, Preßburg und Kaschau im Raum

Presov-Krynica-Neu-Sandez in der nördlichen Slowakei versammelt. Meist wurde des Nachts gefahren und marschiert, um den deutschen Aufmarsch so lange wie möglich zu verschleiern. Zwischen den Waldkarpaten und der Hohen Tatra - unweit der historischen Schlachtfelder aus dem Ersten Weltkrieg - warteten die Gebirgsjäger auf die entscheidenden Befehle.

Bereits gegen Ende Mai 1941 war die Luft voll von Gerüchten, als die ersten Vorbefehle für das Unternehmen „Barbarossa" ergingen. Es war eine Zeit, in der das Wort „Latrinenparole" ganz groß geschrieben wurde. Einige sahen in dem Aufmarsch im Osten ein Ablenkungsmanöver, um die Engländer zu bluffen; andere glaubten an einen von Stalin genehmigten Durchmarsch, um die Briten dann im Iran zu schlagen.

Endlich löste sich die Spannung, als es Anfang Juni in Richtung Osten ging. Also doch gegen Rußland, wie viele befürchtet und orakelt hatten. Die Skeptiker, die an kein allzu schnelles Ende des Krieges zu glauben vermochten, sollten wieder einmal recht behalten haben.

Der Stab des XXXXIX. Gebirgs-Armee-Korps, das General Kübler befehligte, hatte sich im Verwaltungsgebäude des märchenhaft anmutenden Schlosses des Grafen Potocki in Lancut einquartiert. Dort erhielt das Korps und damit auch die 1. Gebirgs-Division die entscheidenden Anweisungen für den 22. Juni 1941, den Tag des Angriffs auf die Sowjetunion.

„Ich wünsche Ihnen, meine Herren, und Ihrer braven Truppe heißen Herzens allen Erfolg." Mit diesen Worten verabschiedete General Kübler die versammelten Divisionskommandeure mit ihren Generalstabsoffizieren.

An der Front war alles unheimlich still. Deutscher Zollgrenzschutz patrouillierte tagtäglich entlang der Demarkationslinie zwischen dem Deutschen Reich und der mächtigen Sowjetunion. Auf Hochsitzen und auf Beobachtungstürmchen saßen die russischen Posten und schienen das heraufziehende militärische Unwetter nicht zu bemerken.

Bis zum 20. Juni 1941 bezogen die Gebirgs-Jäger-Regimenter 98 (Picker) und 99 (Kreß), das der 1. Gebirgs-Division zugeteilte Infanterie-Regiment 188 sowie die Divisionsartillerie ihre gut getarnten Sturm- und Feuerstellungen in den Bereitstellungsräumen. Jeder Gebirgsjäger, Gebirgspionier, Gebirgsartillerist oder andere Gebirgssoldat der Division hatte das beklemmende Gefühl, daß er an der Schwelle gewaltiger Ereignisse stünde, die bald das Schicksal aller entscheidend bestimmen würden.

Trotz ihres gesunden Selbstvertrauens wurden die Gebirgssoldaten von etwas Unfaßbarem, fast Bedrückendem befallen, als erahnten sie die unendliche Weite des sowjetrussischen Raumes, die Stärke der

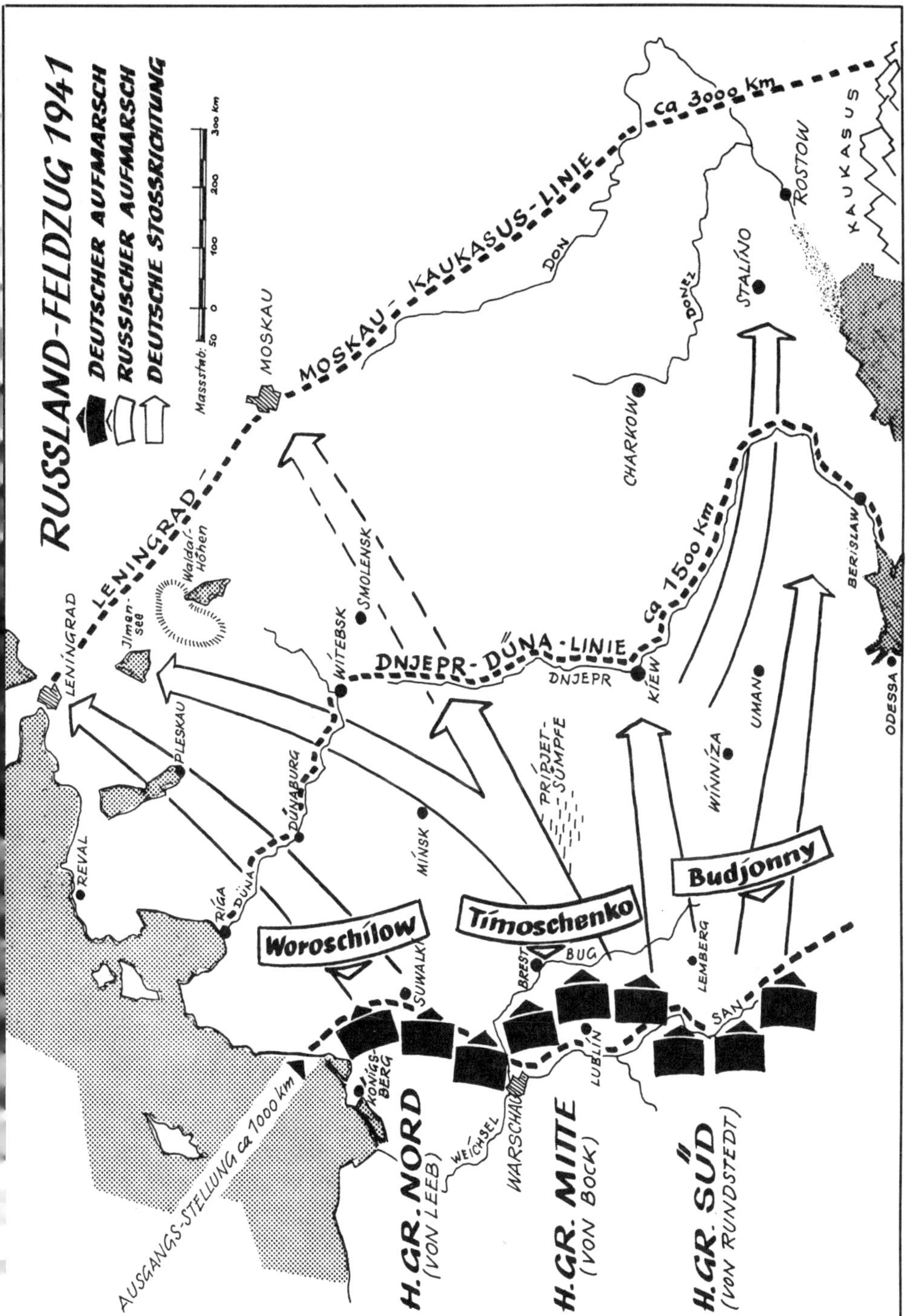

Der Rußlandfeldzug 1941 – Aufmarsch der deutschen und sowjetischen Verbände und Stoßrichtungen der deutschen Heeresgruppen

Roten Armee, die Leidenschaft und die Opferbereitschaft des russischen Volkes und den Fanatismus der kommunistischen Kommissare.

„Noch lag beklemmende Ruhe über dem Ganzen“, schreibt Lanz, „hin und wieder erhellte das flackernde Licht einer russischen Leuchtkugel das Vorfeld. Unbarmherzig rückte der Uhrzeiger der ‚X-Zeit‘ zu. Kurz nach 3 Uhr früh lösten sich, wie schemenhafte Gestalten, die ersten Gebirgsjäger vom Waldrand, um im Frühnebel langsam den Wiesenhang zum Grenzzaun hinanzusteigen. Da peitschten die ersten Gewehrschüsse aus den Holztürmen der russischen Grenzwachen. Schlagartig antworteten zwei Gebirgsgeschütze und jagten Türme samt Besatzung in die Luft. Jetzt war der Bann gebrochen. Am Grenzzaun knackten die Drahtscheren. Ringsum lebte Gefechtslärm auf. Die Schlacht hatte begonnen.“[86])

Die ersten Kämpfe der 1. Gebirgs-Division in Rußland 1941

Dzikow hieß das unbekannte Dorf in Ostgalizien, unweit der deutsch-russischen Demarkationslinie, in dessen Umgebung die Gebirgsjäger der Gebirgs-Jäger-Regimenter 98 und 99 sowie die gesamte Divisionsartillerie aufmarschiert waren, um befehlsgemäß in den frühen Morgenstunden des 22. Juni 1941 in Rußland einzumarschieren.

In seinen Aufzeichnungen aus dem Rußlandfeldzug beschrieb der Gebirgssoldat Hubert Hegele aus Wörleschwang den spannungsgeladenen Tag vor dem eigentlichen Angriff:

„Samstag, 21. Juni 1941.

Mit verschlafenen Augen steige ich aus meinem Nachtquartier, einem alten, schönen Herrschaftsschlitten, der wahrscheinlich schon fürstlichere Zeiten gesehen hat. Ein herrlicher Morgen ist angebrochen. Und so allmählich wird das Gut, das zum Dorfe Grodzisko gehört, in dem unsere Kompanie untergebracht ist, lebendig. Die Feldküche dampft, und das Kochgeschirrgeklapper der Kaffeefasser weckt auch den letzten Schläfer aus seinem Sommernachtstraum.

Dienst ist für heute nicht angesagt, so daß man sich vorkommt wie im höchsten Urlaub. Und doch ist etwas da, das den ganzen Haufen nicht zur Ruhe kommen läßt. Es ist die Nähe von etwas Neuem, Unerforschtem, das in diesen nahen polnischen Wäldern seinen Ursprung haben muß.

Viele Gerüchte gingen um in letzter Zeit, angefangen von der Revolution Molotows, der wir im Notfall beistehen sollen, bis zum freien

Durchmarsch durch Rußland, um dem bedrängten Irak gegen seine englischen Angreifer beizustehen. Ein Angriff auf die Sowjetunion? Na, das glauben wir schon gleich gar nicht. Erstens hat Deutschland einen Freundschafts- und Nichtangriffspakt mit der Sowjetunion abgeschlossen, und zweitens: einen Kampf gegen dieses riesige Reich, nein, das gibt es nicht.

Was ist nun Wahrheit - was Gerücht? Was wollen denn wir kleine Rädchen in diesem riesigen Getriebe schon wissen? Nichts, rein gar nichts. Nur die Unruhe ist in unseren Herzen über dieses bevorstehende Neue. Daß es kommt, ja, das wissen wir. Die Fahrzeuginspektionen - das viele Impfen in letzter Zeit - vor einigen Tagen der Feldgottesdienst, alles deutet darauf hin, daß es bald wieder losgeht. Heute vormittag wird durchgesagt: man solle sein überflüssiges Geld nach Hause schicken. Ach was, Geld heimschicken - wir brauchen es doch notwendig für unseren zünftigen Schafskopf, den wir gerade aufgezogen haben und den nur das Mittagessen unterbrechen kann.

Auf der nahen Landstraße wird der heiße polnische Sand immer wieder und wieder von den Bergschuhen der Jäger, den Hufen der Mulis und den Rädern ihrer Karren gemahlen. Unser Regiment zieht in den Bereitstellungsraum ein. Wir Motorisierten liegen ja schon eine Woche hier und hatten neben anderem auch einen interessanten Dienst zu tun. Etliche Mann von der Kompanie mußten die ‚Grenzer', die seit der Ziehung der Demarkationslinie im Jahre 1939 hier Dienst tun, bei ihren Patrouillen verstärken. Ein Grenzer und zwei Mann von uns, so zogen wir jede Nacht los, fünf Stunden lang, entlang dem rostigen Grenzdraht. Zur Tarnung als Angehörige der Gebirgstruppe mußten wir unser Mützen-Edelweiß abnehmen und über unseren Waffenrock eine Zeltplane anziehen. Die ersten Nächte waren ein böses Gestolper für uns zwei Geländeunkundige. In wie viele Sumpflöcher sind wir doch getappt - dann erschreckte uns wieder ein Rudel Wildschweine, die urplötzlich vor uns aus ihrem Versteck herausrumpelten - ein glimmender Lichtschein hinter einem Baum läßt uns zu Stein erstarren - es war nur eine alte, halbverfaulte Baumrinde, die ihren Phosphor ausstrahlte. Als Entschädigung für solch ‚reizvolle' Sommernächte gab es dann des öfteren einen kleinen Plausch mit dem Kollegen von der anderen Seite, dem russischen Grenzposten."[87])

Während die Gebirgsjäger in ihren Bereitstellungsräumen auf den Einsatz warteten, erließ Hitler einen Tagesbefehl an die „Soldaten der Ostfront", dessen entscheidender Passus folgendermaßen lautete:

„Deutsche Soldaten!

Damit tretet ihr in einen harten und verantwortungsschweren

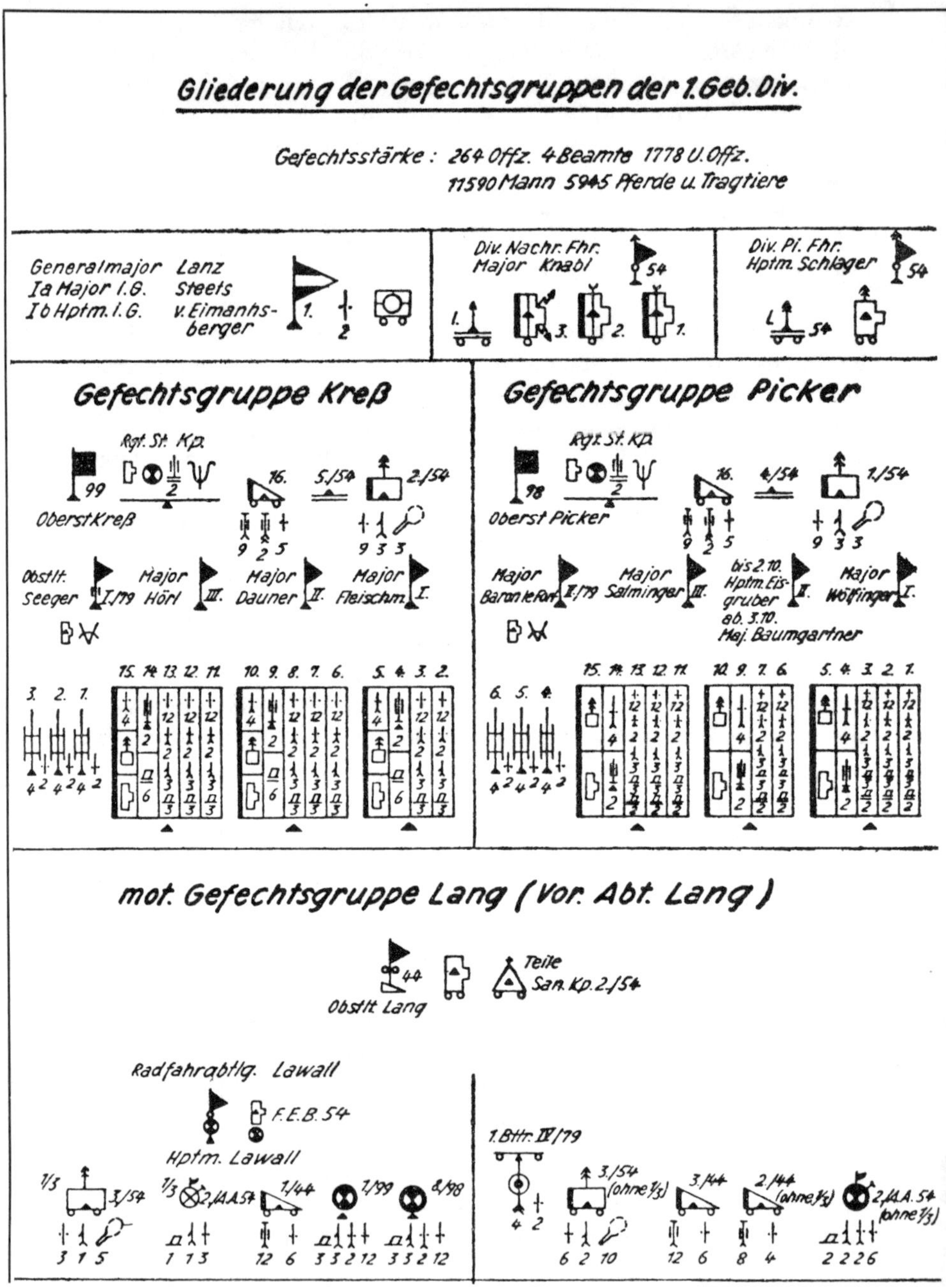
Gliederung der Gefechtsgruppen der 1. Geb. Div.
Gefechtsstärke: 264 Offz. 4 Beamte 1778 U. Offz.
11590 Mann 5945 Pferde u. Tragtiere
Generalmajor Lanz
Ia Major i. G. Steets
Ib Hptm. i. G. v. Eimannsberger
Div. Nachr. Fhr. Major Knabl
Div. Pi. Fhr. Hptm. Schlager
Gefechtsgruppe Kreß
Rgt. St. Kp.
Oberst Kreß
Obstlt. Seeger
Major Hörl
Major Dauner
Major Fleischm.
Gefechtsgruppe Picker
Rgt. St. Kp.
Oberst Picker
Major Baron le Fort
Major Salminger
bis 2. 10. Hptm. Eisgruber ab 3. 10. Maj. Baumgartner
Major Wölfinger
mot. Gefechtsgruppe Lang (Vor. Abt. Lang)
Obstlt. Lang
Teile San. Kp. 2./54
Radfahrabtlg. Lawall
F.E.B. 54
Hptm. Lawall
1. Bttr. IV/79
(ohne 1/3)

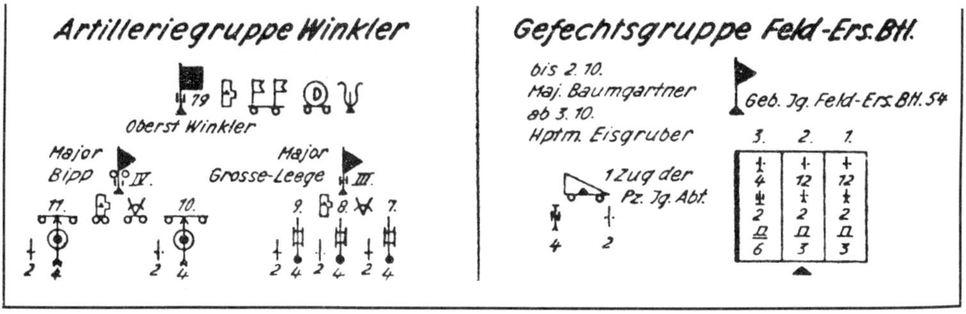

Gliederung der Gefechtsgruppen der 1. Gebirgs-Division vom 22. Juni bis 10. Oktober 1941

Kampf ein. Denn: Das Schicksal Europas, die Zukunft des Deutschen Reiches, das Dasein unseres Volkes liegen nunmehr allein in eurer Hand.

Möge uns allen in diesem Kampf der Herrgott helfen!"

Mit ernsten Gesichtern verlasen die Einheitsführer ihren Männern den Tagesbefehl des Führers und Obersten Befehlshabers der Wehrmacht. Es war, an jenem 21./22. Juni 1941, als wollte die Sonne nicht versinken, als wollte sie ausharren und das beginnende Inferno der Abertausende von Waffen und Kanonen mit ihren Strahlen erleuchten. Der Gefreite Hegele notierte am Sonntag, dem 22. Juni 1941, in seinem Tagebuch:

„Sonnwendnacht ist heute. Um 1 Uhr werden wir zwei Horchposten zurückgeholt. Inzwischen sind auch der Zugführer Lt. Hahn und auch unser Geschützführer Obj. Schäffler, die beide schon tagelang auf Beobachtungsposten waren, wieder zurückgekehrt. Wir sind schon sehr froh darüber, denn beim ersten Einsatz möchte man gerne seine gewohnten Führer um sich haben.

An Schlaf ist nicht zu denken, zu groß ist die Spannung in uns. Allenthalben sieht man die dunklen Schatten der Gruppen und Grüppchen beisammen stehen; der nahe Angriff führt sie so zum Diskutieren zusammen.

Es ist 2 Uhr. Soeben gehen die Pioniere unseres Stoßtrupps die Straße entlang vor. Ganz langsam und sehr leise bewegen sie sich vorwärts. Ein Gespensterzug. Kein Ton darf laut werden, damit der russische Posten ja nichts merkt. Gleich darauf erhält auch unser Geschütz den Auftrag, ebenfalls bis an den Stacheldraht vorzugehen, unter Wahrung der größtmöglichen Ruhe. Das ist nun leichter gesagt als getan; denn unser Geschütz ist ja kein MG, das man auf den Buckel nehmen kann. Die Fahrzeuge bleiben hier im Wald und kommen erst nach, wenn das Gefecht im Gange ist. Also Mannschaftszug. Je ein Kasten Panzer- und Sprenggranaten wird am Panzerschild angehängt, und nun kann die Schieberei und Zieherei losgehen. Nochmals wird jeder überprüft, ob auch alles richtig sitzt, daß nicht die Gasmaske scheppert oder der Spaten an das Seitengewehr schlägt. Der Stahlhelm wird aufgesetzt, die Bergmütze ins Koppel gesteckt.

Wir schieben unser Geschütz auf die Straße und ziehen es dann hart am Rand nach vorne. Bald kommen wir ins Schwitzen; es ist eine mühevolle Arbeit, das schwere Geschütz auf dieser Landstraße vorwärtszubringen. So manchesmal will ein anfeuerndes ‚Ho-ruck' über die Lippen kommen, aber halt, leise, kein Ton. Erst als wir von der Straße auf das Wiesengelände abbiegen können, geht es besser vorwärts. Aber höllisch müssen wir aufpassen, um in den Löchern und Bodenwellen mit unserer Kanone kein Geschepper zu machen. Ganz verschwommen sieht man den Grenzzaun; 200 m mögen noch bis dahin sein. Dunkle Haufen liegen davor; es ist der Pionierzug. Die Jäger der 7. Kompanie, unsere Kameraden vom Stoßtrupp, kommen nun auch . . .

2.55 Uhr. Noch 20 Minuten bis zum Angriffsbeginn. Herrgott, rinnen diese Minuten heute zäh dahin. Kein Laut ist zu hören, nur bei ganz genauem Hinhören vernimmt man leises Flüstern. 20 Meter sind wir vom Grenzdraht entfernt. Vorbildlich ist die Bereitstellung unseres Stoßtrupps gelungen: nichts hat der Gegner gemerkt. Ahnungslos stehen die russischen Posten auf ihrem B-Stand. Zwei Mann sind es – sie werden die ersten sein, die fallen.

3.06 Uhr. Wenn man nur eine Zigarette rauchen könnte. Wolkenlos ist nun der Himmel, und mit tröstlicher Herrlichkeit strahlen die Sterne auf uns Menschlein nieder, aber immer stärker mischt sich das Silbergrau des Morgens in ihre funkelnde Pracht . . .

Keine klaren Gedanken kann man fassen in den letzten Minuten – braucht's auch nicht. Mit einem kleinen Gebet bitte ich unseren Herrgott, er möge mir beistehen.

3.10 Uhr. Noch 5 Minuten. Maskenhaft grau sind die Gesichter der Kameraden. Stur geradeaus ist der Blick, der Druck um das Herz wird immer stärker. Die Pioniere beginnen nun ganz leise, kaum hörbar, mit großen Scheren ein paar Gassen in den Draht zu schneiden. 2 Minuten haben wir noch; von weit her dringt der Ruf eines Tragtiers.

3.15 Uhr – endlich! Eine Hand hebt sich und gibt das Zeichen. Wie von Magneten angezogen, starrt alles auf die Hand des Stoßtruppführers. Und mit dem Hochheben der Hand durchgellen zwei Schüsse unserer Scharfschützen die Nacht. Die beiden russischen Posten sinken in sich zusammen. Der Feldzug gegen die Sowjetunion hat begonnen.“[88])

Als die Deutsche Wehrmacht am 22. Juni 1941, um 3.15 Uhr früh, ihren Angriff auf die Sowjetunion begann, hatte sie das Überraschungsmoment auf ihrer Seite. Noch am Morgen des 22. Juni hatte Stalin in seiner Sommerresidenz am Schwarzen Meer erklärt, daß dieser Angriff „möglicherweise nur eine provokatorische Handlung einiger deutscher Generale sei“.[89]) Und der sowjetische Marschall A. J. Jeremenko schrieb in seinen Memoiren zum deutschen Angriff auf die UdSSR:

„Der Überfall auf unsere Grenzbezirke kam völlig überraschend. Wenn mir, dem damaligen Armeebefehlshaber, fast nichts vom Herannahen des Krieges bekannt war, wie überraschend mußte dieser Angriff für die jüngeren und mittleren Kommandostellen, für die Soldaten und das ganze sowjetische Volk gekommen sein. Diese Unterlassungen lagen begründet in der Überschätzung unserer Kraft und in der Annahme unserer obersten Führung, die Deutschen würden es nicht wagen, uns anzugreifen. Bei richtiger Führung hätte den Angreifern sofort und wirksam Widerstand geleistet werden können!“

Lautlos und schemenhaft bewegten sich im ersten Morgengrauen die Angriffsspitzen der Gebirgsjägerregimenter aus ihren Bereitstellungsräumen heraus und drangen gegen den russischen Grenzzaun vor. Das G.J.R. 99 hatte die Höhe 273 und Oleszyce Stary zum Ziel, das G.J.R. 98 die Kuppe 242 und den Ostteil des vorgenannten Ortes.

Plötzlich brach der Sturm los. Der Rußlandfeldzug machte seinen ersten hastigen Atemzug.

Auf dem rechten Flügel der 1. Gebirgs-Division, wo das Gebirgs-Jäger-Regiment 99 (Kreß) auf eine starke russische Stellung am Forsthaus auf der Höhe 273 gestoßen war, zerriß gezieltes Feuer das Schweigen der Nacht. Und schon lief der Gefechtslärm die gesamte Front entlang. Gefreiter Hegele berichtete über die ersten Angriffsaktionen in seinen Aufzeichnungen:

„Gerade, als wir uns mit unserem Geschütz durch den Draht zwängen, braust eine Staffel Bomber ... daher und das Gedröhn ihrer Motoren gibt erst so richtig den Auftakt zum Kampf. Die ersten Granaten unserer Artillerie heulen über uns; sie schießt auf schon längst ausgemachte Ziele. Unser Stoßtrupp kommt sehr zügig vorwärts, Gegenwehr ist überhaupt keine da – es ist ganz unheimlich; irgend etwas stimmt da nicht.

Wir mit unserem 8-Zentimeter-Geschütz haben sehr schwere Arbeit, mit den Jägern Tuchfühlung zu halten, es geht ja alles querfeldein. Und dann ist da noch ein Acker, frisch gepflügt von den Russen, zur besseren Kontrolle der Grenze. Wie die Bären schwitzen wir, und die Zunge hängt bald an die Knie runter, als wir endlich wieder die Straße erreichen. Dort können wir, Gott sei Dank, an eine Zugmaschine unserer 2-cm-Flak anhängen. Von unserem Stoßtrupp sehen wir nichts mehr. Die Brücke unseres Auftrages haben die Jäger heil in ihre Hand gebracht und sind dann gleich weitermarschiert. Inzwischen ist auch das Regiment zum Angriff angetreten. An einer Straßenkreuzung in Uszkowca gehen wir mit unserem Geschütz in Stellung und sichern nach Süden.

Ein paar Häuser brennen von den Treffern unserer Artillerie. Weinende Frauen und Kinder laufen sinnlos umher, allerlei Haushaltungsgerät unter dem Arm. Was sie nur wollen; für sie ist der Spuk des Krieges doch schon vorbei, ehe er richtig begann. Von vorne kommen etliche Jäger mit den ersten gefangenen Russen. Zutiefst erschrocken ist mein Herz - den anderen Kameraden erging es genauso - beim Anblick dieser fremden Menschen. Sind das überhaupt noch Menschen? Nein, bestimmt nicht, so schauen nur gefährliche Tiere aus. Kleine, gedrungene Gestalten sind in Uniformen gezwängt. Auf den nur tierhaft zu nennenden Köpfen sitzen grüne Schirmmützen. Die Gesichter sind zwei riesige Backenknochen, ein breitgezogener Mund mit wulstigen Lippen. Die Nase ist plattgedrückt und die Augen, mein Gott, diese Augen, es sind nur ein paar Schlitze, aber aus ihnen blitzt uns unversöhnlicher Haß und Todfeindschaft entgegen. Es sind Mongolen, wie wir sie bisher nur von Bildern her kannten."[90])

Der Krieg hatte in jeder Beziehung begonnen. General Lanz führte seine Division von vorderster Linie aus. Schon mußten sich die Gebirgsjäger in den ersten schweren Grenzkämpfen bewähren. Von Uskowce brausten die Panzerjäger zur Unterstützung der Gebirgsjäger-Verbände heran.

„Inzwischen", notierte Hegele, „sind ja unsere Autos nachgekommen. Schnell noch ein paar Munitionskästen zugeladen, einen Kasten Sprenggranaten lege ich mir gleich auf das Trittbrett, um ihn sofort zur Hand zu haben, und stelle mich darauf. Stellungswechsel - auf - marsch! und los geht die brausende Fahrt, hinein nach Oleszyce. Schon

Oben: Gebirgsbatterie der 1. Gebirgs-Division beim Feuern

Unten: Schwere Artillerie in getarnter Stellung

zischen die ersten Kugeln um die Köpfe; man hört sie kaum im Summen des Motors. Brennende Häuser, eingestürzte Giebel, herabhängende Drähte und viele tote Jäger und Pioniere; das ist der erste Anblick. Aber man hat wirklich nicht viel Zeit zum Schauen. Die Garbe eines russischen MGs hat uns gefaßt, daß der Wagen nur so scheppert. Max, unser Fahrer, gibt Vollgas, und mit Vollgas rasen wir in die Kurve, daß mir die Wucht gleich meinen Munitionskasten unter den Füßen rausreißt und in hohem Bogen in den Straßengraben fliegt – laß ihn liegen, wir haben jetzt keine Zeit dafür. Jochen, unser Melder, führt uns zu einem großen Gebäudekomplex, der von Bäumen und Sträuchern fast ganz verdeckt ist, dem Schloß mit Park von Oleszyce. Wir kommen in den toten Winkel der Schloßmauer und haben so ein paar Minuten zum Verschnaufen und orientieren. Und da ist ja auch schon der Zugführer und Zugtrupp mit Zugs-MG. Und plötzlich ist der Krieg hier wie ausgestorben. Kein Geschieße und Krachen mehr, nur nebenan fällt eine brennende riesige Scheune prasselnd zusammen. Das Geschütz geht gleich in Stellung an der Südpforte der Schloßmauer. Neben uns liegen zwei deutsche Sturmgeschütze halb umgekippt. Sie wollten hier bei diesem Eingang in den Schloßpark; der war aber zu schmal, und bei dem folgenden Wendemanöver hatten sie einander gerammt ...

Ganz gemütlich sitzen wir auf den Geschützholmen und kauen unser Butterbrot, da schlägt uns urplötzlich wahnsinniges Feuer entgegen. Es kracht und scheppert an allen Ecken ... Schnell springen wir wieder in

Oben: Kommandeursbesprechung vor dem Angriff auf die „Stalin-Linie" am 14. Juli 1941 durch den Divisionskommandeur Generalmajor Hubert Lanz.
Teilnehmer von oben links nach rechts: Major v. Le Fort, Stab Geb.Art.Rgt. 79; Oberst Picker, Kdr. GJR. 98; Major Fleischmann, Kdr. I. GJR. 99; Oberst Winkler, Kdr. GAR. 79; Generalmajor Lanz, Kdr. 1. G.D.
2. Reihe: Major Salminger, Kdr. III. GJR. 98; Oberstlt.Pi. 54; Major Steets, 1. Gen.St.Offizier (Ia) hinter Schlager; Major Eisgruber, Kdr. Ers.Btl. 54

Dieses Bild – in Ölfarbe 200 × 60 cm vom Kunstmaler Gisbert Palmié an der Front entworfen und in München fertiggestellt, von Adolf Hitler für 30.000,– RM angekauft – wurde der 1. Geb.Div. in Anerkennung ihrer großen Kampfleistungen zum Geschenk gemacht. Es hing zunächst im Haus der Kunst, dann im Wehrkreiskommando München, dann im Kasino in Garmisch, später infolge Luftangriffs im Keller verwahrt, wurde es von der US-Besatzungstruppe beschlagnahmt. Jetzt hängt dieses Bild im Offiziers-Kasino in Garmisch-Partenkirchen

Unten: Gebirgsjäger dringen immer tiefer in die Weite des russischen Raumes vor

den toten Winkel der Schloßmauer und ducken uns nieder vor dem heiß heranschlagenden Feuer. Hinter jedem Strauch, von jedem der vielen Baumwipfel, aus jeder nur möglichen Lage zischt uns das heiße Blei entgegen. Kaum sind die Verwundeten des ersten Kampfes geborgen, so geht's schon wieder an. ‚Sanitäter – Sanitäter!‘ Ein großes Durcheinander erzeugt dieser plötzliche russische Überfall. Eben geht ein langes Wirtschaftsgebäude in Flammen auf, und das Feuer prasselt wild in den allgemeinen Kampflärm. Mit unserem Geschütz können wir hier in diesem unübersichtlichen Park nichts anfangen, müssen also mit Nahkampfwaffen diesem Widerstandsnest zu Leibe rücken. 50 m weiter oben werfen die Pioniere gerade dutzendweise Handgranaten in den Park. Auch wir schließen uns mit den Handgranaten an. Wie das scheppert und rumst. Aber der Russe gibt nicht nach. Flammenwerfer müßte man haben, um den Park auszuräuchern. Also wieder Handgranaten. Und auf einmal ist Stille im Park. Sind die Roten schon erledigt? ‚Wir stürmen jetzt den Park!‘ befiehlt der Zugführer ... Mit ‚Fertig – los‘ stürmen wir, zehn Mann stark, zum Tor hinein und schwärmen gleich auseinander. Der Zugtruppführer, Fw. Wegscheider, schreit gleich in den ersten Sekunden auf und fällt dem Wachinger, der gleich hinter ihm läuft, in die Arme, daß es ihn fast umreißt ... Im Nu ist der Nahkampf in seiner unerbittlichen Härte entbrannt, wobei kurzer Spaten, Handgranaten und Pistolen die Hauptrollen spielen ...

Stille, Grabesstille ist auf einmal – kein lebender erdbrauner Gegner ist mehr zu sehen.“[91])

Doch plötzlich flammte die Kampftätigkeit wieder auf. Der Divisionskommandeur wurde während eines Gefechtes durch eine Kugel an der rechten Schulter gestreift. Das Schloß Oleszyce wurde nach der Eroberung durch die Gebirgsjäger zum Verbandsplatz bestimmt.

„Am Nachmittag ... wurde der Park nochmals zu einem heißen Feuerherd. Es schien, als seien die Roten, die wir schon zweimal ins Jenseits geschickt hatten, alle wieder lebendig geworden. Von Baumwipfeln, aus Sträuchern und Hecken, aus allen Kellerlöchern kommt der Feuerüberfall auf die Verwundeten, Sanitäter und Ärzte ... Es wird abend, ehe der Kampf hier zu Ende geht; und erst unter Einsatz von Flammenwerfern wurde der letzte Widerstand ausgeräuchert.“[92])

Während in Oleszyce der zähe Kampf den ganzen Tag über immer wieder aufflammte, stießen die beiden Gebirgs-Jäger-Regimenter der 1. Gebirgs-Division an dem Ort vorbei, weiter nach Osten, in Richtung Lemberg vor. Nächstes Angriffsziel der Edelweißdivision war der Lubaczowka-Flußabschnitt, rund 13 Kilometer von der Sturmausgangsstellung der Division entfernt. Zügig griffen die Gebirgsjäger an und erreichten gegen 19.00 Uhr das befohlene Ziel.

„Die Führung“, berichtet Hegele, „hat wieder Oblt. von Hirschfeld. Auftrag des Stoßtrupps ist: die Brücke über die Lubaczowka bei Lizczutho im Handstreich zu nehmen.

Wir fahren gleich los, müssen durch den Wald. Alles schaut scharf links und rechts, aber kein Russe ist zu sehen. Am jenseitigen Rand des Gehölzes wird gehalten, Geschütz 1 und 3 werden abgeprotzt, und wir zwei Bedienungen bleiben hier. Nur Geschütz 2 (Dreßl) und alle unsere Fahrzeuge mit den beiden Jägergruppen fahren los... Unsere Ari und Granatwerfer beschießen inzwischen heftig das Dorf. Bange Minuten vergehen; sie werden zu Ewigkeiten. Endlich die rote Leuchtkugel, das Zeichen für unsere Artillerie und Grantwerfer, das Feuer einzustellen. Der Stoßtrupp ist nahe am Ziel. Wir hören MG- und MP-Feuer und das Rumsen der Handgranaten, dann das erlösende Zeichen der weißen Leuchtkugel: Die Brücke ist genommen.“[93])

Am Abend des ersten Angriffstages faßte der I a der 1. Gebirgs-Division, Major Steets, seine Tagesmeldung an das XXXXIX. Gebirgs-Armee-Korps wie folgt zusammen:

„Der Tag war ungewöhnlich schwer. Die Division verlor allein 18 Offiziere. Die Truppe, in 16stündigem, heißem wechselvollem Kampf stark angestrengt, stellte sich schnell auf die ungewohnte und hinterhältige Kampfweise des Feindes ein. Gefangene wurden wenig gemacht. Um so größer waren die Verluste des Feindes. Gefangenenaussagen ergaben, daß Teile der Grenztruppen und der 97. russischen Schützendivision vernichtet wurden.“

Und das Tagebuch der 1. Gebirgs-Division hielt an jenem ersten Tage des Rußlandfeldzuges fest:

„Der erste Gefechtstag im ersten Operationsabschnitt des Ostfeldzuges war der schwerste und blutigste Kampftag der Division.“

Der Rußlandfeldzug hatte erst begonnen, und die Beteiligten wußten in jenen Tagen des Sommers 1941 noch nicht, wie lange er dauern würde. Aber sie erahnten, daß es alles andere als ein „Blitzfeldzug“ oder gar ein „Blumenkrieg“ sein würde. Darauf deuteten bereits die ersten Kampfhandlungen hin, die die Landser der deutschen Gebirgstruppe bald nachdenklich stimmten.

Die Rote Armee hatte sich überraschenderweise verbissen zum Kampf gestellt. Gegen ihren heftigen Widerstand konnte die Deutsche Wehrmacht nur langsam an Boden gewinnen. Nach dem ersten Kampftag schrieb Hegele in seinem Notizbuch:

„Der erste Kampftag im Rußlandfeldzug ist vorbei. Er war hart, mehr als hart. Nun wissen wir mehr als gestern abend. Wird das hier immer so weitergehen? Viele unserer Kameraden sind nun schon zugedeckt vom heißen polnischen Boden. Vom Regiment hat das II. Bataillon am meisten bluten müssen...

Lange kann ich nicht einschlafen; zu stark hängen die Gedanken am heutigen Tag, besonders am Grauen vom Schloßpark Oleszyce. Und nun liegt feierliche Stille über dem Schlachtfeld an der Grenze. Oben am wolkenlosen Nachthimmel die Millionenpracht der Sterne, auf der Erde die weißen Leuchtkugeln der Deutschen und die roten der Russen; sie bilden den ‚Zauber der Nacht'. Und morgen?"[94])

Die nächsten Tage brachten den Großkampf mit russischen Panzern bei Jazow Stary – einem unscheinbar wirkenden Ort, beiderseits der großen Nord-Süd-Straße von Jaworow nach Niemirow. Vorsorglich hatte der I a der 1. Gebirgs-Division die Befehle für die erhöhte Panzerabwehrbereitschaft hinausgegeben. Die Panzerabwehrwaffen der Division bestanden aus vier 5 cm- und aus 54 kleinen 3,7 cm-Panzerabwehrgeschützen. Unser Gefreiter Hegele war mitten im Kampfgeschehen und beschrieb die Ereignisse vom Montag, dem 23. Juni 1941, aus seiner Sicht:

„Heftig wurde ich an den Beinen gerüttelt. ‚Was ist?' ‚Alles auf, Stellungswechsel!' weckt uns der Posten. ‚Ja, Blumendraht, jetzt mitten in der Nacht? Was ist denn los?' – Befehl vom Zugführer: 3. Zug macht Stellungswechsel 8 km nach links. Werden dort der P 44 (unsere Panzerjäger-Abteilung) zugeteilt, um sie zu verstärken, da für deren Bereich starke russische Panzerkräfte gemeldet sind.

Es ist 1 Uhr nachts... Eine Sau-Fahrerei ist dieser Stellungswechsel durch unbekanntes und größtenteils versumpftes Gelände, so daß immer wieder ein Wagen steckenbleibt und seine Räder im nassen Grund durchschleifen. Doch heil und ohne Verirrung bringt uns der Zugführer Lt. Hahn, der für seine Spürnase bekannt ist, an das Ziel. Dort wird uns gleich unser neuer Stellungsbereich zugewiesen, und wir beginnen sofort mit dem Einschanzen und Tarnen des Geschützes. Während dieser Arbeit wird der graue Streifen am östlichen Himmel immer heller, und als wir mit dem Schanzen fertig sind, ist es fast Tag.

Ein Anblick von selten so deutlicher Dramatik bietet sich bei näherem Umsehen: In dem Wiesengelände, das 2 km breit sein mag und links und rechts von Wald flankiert ist, sind nicht weniger als 27 Pak-Geschütze in V-Form in Stellung, 2 Kompanien der P 44 und unser Zug. Da mögen die russischen Panzer nur kommen, hier würde ihnen ein heißer Empfang bereitet werden."[95])

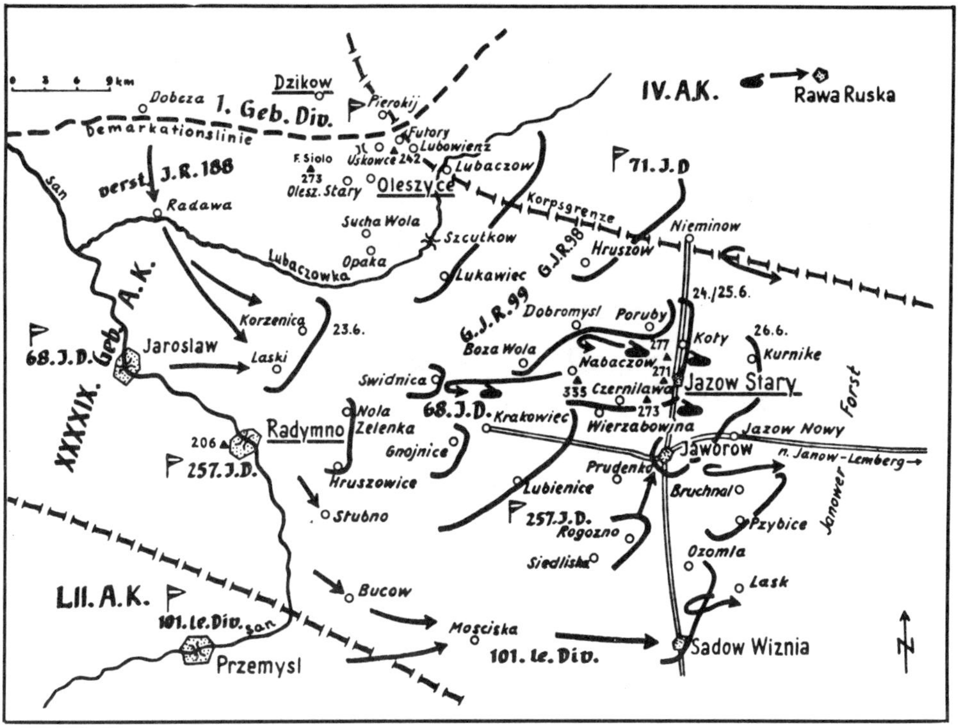

Die ersten Kämpfe der 1. Gebirgs-Division im Rußlandfeldzug vom 22. bis 26. Juni 1941

Am 23. Juni, um 6.00 Uhr morgens, als die Gebirgsjäger den Gegner gestellt hatten, traten sie auf breiter Front erneut zum Angriff an. Äußerst hart waren die Gefechte, was allein daran zu ersehen ist, daß vom Bataillon Fleischmann bei den Kampfhandlungen auf der Höhe 235, dicht vor dem russischen Stützpunkt Nabaczow, von fünf Kompaniechefs vier gefallen waren.

Trotz der massiven Gegenwehr der Russen und der empfindlichen Verluste der eigenen Truppe erreichten die Gebirgsjäger bis zum Mittag des 23. Juni das befohlene Tagesziel.

Überall dort, wo sich die russischen Truppen den Gebirgsjägern stellten, hatten sie sich zäh geschlagen. Geschickt verteidigten sie sich unter Ausnutzung der hochstehenden Getreidefelder und dichten Wälder. Hegele schrieb darüber:

„Die ... Fahrzeuge werden ... in Deckung belassen, das Geschütz

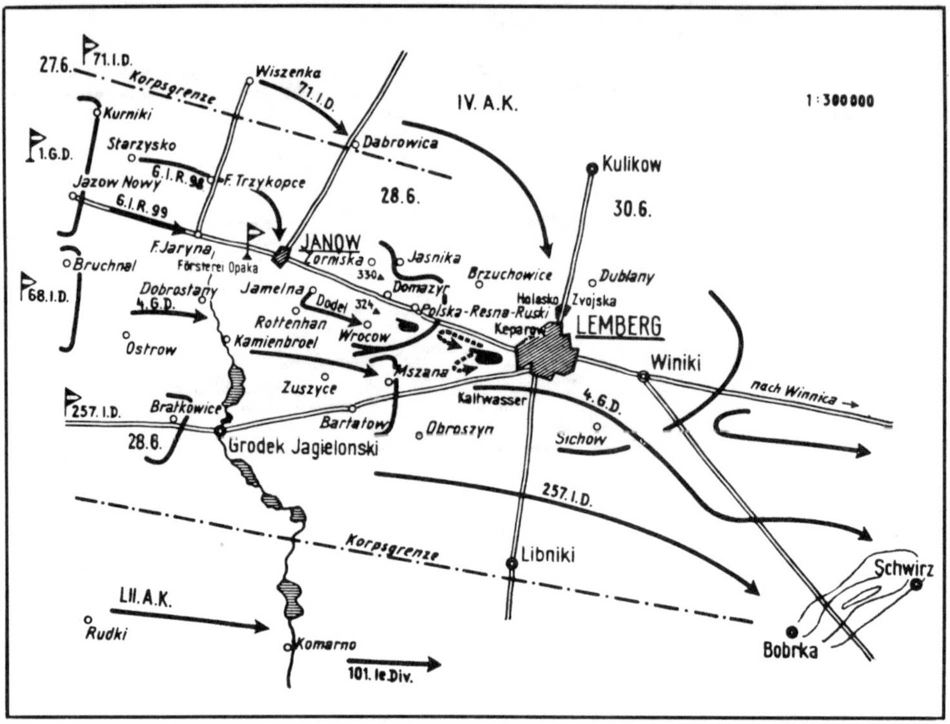

Kämpfe um Lemberg vom 27. und 30. Juni 1941

selber schieben wir noch gute 50 m weiter vor und bringen es in einem Maisfeld links der Straße in Stellung. Der Panzerschild wird heruntergeklappt, um die Kanone so klein wie nur möglich zu machen. Dann verkriecht sich die gesamte Bedienung außer Meese, dem Richtschützen, der als erster Posten am Geschütz bleibt, in den rechten Straßengraben. Den Stahlhelm als Kissen unter den Kopf, und bald hat uns die heiße Mittagssonne in den Schlaf gedrückt.

Helle Kommandostimmen wecken unseren ganzen Haufen, jeder blinzelt noch ganz benommen in die Gegend. Was denn nur jetzt schon wieder los ist? – ‚Jawoll, Herr General, zu Befehl, Herr General', vernehmen wir ganz nahe. Ist am Ende gar unser Divisionler bis da vorne? Neugierig schauen wir durch das Binsengeflecht des Zaunes. Pfeilgrad! Da steht höchstpersönlich unser General Lanz selber am Scherenfernrohr und läßt sich vom VB. unserer 15-cm-Ari erkannte feindliche Ziele zeigen ... Wenn so hoher Besuch da ist, dürfen wir uns nicht gerade in den Straßengraben legen und schlafen ...

Tschschssst – flupp, zischt es plötzlich heiß heran. Instinktiv drücken wir uns alle gleich in den Grund des Grabens und warten auf die Explosion der Granate. Da weiter nichts geschieht, erheben wir ganz vorsichtig unsere Häupter und blinzeln in die Gegend. Totenblaß sitzt Kaspar, unser Posten, auf dem Geschützholm und kann nur noch auf das Loch deuten, das hinter ihm entstanden ist. Keine 3 m hat diese Granate, die so plötzlich und einschichtig dahergekommen war, hinter dem Geschütz eingeschlagen. Und wäre sie kein Blindgänger gewesen, so würden wohl der Kaspar und auch das Geschütz nicht mehr existiert haben.“[96])

Die Gebirgsjäger vom Geb.Jäg.Rgt. 98 hatten mehr Glück. Sie erreichten ohne besonderen Feindwiderstand ihr Tagesziel. Am Abend des 24. Juni gruben sie sich längs der Straße Jazow Stary–Niemirow ein. An diesem Tag hatte die 1. Gebirgs-Division bereits einen Frontabschnitt von etwa 30 Kilometern zu decken. Die Nacht vom 24. zum 25. Juni 1941 verlief wider Erwarten ruhig. Doch bereits während des 25. Juni, es war ein Mittwoch, ein heißer Tag zudem, stellten sich die Panzer des sowjetischen III. Panzer-Korps den vorwärtsdrängenden Gebirgsjägern entgegen. Zum ersten Male machten die Soldaten der Edelweiß-Division mit den neuen Russenpanzern T 34 Bekanntschaft, die damals als die besten der Welt galten. Sie waren eine gefährliche und von den deutschen Soldaten während des ganzen Rußlandfeldzuges überaus gefürchtete Waffe.

In Pulks zu zehn, zwanzig, oft bis vierzig an der Zahl, brachen die Russenpanzer, ohne begleitende Infanterie, gegen die Gebirgsjäger vor. Über ein solches Gefecht berichtete General Lanz nach dem Krieg:

„Unsere Panzerjäger sind feuerbereit. Als die mit viel Lärm und Qualm anrumpelnden Stahlkästen auf etwa 600 Meter vor uns sind, eröffnen die Panzerabwehrgeschütze schlagartig das Feuer. Bündelweise sausen die Leuchtspuren den Panzern entgegen – und spritzen ab. Wir trauen unseren Augen nicht. Überall Treffer und jedesmal Abpraller. Natürlich ist unsere Artillerie feuerbereit und eröffnet nun ihrerseits ein sauberes Punktschießen. Bei der unerwarteten Wirkungslosigkeit unserer 3,7-cm-Pakgranaten rücken etliche 30 Panzer unaufhaltsam vor und brechen, soweit sie nicht in einem großen Sumpfloch unten an der Straße hängenbleiben, in unsere Stellung ein. Nun greifen die Jäger zur Selbsthilfe. Mit Handgranaten und geballten Ladungen springen sie die Panzer an und setzen im Nahkampf eine Anzahl von ihnen außer Gefecht.“[97])

Trotz der zahlreichen abgeschossenen Panzer, die infolge des Versagens der viel zu schwachen 3,7 cm-Pak erst im nervenzermürbenden Nahkampf, durch in die Geschützrohre geschobene Handgranaten, außer Gefecht gesetzt werden konnten, standen die Gebirgsjäger nach der ersten großen Panzerschlacht im Rußlandfeldzug bei Jazow Stary am Abend des 25. Juni 1941 doch etwas konsterniert in ihren befohlenen Stellungen.

Die eigenen Verluste waren hoch. Das XXXXIX. Gebirgs-Armee-Korps verlor in vier Kampftagen bei einem Geländegewinn von 40 bis 50 Kilometern Tiefe 45 Offiziere sowie 827 Oberjäger, Unteroffiziere und Jäger. Auf die 1. Gebirgs-Division entfielen davon 8 Offiziere und 92 Gebirgsjäger.

Gegen Ende Juni 1941, bis zum 29. Juni, hatte das XXXXIX. Gebirgs-Armee-Korps mit der 1. Gebirgs-Division auf dem linken Flügel, der 4. Gebirgs-Division (diese zunächst in Reserve), der 68. und der 257. Infanterie-Division, der 100. und der 101. leichten Infanterie-Division, gegen den Frontbogen nördlich von Przemysl vorstoßend, den Raum Lemberg erreicht.

Und nun geschah etwas Unerwartetes: Die sowjetischen Truppen räumten kampflos die galizische Hauptstadt. Die 1. Gebirgs-Division aber befand sich wieder dort, wo sie schon einmal vor zwei Jahren gestanden war, und wurde von der Bevölkerung mit Blumen begrüßt. Im Kriegstagebuch der 1. Gebirgs-Division finden sich darüber die knappen Sätze:

„4.50 Uhr: Befehl des Divisionskommandeurs an Kommandeure Geb.Jäg.Rgt. 99, Geb.Jäg.Rgt. 98, Geb.Art.Rgt. 79:
1. Major Fleischmann hat mit Aufklärung 4.20 Uhr die Reichskriegsflagge auf der alten Zitadelle gehißt.
2. Die Regimentskommandeure rücken mit je einem Bataillon an der Spitze ihrer Truppen auf beide Zitadellen vor.
3. Artilleriefeuer auf Lemberg unterbleibt.“

Ein Bild des Grauens bot sich den Gebirgsjägern, als sie am 30. Juni in die Stadt einmarschierten. Vor ihrem Abzug hatten die Sowjetrussen unter der deutschfreundlichen ukrainischen Bevölkerung ein furchtbares Blutbad angerichtet. Tausende von ermordeten Ukrainern lagen im G.P.U.-Gefängnis. NKDW-Leute hatten die wehrlosen Gefangenen auf bestialische Weise liquidiert.

Unter dem 1. Juli 1941, 19.00 Uhr, finden wir im Kriegstagebuch der 1. Gebirgs-Division darüber folgende Eintragung:

„Während der Kommandeursbesprechung hörte man das Schießen im

G.P.U.-Gefängnis Lemberg, wo Juden die in den letzten Wochen von den Russen auf jüd. Denunziation hier ermordete Ukrainer (mehrere Tausend) begraben mußten.

Auf Antreiben der ukrainischen Bevölkerung kam es am 1. Juli zu einem regelrechten Juden- u. Russenpogrom in Lemberg."

Stoß durch die Stalin-Linie

Nach der Einnahme Lembergs durch die 1. Gebirgs-Division erbat General Lanz vom Kommandierenden General des XXXXIX. Gebirgs-Armee-Korps für seine arg strapazierten Gebirgsjäger eine dreitägige Ruhepause. Während das Gros der 1. Gebirgs-Division als Korpsreserve in Lemberg die verdiente Ruhe fand, zerschlug indessen die motorisierte Vorausabteilung des Oberstleutnants Lang vor der Stadt, bei Winniki, mehrere russische Panzerangriffe.

Nach den wohlverdienten Ruhetagen ging es in der Nacht zum 4. Juli weiter über Winniki nach Südwesten in Richtung Husiatyn, einer ehemals ostgalizischen Kreisstadt, an deren Westrand wie zum Hohn eine große Triumphpforte stand, die den Eingang in das Sowjetparadies darstellen sollte.

150 Kilometer stießen die drei Korps der 17. Armee von Stülpnagel (rechts vom XXXXIX. Geb.A.K. das LII. A.K. und links das IV. A.K.) von Lemberg nach Husiatyn vor, um dem weichenden Feind auf den Fersen zu bleiben.

Bis Mitte Juli hatte die 1. Gebirgs-Division im Verband des XXXXIX. Gebirgs-Armee-Korps die zweite Verteidigungslinie der Russen, die stark befestigte sogenannte „Stalin-Linie", die „Maginot-Linie der Russen", erreicht.

Dieses Verteidigungssystem versperrte den deutschen Truppen den Weg nach Winniza. Ein Durchbrechen dieser teilweise mit mehrstökkigen Bunkern angelegten und bewehrten Abwehrstellung war nur nach eingehender Erkundung und Aufklärung und entsprechendem schwerpunktmäßigen Kräfteansatz möglich.

Die Vorausabteilung der 1. Gebirgs-Division hatte bereits am 12. Juli die Stellungssysteme der Stalin-Linie erkundet. General Lanz wollte den Erkundungsergebnissen zufolge auf keinen Fall frontal gegen das seiner Division als Angriffsziel zugedachte Bollwerk Galusinzy vorgehen, denn „das koste", so der General, „nur Blut".

Am Morgen des 13. Juli empfing der Kommandierende General seine Divisionskommandeure auf dem Gefechtsstand der 4. Gebirgs-Division zu einer Lagebesprechung. General Kübler führte dabei folgendes aus:

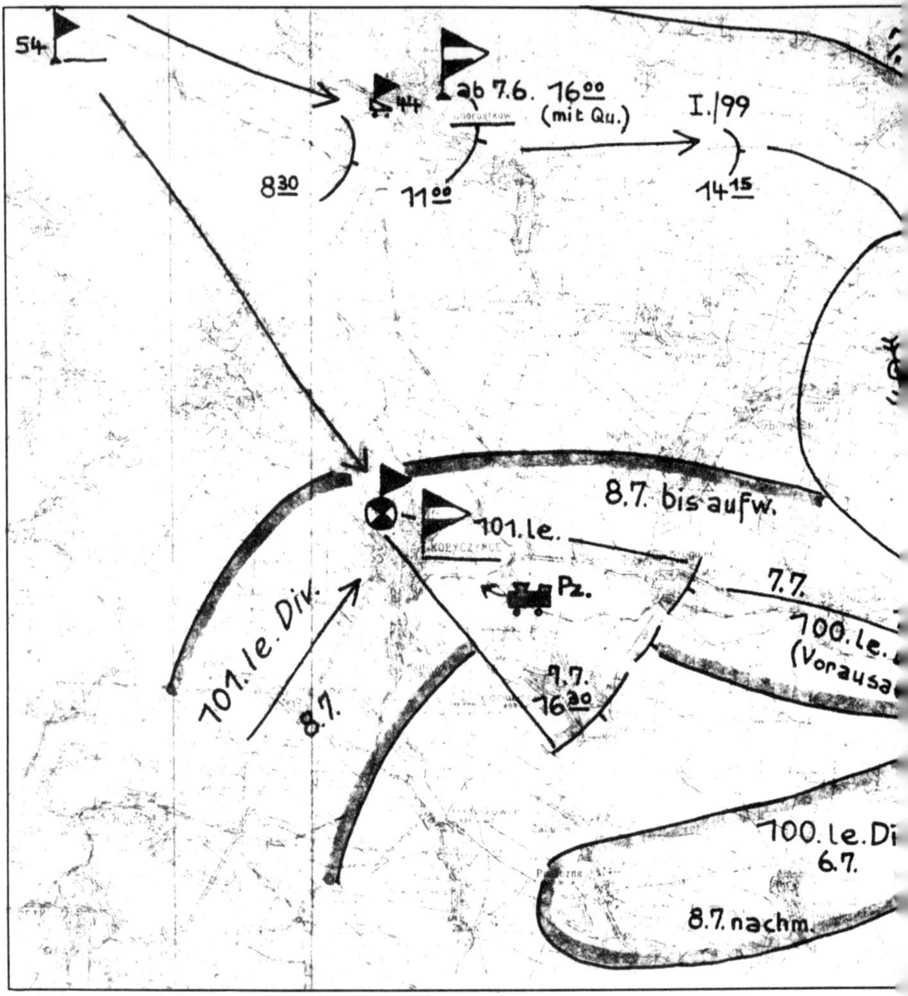

Marschkarte der 1. Gebirgs-Division von Lemberg nach Winniza vom 6./7. Juni 1941

„Mein Korps hat einen Angriffsstreifen gegen eine befestigte Stellung von 60 km vor sich. Zum Angriff stehen drei Divisionen zur Verfügung. Das sind in vorderster Linie die beiden Gebirgsdivisionen und die 97. leichte Jägerdivision.* Im Korpsabschnitt sind geländemäßig

* Richtig: Leichte Infanterie-Division. Am 10. 12. 1940 als 97. leichte Infanterie-Division aufgestellt. Am 6. 7. 1942 in 97. Jäger-Division umbenannt und umgegliedert.

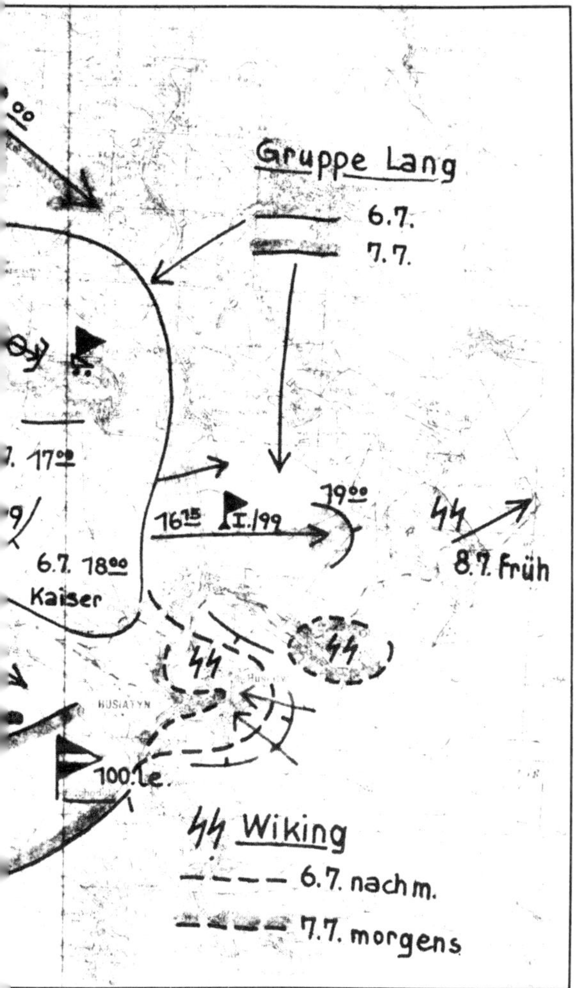

zwei Abschnitte deutlich erkennbar. In der Mitte des Korpsabschnitts und weiter nach Norden verläuft die Stalin-Linie hinter den natürlichen Hindernissen der Flüsse Wolk und Boh. Ihre Bedeutung wächst dadurch, daß sie sich in zahlreiche Weiher und Teiche erweitern. Letztere sind seit langem angestaut. Luftbildaufnahmen lassen erkennen, daß nur an ganz wenigen Stellen an einen Angriff gedacht werden kann. Das rechte Drittel des Korpsabschnittes weist kein Hindernis vor

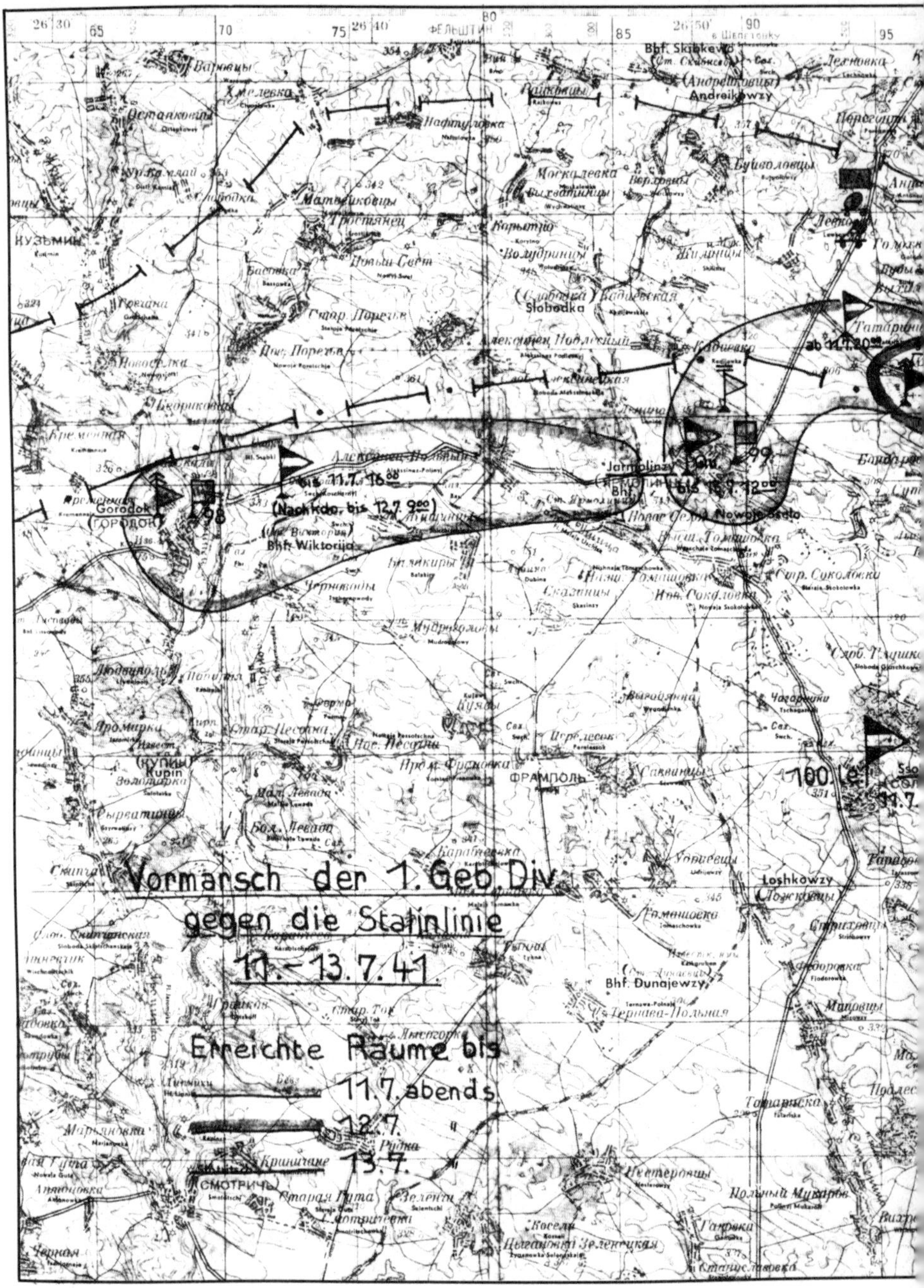

Vormarsch der 1. Geb. Div
gegen die Stalinlinie
10.–13. 7. 41
Erreichte Räume bis
11.7. abends
12.7.
13.7.
bis 11.7. 16⁰⁰
(Nachkdo. bis 12.7. 9⁰⁰)
bis 13.7. 12⁰⁰
ab 11.7. 20⁰⁰
Gorodok
Bhf. Wiktorija
Jarmolinzy
Slobodka
Andreikowzy
Bhf. Skibkewo
Kupin
Loshkowzy
Bhf. Dunajewzy
Nowoje Sselo

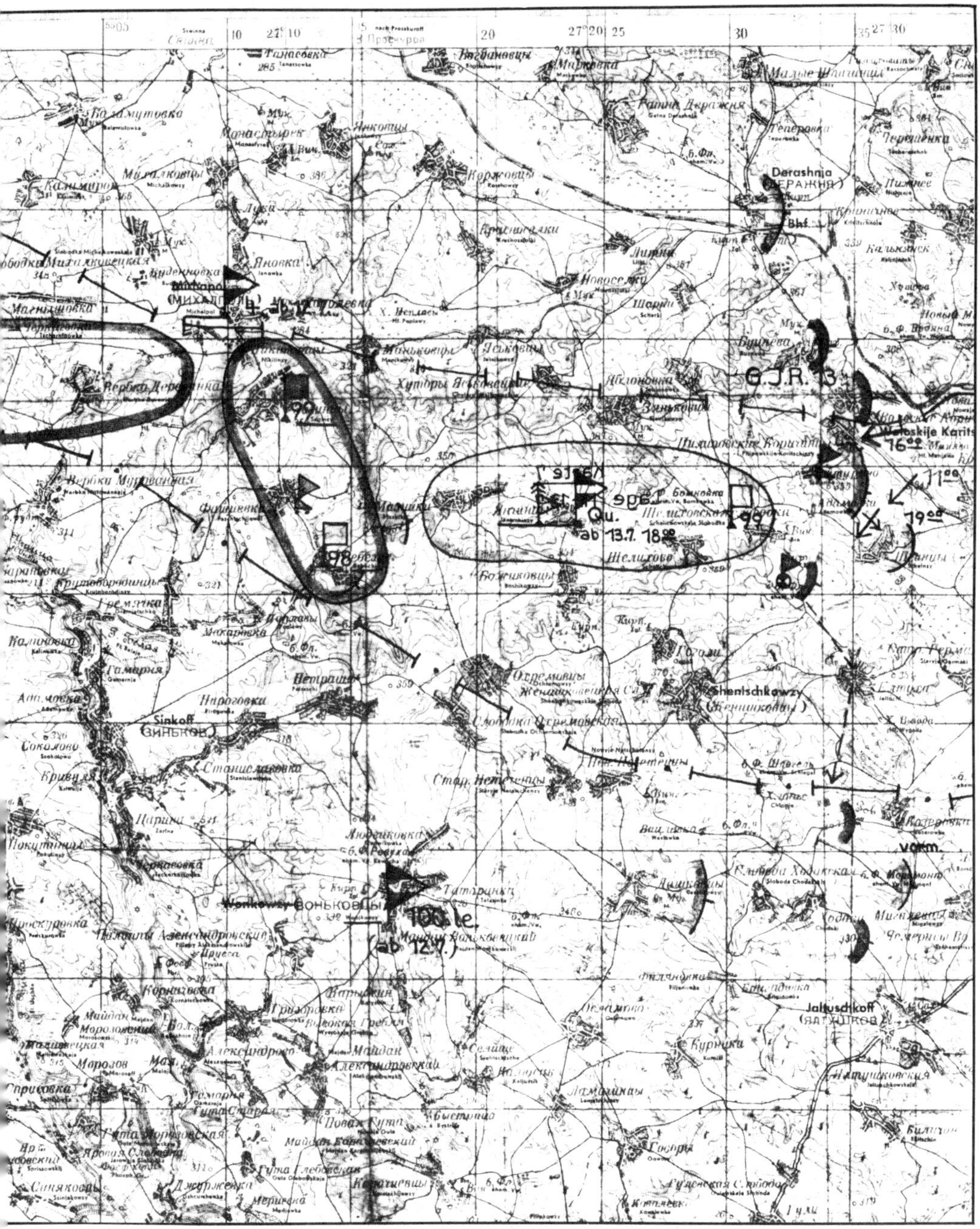

Vormarsch der 1. Gebirgs-Division auf die Stalin-Linie vom 11. bis 13. Juli 1941

der Stalin-Linie auf. Zum Ausgleich ist dieses Drittel - der Angriffsstreifen der beiden Gebirgsdivisionen - besonders mit Betonbunkern und Feldstellungen ausgebaut. Das Dorf Galusinzy scheint das Herzstück zu sein.

Ich habe mich daher entschlossen, die beiden Gebirgsdivisionen zu einem einheitlichen Durchbruch zusammenzufassen. Der Leichten Jägerdivision ist die Aufgabe zugedacht, durch Einzelunternehmungen gemischter Gefechtsgruppen den Feind in der Mitte zu fesseln und Angriffsabsichten vorzutäuschen. Mir kommt es darauf an, daß beide Gebirgsdivisionen dicht südlich und nördlich der Eisenbahnlinie derart nebeneinander angreifen, daß die Korpsartillerie sowohl bei der einen oder anderen Division wirksam eingreifen kann. Sie haben noch Zeit für weitere Erkundungen. Ich setze den Angriff auf den 15. Juli fest."[98])

Damit standen sich die Auffassungen des Kommandierenden Generals des XXXXIX. Gebirgs-Armee-Korps, General Kübler, und die des Kommandeurs der 1. Gebirgs-Division, General Lanz, über die Durchführung der Erstürmung der Stalin-Linie diametral entgegen. Verärgert erklärte General Lanz nach der Besprechung:

„Kübler ist stur! Er verlangt Frontalangriff! Ein Befehl nach der Karte. Na, wir werden sehen. Ich finde ein Loch in der Stalin-Linie! Gute Nacht!"

Und General Lanz fand tatsächlich diese Bresche in der Stalin-Linie, nachdem sich seine Jäger am 13. und 14. Juli an die Abwehrstellung der Russen herangeschoben hatten. Doch hören wir, wie er das „Problem" auf seine Weise löste:

„Um nun einen Frontalstoß gegen die - teilweise verdeckt liegenden - Bunker zu vermeiden", sagte General Lanz, „lasse ich gegen diese Front ein Täuschungsmanöver führen, während die Masse der Division den inzwischen erkundeten feindlichen Südflügel in einem gedeckten Bachgrund umgeht und auf diese Weise beinahe ohne Verluste in den Rücken der sowjetischen Stellung gelangt, um sie beim Ort Galusinzy von rückwärts her aufzurollen."

Der Plan von General Lanz gelang. Durch die Bresche in der Stalin-Linie schleuste er seine Gebirgsjäger-Regimenter 98 und 99. Bereits am Abend des 15. Juli 1941 stand die 1. Gebirgs-Division an dem vom XXXXIX. Gebirgs-Armee-Korps befohlenen Tagesziel, an der Straße Bar-Komorowzy-Wolkowinzy-Warinka. Entscheidenden Anteil am Durchbruch durch die Stalin-Linie hatte neben dem verst. III./Gebirgs-Jäger-Regiment 99 (Major Hörl), das als Sturmbataillon eingesetzt war, die Artillerie: nicht umsonst wird der 15. Juli 1941 in der Divisionsgeschichte der „Tag der Artillerie" genannt.

General Kübler, der General Lanz seine Anerkennung aussprach,

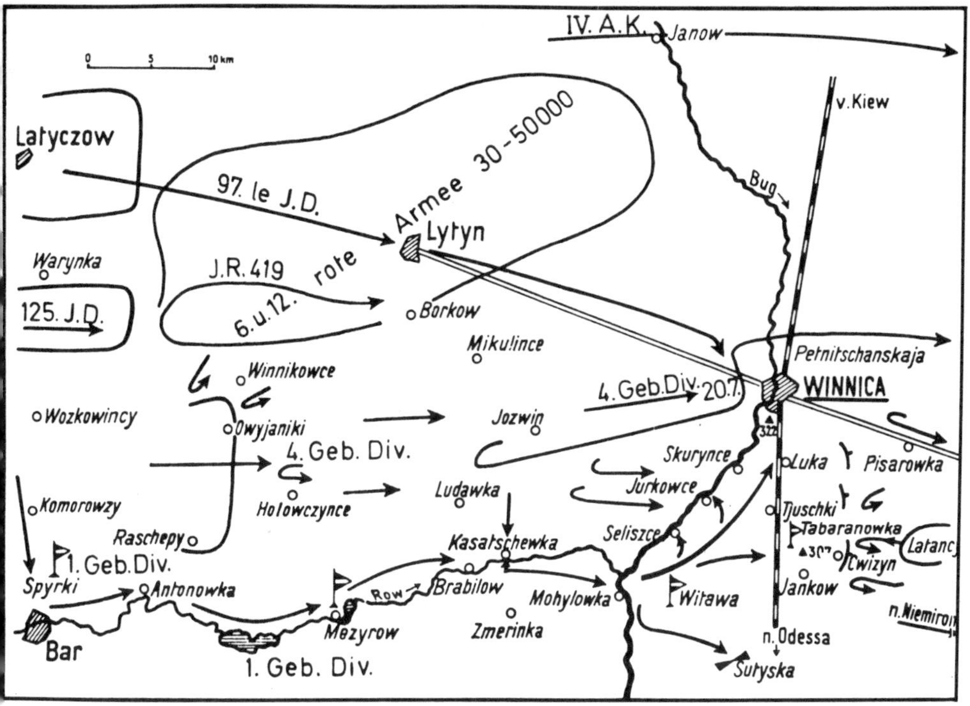

Vorstoß der 1. Gebirgs-Division vom Bug-Brückenkopf auf Winniza und Einschließungsoperation 16./20. Juli 1941

konnte es sich dennoch nicht verkneifen, einen Wermutstropfen in den Freudenbecher des Sieges zu gießen, indem er sagte:

„Sie haben meinen Befehl nicht befolgt."

General Lanz daraufhin:

„Ich habe die mir gestellte Aufgabe mit geringsten Verlusten gelöst. Darin sehe ich den Sinn einer verantwortungsbewußten Führung."

Der Sieg war groß. 40 Bunker der Stalin-Linie wurden geknackt, 8 Geschütze, 100 Maschinengewehre, 1 Panzer und 3 Flugzeuge wurden von der 1. Gebirgs-Division erbeutet. 286 Gefangene wurden eingebracht, rund 1000 tote Russen lagen in den zerschossenen Bunkern, in den Widerstandsnestern der russischen Verteidigungslinie, in den Feindstellungen und in den hohen Getreidefeldern. Die eigenen Verluste betrugen zwischen dem 15. und 16. Juli 1941: 9 Offiziere, 96 Oberjäger und Jäger; davon waren 5 Offiziere und 26 Oberjäger und Jäger gefallen.

Dem XXXXIX. Gebirgs-Armee-Korps und den ihm unterstellten

Divisionen war es gelungen, die Stalin-Linie an einem einzigen Tage in einer Breite von 22 Kilometern zu durchstoßen und damit zu Fall zu bringen. Damit war der Weg zum nächsten wichtigen Ziel, die Stadt Winniza und dem dortigen Bug-Übergang, frei.

Die Schlacht um Winniza

Winniza – Hauptstadt des ukrainischen Podolien und bedeutender Verkehrsknotenpunkt – war das nächste Ziel der Gebirgsjäger. Der Grund: Die deutsche Luftaufklärung hatte ergeben, daß sich noch ca. 30.000 bis 50.000 sowjetrussische Soldaten in den Wäldern westlich des Bug befanden. Diese sollten unter allen Umständen am Flußübergang gehindert werden.

Unverzüglich stieß die Vorausabteilung der 1. Gebirgs-Division gegen den Bug vor. Hören wir, wie General Lanz, der Kommandeur der Ersten, die Ereignisse um Winniza darstellte:

„Durch das Städtchen Bar – in dem die Bevölkerung bereits plündert – schiebt sich die Division durch den Row-Grund gegen den Bahnknotenpunkt Zmerinka vor, nimmt diesen den sowjetischen Nachhuten ab, dreht nach Nordwesten ein, um den Row-Abschnitt von Brailow in Richtung Winniza gegen den feindlichen Druck aus Norden abzuriegeln. Während unsere 98er und 99er, treu unterstützt von unserer Artillerie und den Pionieren, wiederholte russische Ausbruchsversuche abwehren, stößt die verstärkte Vorausabteilung Lang unter Mißachtung des ringsum stehenden Feindes über Luka an den Südrand von Winniza vor. Als ich dort mit Lang zusammen von einem hohen neuen Schulgebäude aus, das unter unangenehmem Beschluß liegt, die Lage erkunde, bietet sich ein überwältigendes Bild. Vor uns liegt die wie ausgestorben wirkende Stadt. Links davon ein Teil des großen Waldgeländes und dazwischen das schmale Band des Bug, über den eine Hauptbrücke führt. Um diese geht es jetzt. Dort muß den zurückströmenden russischen Kolonnen der Weg nach Osten verlegt werden. Au-

Oben: Der Kommandierende General des XXXXIX. Gebirgs-Armee-Korps, General der Gebirgstruppen Kübler, spricht dem Kommandeur der 1. Gebirgs-Division, Generalmajor Lanz, nach der Eroberung der Stalin-Linie seine Glückwünsche aus

Unten: General der Gebirgstruppen Ludwig Kübler, der Sieger der Umfassungsschlacht von Uman-Podwyssokoje, während des Rußlandfeldzuges

283

genblicklich hält eine unserer schweren Haubitzbatterien diese Brücke unter Beschuß, was jedoch die wild andrängenden roten Massen nicht abzuhalten vermag. Erst als es einem unserer Stoßtrupps gelingt, sich bis an die Brücke vorzuarbeiten, diese wenigstens teilweise zu sprengen und die Trümmerreste mit MG-Feuer zu sperren, beginnen sich die sowjetischen Kolonnen nach Norden zu verschieben.“[99])

Obwohl die sowjetischen Verbände überall aus dem Umschließungsring herausdrängten, hielt die lange, dünne Front der 1. Gebirgs-Division den wilden Anstürmen der Russen stand. Doch alle Anstrengungen der Gebirgsjäger wären vergebens gewesen, wenn nicht die Aussicht bestanden hätte, den Ring im Norden zu schließen und damit den Gegner ganz zu umfassen und zu schlagen.

In jener kritischen Situation war die 1. Gebirgs-Division auf sich allein gestellt, so daß es den Russen gelang, in unglaublich kurzer Zeit mit Behelfsmitteln den Bug zu überqueren. Die Erste stand allein auf weiter Flur. Sie nahm zwar Verbindung mit der 4. Gebirgs-Division und der im Norden stehenden 100. leichten Infanterie-Division auf, konnte aber den Übergang der Russen nicht verhindern.

„Im letzten Nahkampf bei einbrechender Dunkelheit erreichen sie um 21 Uhr am denkwürdigen 18. Juli die beiden Brücken von Winniza.“ So schilderte General Lanz die Lage um die Stadt und fuhr dann fort: „Die südliche der beiden Brücken haben die Sowjets in die Luft gesprengt. Die andere wird durch einen Volltreffer unserer Artillerie, der die russischen Sprengladungen trifft, stark beschädigt.“

Der General mußte zusehen, wie der feindliche Druck immer stärker wurde und wie die Russen sechs Kilometer nördlich von Winniza ungehindert über den rettenden Bug gehen konnten. Ohne ausreichende Unterstützung durch das XXXXIX. Gebirgs-Armee-Korps war er zur Untätigkeit verdammt.

Schweren Herzens verzichtete Lanz in dieser Lage darauf, den Angriff fortzuführen und den Gegner weiter zu verfolgen. Sein Befehl lautete daher:

„Abschnitt Nord: Vorausabteilung hält Stadt und Brücken von Winniza. Sie verhindert den Übergang des Feindes über den Bug.

Abschnitt Mitte: Gruppe 98 hält weiterhin ihre Front nach Ost und West.

Oben: Flakvolltreffer zerstört einen russischen Schlachtflieger

Unten: Notgelandeter Stuka

Abschnitt Süd: Gruppe 99 hält den Row-Abschnitt und sichert die Nachschubstraße!"

Über die Fernsprechleitung meldete General Lanz dem Kommandierenden General des XXXXIX. Gebirgs-Armee-Korps, General der Gebirgstruppen Kübler:

„Die Division hat die Grenze ihrer Leistungsfähigkeit erreicht. Mit äußerster Kraft erwehrt sie sich an einer 45 Kilometer langen Front feindlicher Angriffe von allen Seiten. Die Bugbrücken sind von uns gesperrt. Starke von Westen kommende Feindkolonnen drängen nach Norden. Erste Übergangsversuche bei Petnitschanskaja. Luftwaffeneinsatz dringend erforderlich. Wo bleibt die 24. Infanterie-Division? Wenn diese nicht binnen weniger Stunden eingreift, ist russischer Ausbruch nördlich Winniza unvermeidlich."

Kübler sagte zwar Hilfe zu, aber sie kam nicht an. Ungehindert überquerten die Sowjettruppen in der Nacht vom 19. zum 20. Juli 1941 den Bug nördlich von Winniza. Die Schlacht von Winniza hatte zwar wieder mit einem Sieg der Gebirgsjäger geendet – über 10.000 Gefangene fielen in deutsche Hand –, aber es war nicht zu verhindern gewesen, daß über 30.000 Mann der bereits eingeschlossenen sowjetischen 6. und 12. Armee aus der deutschen Umklammerung ausbrechen und nach Osten abziehen konnten. Und auch die empfindlichen deutschen Verluste dürfen nicht außer acht gelassen werden: Von Oleszyce bis Winniza verlor allein die 1. Gebirgs-Division 54 Offiziere und 1066 Unteroffiziere und Mannschaften.

Später sagte General Lanz zu den Kämpfen um jene russische Stadt:

„Was unsere Gebirgsjäger damals geleistet haben, gehört zum Besten ihrer ganzen Existenz."

Und General Kübler, der Kommandierende General des XXXXIX. Gebirgs-Armee-Korps, bemerkte zu den Kämpfen in seinem Kriegstagebuch:

„Der Abschluß der Schlacht von Winniza hat nicht den großen operativen Erfolg gebracht, der zum Greifen nahe lag. Zwar hat das Gebirgskorps einen Sieg errungen, aber der linke Zangenarm hat sich nicht geschlossen. Der ersehnte Vorstoß der Gruppe von Schwedler von Norden auf Winniza ist ausgeblieben. So war dem Feind ein Ausweg gelassen, den er geschickt zu nutzen verstand. Zwischen der 1. Gebirgs-Division und der Gruppe v. Schwedler wurden die Reste der 6. und 12. Armee aus der drohenden Umklammerung nach Nordosten geführt."

Auf den ersten Blick hat es den Anschein – vor allem dann, wenn man das Schlachtgeschehen nur vom Standpunkt der 1. Gebirgs-Division aus betrachtet, die im Mittelpunkt unseres Interesses steht –, als ob General Kübler nicht immer die richtigen Entscheidungen getroffen hätte. Dem muß entgegengehalten werden, daß sich Kübler, alles andere als ein Zauderer, nach den operativen Vorstellungen der übergeordneten 17. Armee (General von Stülpnagel) richten mußte. Diese Armee strebte in der Gesamtoperation der Heeresgruppe Süd größere Ziele an.

Die starken russischen Kräfte vor der Front der 6. und 17. Armee sollten durch frontales Zuschlagen gebunden und dann durch ein rückwärtiges Eindrehen der 1. Panzer-Armee (General von Kleist) im Raum von Uman eingekreist und vernichtet werden.

Im nächsten Abschnitt werden wir erfahren, inwieweit diese großartig angelegte Operation gelungen ist und ob sie den deutschen Truppen den erwarteten Erfolg gebracht hat.

Die Umfassungsschlacht bei Uman

Zwar verkündeten die Sondermeldungen laufend Siege bei den Heeresgruppen Nord, Mitte und Süd, aber der russische Gegner war dennoch nicht entscheidend geschlagen worden. So schrieb Generaloberst Franz Halder, der deutsche Generalstabschef, bereits am 11. August 1941 (51. Tag) in sein Kriegstagebuch:

„In der gesamten Lage hebt sich immer deutlicher ab, daß der Koloß Rußland ... von uns unterschätzt worden ist. Diese Feststellung bezieht sich ebenso auf die organisatorischen wie auf die wirtschaftlichen Kräfte, auf das Verkehrswesen, vor allem aber auf rein militärische Leistungsfähigkeit. Wir haben bei Kriegsbeginn mit 200 feindlichen Divisionen gerechnet. Jetzt zählen wir bereits 360. Diese Divisionen sind sicherlich nicht in unserem Sinn bewaffnet und ausgerüstet, sie sind taktisch vielfach ungenügend geführt. Aber sie sind da. Und wenn ein Dutzend davon zerschlagen wird, dann stellt der Russe ein neues Dutzend hin. Die Zeit dazu gewinnt er dadurch, daß er nah an seinen Kraftquellen sitzt, wir immer weiter von ihnen abrücken.

So ist unsere auf größte Breite auseinandergezerrte Truppe ohne jede Tiefe immer wieder den Angriffen des Feindes ausgesetzt. Diese haben teilweise Erfolg, weil eben auf den ungeheuren Räumen viel zu viele Lücken gelassen werden müssen.“[100])

So blieb den deutschen Divisionen nichts anderes übrig, als dem angeschlagenen, aber noch nicht bezwungenen Gegner pausenlos hinterherzueilen, immer weiter in die gewaltige Tiefe des russischen Raumes hinein, um ihn zu zwingen, Front zu machen und sich zum Kampf zu stellen. So kam es bei der 1. Gebirgs-Division zu fortlaufenden Verfolgungskämpfen: Über das von mongolischen Truppenteilen besetzte Brazlaw, dessen Einnahme von den Gebirgsjägern wieder bittere Opfer gefordert hatte; über Gaissin, das durch Umgehung zu Fall gebracht wurde (26. Juli); sowie zu der anschließenden überholenden Verfolgung über Ternowka (27. Juli) und Golowanesk, bis zum Ssinjucha-Abschnitt, bei der es wieder zu schweren krisenreichen Kämpfen kam.

Anfang August 1941 näherten sich die verfolgenden Divisionen des XXXXIX. Gebirgs-Armee-Korps – seit Lancut hatte es bereits 700 Kilometer Marschstrecke zurückgelegt! – dem Raum von Uman. Die Heeresgruppe Süd hatte in diesem Raum den dort vor ihrer Front versammelten russischen Kräften die Einschließung und Vernichtung zugedacht.

Höchste Leistungen wurden also von der Truppe und ihrer Führung gefordert, um das Ziel zu erreichen. General Kübler ging es nun darum, jedem Soldaten seines Korps klarzumachen, worum es ging. In einem Tagesbefehl unterrichtete er seine Kommandeure über die Gesamtlage und deren Auswirkungen auf das XXXXIX. Gebirgs-Armee-Korps:

„Vom Kriegsbeginn an mußten Tag für Tag die höchsten Anforderungen an die Truppe gestellt werden. Große Siege sind erfochten: Das XXXXIX. (Geb.)A.K. hat die russische Grenzstellung durchstoßen, die Panzerschlacht bei Jaworow siegreich durchfochten, Lemberg erobert, die Stalin-Linie durchbrochen, bei Winniza eine Armee nach Nordosten abgedrängt und den Durchbruch bei Gaissin erzwungen. Und doch heißt es im Korpsbefehl seit langem fast Tag für Tag immer wieder in eintöniger Wiederholung nur: ‚XXXXIX. (Geb.)A.K. setzt die Verfolgung fort.‘

Die Truppe, eingesetzt nach den im deutschen Heere für die Verfolgung geltenden Grundsätzen, leistet Unmenschliches. Sie hat große Opfer an Gefallenen und Verwundeten getragen, und nun müssen weiterhin alle Kräfte bis zum Äußersten angespannt bleiben, nachdem das Korps seit Winniza und Gaissin an der Spitze des Durchbruchkeiles weiten Vorsprung gewonnen hat. Da fragt sich jeder bei der Truppe: ‚Wie lange kann und muß das so weitergehen? Wird uns der Endsieg doch noch zufallen, oder werden alle bisherigen Siege und Anstrengungen ohne endgültige Krönung bleiben?‘ Manchen mag in Stunden der Erschöpfung ein stiller Zweifel beschleichen. Dies ist erklärlich, denn der Truppe fehlt naturgemäß der Überblick. Sie entbehrt daher des Ansporns, den die Gunst der Lage gibt. Ich will aber diese Kraftquelle nicht ungenutzt lassen und habe deshalb einen Überblick über die Lage in der Ukraine aufgestellt. Es ist meine feste und unerschütterliche Überzeugung, daß wir bei weiteren ähnlichen Leistungen wie bisher den Feind in der Ukraine in kurzer Zeit noch diesseits des Dnjepr völlig aufreiben werden. Daß diese Überzeugung im ganzen Korps Allgemeingut wird, ist der Zweck dieser Verfügung ..."[101])

Und es war, als wollten die Gebirgsjäger die Erwartungen ihres Kommandierenden Generals hinsichtlich ihrer Pflichterfüllung und der schwungvoll und kühn vorgetragenen Angriffe mehr als erfüllen.

Abermals, der Armeefront weit voraus, schloß das XXXXIX. Gebirgs-Armee-Korps gemeinsam mit Panzerkräften und anderen Verbänden im Osten und Süden den Ring um die sowjetische 6. und 12. Armee.

Doch lassen wir den Aufmarsch und die Vollendung der Einkesselung der sowjetischen Truppen bei Uman an Hand des Gefechtsablaufes der 1. Gebirgs-Division vor uns Revue passieren.

Am 2. August 1941 griff die Vorausabteilung Lang die aus dem Raum von Uman abfließenden Feindteile an, zerschlug diese und stellte am Ssinjucha, südlich von Ternowka, den Anschluß an die deutschen Panzerkräfte her. Der Ring um den Feind war damit geschlossen. Durch einen Angriff der Gebirgs-Jäger-Regimenter 98 und 99 nach Norden gewann die Division rechts den Anschluß an die 9. Panzer-Division und links an die 4. Gebirgs-Division. Tropische Hitze flimmerte über dem weithin offenen Gelände mit den großen Sonnenblumen- und Getreidefeldern. Durch die feindliche Artillerie gab es teilweise schwere Verluste.

Am 5. August wurde der Stoß nach Norden weitergeführt, doch gelang es der 4. Gebirgs-Division zur Linken nicht, Kopjenkowata zu nehmen. Dort saßen die Russen bis zum Halse eingegraben und wehrten sich erbittert. Doch lange konnte es nicht mehr dauern, bis der Überdruck den Kessel zum Bersten brachte. Vorsorglich wurde aus diesem Grunde hinter der deutschen Front eine Auffangstellung errichtet und die Artillerie nach der Tiefe gestaffelt.

Bereits in der folgenden Nacht, vom 6. zum 7. August, brachen in dicht massierten Haufen, angeführt von 10 Panzern, in denen sich auch der Stab der eingeschlossenen 6. Armee befand, an der Naht zur 4. Gebirgs-Division etwa 4000 Russen nach Süden aus. Trotz der tapferen Abwehr der Enzian-Division, vor deren Front Hunderte von Toten liegen blieben, gelang es Teilen der sowjetischen Verbände, bis zur Quartiermeister-Abteilung der 1. Gebirgs-Division in Semilowka durchzubrechen. Dort wurden die Russen allerdings gestellt und vernichtet.

Beträchtlich waren aber auch die Verluste der Gebirgs-Jäger-Regimenter 91 und 13 der 4. Gebirgs-Division, über die der Sturm hinweg-

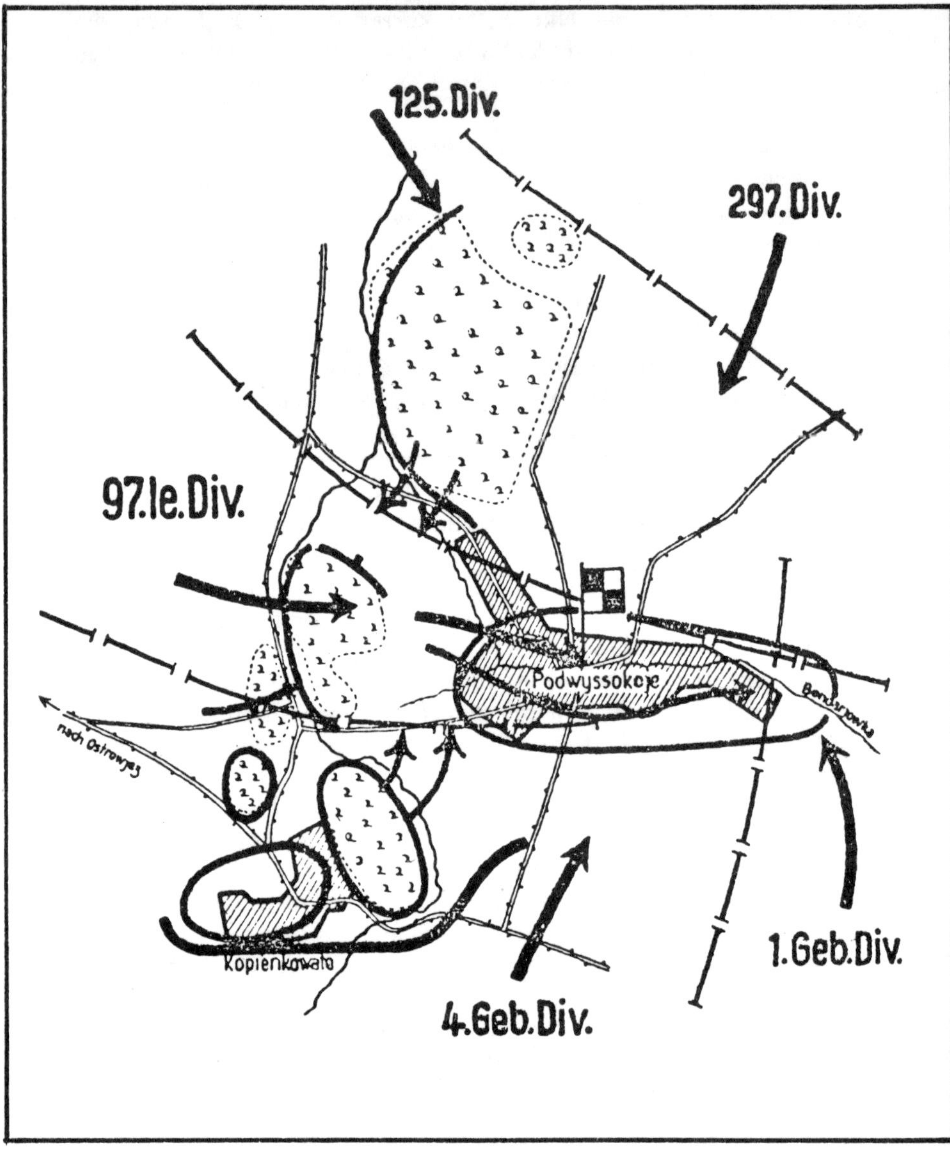

Die Korpsschlacht von Podwyssokoje bei Uman 1941

gebraust war. Doch lesen wir, wie General Lanz den weiteren Verlauf der Umfassungsschlacht bei Uman aus der Sicht des Kommandeurs der 1. Gebirgs-Division schildert:

„In der Nacht zum 7. August unternimmt der verzweifelt kämpfende Russe einen erneuten Ausbruchsversuch, diesmal nach Osten, wo er am Ssinjucha unter dem Feuer der Panzer und der SS-Wiking zusammenbricht.

In den Morgenstunden des 7. August stürmt das Batl. Hörl die Widerstandsnester in der Ortsmitte. Fleischmann stößt darüber hinaus mit seinem I./99 an den Westrand von Podwyssokoje vor, den er gegen 8 Uhr vormittags erreicht. Die Gruppe v. Stettner (Rgt. 91) gewinnt ebenfalls den Südwestteil des Ortes. Damit bricht der Widerstand des Feindes endgültig zusammen. Die Zahl der Gefangenen und die Beute wachsen stündlich. Als das Korps am Mittag den Sturm auf Podwyssokoje befiehlt, ist die Schlacht bereits gewonnen. 22.000 Gefangene, darunter 3 Generale, über 100 Geschütze aller Kaliber und etwa 50 Kampfwagen werden eingebracht. Die Masse der Roten 6. und 12. Armee ist vernichtet. Die Einkreisungsschlacht ist zu Ende."[102)]

Insgesamt hatte das XXXXIX. Gebirgs-Armee-Korps in der Kesselschlacht von Uman-Podwyssokoje etwa 60.000 Gefangene, darunter die Oberbefehlshaber der sowjetischen 6. und 12. Armee, eingebracht. Entscheidenden Anteil daran hatten die 1. und die 4. Gebirgs-Division sowie die sich zu den Gebirgsverbänden zählenden „Spielhahnjäger" der 97. leichten Infanterie-Division, die unter General Kübler im Rahmen der Operation der Heeresgruppe Süd mit den anderen Verbänden die „klassische Korpsschlacht" von Podwyssokoje geschlagen hatten.

Der Sieg von Uman-Podwyssokoje mußte vom XXXXIX. Gebirgs-Armee-Korps aber auch teuer bezahlt werden. Vom Beginn der Verfolgungskämpfe ab Winniza bis zur Bereinigung des Kessels von Podwyssokoje betrugen die Verluste 157 Offiziere, 4861 Unteroffiziere und Mannschaften. Die 1. Gebirgs-Division verlor allein 28 Offiziere und 731 Unteroffiziere und Mannschaften, davon 22 Offiziere und 514 Unteroffiziere und Mannschaften während der Schlacht um Podwyssokoje.

Als äußeres Zeichen des Sieges trugen die Soldaten des XXXXIX. (Geb.)A.K. drei Tage lang den grünen Bruch* an der Bergmütze.

Der Armee-Tagesbefehl des Oberbefehlshabers der 17. Armee vom 9. August 1941 lautete:

* Ein kleiner Eichenzweig am metallenen Edelweiß-Abzeichen.

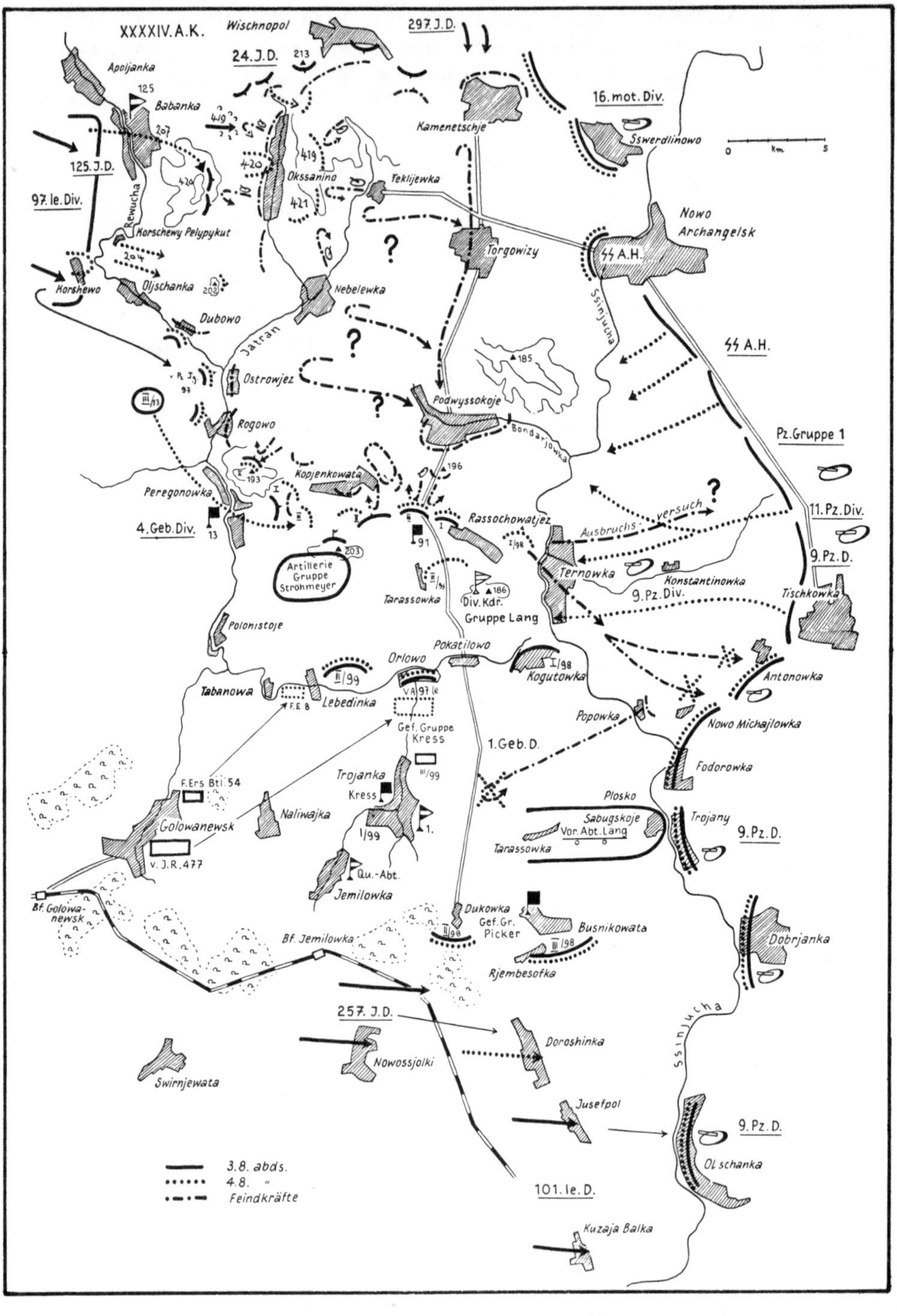

Die Lage im Südabschnitt der Ostfront am 3./4. August 1941

„Die Armee hat im Zusammenwirken mit der Panzer-Gruppe 1 den bisher vor ihrer Front befindlichen Feind, die russische 6. und 12. Armee, in den Kämpfen um Uman eingeschlossen und vernichtet.

Die Zahl der Gefangenen beträgt 100.000 Mann. Hiervon sind über 62.000 Mann bei der 17. Armee eingebracht, darunter der Oberbefehlshaber der 6. russischen Armee. Die blutigen Verluste des Gegners sind überaus hoch.

Über 100 Kampfwagen, 450 Geschütze und unzähliges Kriegsgerät sind in die Hand der Armee gefallen. Die bisherigen Erfolge der Armee haben damit einen für die gesamten Operationen entscheidenden siegreichen Abschluß gefunden. Die Opfer und Anstrengungen sind nicht umsonst gewesen. Im ganzen hat die 17. Armee seit Kriegsbeginn 90.000 Gefangene eingebracht und 780 Panzerkampfwagen und 950 Geschütze erbeutet.

Voll Stolz dürfen alle Führer und Truppen auf ihre Leistungen zurückblicken. Ihnen allen gilt mein wärmster Dank und meine vollste Anerkennung.

gez. v. Stülpnagel."

Die Ruhezeit währte nicht lange. Bald darauf standen die Gebirgsjäger, ca. 350 Kilometer von Uman entfernt, am mächtigen Dnjepr, dessen Flußbett mit seinen zahlreichen Wasserarmen, Inseln und Auen den Gebirgsjägern einen einmaligen Anblick bot.

Die Eroberung des Donezbeckens

Im Herbst 1941 begann der Angriff auf das Donezbecken, der das südrussische Industriegebiet in deutschen Besitz bringen sollte. Vorausgegangen war ein Streit um den Schwerpunkt der weiteren Angriffsoperationen im Osten. Gegen den Willen und Vorschlag des Oberbefehlshabers des Heeres, von Brauchitsch, und des Chefs des Generalstabes des Heeres, Halder, die zuerst die Hauptkräfte des Gegners vor seiner Hauptstadt Moskau zur Entscheidungsschlacht zwingen wollten, befahl Hitler den Angriff auf das Industriegebiet im Donezbecken. Die Rohstofffrage war inzwischen nämlich zu einem der brennendsten Probleme der deutschen Kriegführung geworden.

Hitlers neue Strategie im Rußlandfeldzug lautete daher: Alles Bewegliche in Richtung Süden, in die Ukraine, in das Donezbecken, gegen Rostow!

„... Das wichtigste noch vor Einbruch des Winters zu erreichende Ziel", so hieß es in der Führerweisung vom 21. August 1941, „ist nicht die Wegnahme von Moskau, sondern die Wegnahme der Krim! Gleichzeitig die Eroberung des Industrie- und Kohlegebietes am Donez, die Abschnürung der russischen Ölzufuhr aus dem Kaukasus ...

... Die Wegnahme der Halbinsel Krim ist von allergrößer Bedeutung für unsere Ölversorgung aus Rumänien!"

Mit dieser „Führerweisung" war der Schwerpunkt der Operationen im Rußlandfeldzug nach dem Süden und Südosten verlegt worden.

In der Nogaischen Steppe

Es war Mitte August 1941. Der Weg der 1. Gebirgs-Division bis zu den Winterstellungen am Mius war noch weit: 1000 Kilometer weiter im Osten - dazwischen weitere Gefechte und Schlachten, die an der Substanz der Division zehrten. Am 20. August betrug die Verpflegungsstärke der 1. Gebirgs-Division: 437 Offiziere, 79 Beamte, 2402 Unteroffiziere, 14.883 Mannschaften, sowie 6847 Pferde und Tragtiere. Doch die Gefechtsstärke der Division betrug nur noch: 264 Offiziere, 4 Beamte, 1778 Unteroffiziere, 11.590 Mannschaften, sowie 5945 Pferde und Tragtiere.

Nach einigen mehr oder weniger schweren Gefechten bei Wladimirowka, wobei die 1. Gebirgs-Division von der 17. Armee zur südlich angrenzenden 11. Armee (zuerst Generaloberst Ritter von Schobert, dann General von Manstein) überwechselte, erreichten die Gebirgsjäger den gewaltigen Dnjepr.

Wie eine unüberwindliche Wasserbarriere lag der zweitgrößte Strom des europäischen Rußlands vor den Deutschen, die den Strom überschreiten mußten, wenn sie erfolgreich mit ihren Truppen in den Rücken des bei Kiew eingeschlossenen Feindes stoßen wollten.

Voraussetzung dazu war ein Dnjepr-Brückenkopf. Das XXX. Armee-Korps erhielt den Auftrag, den Dnjepr-Übergang zu erzwingen. Die Vorbereitung und Planung lag beim Gebirgs-Pionier-Regiments-Stab 620. Der Pionierführer des XXXXIX. Geb.-A.K. war Oberst Zimmer, sein Ablaufoffizier Major Oberndorfer.

Am 2. September wurde nach eingehenden Vorbereitungen, um das Risiko, das in solch einem gewaltigen Unternehmen lag, auf ein Minimum zu begrenzen, vom XXX. A.K. der „Befehl für den Brückenschlag über den Dnjepr in der Nacht vom 2./3. September 1941" herausgegeben:

„1. Geb.Pi.Rgt. 620", hieß es in dem Befehl, „schlägt vom 2./3. September eine 8-t-Kriegsbrücke über den Dnjepr bei Berislaw. Brückenstelle an der alten russischen Fährstelle.
2. Kräfte: Es stehen zur Verfügung: Pionierbataillone 46, 54, 240, 10. rum. Brückenkompanie.
3. Aufgaben: Pi.Batl. 46 baut die diesseitige und jenseitige Landbrücke, steckt die Brückenlinie, Ankerlinien (50 und 100 m), die Vorwarnlinie aus und sorgt für Laternenbeleuchtung. 10. rum. Br.Kp. fährt die Fähren 4–21 ein. Es wird mit 6-fach Fähren eingefahren. Geb.Pi.Batl. 54 fährt die Fähren 22–35 ein. Pi.Btl. 240 fährt die Fähren 36–54 ein. Außerdem hält das Pi.Btl. 240 zur Verfügung des Regiments 2 Züge zur Verkehrsregelung bereit..."

Trotz pausenloser Störmanöver der Russen, denen der gewaltige Brükkenschlag trotz aller geschickter Tarnmaßnahmen der Deutschen nicht verborgen geblieben war, durch Bomber, die in dichten Pulks von Osten her die Brückenstelle angriffen, und trotz Beschusses durch Artillerie gelang es den Pionieren, die rund 480 Meter lange Pontonbrücke - bestehend aus 116 Pontons zu 58 Fähren - in einer einzigen Nacht einzufahren.

Dieser Brückenschlag über den Dnjepr bei Berislaw bildete im Zweiten Weltkrieg die absolute Spitzenleistung der deutschen Pioniertruppe im Brückenbau.

Entscheidenden Anteil daran hatten auch die Gebirgspioniere der 1. Gebirgs-Division. In der Nacht vom 7. zum 8. September passierte als erstes der Division das Gebirgs-Jäger-Regiment 98 die lange, schwankende Brücke über den bis zu 17 Meter tiefen Strom im feindlichen Granatfeuer. Am 9. September 1941 wurde der Dnjepr von den übrigen Marschkolonnen überschritten.

Nach dem erzwungenen Flußübergang betraten die Gebirgsjäger im Verband der 11. Armee die unendliche Weite der Nogaischen Steppe. Bald schon kam es, nachdem der Brückenkopf von Berislaw-Kachowka auf eine Tiefe von 20 Kilometern nach Süden und um 30 Kilometer nach Osten ausgedehnt worden war, zu ersten Feindberührungen mit dem stützpunktartig in Gehöften und Heckenreihen verschanzten Feind. Über den ersten Gefechtstag ostwärts des Dnjepr findet sich in einem Gefechtsbericht der 1. Gebirgs-Division folgende Eintragung:

„Aus der leicht gewellten Niederung des Dnjepr mit ihren fruchtbaren Gärten treten die Jäger weit entwickelt ihren Angriff in die Steppe hinein an. Als einziger Anhalt für die Orientierung tauchen einsam im Sommerflimmern des Horizonts ein Gehöft, bald das Gerüst eines

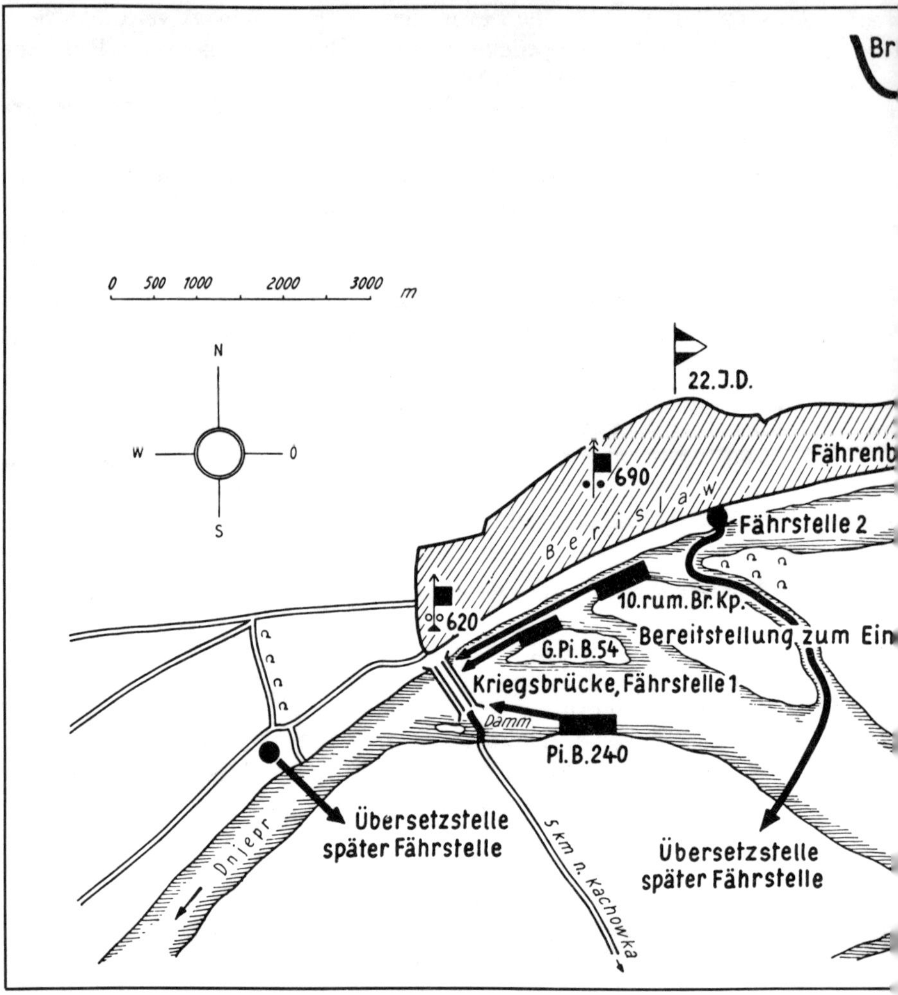

Übergang über den Dnjepr

Brunnengöpels oder ein verdorrter Busch auf. Trügerische Luftspiegelungen verzerren die Wirklichkeit. Sie täuschen uns Nebelbänke und Seenflächen vor. Jede Schätzung ist erschwert. Die Entfernungen trügen, wenngleich weit entfernte Ziele für das Auge greifbar nahe erscheinen. Die Beobachtung unseres Artilleriefeuers stößt in der eintönigen Fläche auf besondere Schwierigkeiten. Auf den Feldwegen wirbeln Mann und Wagen riesige Staubwolken auf. Sie lenken die Auf-

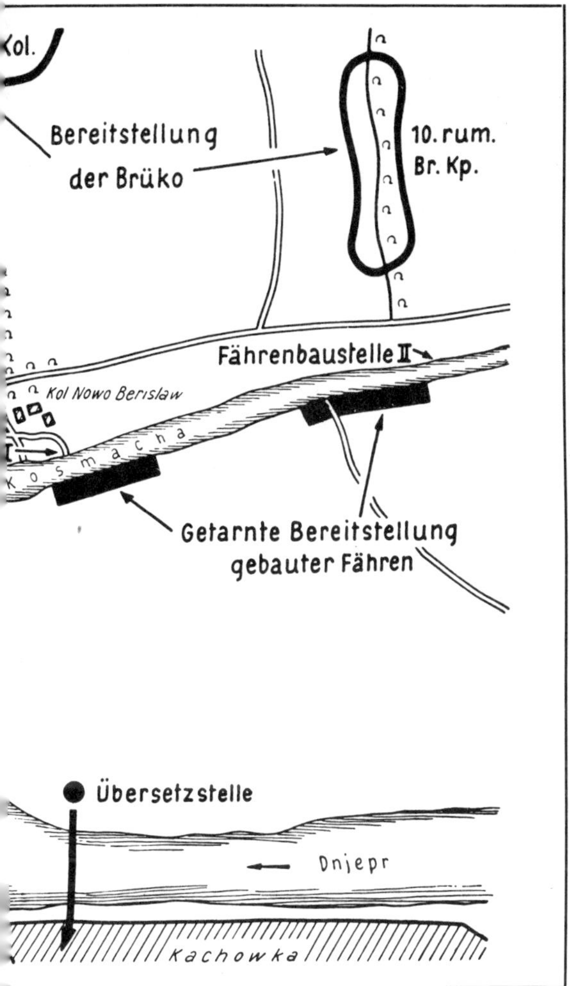

merksamkeit des feindlichen Fliegers auf jede Bewegung. Das erste Gefecht zeigt die Unzulänglichkeit des Kartenmaterials. Eingezeichnete Ortschaften sind nicht vorhanden, vorhandene sind nicht eingezeichnet. Ähnlich steht es mit den Wegen. Auch hier ist kein Verlaß. So bleibt der Kompaß neben dem nächtlichen Sternenhimmel das einzige verläßliche Orientierungsmittel. Der Kilometerzähler bietet dem Kraftfahrer einen weiteren Anhalt."

Immer neue Namen und Gefechtsbezeichnungen tauchten auf – sie alle detailliert zu beschreiben, würde das Buch bei weitem sprengen. Dazu zählt auch die Einleitung und der Abschluß der Korpsschlacht von Antonowka, die als die erste Schlacht zu bezeichnen ist, die von den Gebirgsjägern in der heißen, baumlosen Nogaischen Steppe gewonnen wurde, die aber nicht, wie das Kriegstagebuch des XXXXIX. Geb.-A.K. vermerkt, „zur Vernichtung des Feindes geführt hat".

Welchen Eindruck hinterließ nun dieses weite, faszinierende russische Land auf die vorrückenden Gebirgsjäger? Hören wir, wie einer der deutschen Generale den Eindruck, den Rußland auf ihn machte, treffend schilderte:

„Der Raum schien endlos, der Horizont verschwommen. Die Eintönigkeit der Landschaft und die Unermeßlichkeit der Wälder, Sümpfe und Steppen drückte uns nieder. Gute Straßen gab es selten, schlechte dafür um so mehr, während der Regen Sand oder Lehm rasch in Morast verwandelte. Die Dörfer sahen erbärmlich und melancholisch aus mit ihren strohgedeckten Holzhütten. Die Natur war hart, und mittendrin stand der Mensch ebenso hart und gefühllos, gleichgültig gegen Wetter, Hunger und Durst, und beinahe ebenso gleichgültig gegenüber Leben und Verlusten, Krankheit und Hungersnot. Der russische Zivilist war zäh und der russische Soldat noch zäher. Er schien eine grenzenlose Fähigkeit zum Gehorsam und Aushalten zu haben."[103)]

Mit einem solchen Land und einem solchen Gegner hatten es also die Gebirgsjäger zu tun, dessen Härte, ja Grausamkeit den alpenländischen Bewohnern schon auf Grund ihrer Mentalität und Erziehung fremd war. Nicht nur die physischen Strapazen machten den Gebirgsjägern zu schaffen, viel schlimmer noch waren die psychischen Nöte, in die sie durch die grausame Kampfweise der Sowjettruppen gerieten.

Am 13. September 1941, an dem Tag, an dem die Gebirgsjäger noch das Schlachtfeld von Antonowka aufräumten, notierte Udo von Alvensleben in seinem „Tagebuch im Kriege":

„Wir setzen den Angriff bei Morgengrauen fort ... In allen Dörfern massenhaftes zerstörtes Kriegsmaterial, Leichen, tote Pferde. Häuser und Fahrzeuge brennen noch. Einwohner plündern, verraten nützlicherweise, wo die abziehenden Russen Sprengungen vorbereiteten. So bleiben Bauten und Anlagen erhalten, die Vorräte unbeschädigt, lange Kolonnen russischer Zivilisten marschieren uns entgegen. Sie werden zu Arbeitsbataillonen zusammengefaßt. Nach Westen sichern Spähtrupps ..."[104)]

Während die Septembertage vom 1. bis 18. für die 1. Gebirgs-Division von den Kämpfen in der Nogaischen Steppe erfüllt waren, standen die Tage vom 19. September bis zum 3. Oktober 1941 im Zeichen der erbitterten Kämpfe am Panzerabwehrgraben von Timoschewka, wo die Sowjetrussen eine starke Abwehrstellung errichtet hatten.

Bis zum Abend des 19. September hatte die Aufklärung festgestellt, daß der Panzergraben überall besetzt und durch starke Artillerie abgeschirmt war. Daraufhin befahl das XXXXIX. Gebirgs-Armee-Korps für den 20. September den Angriff auf den Panzerabwehrgraben von Timoschewka.

Der Angriffsbefehl der 1. Gebirgs-Division lautete dementsprechend:

„... 1. Feind hält Panzerabwehrgraben und Stellungen westlich Timoschewka. (Auch feindliche Artillerie.) Feindliche Vorstöße aus Richtung Malaja Belosjorka wurden von Geb.Jäg.Rgt. 98 abgewiesen. Rechts erreichte 170. Inf.Div. Uspenskaja, links 4. Geb.Div. Raum 5 km ostwärts Boljschaja Belosjorka.

2. 1. Geb.Div. durchbricht aus dem Raum Mogila Dolgaja als Schwerpunktdivision des Korps mit den Gefechtsgruppen Kreß und Picker die feindliche Stellung und nimmt Timoschewka von Norden. Schwerpunkt liegt auf den beiden inneren Flügeln der Gefechtsgruppen Kreß und Picker.

170. Inf.Div. übernimmt Schutz der rechten Flanke der Division, 4. Geb.Div. setzt sich am 20. September in den Besitz von Malaja Belosjorka und verhindert Feindeinwirkung von dort gegen linke Flanke der Division.

3. Es greifen an: rechts Gefechtsgruppe Kreß, links Gefechtsgruppe Picker ...

4. Zeitliche Regelung des Angriffs: 20. September ab 9 Uhr Bekämpfung der feindlichen Artillerie und erkannter Ziele durch die Artillerie. 10 Uhr Einbruch in die feindliche Stellung.

5. Artillerie: Gruppe Winkler: III./Geb.Art.Rgt. 79, IV./Geb.Art.Rgt. 79, rum. s. Art.Abt. 57 unterstützt den Angriff der Gefechtsgruppen Kreß und Picker. Sie bekämpft erkannte feindliche Ziele im beobachteten Wirkungsfeuer und die feindliche Artillerie. Die Gebirgsartillerieabteilungen bleiben auf unmittelbare Zusammenarbeit mit den Gefechtsgruppen Kreß und Picker angewiesen.

6. Gefechtsgruppe Lang ohne 10./Geb.Art.Rgt. 79 sichert linke Flanke der Division und hält hierzu Verbindung mit dem rechten Flügel der Gefechtsgruppe Picker und dem linken Flügel der 4. Geb.Div. Sie erreicht mit Fortschreiten des Angriffs den Panzerabwehrgraben bei Mogila Dolgenjka.

7. Geb.Jäg.Feld-Ers.Batl. 54 bleibt zur Verfügung der Division in Gawrilowka und hält sich zum Vorgehen in nordostwärtiger Richtung bereit.
8. Pioniere und Flakschutz wie bisher.
9. H. V. Pl. Gawrilowka, später Timoschewka.
Pf. Sa. Pl. Gawrilowka, später Timoschewka.
10. Nachrichtenverbindung: Geb.Na.Abt. 54 hält Fernsprechverbindung zu Gefechtsgruppe Kreß, Picker, Geb.Jäg.Feld-Ers.Batl. 54 und Artilleriegruppe Winkler, Funkverbindung zu Gefechtsgruppen Kreß, Picker und Lang und Artilleriegruppe Winkler.
11. Div.Gef.Stand: Führungsabteilung Gawrilowka, Quartierabteilung 20. September, 17 Uhr, Mentschekur.

Lanz."

Nach der üblichen Feuervorbereitung griffen die Gebirgsjäger am 20. September schwungvoll an und drangen nach harten Nahkämpfen schließlich in das Grabensystem ein. Von der Härte der verlustreichen Kämpfe am Panzergraben von Timoschewka berichtet unter anderem auch eine Meldung des Kommandeurs der 1. Gebirgs-Division, General Lanz, an den Kommandierenden General des XXXXIX. Gebirgs-Armee-Korps, General Kübler:

„Der heutige Angriffstag war der bisher schwerste Gefechtstag. Er übertrifft nach den Meldungen der Kommandeure den Kampf um Podwyssokoje. Die Verluste sind hoch. Die feindliche Artillerie wird auf 12 Batterien geschätzt. Der Munitionseinsatz des Feindes ist erheblich. Die feindliche Stellung hat sich als ein tiefausgebautes, ausgezeichnet getarntes Verteidigungssystem erwiesen. Etwa alle 10 Meter ist ein Schützennest, das einzeln im Feuer feindlicher Scharfschützen angegriffen werden muß. Nach dem bisherigen Feindbild besteht der Eindruck, daß der Gegner mit starken Nachhuten das Absetzen seiner Hauptkräfte decken will."

Und so war es in der Tat. Nachdem die Sowjets den Gebirgsjägern abermals schwere Verluste zugefügt hatten, setzten sie sich kämpfend ab.

In Rußland . . .
. . . ist es Winter geworden

DER KOMMANDIERENDE GENERAL
DES III. PZ. KORPS

K. GEF. STD., DEN 30. MAI 1942

AN DIE 1. GEBIRGS-DIVISION

DIE RUHMREICHE 1. GEBIRGS-DIVISION SCHEIDET MIT DEM HEUTIGEN TAGE, WIE ICH ZUVERSICHTLICH HOFFE, NUR VORÜBERGEHEND AUS MEINEM BEFEHLSBEREICH AUS. WÄHREND IHRER LEIDER NUR KURZEN ZUGEHÖRIGKEIT ZUM III. PANZER-KORPS HAT DIE DIVISION SCHWERE, ABER AUCH STOLZE TAGE ERLEBT UND LORBEER AN IHRE SIEGEWOHNTEN FAHNEN UND STANDARTEN GEHEFTET. OSSADTSCHIJ, NOWO BACHMETJEWO, BARWENKOWO UND VOR ALLEM DIE IN ANGRIFF UND ABWEHR, SCHWEREN, HARTEN KAMPFTAGE AUF DEM SCHLACHTFELD NÖRDLICH DER BEREKA IN DER KESSELSCHLACHT SÜDLICH CHARKOW, DIE ZU EINEM WAHREN VERNICHTUNGSSIEGE GEFÜHRT HAT, SIND UNVERGÄNGLICHE RUHMESBLÄTTER DER DIVISION, DIE IM GANZEN DEUTSCHEN HEERE EINEN EINMALIGEN KLANG HAT.

UNAUSLÖSCHLICHER DANK ERFÜLLT MICH GEGEN DIESE HERRLICHE TRUPPE UND IHREN KOMMANDEUR MEINE HEISSEN WÜNSCHE BEGLEITEN SIE IN IHR FERNERES KRIEGERISCHES SCHICKSAL. ICH WÜNSCHE DER BRAVEN TRUPPE NACH ABSCHLUSS DER JETZIGEN KÄMPFE EINE WOHLVERDIENTE RUHE- UND AUFFRISCHUNGSZEIT. IHR ZU DIESER ZEIT ZU VERHELFEN WIRD MEIN ERNSTES BESTREBEN BLEIBEN.

DAS DEUTSCHE VOLK KANN STOLZ AUF SEINE SÖHNE IN DER 1. GEBIRGS-DIVISION SEIN!

HEIL GEBIRGSJÄGER

GEZ. VON MACKENSEN
GENERAL DER KAVALLERIE

Die Stimmung war nicht gerade die beste, als die Gebirgstruppe nach anstrengenden Kämpfen in genauso anstrengenden Gewaltmärschen dem Gegner buchstäblich hinterherlief.

Dennoch marschierten die Jäger unverdrossen weiter in Richtung Südosten - wachgehalten allein von dem Gedanken, daß ihr Eintreffen und ihr Einsatz gegen die sowjetischen Verbände auf der Krim schon dringend erwartet wurden.

Inzwischen war das deutsche XXXXIX. Gebirgs-Armee-Korps vom rumänischen Gebirgs-Korps, darunter die 2. und 4. rumänische Gebirgs-Brigade, in den Stellungen am Panzerabwehrgraben von Timoschewka abgelöst worden.

Um so härter und ernüchternder traf die Gebirgsjäger der Befehl zum Rückmarsch in die alten Angriffsräume. Fast unbemerkt für die kämpfende Truppe war bei den Stäben indessen eine wichtige Entscheidung gefallen: Das XXXXIX. Gebirgs-Armee-Korps, und damit die 1. Gebirgs-Division, wurde nicht, wie ursprünglich vorgesehen, mit der 11. Armee zum Kampf auf die Halbinsel Krim angesetzt, sondern nach Osten eingedreht.

Die Truppe war erschöpft - physisch und psychisch. Und dennoch mußte sie sich aufraffen und dem Feind Paroli bieten, um den um Balki durchgebrochenen Gegner zu zerschlagen. Bis zum 4. Oktober waren endlich auch die letzten hintereinander angelegten Panzerabwehrgräben genommen.

Unverzüglich wurde trotz aller Müdigkeit und Abgeschlagenheit die Verfolgung des Feindes aufgenommen.

Im Donezgebiet

Die Panzergruppe Kleist hatte mit dem III. und XIV. Panzerkorps, das später noch durch das XXXXIX. Gebirgs-Armee-Korps und die 1. SS-Panzer-Division „Leibstandarte“ verstärkt wurde, Anfang Oktober 1941 den Befehl erhalten, „das Industriegebiet am Donez“ - das „Ruhrgebiet der Sowjetunion“ - „so bald als möglich in Besitz zu nehmen und alsdann auf Rostow weiter zu stoßen“, um dort eine günstige Ausgangsstellung für eine Operation gegen den Kaukasus „zur Abschnürung der russischen Ölzufuhr“ zu schaffen.

Dankadresse des Kommandierenden Generals des III. Panzer-Korps, General der Kavallerie von Mackensen, an die 1. Gebirgs-Division

Zuerst galt es, den Widerstand der sowjetischen 9. und 18. Armee am Asowschen Meer zu brechen. In der Schlacht von Mogila Tokmak zwischen dem 4. und 10. Oktober zeichneten sich die Gebirgsjäger abermals aus.

„Durch unsere Artillerie und den Anblick der vorgehenden Jäger erschüttert", so Lanz, „weicht der Gegner zurück. Bilder völliger Kopflosigkeit und Verwirrung werden sichtbar. Vom Mogila Tokmak, einem aus der Ebene aufragenden felsigen Hügel aus, liegt alles wie ein Schlachtenpanorama vor uns. Zwischen brennenden Ortschaften zieht russische Infanterie in geschlossener Ordnung, die Offiziere zu Pferd, ziellos hin und her. Auffahrende Artillerie wird von unseren Geschützen vor unseren Augen zusammengeschossen. Herrenlose Pferde galoppieren durcheinander. Fahrkolonnen suchen in Hast eine schützende Deckung. Doch lange dauert diese Tragödie nicht. In dieser Lage sind selbst die Kommissare machtlos. Die Truppen ergeben sich."[105])

Nach dem Ende der Schlacht am Asowschen Meer, bei der 212 Panzer und 672 Geschütze erbeutet wurden, dankte General Kübler in einem Tagesbefehl seinen Soldaten:

„. . . Der Feldzug am Dnjepr ist siegreich beendet. Die 9. und 18. russische Armee sind vernichtet. In dieser Schlacht der fünf Wochen habt Ihr in Angriff, Abwehr und Verfolgung schier Unmenschliches geleistet. Bei Antonowka habt Ihr den Ring des Feindes um den Brückenkopf gesprengt. Bei Timoschewka habt Ihr seine Angriffsvorbereitungen im Sturm zerschlagen. Bei Belosjorka habt Ihr ungezählte wütende Angriffe abgeschlagen und im Gegenangriff den Feind geworfen, als höchste Gefahr für die Armee drohte und der Feind schon triumphierte. Bei Mogila Tokmak endlich habt Ihr den fliehenden Feind gestellt und endgültig vernichtet. Der 100.000. Gefangene des Korps im Ostfeldzug wurde eingebracht. Ich danke Euch allen von ganzem Herzen. Ihr habt Euch selbst übertroffen. Nur mit schweren Opfern konnte der vielfache Sieg errungen werden. Wir gedenken in Ehrfurcht unserer Gefallenen und grüßen in Treue alle unsere Verwundeten."

Die anschließende Verfolgung des wohl schwer angeschlagenen, aber immer noch nicht restlos ausgeschaltenen sowjetischen Gegners wurde nicht so sehr durch dessen Widerstand als vielmehr durch die den Deutschen bisher unbekannte, berüchtigte Schlammperiode aufgehalten, mit ihrer naßkalten, regnerischen Witterung, die den bisher trockenen Herbsttagen gefolgt war. Dennoch gelang es den Gebirgsjägern, weiter in das Industriegebiet des Donez vorzudringen.

Der 10. Oktober 1941 war für die 1. Gebirgs-Division in zweierlei Hinsicht ein bedeutungsvoller Tag. Zum einen leitete er Operationen ein, in deren späteren Verauf die Gebirgstruppe für den Einsatz im Kaukasus vorgesehen war, zum anderen wurde das XXXXIX. Gebirgs-Armee-Korps der 1. Panzer-Armee des Generalobersts von Kleist unterstellt.

Wegen der Schlechtwetterlage, die die Bewegungen der 1. Panzer-Armee entscheidend hemmte, mahnte Generaloberst von Kleist in einem Befehl seine Truppen zur Eile:

„Für die Kampfführung der Panzerarmee stehen voraussichtlich nur noch wenige schöne und brauchbare Wochen vor Winterbeginn zur Verfügung. Die Aufgaben der Panzerarmee sind groß und weiträumig. Das verlangt restlose Ausnutzung der wenigen Tage und Wochen und vorausschauende Arbeit. Ich verstehe darunter folgendes: Bei regenlosem Wetter und guten Wegen doppelte Marschleistung, auch nachts. Die notwendige Ruhe bringen die Regentage zwangsläufig. Keine guten Tage für Organisation und Umgliederung verschenken. Weit vorausschauen und vorausdenken. Erkennt der Führer am Mittag eines Tages, daß der angesetzte Angriff keinen Erfolg verspricht, so muß er schon an demselben Tage Umgruppierungen und Vorbereitungen vornehmen, um am nächsten Tag früh sofort mit allen Mitteln angreifen zu können. Wartet er damit und will er erst am nächsten Tag umgruppieren, so ist der Tag verschenkt. Klärt ein Regentag am Nachmittag auf und sind die Wege am Spätnachmittag wieder benutzbar, so noch denselben Tag ausnutzen und nicht bis zum nächsten Morgen warten.

Diese Grundsätze, mögen sie für die Truppe noch so unbequem sein, müssen Allgemeingut aller Führer werden und sind rücksichtslos anzuwenden. Die Aufgabe der Panzer und die weniger zur Verfügung stehende Zeit verlangen dies."

Trotz der widrigen Wetterbedingungen konnte die 1. Gebirgs-Division in recht zügigem Vormarsch auf das ukrainische Industriegebiet von Stalino-Makejewka vorgehen. Ähnlich wie bei Lemberg, so gewärtigten die Gebirgsjäger auch um Stalino einen heftigen Kampf. Nicht zuletzt deshalb, weil die Stadt - inmitten von großen Kohlevorkommen und Industrieanlagen gelegen - den Namen Stalins trug.

Aber es kam wieder einmal nicht zu dem erwarteten Widerstand. Am 20. Oktober, um 18.45 Uhr, konnte nämlich General Lanz an das XXXXIX. Gebirgs-Armee-Korps durchgeben:

„Ich melde, daß I./99 um 11.45 Uhr auf einem 105 m hohen Fabrikschornstein im Westteil von Stalino, III./99 auf dem Postamt im Stadtkern die Reichskriegsflagge gehißt haben. I./99 nahm eine unversehrte Brücke über den Fluß Kalmiuss im Südteil von Stalino (Jeleno Alexandrowka) in Besitz."

Und im „Kriegstagebuch des Oberkommandos der Wehrmacht" steht unter dem 21. Oktober 1941 eingetragen:

„Das XXXXIX. Geb.Korps (Kübler) erobert die von der neuformierten 12. sowjetischen Armee (Korotejew) verteidigte Stadt Stalino."[106])

Das Ziel der deutschen Führung, die kriegswirtschaftlich wichtigen russischen Kohlevorkommen und Industriegebiete des Donezbeckens noch vor Einbruch des Winters 1941/42 zu erobern, war zwar unter Aufbietung aller Kräfte erreicht worden, aber die Industrieanlagen selbst hatten die Sowjets überall gründlich zerstört, so daß sie der deutschen Kriegswirtschaft nicht zur Verfügung standen.

Trotz aller Schwierigkeiten leistete die Truppe das Menschenmöglichste. In ständiger Fühlung mit den Panzerdivisionen der 1. Panzer-Armee rückte die 1. Gebirgs-Division Ende Oktober 1941 über Stepanowka, Amwrossijewka, Remowka und Dmitrijewka an den Mius vor. Aber der Russe hielt, von einzelnen Batterien unterstützt, das Ost- und Westufer des Flusses gegen alle deutschen Angriffe besetzt. Folglich ergingen die Weisungen zur Einnahme der Miusstellungen an die deutschen Divisionen:

„Die 1. Geb.Div. hat am 2. November den Brückenkopf von Dmitrijewka so zu erweitern, daß erdbeobachtetes feindliches Feuer der Artillerie auf die Brücken von Dmitrijewka nicht mehr möglich ist. Die 4. Geb.Div. hat die feindlichen Sicherungen zwischen dem Abschnitt Gluchaja und dem Mius zurückzuwerfen und für den 3. November den gewaltsamen Übergang über den Mius bei Nowopawlowka vorzubereiten. Die Division hat weiter den Brückenkopf bei Jelissawetowskij zu halten und ihre Nordflanke zu sichern. Die 198. Inf.Div. hat Krassna-Swesda zu erreichen."[107])

Kaum hatten die Gebirgsjäger den Russen den Mius-Abschnitt in dramatischen, verlustreichen Kämpfen entrissen, da bahnte sich eine unvorhergesehene Krise an, in die auch die Gebirgstruppe bald hineingezogen werden sollte.

Bereits am 17. Oktober war das XIV. Panzerkorps mit vier Divisionen zum Stoß auf Rostow angetreten und hatte die Stadt genommen. Dabei fiel die 300 Meter breite Eisenbahnbrücke über den Don, die den deutschen Vormarsch in den Kaukasus erleichtern sollte, unbeschädigt in deutsche Hand.

Aber da nahte auch schon das Verhängnis. Rasch hatte nämlich die russische Führung die Gefahr erkannt, als sie mit bisher unbekannten Divisionen - woher diese plötzlich kamen, wußte man nicht - in die lange, kaum gedeckte Nordflanke zwischen dem noch im Häuserkampf in Rostow stehenden Panzerkorps und den fast 50 km rückwärts am Mius stehenden Gebirgsjägern hineinstieß und ihre Angriffe immer mehr verstärkte. Selbst der Einsatz der „Leibstandarte" vermochte diese Gefahr nicht zu bannen, so daß sich die Heeresgruppe entschließen mußte, das Panzerkorps aus Rostow zurückzunehmen, um es nicht der Vernichtung auszusetzen! In der Miuslinie, neben den Gebirgsjägern, nahm es wieder seine Stellung ein, die es schon am 17. Oktober bezogen hatte.

Winterkämpfe 1941/1942 am Mius und an der Ssamara

Trotz der Rückschläge bei Rostow, dem Tor zu den Ölfeldern des Kaukasus, und trotz des massiven Vorwärtsdrängens der sowjetischen Kräfte, verliefen die deutschen Absetzbewegungen in die teilweise gut vorbereiteten Stellungen am Mius ohne größere Verluste, so daß die deutschen Truppen bald zur Verteidigung der Miusstellung übergehen konnten. Für den 3. Dezember 1941 befahl das XXXXIX. Gebirgs-Armee-Korps daher:

„XXXXIX. (Geb.A.K.) richtet sich auf seinem rechten Flügel (1. Geb.Div.) zur nachhaltigen Verteidigung am Miusabschnitt ein und hält mit Mitte und linkem Flügel die bisherige Stellung."

Durch den ungewöhnlich früh hereingebrochenen Winter 1941/42 war die deutsche Offensive in Rußland gestoppt worden und nicht nur durch die neu herangeführten frischen sowjetrussischen Truppen. „General Winter" war es, der den Deutschen die erste bittere Niederlage des Zweiten Weltkrieges zugefügt hatte. Und es kam bald noch schlimmer: Die Temperaturen sanken in jenem Kriegswinter teilweise bis unter 40° Minus. Bereits im November 1941 fiel die Quecksilbersäule auf minus 30° und weniger.

Nicht nur, daß die Truppe diese extrem niedrigen Temperaturen nicht gewöhnt war, fehlte auch noch die diesen Temperaturverhältnissen entsprechende Winterbekleidung, da diesbezüglich keine Vorsorgen getroffen worden waren. Weder Bewaffnung noch Ausrüstung

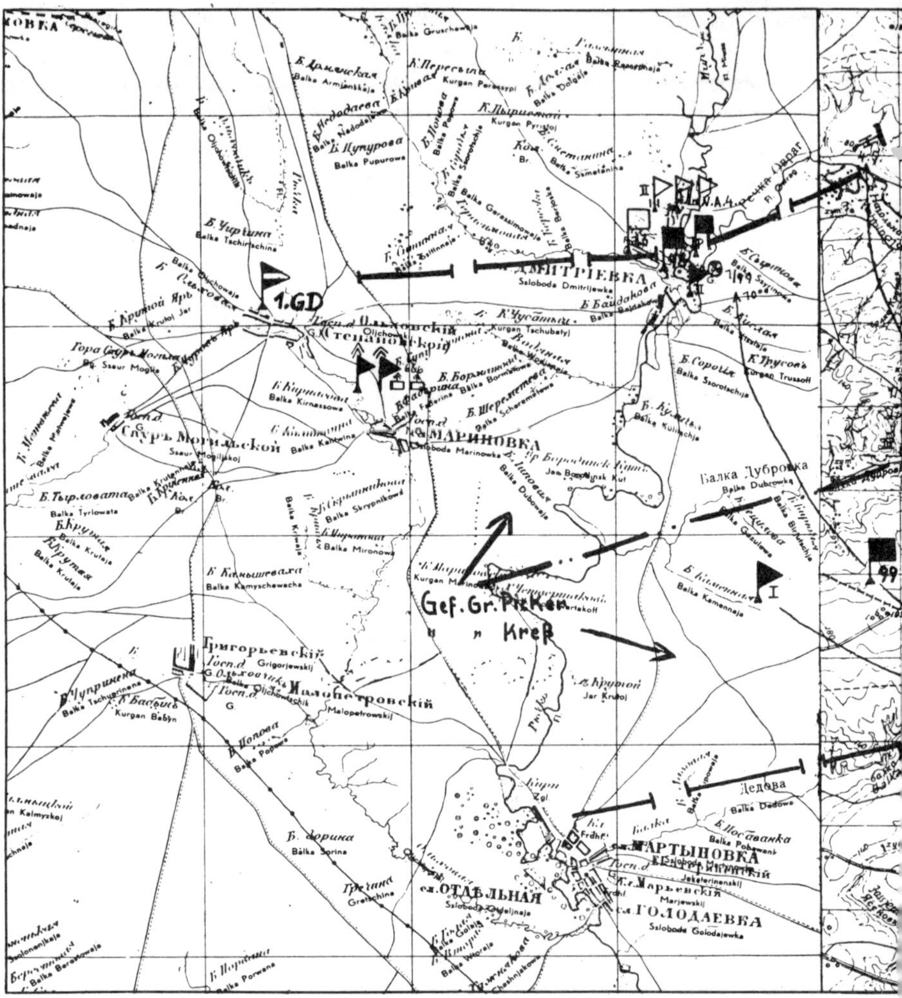

Der Weg der 1. Gebirgs-Division über Stalino zum Mius – Lage am 24. November 1941

waren für einen Winterfeldzug, in den die Deutschen nun unversehens hineingeschlittert waren, geeignet. Hitler und sein Generalstab – auch Generaloberst Franz Halder war dieser Meinung! – hatten daran geglaubt, den Rußlandfeldzug noch vor Einbruch des Winters beenden zu können.

Der überraschend früh eingebrochene strenge Winter im Osten und die dadurch eingetretenen Versorgungsschwierigkeiten zwangen zur sofortigen Einstellung aller größeren Angriffsoperationen und zum

Übergang in die Verteidigung gegen nunmehr auch frisch herangeführte Verbände der sibirischen Armee, deren Verlegung an die russische Westfront Stalin durch den Verrat des Spions Dr. Sorge möglich geworden war.

Das Verhängnis hatte seinen Lauf begonnen.

Zwischen dem 2. Dezember 1941 und dem 16. Mai 1942 lagen die 1. und die 4. Gebirgs-Division neben der italienischen Division „Celere" am Mius. Nicht nur, daß sie für einen Winterkampf schlecht ausgerüstet waren, mußten sie sich immer wieder den unausgesetzten Gegenangriffen der Roten Armee stellen. Die Stellungskämpfe am Mius und an der Ssamara während des eisigen Winters konnten dennoch die Moral, den Kampfwert und das Selbstvertrauen der deutschen Gebirgstruppe nicht erschüttern.

Als moralische Stützen machten sich damals unter anderen die beiden Wehrmachtspfarrer der 1. Gebirgs-Division, Schwarz und Lipp, verdient, in dem der eine mehr, der andere weniger, den Gebirgsjägern wieder Zuversicht und Gottvertrauen gab. Daß man sie „E-Sak" (evangelische Sündenabwehrkanone) und „K-Sak" (katholische Sündenabwehrkanone) nannte, war mehr dem sarkastischen Soldatenhumor als einer mangelnden religiösen Einstellung zuzuschreiben.

Für die Lebensfreude und den Humor sorgte aber auch das „Edelweißvarieté", dessen „Damen" leider aus verkleideten Gebirgsjägern bestanden, und die beliebten Filmvorführungen im „Hubertusheim" in Makajewka. Aber trotz aller zurückgewonnener Lebensfreude und Zuversicht gab es auch kritische Geister, die dem kommenden Kriegsjahr skeptisch entgegensahen. Zu ihnen gehörte auch Udo von Alvensleben, der am 2. Januar 1942 in sein „Tagebuch im Kriege" notierte:

„Aus dem Osten düstere Nachrichten. Rostow mußte wieder aufgegeben werden. Die Front hält ostwärts Taganrog. Auf der Krim wird erbittert gekämpft. Am ernstesten sieht es vor Moskau aus. Bei grimmiger Kälte greifen die Russen beständig in Übermacht an. Unsere Kräfte reichen nicht, den Riesenraum genügend zu sichern. Viel Material mußte zurückgelassen und zerstört werden. Verwundete erfrieren. Ganze Divisionen werden von den Russen eingeschlossen. Hitler ist, wie ich aus dem Hauptquartier höre, wütend auf die Generale ... Das zurückliegende Jahr! Der Balkanfeldzug schnell und glänzend, Kreta, der erste furchtbare Aderlaß, Opfergang unserer Fallschirmjäger. Vom ersten Tag des Rußlandfeldzuges Kampf gegen Elemente und Dämonen, ein satanischer Krieg, dem unsere Besten in Legionen zum Opfer fallen, ohne daß im geringsten die gesteckten Ziele erreicht worden wären. Schon im Juli waren Siegesparaden für die Eroberung von Moskau und Leningrad vorgesehen. Rechtzeitig ward Hitler vor der Tücke des russischen Winters gewarnt. Noch ist nicht entschieden, ob er uns nicht zur Katastrophe wird. Eine gewaltige stumme Totenklage ist rings im Land. Ein neues Jahr der Prüfung zieht herauf."[108])

Dieses Jahr der Prüfung begann mit einem Wechsel im Kommando des XXXXIX. Gebirgs-Armee-Korps zum Jahresende. Am 18. Dezember 1941 war General Kübler der Oberbefehl über die vor Moskau in Eis und Schnee erstarrte 4. Armee übertragen worden. Kübler verabschie-

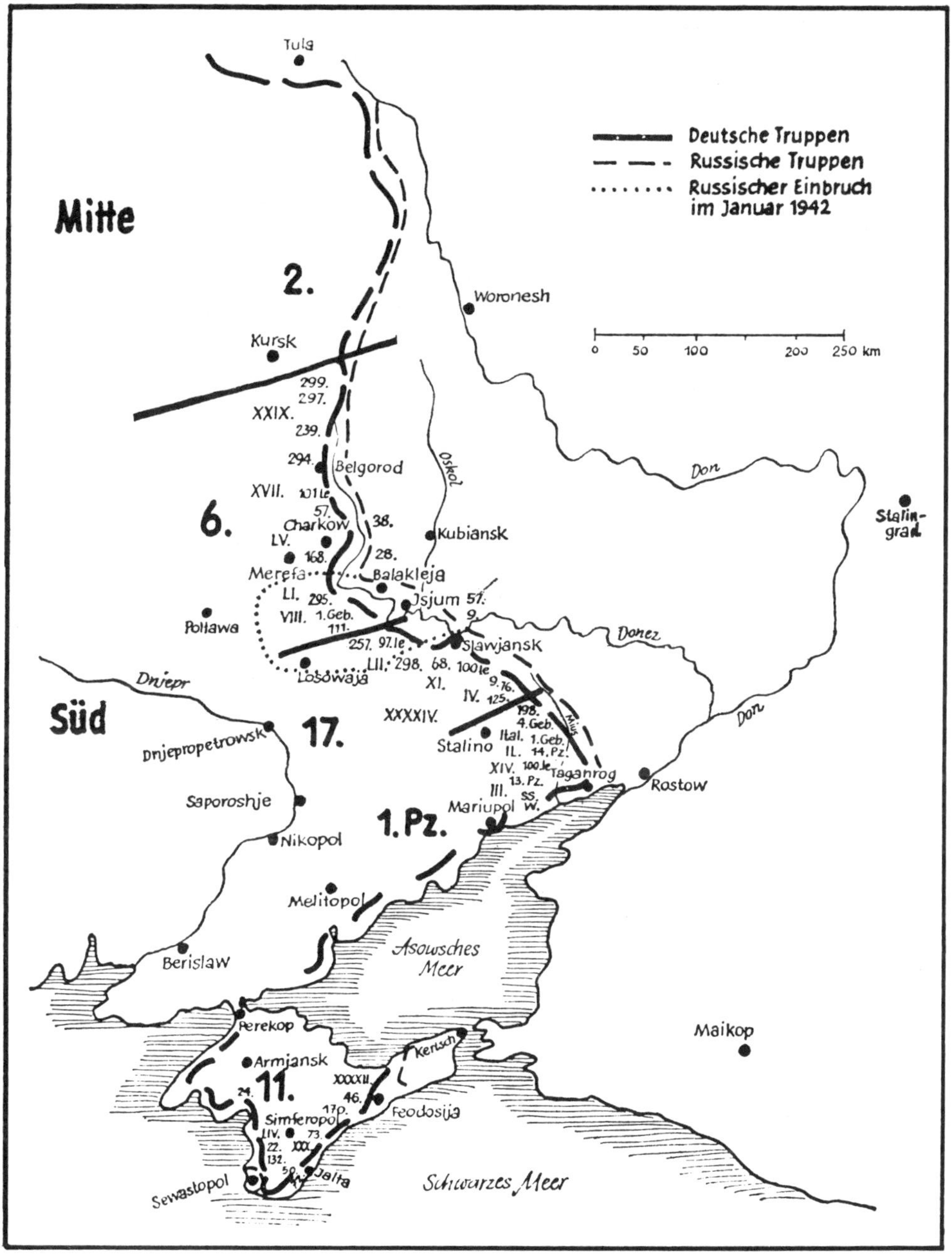

Die Lage bei der Heeresgruppe Süd im Dezember 1941

dete sich von seinen Gebirgsjägern in einem letzten Korpstagesbefehl als Kommandierender General mit den Worten:

„Der Führer und Oberste Befehlshaber der Wehrmacht hat mich zu neuer Verwendung abberufen. Ich muß Abschied nehmen von meinem Korps. Während des ganzen Feldzuges ist das Korps von Sieg zu Sieg geeilt und hat unvergänglichen Ruhm an seine Fahnen geheftet. 1. und 4. Geb.-Div. hatten als Kernverbände hieran hervorragenden Anteil. Ich danke den beiden Divisionen in dieser Stunde von ganzem Herzen. Meine heißen Wünsche begleiten die Divisionen in die Zukunft. Tapfer und treu werden die 1. und 4. Geb.Div., dessen bin ich gewiß, in diesem entscheidenden Kampfe um die deutsche Zukunft auch künftighin das Höchste leisten wie bisher."

Am 3. Januar 1942 übernahm General Konrad die Führung des XXXXIX. (Geb.)A.K., nachdem er sich zur Übernahme seines Kommandos am 29. Dezember 1941 persönlich in Hitlers Führerhauptquartier „Wolfsschanze" im Forst Görlitz bei Rastenburg in Ostpreußen gemeldet hatte. Hier Konrads Eindrücke von seiner Begegnung mit Hitler:

„Er begann sofort das Gespräch und bestritt es fast allein. ‚Der Russe ist Anfang Dezember vor der Heeresmitte zur Gegenoffensive angetreten', sagte er. ‚Traditionsgemäß erstrebt er in Verbindung mit der Härte des russischen Winters, die ihm vertraut ist, durchschlagende Erfolge. Er rechnet dabei mit unseren Nachschubschwierigkeiten, dem niedrigen Stand unserer Gefechtsstärke und der gehemmten Beweglichkeit unserer Verbände. Angesichts dieser Lage dürfen wir auch bei ernstesten Frontkrisen nicht in den Fehler verfallen, dem feindlichen Gewaltstoß wie in mittel- und westeuropäischen Räumen operativ ausweichen zu wollen, um weiter rückwärts an günstig erscheinenden Abschnitten die Front erneut wieder aufzubauen. Dieses Verfahren würde im derzeitigen russischen Winter zu schweren Verlusten an Artillerie und Bewegungsmitteln und zur Vernichtung eines großen Teiles unserer Verbände führen, sowohl infolge der Kälte und Schneeverwehungen als auch infolge der Unmöglichkeit, irgendwo in kurzer Zeit neue Stellungen in den tiefgefrorenen Boden zu hauen. Es gilt vielmehr, die im Spätherbst gewonnenen, wenn auch dürftig ausgebauten Stellungen unbedingt zu halten, auch wenn der Gegner irgendwo durchgebrochen ist und schon im Rücken steht. Das Festhalten der Stellung ist das Leben – das Aufgeben der Tod der Truppe ...

Natürlich ist es von entscheidender Bedeutung für diese Art des Kämpfens, winterbewegliche Reserven zu schaffen, um feindliche Ein-

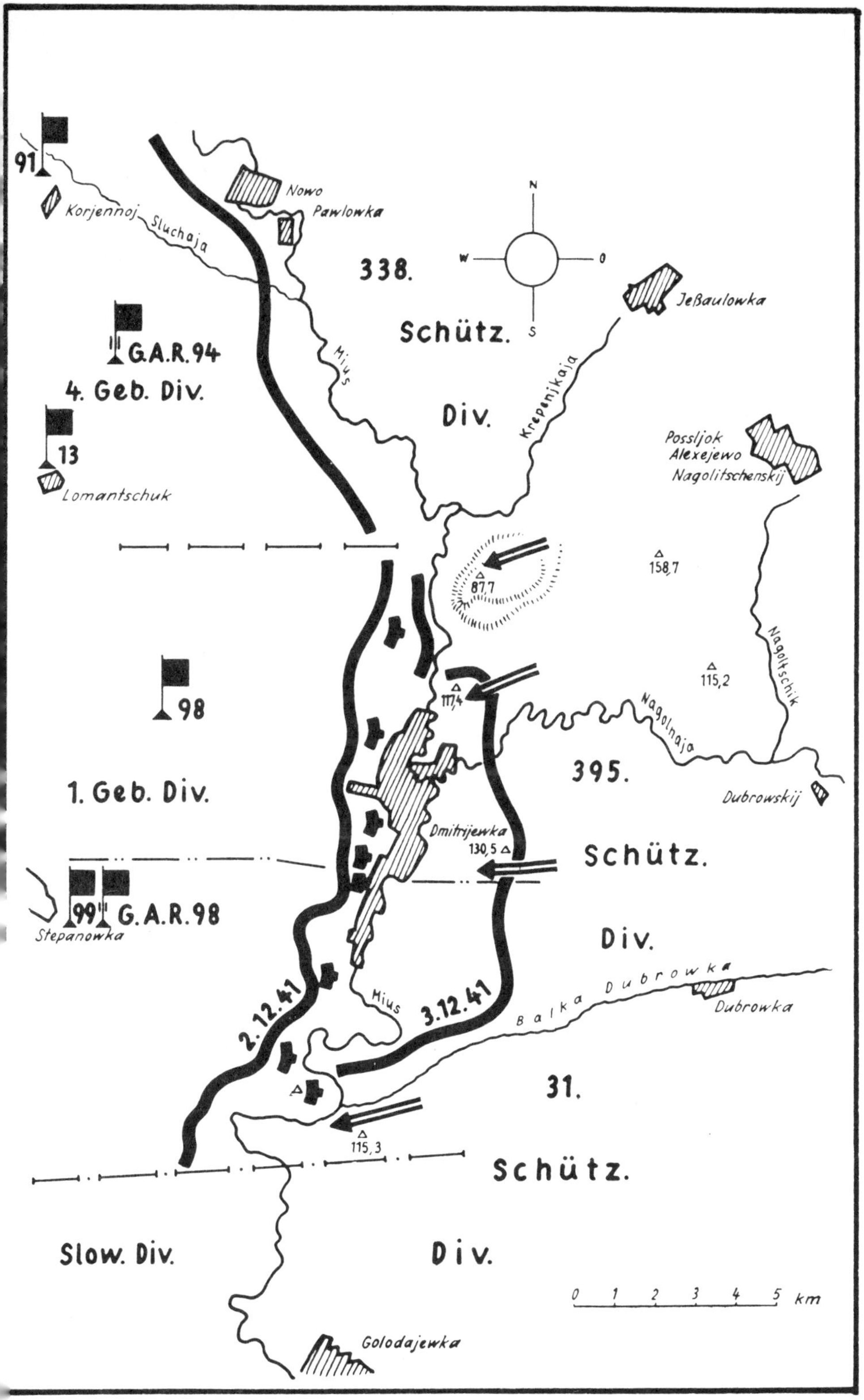

Das XXXXIX. Gebirgs-Armeekorps in der Mius-Stellung 1941/42

brüche rechtzeitig fassen und zurückschlagen zu können ... Bringen Sie diese meine Auffassung in Ihrem neuen Bereich zur Geltung. Sie übernehmen ein ausgezeichnetes Armeekorps, dem Sie durch Ihren eigenen Werdegang besonders verbunden sind, und das durch seine Gebirgsdivisionen winterlichen Verhältnissen und allen Geländeschwierigkeiten voll gewachsen ist.'

Nach etwa dreißig Minuten entließ mich Hitler mit freundlichen Worten und schien weder das Unbehagen noch die Sorge zu fühlen, die in mir hochgestiegen waren. Seine lebhaft vorgebrachten allgemeinen Ausführungen ließen mich befürchten, daß er die Gewalt der Wirklichkeit nicht voll erkannte und ihr daher auch nicht gerecht werden konnte."[109])

Die Tagebucheintragungen des Generals Konrad, des neuen Kommandierenden Generals des XXXXIX. Gebirgs-Armee-Korps, nach seinem Eintriffen an der Miusfront zeigen jedoch schonungslos die Wirklichkeit, die Hitler nicht sah oder sehen wollte:

„4. Januar 1942: Schutz gegen Kälte läßt sehr zu wünschen übrig; zahlreiche Erfrierungen, darunter zwei tödliche. Winterbekleidung fehlt. Pferde stark entkräftet; kaum noch Futter da; Rauhfutter fehlt ganz. Der Feind ist der russische Winter.

Bei den Württembergern (198. Inf.Div.): Inf.Rgt. 308 hat zwei Bataillone in vorderer Linie, ein Bataillon ist Divisionsreserve. Bataillonsbreite 2 km; Zahl der Schützen (von drei Infanteriekompanien) auf dieser Breite 90–100 Mann. Alles kommt auf rascheste Feuerbereitschaft der dahinter stehenden schweren Waffen und der Artillerie an, wenn sich eine so schwache Front gegen feindlichen Angriff behaupten will. Wie wird das bei Nacht und Nebel sein?

Der Rgt.Kdr. teilt mit, daß sich niemand der Grabenbesatzung krank meldet. Er meint, jeder Mann fühle sich dem Russen unbedingt überlegen.

Treffe auf 3. Komp. des Inf.Rgt. 305, soll in kommender Nacht auf 21 Tage in vordere Linie. Gefechtsstärke zwei Offiziere, fünf Unteroffiziere und 15 Mann; die letzte Schar der Treue – der Treue zueinander.

Allgemein bester Eindruck von menschlichen Werten, aber erschütternde Wirklichkeit.

5. Januar 1942: Bei 4. Geb.Div. ... Geb.Jäg.Rgt. 91 Frontbreite 7 km. Alle drei Bataillone eingesetzt. Je Kompanie 40 bis 45 Mann auf 700 bis 800 Meter Frontbreite ...

Bei Geb.Jäg.Rgt. 13 Frontbreite 10 km; zwei Bataillone in vorderer Linie, ein Bataillon Regimentsreserve. Vordere Linie weniger als eine

Postenaufstellung zur Sicherung der schweren Waffen und der Artillerie. Sofortige Änderung notwendig.

6. Januar 1942: Bei 1. Geb.Div. . . .; bleibe bei Gefechtsstand der Division im Morast und weichem Schnee hängen. Kompaniestärken durchschnittlich 44 Mann; Kompaniebreiten 700 bis 800 Meter . . .

Die Heeresartillerie (2 s.F.H. Batterien und 1 Mörserbatterie) ist in der Mitte der Korpsfront eingesetzt und festgefroren; sie hat nur noch eine schwere Zugmaschine. Nach dem besonders bedrohten linken Korpsflügel kann sie nicht wirken. Diese mächtige Feuerkraft und Führungsreserve ist unbeweglich!

Am 8. Januar begab ich mich mit dem Kommandeur der italienischen Division Celere, General Mazarani, zum linken Divisionsabschnitt. Auf dem Friedhof von Rashjsnaja ehrten wir die Gefallenen vom Bersaglieri-Rgt. 25. Das Regiment hatte sich in den kritischen Tagen vom 25. bis 30. Dezember tapfer geschlagen. Der Dienst in der eisigen Landschaft ist für die italienischen Truppen besonders hart, aber sie erfüllen treu ihre Pflicht. Sie sind aufgeschlossene Menschen und gute Kameraden. Die Zusammenarbeit ist vom besten Geist erfüllt."[110)]

Der Angriff auf Moskau und sein Scheitern, infolge der aus dem Fernen Osten herbeigeschafften, an die klirrende Kälte gewohnten sowjetrussisch-sibirischen Kräfte und des frühen Einbruchs des Winters, veranlaßten Hitler, den Oberbefehl über das Heer selbst zu übernehmen. Generalfeldmarschall von Brauchitsch wurde am 19. Dezember 1941 „aus Gesundheitsgründen" verabschiedet.

Hitler, nunmehr Oberbefehlshaber der Wehrmacht und des Heeres in einer Person, hatte eine rechtzeitige Zurücknahme bedrohter Frontteile ausdrücklich untersagt, so daß die Front an den Rand eines Zusammenbruches geriet. Der im rückwärtigen Gebiet immer mehr anwachsende Partisanenkrieg führte darüber hinaus zu einer weiteren Bedrohung der deutschen Front – durch die Gefährdung der Verbindungslinien des Nachschubs und des Fernmeldewesens.

Das deutsche Ziel, die Sowjetunion in einem „Blitzfeldzug" – wie in Polen, Frankreich oder auf dem Balkan – niederzuringen, war nicht erreicht worden. Im Gegenteil: die gewaltigen Belastungen des bisherigen Rußlandfeldzuges hatten an der Substanz des deutschen Ostheeres in erschreckendem Maße gezehrt. 1941 hatte es über eine halbe Million Mann verloren – dabei ca. 25.000 Offiziere; d. h. 3000 bis 4000 je Division. Die Verluste beliefen sich vom 22. Juni bis zum 1. Dezember 1941 im einzelnen auf: 162.314 Tote, 33.334 Vermißte und 571.767 Verwundete – also 24% seiner ursprünglichen Stärke. Die

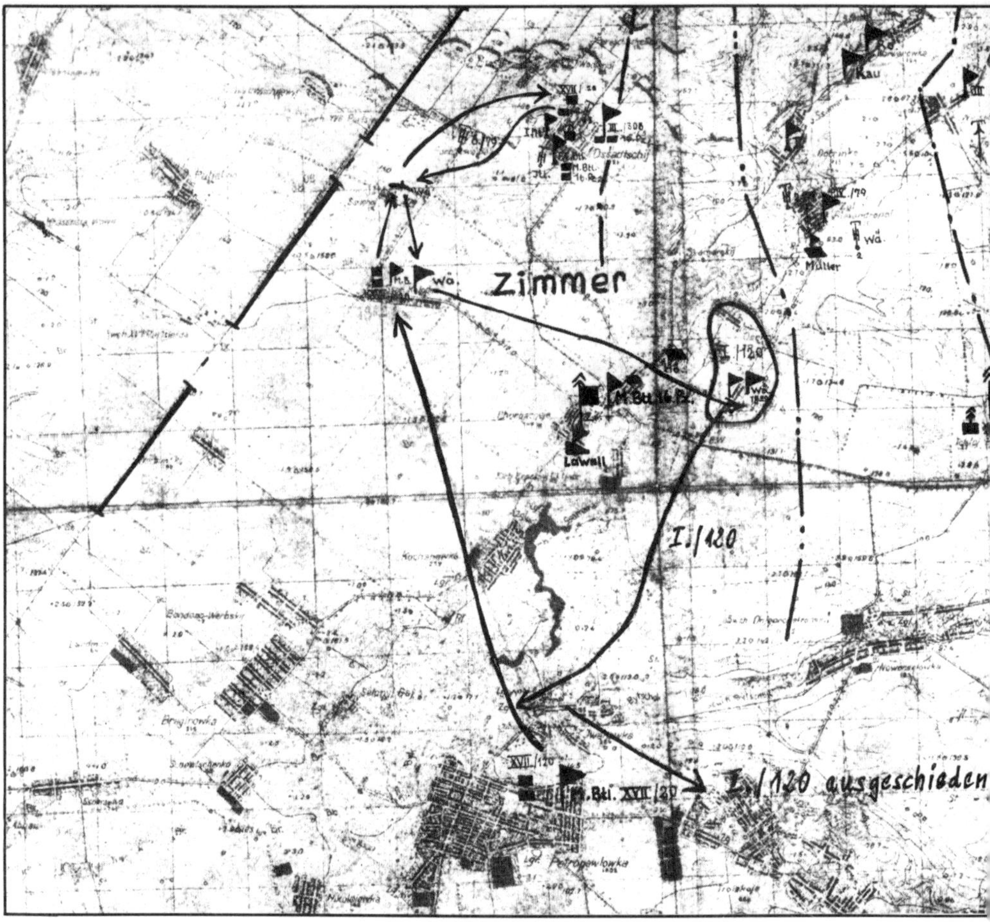

Winterkämpfe der 1. Gebirgs-Division am Mius und an der Ssamara – Lage der Division am 12. und 13. März 1942

Grabenstärke je Kompanie hinter Donez und Mius betrug teilweise nur noch 20 bis 30 Mann.

Doch trotz aller Verluste blieb die deutsche Wehrmachtsführung weiterhin optimistisch. Jetzt sollten wenigstens die Sommeroperationen des Kriegsjahres 1942, des vierten während des Zweiten Weltkrieges, die Entscheidung bringen.

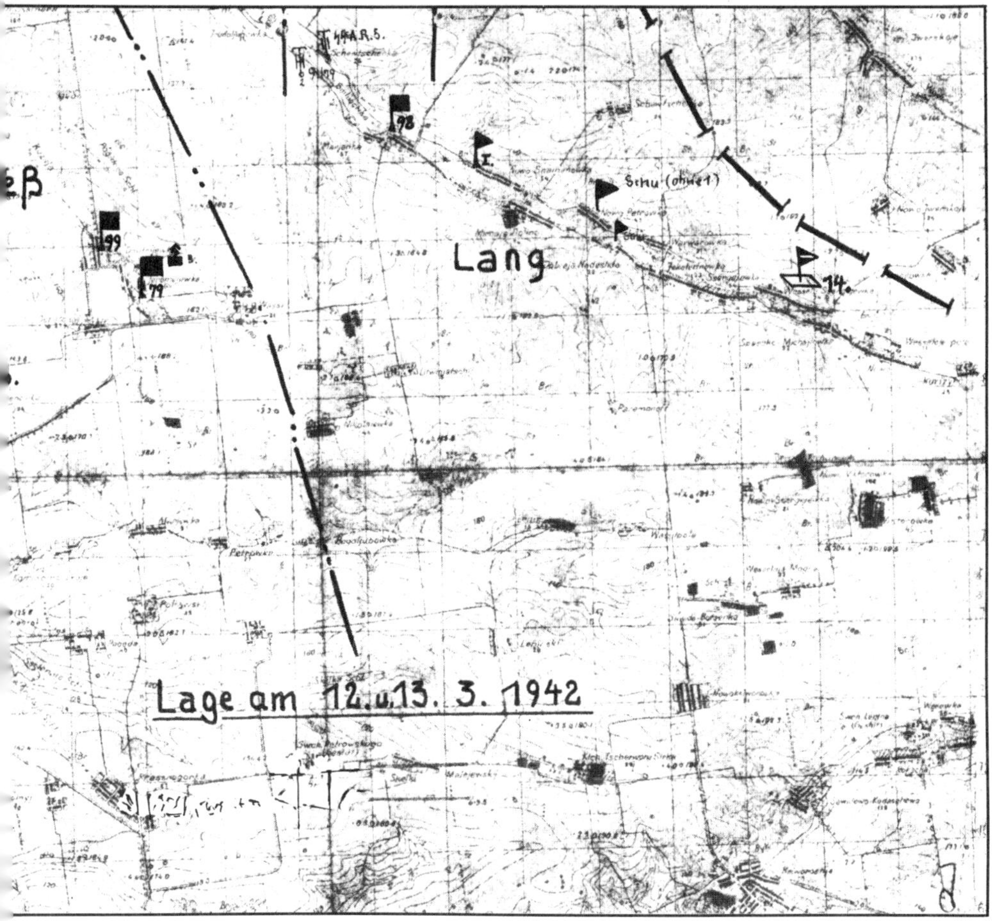

Die Schlacht um Charkow 1942

Der härteste Winter seit 150 Jahren war zu Ende gegangen. Über sechs Monate hatte er gedauert. Für die arg strapazierte Gebirgstruppe eine unendlich lange Zeit. Die Ostfront kam nach den ersten frühlingshaften Temperaturen, nach der Schneeschmelze und den Frühjahrsstürmen, die die Erde trockneten, wieder in Bewegung.

Unter großen Menschen- und Materialverlusten, dem steigenden Ausfall an Pferden und Tragtieren wurde durch die Verlegung Tausender unterernährter Tiere in futterreiche rückwärtige Gebiete Einhalt geboten, konnte die schwere Krise im Mittelabschnitt der Ostfront und an der im großen und ganzen stabilen Südfront im Winter 1941/42, dank der Einsatz- und Opferbereitschaft der Truppe und entschlossenen Führung der Frontoffiziere, bis zum Frühjahr 1942 zunächst überwunden werden.

Auch der tiefe sowjetrussische Einbruch bei der Heeresgruppe Süd, südlich von Poltawa, endete mit einem Abwehrerfolg der deutschen Truppen, an dem auch die 1. Gebirgs-Division in der Schlacht von Isjum wesentlichen Anteil hatte.

Mitte Mai 1942 begann die Wiederaufnahme der Angriffsoperationen an der ganzen Ostfront. Der Schwerpunkt der Operationen sollte nach dem Willen Hitlers im Bereich der Heeresgruppe Süd (Generalfeldmarschall von Bock) liegen, weil Hitler glaubte, im großen Donbogen die restlichen Verbände der Roten Armee im Zangengriff vernichten, die Wolga bei Stalingrad sperren und die russischen Ölvorkommen im Kaukasus in Besitz nehmen zu können. „Dies", so äußerte sich Hitler, „würde dem schon stark angeschlagenen Feind den Rest geben! Vorher sollte im Norden endlich Leningrad eingenommen und zerstört und der bei Charkow eingebrochene Gegner zerschlagen werden."

Am 17. Mai 1942 begann der Frühjahrsangriff auf Barwenkowo, der sich schließlich zur großen Schlacht um Charkow ausweitete. (Charkow ist die zweitgrößte Stadt der Ukraine und berühmt durch seine Traktorenfabrik.) Was die Gebirgsjäger in jenen Kämpfen, die insgesamt bis zum 6. Juli dauerten, erlebten, übersteigt die menschliche Phantasie.

In der Schlacht um Charkow durchbrach die 1. Gebirgs-Division die vor ihrer Front befindlichen starken sowjetischen Stellungen, stieß 45 Kilometer tief bis Barwenkowo durch und säuberte die Ortschaften im Ssuchoj-Thorez-Tal vom Feind. Gemeinsam mit den anderen Verbänden der 1. Panzer-Armee, unter Führung des III. Panzer-Korps, Generaloberst von Mackensen, schloß sie im Bereka-Tal drei russische Armeen ein, und zwar die Hauptteile der sowjetischen 5., 7. und 68. Armee, zusammen etwa 17 Infanterie- bzw. Panzer-Divisionen, sowie 8 motorisierte Brigaden, und zwang sie zur Kapitulation.

Bis es jedoch soweit war, unternahmen die sowjetischen Verbände in

Oben: Tragtierstaffel während des deutschen Vormarsches in den Kaukasus 1942

Unten: Alles was ziehen konnte und damit den deutschen Vormarsch beschleunigte, wurde von den Gebirgsjägern vor die Wagen gespannt – auch Kamele

ihrer ausweglosen Lage verzweifelte Versuche, aus dem Kessel auszubrechen.

Darüber schreibt Lanz: „Als in der Abenddämmerung eine große russische Maschine in den Kessel einfliegt - sicherlich mit einem entscheidenden Befehl -, sind wir für die Abwehr weiterer Angriffe gerüstet. Ein ungeheures Geschrei und Gejohle kündet den neuen Ausbruch an. Im flackernden Licht der Leuchtkugeln sieht man sie kommen. Ein dichter Knäuel, die vorderen Reihen eingehängt, von Panzern begleitet.

Diesmal greift der Feind in mehreren Keilen auf der ganzen Front an - in letzter Verzweiflung, die meisten sinnlos betrunken. Wie Roboter, gegen unser Feuer scheinbar unempfindlich, brechen sie da und dort in unsere Abwehrlinie ein. Grauenhaft sind hier ihre Spuren. Mit gespaltenem Schädel oder zur Unkenntlichkeit niedergewalzt finden wir unsere Kameraden, die sich auf dieser Straße des Todes bis zum letzten Augenblick verteidigt hatten. Weit führt der Weg des Ausbruchs allerdings nicht."[111])

Am anderen Morgen war die Kesselschlacht an der Bereka beendet. Chruschtschow, der spätere sowjetische Ministerpräsident, der damals Politruk bei Timoschenko war, bezeichnete die Schlacht bei Charkow im Frühjahr 1942 in einer Rede auf dem Parteitag der KPdSU als die größte Leistung deutscher Truppen im Ostfeldzug und als die schwerste Niederlage der Sowjets im Zweiten Weltkrieg. Und Generaloberst von Mackensen, der Kommandierende General des III. Panzer-Korps, schrieb später anerkennend über die 1. Gebirgs-Division:

„Mir war immer bewußt, daß in den letzten Tagen dieser Schlacht die Entscheidung bei der 1. Gebirgs-Division gelegen hat. Ihr ist zu verdanken, daß es nicht nur ein Teilerfolg wurde ... Für mich bedeutet die Korpsschlacht von Charkow den Höhepunkt meines militärischen Lebens."

Wenn man General Lanz auf das damalige Kampfgeschehen um Charkow, bei Barwenkowo, Bereka und Ssawinzy, anspricht - jenen Frontabschnitt, an dem er ein Jahr später auf Grund eines Hitler-Befehls vor die schwerste Entscheidung seines Lebens gestellt wurde -, dann erinnert sich der damalige Kommandeur der 1. Gebirgs-Division daran noch immer mit Grauen.

„Am Morgen", so berichtet er, „bot sich uns ein grausiges Schlacht-

Oben: Die Gebirgsjäger haben das breite Kuban-Tal erreicht ...

Unten: ... der Anblick des Kaukasus läßt ihre Herzen höher schlagen

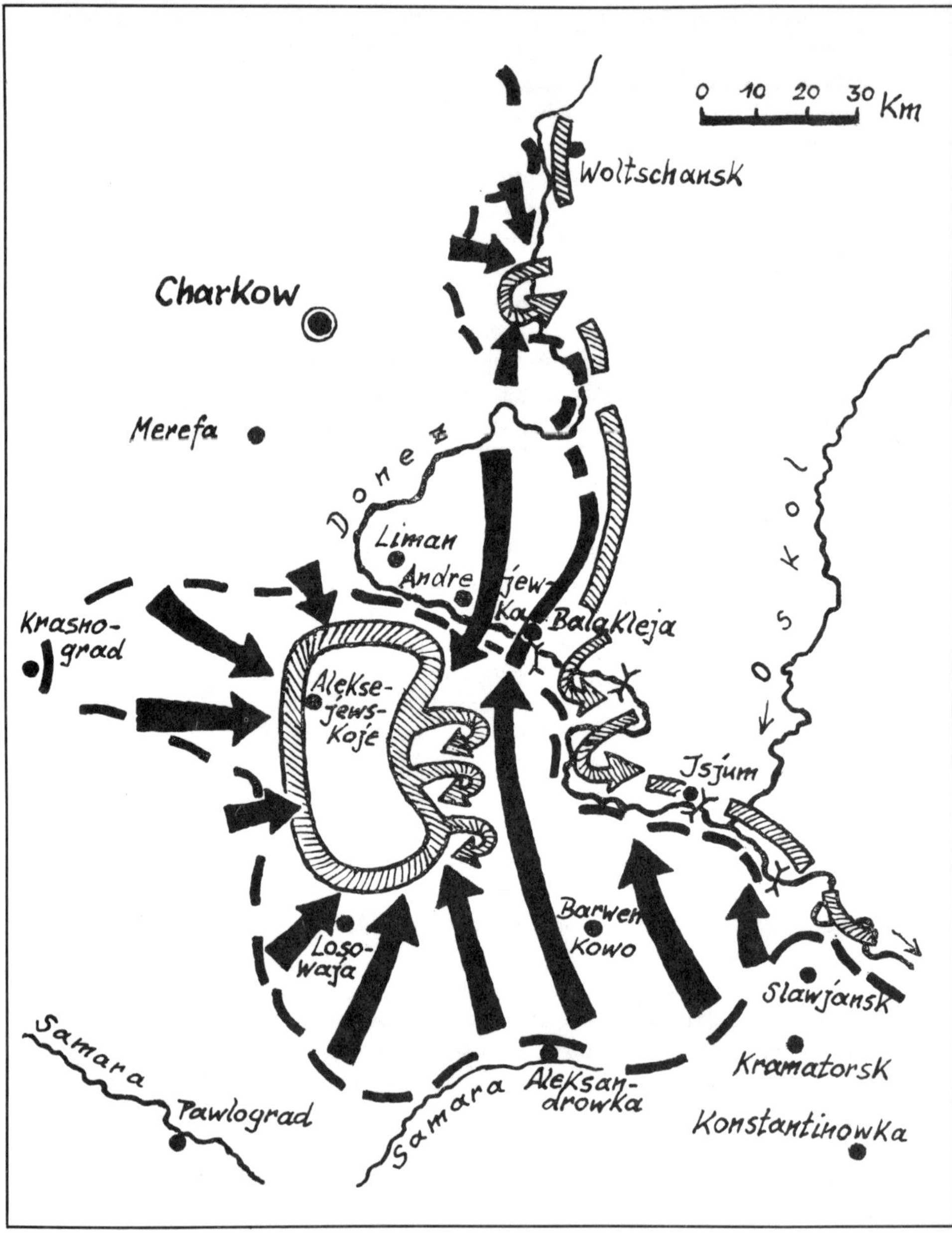

Verlauf der Vernichtungsschlacht bei Charkow vom 24. bis 29. Mai 1942

feld! Neben und unter den zusammengeschossenen Panzern - einige von ihnen waren noch weitergefahren und wurden dann hinten erledigt -, Geschützen und Fahrzeugen lagen die gefallenen Rotarmisten buchstäblich in Haufen. Aus zwei Kriegen kann ich mich an kein vergleichbares Bild erinnern, wie damals an der Bereka. Unsere Verluste waren gewiß bitter, wenn auch nur ein kleiner Bruchteil von denen der Sowjets."

Allein in der Schlacht um Charkow wurden zwischen dem 17. und 28. Mai 240.000 Russen gefangengenommen. Generalfeldmarschall von Bock bezifferte die Beute aus der Schlacht in seinem Tagebuch mit 239.306 Gefangenen, 2026 Geschützen und 1249 erbeuteten Panzern. Rund 540 russische Fahrzeuge wurden zerstört. Die eigenen Verluste betrugen nach den Aufzeichnungen des Oberbefehlshabers der Heeresgruppe Süd rund 20.000 Mann.

Am 28. Mai 1942 gab Generalmajor Lanz in seinem Divisions-Gefechtsstand einen kurzen Gefechtsbericht über den Einsatz der Edelweißdivision vom 17. bis zum 28. Mai heraus, in dem die bedeutendsten Kampfhandlungen jener Tage festgehalten wurden:[112])

„1. Gebirgs-Division — Div.Gef.St., den 28. Mai 1942
I a
Betreff: Kurzer Gefechtsbericht über den Einsatz der Division seit dem 17. Mai 1942 (Schlacht bei Barwenkowo)

Am 17. Mai hat die Division auftragsgemäß die feindlichen Stellungen bei und westlich Alexandrowka durchbrochen und nach 14stündigem Angriff den Brückenkopf nördlich Barwenkowo gebildet. Gleichzeitig mit diesem Angriff wurde die Deckung der über 40 km breiten, offenen linken Flanke übernommen.
Bei diesen Kämpfen wurden an Gefangenen und Beute eingebracht:

1300 Gefangene	94 MG
3 Panzer	11 Lkw
35 Geschütze	10 Traktoren
12 Pak	20 Eisenbahnwagen (beladen)
39 Granatwerfer	

Die blutigen Verluste der Division betragen für die Zeit vom 17. Mai bis 21. Mai:

	gefallen	verwundet	vermißt
Offz.	4	19	-
Uffz. u. Mann.	237	878	3

Nach Abschluß dieser und in den nächsten Tagen folgenden Kampfhandlungen zur Inbesitznahme des Geländes südlich des Suchoj-Torez wurde die Division am 25. Mai an der östlichen Einschließungsfront des Kessels zum Angriff gegen den Bereka-Abschnitt eingesetzt. Dieser Angriff traf auf einen feindlichen Gegenangriff, zwang diesen zu Boden und erreichte bis 18.00 Uhr das Höhengelände rund 5 km nordostwärts und nordwärts der Bereka.

Nunmehr setzten russische Massenangriffe im Bereich der Division gegen die Einschließungsfront ein, die in ihrer Wucht und Masse einer Naturkatastrophe vergleichbar waren. Zehntausende von Russen, mit Panzern, Geschützen, Fahrzeugen aller Art, von ihren Kommissaren angetrieben, stürmten in ununterbrochener Reihenfolge zwei Nächte hindurch gegen die Linien der Division an. In erbitterten Kämpfen, unter Einsatz aller Waffen im Schnellfeuer und im Nahkampf, gelang es den Jäger-Rgtern, die Katastrophe zu bannen. Wenn zeitweise trotzdem russische Kräfte die Abwehrmauern überfluteten, so war dies durch die ungeheure Masse der Angreifer bedingt, ohne indes den geplanten Ablauf der Operation zu beeinflussen. Die Jäger standen unerschütterlich und hielten die Stellung zwei Tage und zwei Nächte lang in einer wahren Hölle von Feuer und Kampf. Nur ihrer Standhaftigkeit ist es zu verdanken, daß der russische Ausbruch mit Zehntausenden von Soldaten vermieden und damit die Einschließung der eigenen Truppe bzw. die Verbindung der russischen Fronten verhindert wurde.

Als am 25. Mai 18.00 Uhr die ersten Russen die Abwehrmauer überfluteten, übernahm ich das Kommando auf der West- und Südfront und unterstellte mir im Einverständnis mit Oberst Kohlermann auch die 60. I.D. (mot.). Meine Maßnahmen, die ich ohne Verbindung mit dem Korps treffen mußte, galten in erster Linie der Verstärkung unserer Abwehrfront nach Westen, zum Zweiten der sofortigen Organisation einer Front nach Süden, um die Vereinigung der durchkommenden russischen Teile in Richtung Tschepel zu verhindern. Unter Anspannung aller verfügbaren Kräfte ist dies gelungen. Der in das Hinterland durchgekommene Gegner wurde alsbald aufgerieben. Die Front nach Westen wurde gehalten, in kameradschaftlicher Zusammenarbeit mit der 60. I.D. (mot.) und den im rückwärtigen Gebiet eintreffenden Divisionen.

Dem Herrn Oberbefehlshaber der Heeresgruppe, der mich am 26. Mai auf dem Gefechtsstand in Marjewka aufsuchte, habe ich Lage und Maßnahmen vorgetragen. Er hat sie gebilligt.

Als Ergebnis der zweitägigen Schlacht kann festgestellt werden, daß die Division ihrem Auftrag entsprechend den feindlichen Durchbruch, der offensichtlich mit Schwerpunkt ihre Linien traf, verhindert und damit die Gesamtoperation in entscheidender Weise unterstützt hat.

In der Zeit vom 25. bis 27. Mai wurden im Raum Petschany-Pawlowka-Pakscharowka-H.K.L. an Gefangenen und Beute eingebracht:

25000	Gefangene
8000	Tote
150	Geschütze, davon 15 Stück 18 cm
70-80	Pak
50	Flak
12	Salvengeschütze
über 100	s. Granatwerfer
2000-2500	Lkw
200	Traktoren
1500	Bespannfahrzeuge
10000	Pferde
70	Tankwagen
94	Panzer (30% T 34, 20% Mark II und III u. 50% andere)

Die blutigen Verluste der Division betragen für die Zeit vom 22. bis 27. Mai:

	gefallen	verwundet	vermißt
Offz.	11	13	-
Uffz. u. Mannsch.	179	404	7

gez. Lanz,
Generalmajor und Divisionskommandeur"

Eilends war die 1. Gebirgs-Division vor der Schlacht um Charkow aus dem Frontbereich des XXXXIX. (Geb.)A.K. gelöst worden, um vorübergehend mit anderen Verbänden zu kämpfen.

Ende Juni 1942, am 21. Juli, wurde, Woroschilowgrad rechts und Starobielsk links liegen lassend, der Donez von der 1. Gebirgs-Division bei Kamensk überschritten und Ende Juli 1942 der Don bei Rostow erreicht. Dort trat die Division wieder in den Verband ihres alten XXXXIX. Gebirgs-Armee-Korps zurück, um wiederum mit der Schwester-Division, der 4. Gebirgs-Division, gemeinsam eingesetzt zu werden.

Die zweite Jahreshälfte 1942 brachte dann den Einsatz im Kaukasus, den für die deutsche Gebirgstruppe im Osten vielleicht denkwürdigsten Abschnitt des Ostfeldzuges, dem alle Gebirgsjäger, vom General bis zum Jäger, vom Kommandeur bis zum Tragtierführer, entgegenfieberten.

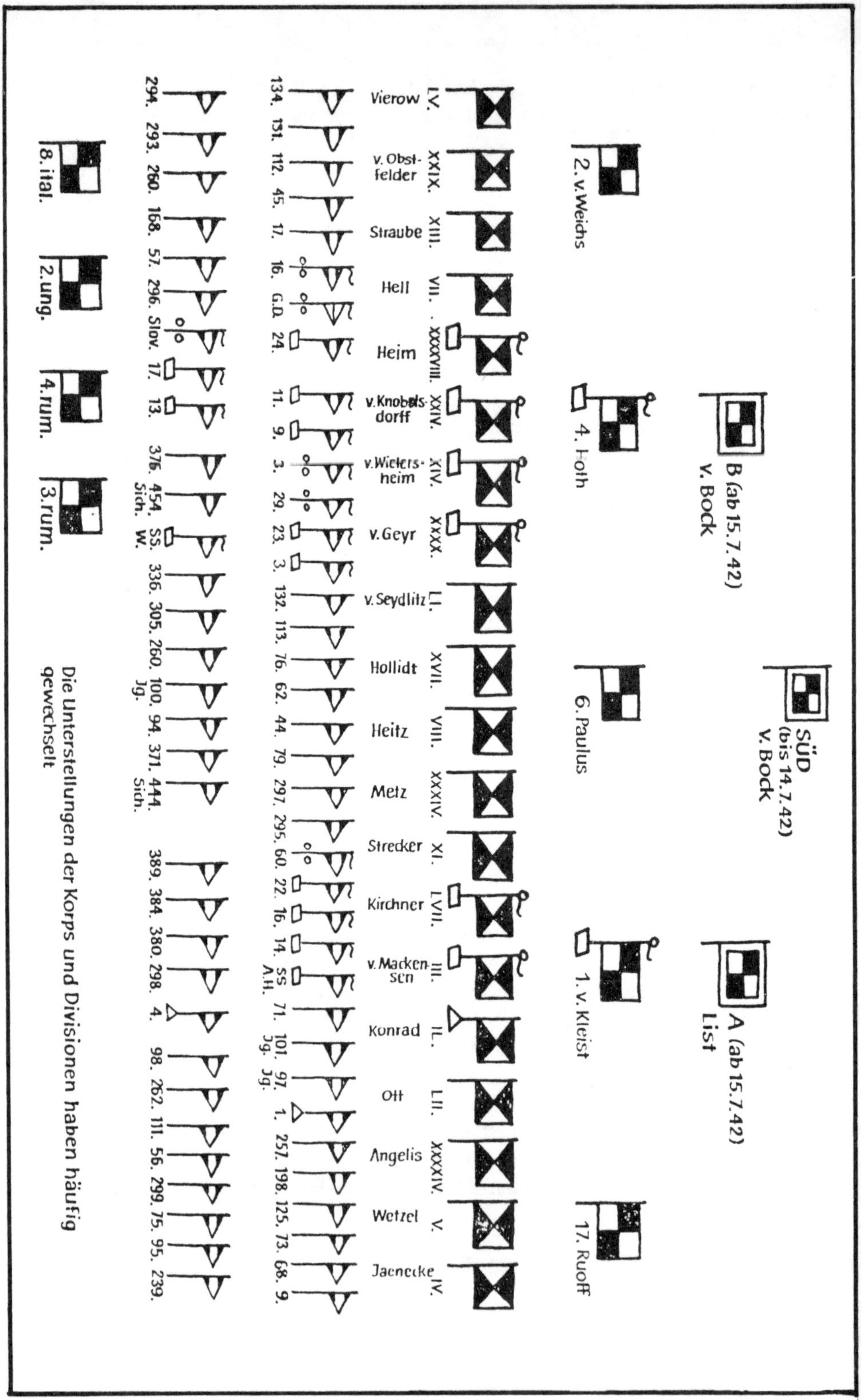

Die Verbände der Heeresgruppen Süd, A und B im Juli 1942

Es wurde bereits darauf hingewiesen, daß die Darstellung aller Kampfhandlungen der 1. Gebirgs-Division den Rahmen dieses Buches bei weitem sprengen würde. Das gilt auch für die folgenden Kampfhandlungen der Gebirgsjäger im Kaukasus. Neben einer Lageübersicht sollen daher nur einige Kriegsgeschehnisse der 1. Gebirgs-Division breiteren Raum finden. Andererseits soll vermieden werden, den Einsatz der Gebirgsjäger allzusehr isoliert zu sehen.

Hitlers Pläne an der Südfront

Am 23. Juli 1942 erteilte Hitler die „Weisung Nr. 45 für die Fortsetzung der Operation ‚Braunschweig' ". Mit dieser Weisung negierte Hitler selbst die wichtigsten Maximen seiner „Weisung Nr. 41", indem er die anfangs vorgesehene gestaffelte Abfolge der verschiedenen Offensiven zugunsten zeitlich gleichgeschalteter Offensiven für alle großen Ziele opferte.

Und noch etwas darf in diesem Zusammenhang nicht übersehen werden: Mit der sogenannten Leningrad-Moskau-Kaukasus-Linie zeichnete sich eine gefährliche Frontausdehnung von ca. 3000 Kilometern ab! Die „Weisung Nr. 45" lautete in ihren für die Gebirgstruppe wesentlichen Punkten:

„. . . In einem Feldzug von wenig mehr als drei Wochen sind die von mir dem Südflügel der Ostfront gesteckten weiten Ziele im wesentlichen erreicht worden. Nur schwächeren feindlichen Kräften der Armeen Timoschenkos ist es gelungen, sich der Umfassung zu entziehen und das südliche Donufer zu erreichen. Mit ihrer Verstärkung aus dem Kaukasusgebiet ist zu rechnen . . .
. . . Die nächste Aufgabe der H.Gr. A ist es, nunmehr die über den Don entkommenen feindlichen Kräfte im Raum südlich und südostwärts Rostow einzuschließen und zu vernichten.

Hierzu sind starke schnelle Verbände aus den Brückenköpfen, die im Raum Konstantinowskaja-Zymljanskaja zu bilden sind, in allgemein südwestlicher Richtung, etwa auf Tichorezk, Infanterie-, Jäger- und Gebirgs-Div. im Raum von Rostow über den Don anzusetzen . . .
. . . Nach Vernichtung der feindlichen Kräftegruppe südlich des Don ist es die wichtigste Aufgabe des H.Gr. A, die gesamte Ostküste des Schwarzen Meeres in Besitz zu nehmen und damit die Schwarzmeerhäfen und die feindliche Schwarzmeerflotte auszuschalten.

Hierzu sind die hierfür vorgesehenen Teile der 11. Armee (rum. Geb.Korps) über die Straße von Kertsch überzusetzen, sobald das Vor-

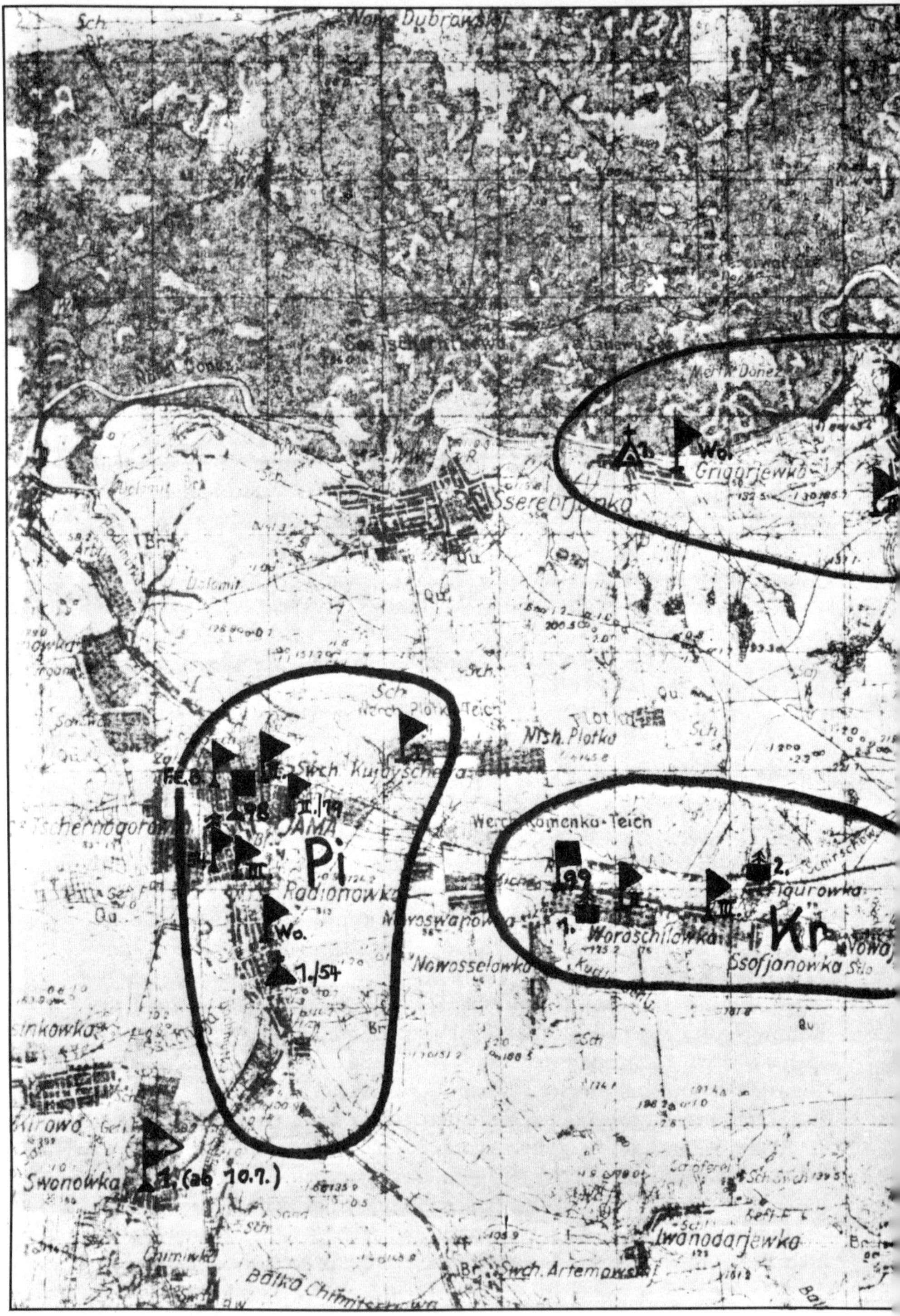

Unterkunftsraum von Teilen der 1. Gebirgs-Division am 11./12. Juli 1942 zwischen Mius und Don

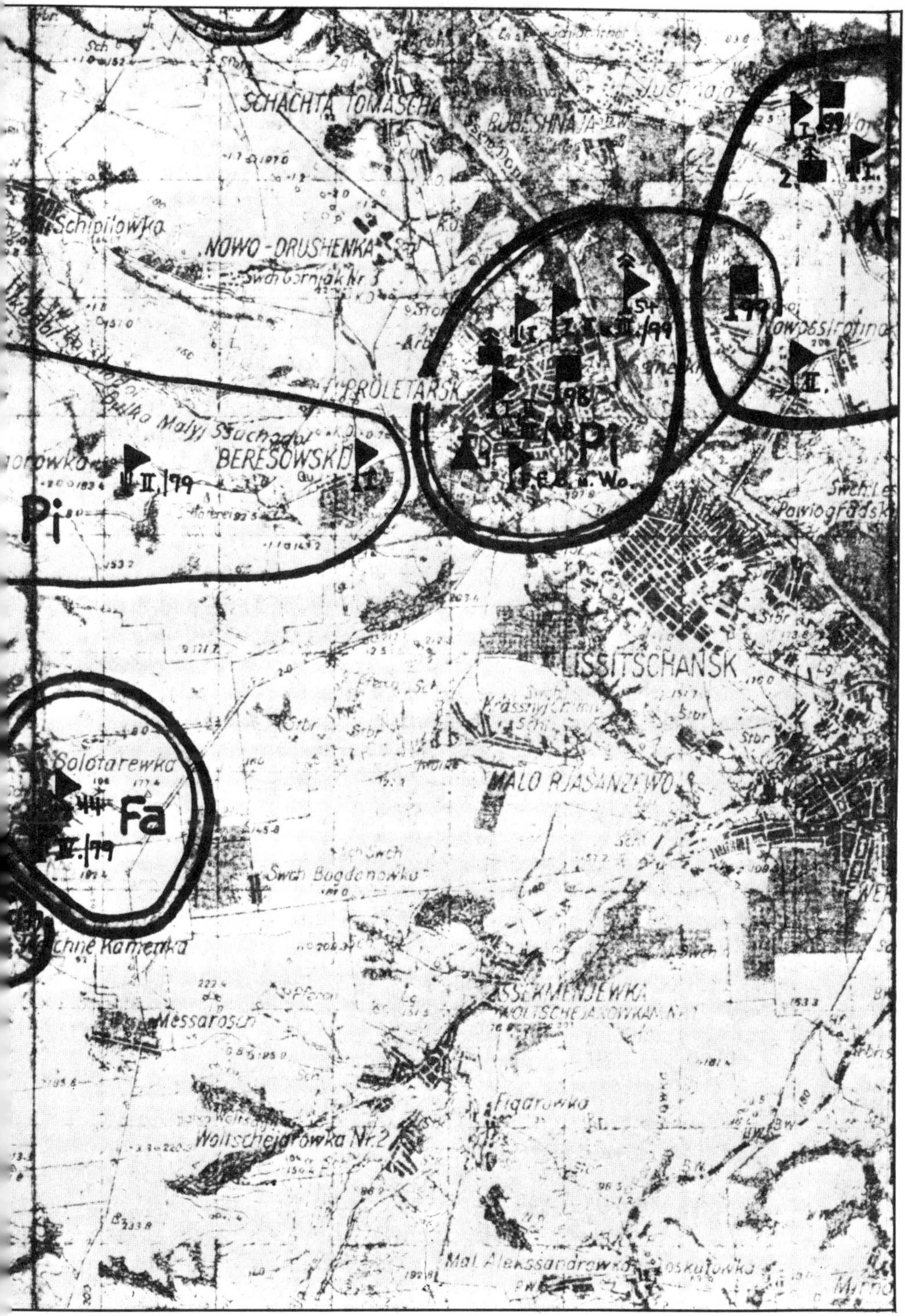

SCHACHTA TOMASCHKA
RUBESHNAJA
Schipilowka
NOWO-DRUSHENKA
Swch Gornjak Nr. 3
PROLETARSK
Balka Malyj Ssuchadol
BERESOWSKIJ
Pi
Pi
Nowoasstrahna
LISSITSCHANSK
Solotarewka
Fa
MALO RJASANZEWO
Swch Bogdanowka
Messarosch
Wolschejarowka Nr. 2
Figarowka
Mal. Alekssandrowka

gehen der Hauptkräfte der H.Gr. A wirksam wird, um alsdann im Zuge der Schwarzmeerküstenstraße nach Südosten vorzustoßen.

Mit einer weiteren Kräftegruppe, bei der alle übrigen Geb.- und Jg.-Div. zusammenzufassen sind, ist der Übergang über den Kuban zu erzwingen und das Höhengelände von Maikop und Armavir in Besitz zu nehmen.

Im weiteren Vorgehen dieser durch die rechtzeitig zuzuführenden Hochgebirgseinheiten zu verstärkenden Gruppe gegen und über den Westteil des Kaukasus sind alle gangbaren Pässe auszunutzen und so im Zusammenwirken mit den Kräften der 11. Armee die Schwarzmeerküste in Besitz zu nehmen.

... Zugleich ist mit einer im wesentlichen aus schnellen Verbänden zu bildenden Kräftegruppe unter Aufbau eines Flankenschutzes nach Osten der Raum um Grossnyi zu gewinnen und mit Teilkräften die Ossetische und Grusinische Heerstraße möglichst auf den Paßhöhen zu sperren ...

Diese Operationen der H.Gr. A erhalten den Decknamen ‚Edelweiß' ".[113])

Da Hitler unter allen Umständen beide Ziele – Kaukasus und Stalingrad – gleichzeitig erreichen wollte, wurde die Heeresgruppe Süd unter Generalfeldmarschall Fedor von Bock, später Generalfeldmarschall Maximilian Freiherr von Weichs, in Heeresgruppe B umbenannt und ihr nunmehr die 2., 6. und 4. Panzerarmee sowie die 2. ungarische, die 8. italienische und die 3. und 4. rumänische Armee unterstellt. Die neu aufgestellte Heeresgruppe A unter Generalfeldmarschall Wilhelm List übernahm den Befehl über die 1. Panzer-Armee und die 17. Armee mit dem XXXXIX. Gebirgs-Armee-Korps, dem u. a. auch die 1. und 4. Gebirgs-Division angehörten. Später wurde der Heeresgruppe A noch die 4. Panzer-Armee vorübergehend unterstellt.

Im Verband der Heeresgruppe A sollten die deutschen Gebirgsjäger den Kaukasus erreichen, diesen überschreiten und zu den kaukasischen Ölfeldern vordringen. In der Tat ein kühnes Vorhaben, für das aber, wie sich bald herausstellte, die bereits arg überforderten deutschen Kräfte nicht mehr ausreichen sollten ...

Über den Don zum Kaukasus

Es war im Hochsommer 1942. Schon seit Tagen marschierten die Gebirgsjäger, in dichte Staubwolken gehüllt, durch die flache, braune Steppe der östlichen Ukraine und sahen vor sich nichts anderes, als den zwischen Himmel und Erde wie ein Strich sich abzeichnenden Horizont.

Die Feldspaten schlugen bei jedem Schritt gegen die Oberschenkel, die Maschinengewehre drückten schwer auf den Schultern der MG-Schützen, die Riemen der Karabiner schienen die Halspartie der Jäger abzuschnüren. Und immer wieder hieß es marschieren, marschieren, marschieren - das Schicksal des Infanteristen und Gebirgsjägers - oft 30, 40, ja 50 Kilometer am Tag!

Sehnsüchtig sahen die Gebirgsjäger den überholenden Fahrzeugkolonnen der motorisierten Verbände nach, die eilig dem Don zustrebten. Und manch einer wäre sicherlich nicht länger in dieser Lage gewesen, den „inneren Schweinehund" zu besiegen, wenn nicht das magische Wort *Kaukasus* die letzten Kräfte mobilisiert hätte.

Rund 7000 Kilometer waren die Gebirgsjäger bisher in diesem Kriege marschiert, hatten in den Ebenen große Schlachten geschlagen und waren immer wieder dem weichenden Feind auf den Fersen geblieben. Aber jetzt erst sollten sie, Gebirgsjäger und Gebirgsartilleristen, Gebirgspioniere und Tragtierführer, in ihrem eigentlichen Element, im Bergkrieg, im Kaukasus, eingesetzt werden.

Wer wollte da schon aufgeben, neben der Rollbahn liegenbleiben und den Kameraden mit dem Edelweiß nachsehen, wie sie dem Kaukasus zustrebten?

Bereits am 5. August 1942 hatte die 1. Gebirgs-Division den Don, den mächtigen, geheimnisvollen Strom der Ukraine, überschritten. Der Flußübergang vollzog sich mittels Fähren und auf einer fertiggestellten Pontonbrücke, die den in den Sommermonaten einem seichten Meeresarm gleichenden Strom überspannte. „Bei Südwind, so wird erzählt, schiebt das Wasser sich stromaufwärts und läßt den Don, wenn die eilig herangeführten Wasser der Schneeschmelze dagegenprallen, auf ein Vielfaches des sommerlichen Pegelstandes ansteigen."[114])

Ende Juli/Anfang August 1942 war die Heeresgruppe A, Generalfeldmarschall List, der sich der Gebirgstruppe besonders verbunden fühlte, aus den Brückenköpfen Bataisk und Zymljanskaja, am unteren Don, mit der 17. Armee (V. und XXXXIV. Armee-Korps und XXXXIX. Gebirgs-Armee-Korps) auf dem rechten Flügel, der 1. Panzerarmee (III. und XXXX. Panzer-Korps) im Zentrum der Heeresgruppe und der 4. Panzer-Armee hinter dem linken Flügel, als Flankenschutz der Heeresgruppe gestaffelt, nach Süden angetreten.

Mit dem Uferwechsel am Don war das Tor zum Kaukasus aufgestoßen. Nun sollte für die Gebirgsjäger der denkwürdigste Abschnitt des gesamten Rußlandfeldzuges, ja des gesamten Zweiten Weltkrieges beginnen: der Angriff auf den Hoch- oder Zentralkaukasus.

Bereits einen Tag nach dem Überschreiten des Don hatte General

Lanz die Aufstellung einer Hochgebirgskompanie befohlen, die unter der Führung von Hauptmann Groth aus bergerfahrenen Alpinisten formiert werden sollte. Die Aufgabe dieser Kompanie bestand darin, die alpinen Hochgebirgspässe des Elbrusmassivs in Besitz zu nehmen und darüber hinaus die Reichskriegsflagge auf dem Elbrus, dem höchsten Gipfel des Kaukasus, zu hissen. Zu diesem schwierigen Unternehmen wurden zu der rund hundert Mann starken Hochgebirgskompanie auch bergerprobte Gebirgsjäger von der 4. Gebirgs-Division abkommandiert. Als Zeichen ihrer besonderen Aufgabe erhielten die Angehörigen der Hochgebirgskompanie aus der Hand des Kommandeurs der 1. Gebirgs-Division eine Adlerfeder überreicht, die sie dann stolz auf der Bergmütze neben dem Edelweißabzeichen trugen.

Währenddessen ging der Vormarsch durch die staubige Steppe und die Verfolgung der sich weiterhin absetzenden Sowjetverbände rasch vorwärts.

Ende Juli erreichte die 1. Panzer-Armee den 1200 Meter breiten Manytsch-Fluß, den manche Geographen als Grenze zwischen Europa und Asien ansehen.

Da wurde am 30. Juli die 4. Panzer-Armee der Heeresgruppe B, die zum Angriff auf Stalingrad angesetzt war, unterstellt. Damit verfügte die Heeresgruppe A für die Erfüllung der befohlenen Operationsziele nur noch über zwei Armeen, mit der 1. und 4. Gebirgs-Division, ohne gebirgsgängige Divisions- und Korpsnachschubeinheiten und ohne Lufttransportverbände, 3 Jäger-Divisionen (darunter die 2. rumänische), 8 Infanterie-Divisionen und 3 Panzer-Divisionen: also nur mehr über insgesamt 16 Divisionen für eine vorauszusehende Frontausdehnung von rund 1000 Kilometern.

Noch folgten die drei der Heeresgruppe A zugesagten italienischen Alpini-Divisionen mit großem Abstand in zweiter Linie. Aber bald darauf sollten auch sie der Führung des Generalfeldmarschalls List entzogen werden.

Am 3. August 1942 nahm das V. Armee-Korps Krasnodar mit seinen Ölraffinerien; am 9. August wurde Maikop, Sitz der Verwaltung dieses bedeutenden Erdölgebietes, über Armawir von der 13. Panzer-Division eingenommen. Doch alle Ölanlagen waren zuvor von den Russen zerstört worden, so daß die deutschen Verbände weiterhin auf den Nachschub angewiesen waren und nicht auf die russischen Vorräte greifen konnten, auf die Hitler gesetzt hatte. So ergab sich die Groteske, daß am 10. August die deutschen Panzer inmitten der Ölfelder wegen Betriebstoffmangels zwischen Kuma und Terek liegenblieben. Nur die 16. motorisierte Infanterie-Division stieß noch auf Elista vor, bis auch ihr dort der Treibstoff ausging.

Währenddessen hatte die Vorausabteilung Lawall der 1. Geb.Div., auf Antrag des Generalkommandos am 4. August dem XXXXIX. (Geb.)A.K. unterstellt, am 9. August den Kuban bei Krapotkin erreicht und konnte am 11. August die wichtige Brücke von Tscherkessk unzerstört in ihren Besitz nehmen. Damit war der Übergang der 1. Gebirgs-Division über den breiten Kuban gesichert. Nun marschierten die Gebirgsjäger nach Südosten, den Kuban aufwärts.

Die Luft flimmerte. Aber sie roch schon förmlich nach Bergluft, als sich die Gebirgsjäger den Höhen südlich von Tscherkessk näherten. Und nun gab es für sie kein Halt mehr. Zum ersten Male sahen sie den gewaltigen Doppelgipfel des Elbrus aus dem Dunst aufragen. Welch ein unvergeßlicher Augenblick!

Die Mulis wurden unruhig beim Anblick des gewaltigen Bergmassivs, die Gebirgsjäger waren gerührt: Der Kaukasus, das Ziel der deutschen Gebirgstruppe, lag zum Greifen nahe vor ihren Augen.

Angriff auf den Hochkaukasus

In der Zeit vom 12. bis zum 21. August 1942 nahmen die Gebirgsjäger der 1. und 4. Gebirgs-Division die Hochpässe des Kaukasus zwischen dem Elbrus, Maruch, Bgala und Adsapsch-Paß. Damit begann für die deutsche Gebirgstruppe der eigentliche Kampf um dieses gewaltige Gebirge, durch dessen fremde, unbekannte Bergwelt die Gebirgsjäger staunend marschierten, während die Tragtiere schwerbepackt und unermüdlich die Serpentinen der kaukasischen Berge hinaufstapften.

Von keiner Bahnlinie gekreuzt, lediglich von zwei Heerstraßen durchzogen, zieht sich der kaukasische Gebirgswall in rund 1200 Kilometer Länge von West-Nordwest nach Ost-Südost. Rund zehn Viertausender und vier Fünftausender krönen den Zentralen Kaukasus, der im Osten felsig und im Westen, zum Schwarzen Meer hin, von Urwäldern bewachsen ist.

Spärlich waren die Unterlagen und Karten über das neue Einsatzgebiet der Gebirgstruppe, als die 1. Gebirgs-Division den Auftrag zur Eroberung des Kaukasus erhielt. Letztlich war es eine Denkschrift der Hochgebirgsschule Fulpmes/Tirol, die im Hinblick auf die geographischen Verhältnisse des Kaukasusgebietes auf drei entscheidende Faktoren hinwies:

„1. Bis zum Einbruch des Winters auf den westlichen Hochpässen sind kaum noch acht Wochen Zeit. Ende September unterbindet der starke Schneefall Gebirgsüberschreitungen und Nachschub großen Stils völlig.

2. Der einzige große Straßen- und Bahnübergang über den Westteil

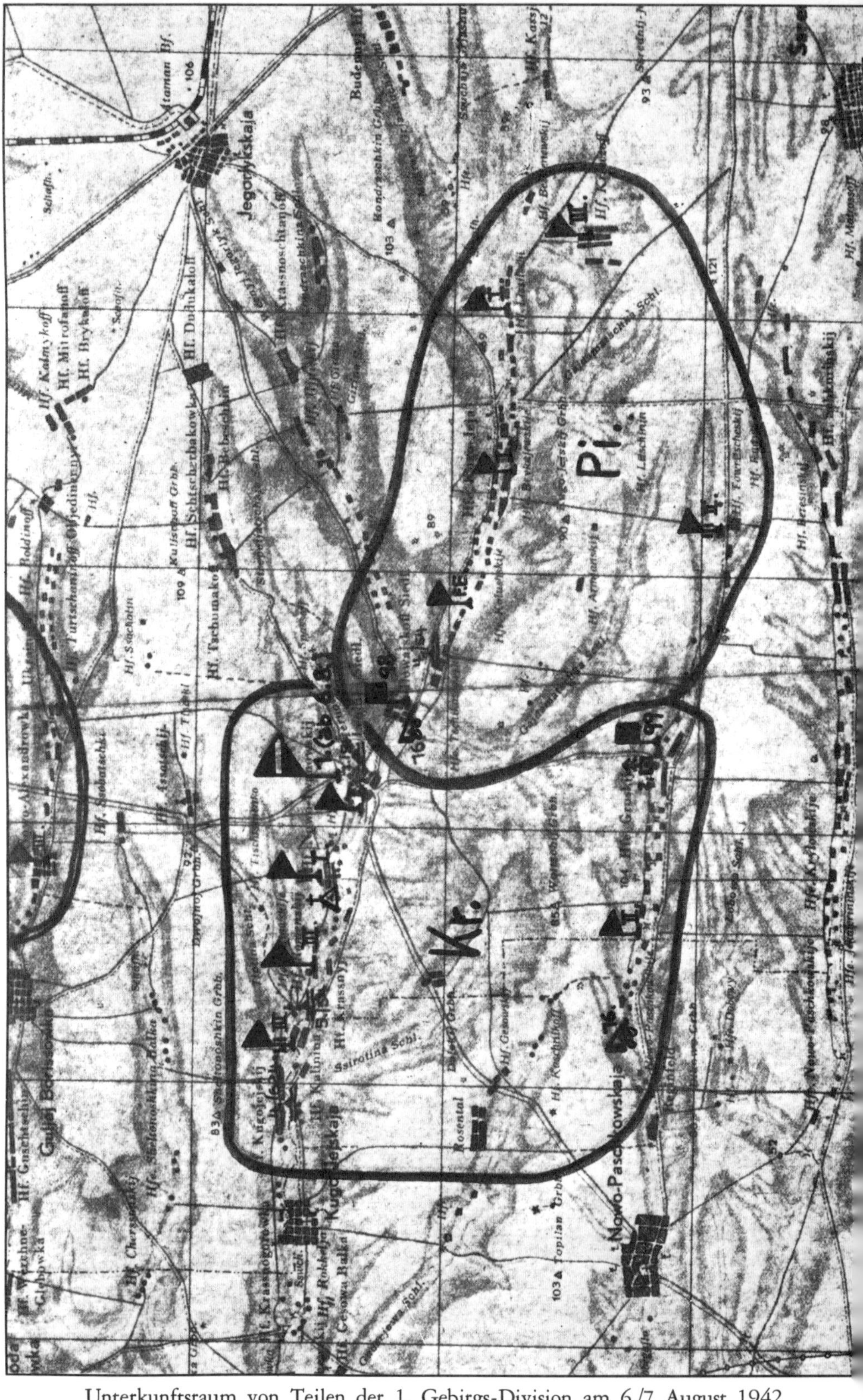

Unterkunftsraum von Teilen der 1. Gebirgs-Division am 6./7. August 1942
nach dem Don-Übergang bei Rostow

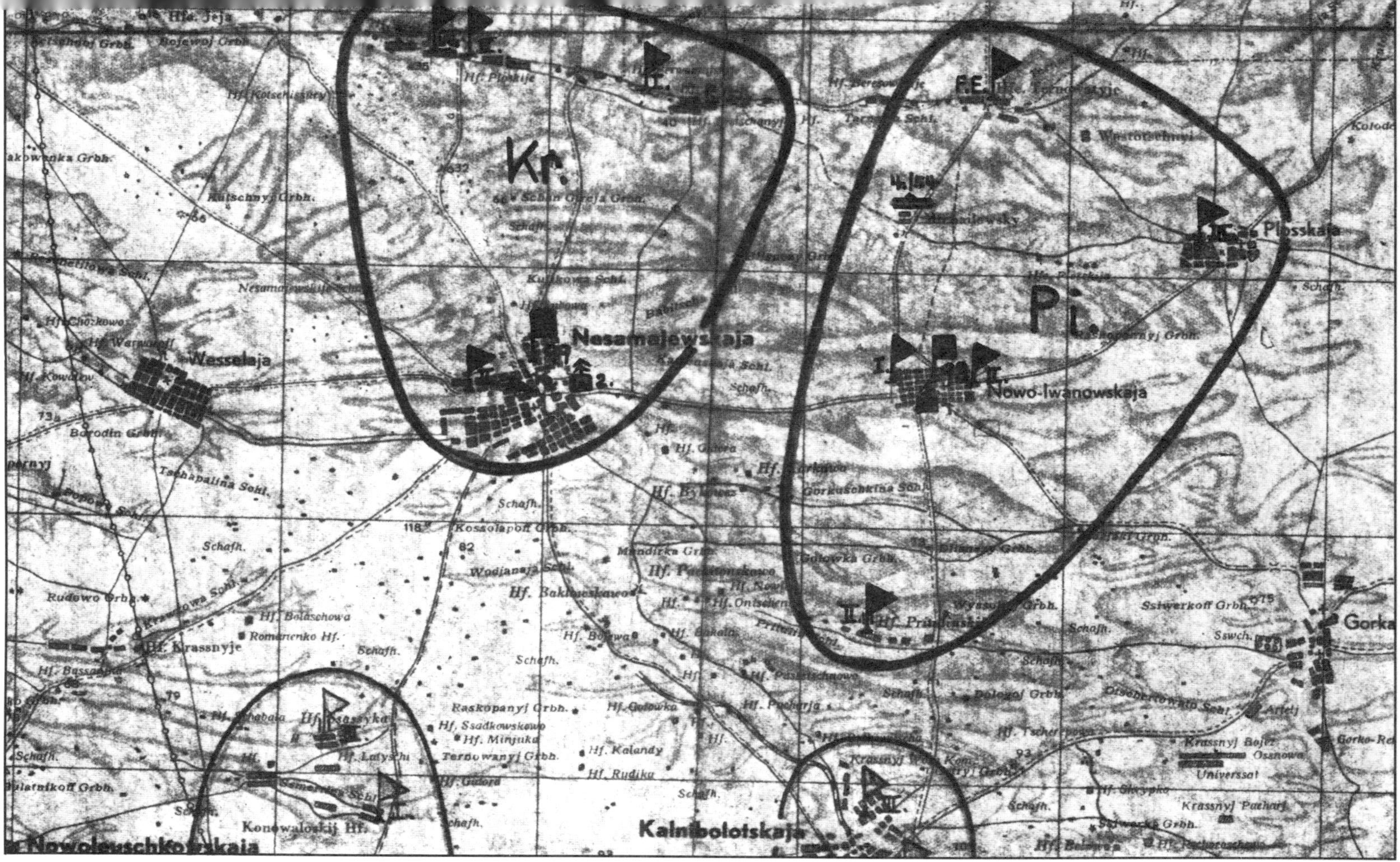
Kr.
Pl.
Nesamajewskaja
Nowo-Iwanowskaja
Wesselaja
Plosskaja
Gorka
Kalnibolotskaja
Konowalotskij Hf.
Hf. Plosskije
Wstotschnyj
Kutschnyj Grbh.
Borodin Grbh.
Kossolapoff Grbh.
Wodjanaja Schl.
Hf. Baklaeskawo
Mandirka Grbh.
Gorkuschkina Schl.
Golowka Grbh.
Sswerkoff Grbh.
Dologoj Grbh.
Raskopanyj Grbh.
Hf. Ssadkowskowo
Hf. Minjuka
Ternowanyj Grbh.
Hf. Kalandy
Hf. Rudika
Hf. Bolaschowa
Romanenko Hf.
Hf. Krassnyje
Rudowo Grbh.
Krassnyj Bojez
Universsal
Krassnyj Pacharj
Hf. Golowka
Hf. Pacharja
Hf. Lutyschi
Hf. Gulord
Schafh.

des Kaukasus führt durch den Waldkaukasus nach Tuapse und von da an der Küste nach Ssuchum.

3. Die Übergänge über die westlichen Hochpässe (Karrettenwege, Tragtiersteige und Steige für Kleinesel) sind nur ungenau beschrieben; auch die Angaben über den wichtigsten Übergang, die ‚Ssuchumsche Heerstraße', sind nicht verläßlich; vermutlich hat sie nur Karrettenbreite und ist stark verfallen."[115])

Auf diese drei vagen geographischen Angaben angewiesen, hatte nun das XXXXIX. Gebirgs-Armee-Korps des Generals der Gebirgstruppen Konrad die Operationen im Kaukasus auszurichten. Während die 4. Gebirgs-Division den Auftrag hatte, durch den Hochkaukasus direkt auf Ssuchum vorzustoßen, wurde die 1. Gebirgs-Division beiderseits der alten „Ssuchumschen Heerstraße" über den Maruckkojpaß, den Kluchorpaß und den Elbrus auf Ssuchum angesetzt.

Begeistert zogen die Gebirgsjäger das Kubantal aufwärts, das zum einen Mal von Sandbänken durchzogen, dann wiederum von zusammenrückenden Felswänden begleitet wird. Aber diese Idylle trog, denn der Russe, der sich noch immer zurückzog, um die Gebirgstruppe gewissermaßen in den Kaukasus zu locken, wußte nun, worum es ging.

Zuerst sollten sich die Deutschen totlaufen. Dann hieß die Parole der Russen: Widerstand! Kein Schritt zurück ohne den Befehl! Dazu befahl die STAWKA, das Oberkommando der Roten Armee:

„Die Rückzugsstimmung der Truppe ist unbedingt zu liquidieren, das Gerede, daß wir weiter nach Osten zurückgehen könnten und es auch tun sollten, ohne daß uns ein Schaden entsteht, ist mit eiserner Faust auszurotten ...

Im Bereich der Armee sind je nach der Lage drei bis fünf gut ausgerüstete Sperrabteilungen aufzustellen und hinter den Divisionen einzusetzen. Sie sind zu verpflichten, alle Panikmacher auf der Stelle zu erschießen und so den anständigen Kämpfern zu helfen, ihre Pflicht ihrem Vaterlande gegenüber zu erfüllen."[116])

Die sowjetische Führung hatte allen Grund, derartige Aufrufe herauszugeben. Es gab in diesem gewaltigen Reich genug Völkerstämme, die darauf warteten, von den Deutschen befreit zu werden. Zu diesen Völkerstämmen zählten die Karatschaier (Karatscheij), welche die Gebirgsjäger als ihre Befreier vom sowjetkommunistischen Joch begrüßte

Am Maruchskoj-Paß

und die ab nun auf seiten der Gebirgstruppe gegen die verhaßte Rote Armee kämpften.

Doch das Vertrauen, das die deutsche Truppe und die freiheitsliebenden Ostvölker der Sowjetunion miteinander verband, wurde leider durch die Politik des Dritten Reiches sehr bald leichtfertig verspielt.

Was hier durch die sogenannte „Besatzungspolitik" des Dritten Reiches kaputtgemacht wurde, das konnte später, als sich die Katastrophe anbahnte, nicht wieder gutgemacht werden. „Noch in den letzten Kriegsjahren bewies die tragische Episode der Armee Wlassow, welche Möglichkeiten in der Unzufriedenheit der Bevölkerung mit dem Druck des Sowjetsystems hätten liegen können."[117]) Statt dessen ritten Kosaken in den Untergang. Nicht anders erging es den Karatschaiern.

Mit Elan faßten die Gebirgsjäger den Gegner, wo sie ihn trafen und wo er sich dem Kampf stellte. Unterstützt wurden sie dabei vor allem von dem bereits erwähnten freiheitsliebenden Bergvolk der Karatschaier. Es war ein stolzes, kämpferisches Volk, das das obere Kubantal und einige wenige Nebentäler des Kuban bevölkerte. Eine Viertelmillion zählte es, als es sich im Kampf gegen die Sowjetrussen den Gebirgsjägern anschloß. Nach dem deutschen Rückzug aus dem Kaukasus wurden die Karatschaier, wie so viele deutschfreundliche Volksgruppen in der UdSSR, einfach liquidiert.

Während die Gebirgsjäger des XXXXIX. Gebirgs-Armee-Korps durch die gewaltigen Hochtäler des Kaukasus auf die Pässe zustürmten und diese bis Ende August sämtlich in ihren Besitz brachten, strebten drüben, am Elbrus (5633 m), die bergerfahrenen Kameraden der Hochgebirgskompanie unter Hauptmann Groth dem höchsten Gipfel des Kaukasus zu ...

Das Unternehmen „Elbrus"

Die vorgesetzten Dienststellen waren einer Besteigung des Elbrus (was auf Deutsch so viel wie „die Brust" heißt) zunächst wenig geneigt. Sie sahen hierin in erster Linie ein alpines Unternehmen ohne taktische Bedeutung. Dennoch wurde die Besteigung des höchsten Kaukasusgipfels seit der Aufstellung der Hochgebirgskompanie konsequent verfolgt, da man der Meinung war, daß sich die deutsche Gebirgstruppe den Gipfelsturm mit anschließender Flaggenhissung nicht entgehen lassen dürfe. Lag doch der verlockende Gipfel im Kampfbereich des

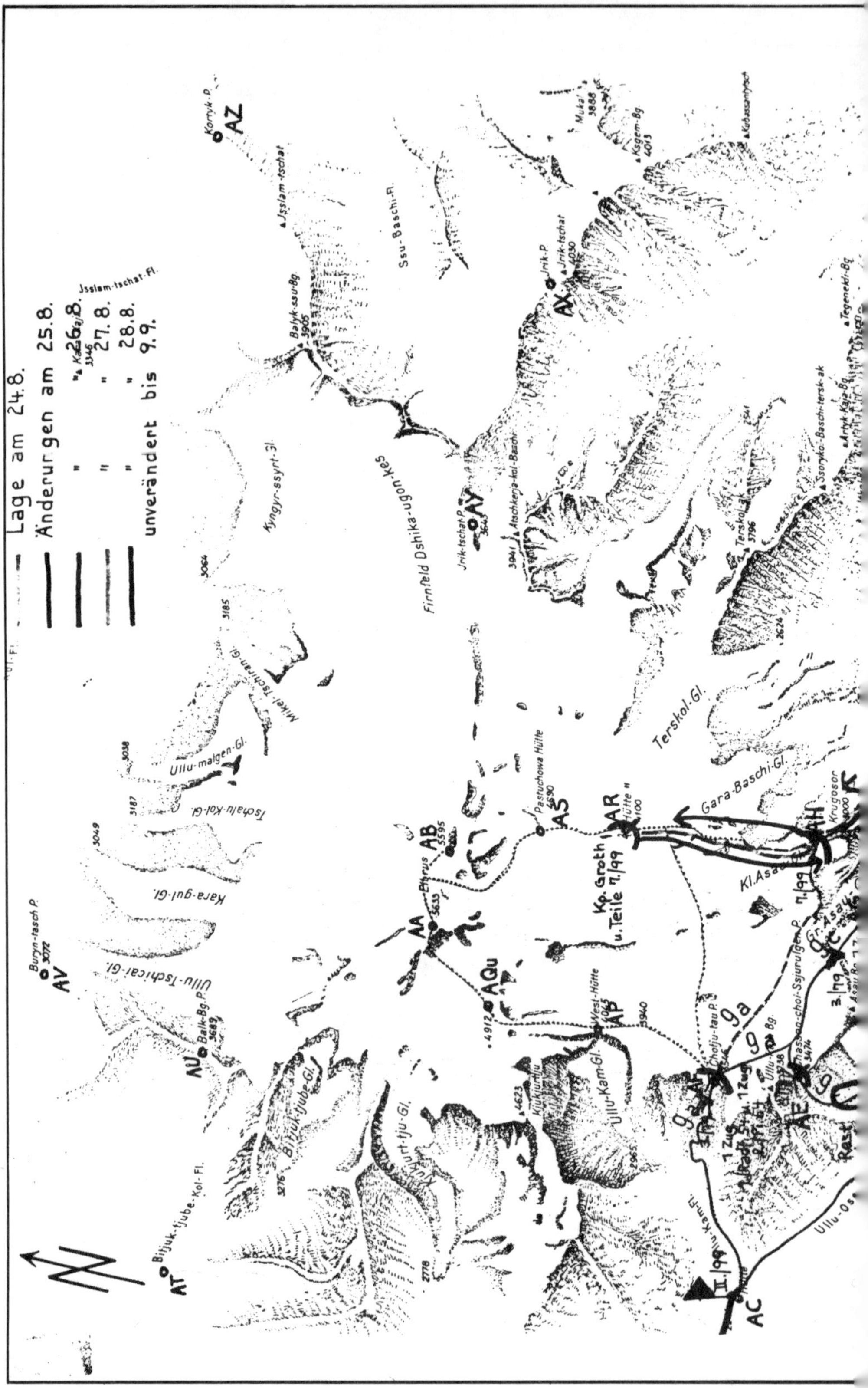

Kampf der Gebirgsjäger um das Elbrus-Massiv August/September 1942

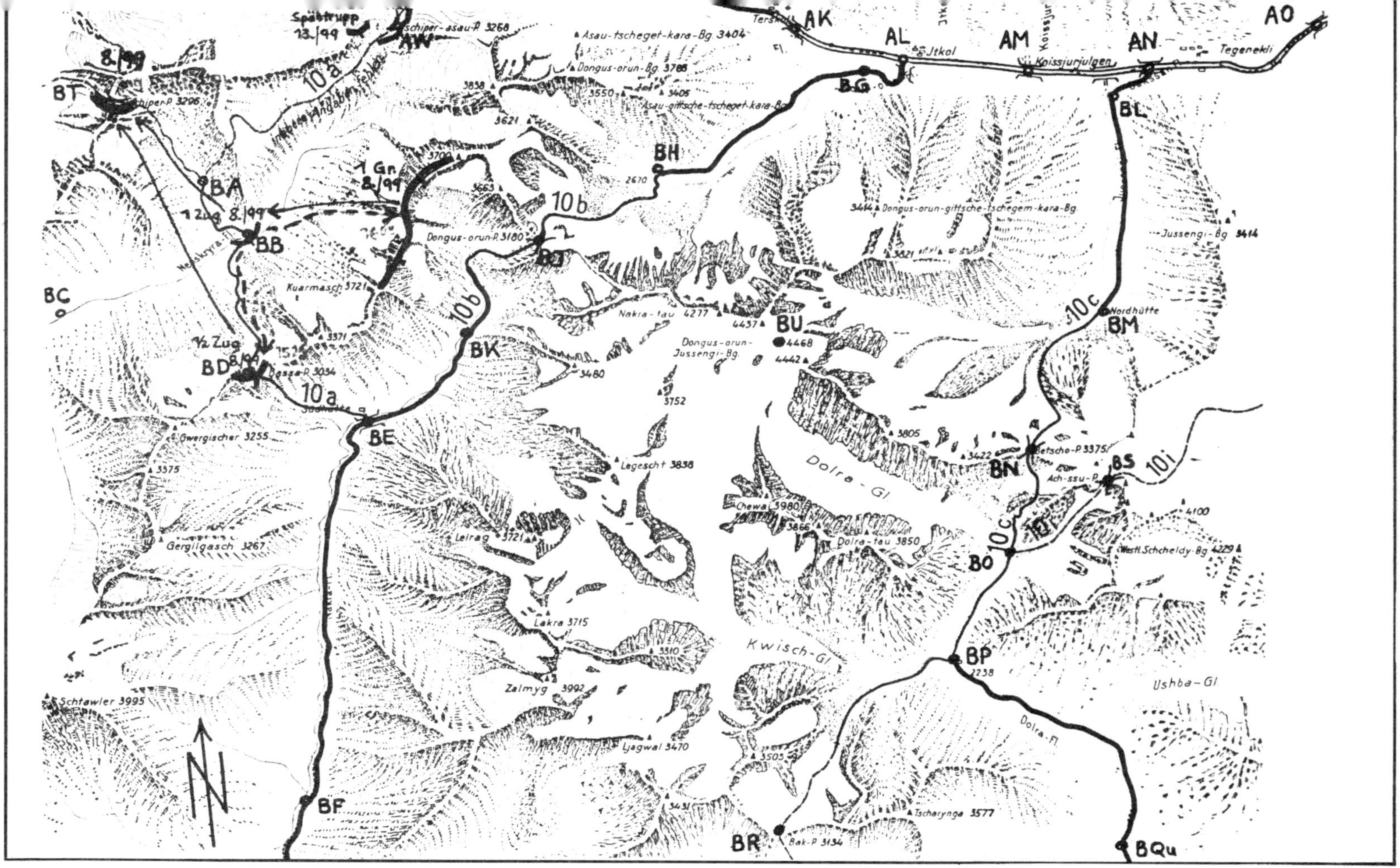
Spättrupp 13./99
Schiper-asau-P. 3268
AW
Asau-tscheget-kara-Bg. 3404
Dongus-orun-Bg. 3788
3550
3405
Asau-gittsche-tscheget-kara-Bg.
3838
3621
Tersk.
AK
AL
Jtkol
AM
Koissjurjulgen
AN
Tegenekli
AO
B.G.
BL
8./99
BT
Schiper-P. 3296
10 a
BH
2670
1 Gr. 8./99
3700
3663
BA
1 Zug 8./99
BB
Dongus-orun-P. 3180
10 b
3414
Dongus-orun-gittsche-tschegem-kara-Bg.
Jussengi-Bg. 3414
3621
BC
Kuarmasch 3721
10 b
Nakra-tau 4277
4437
BU
4468
Dongus-orun-Jussengi-Bg.
4442
10 c
Nordhütte
BM
½ Zug 8./99
BD
Basse-P. 3034
3371
BK
3480
3752
10 a
BE
Qwergischer 3255
3375
Legescht 3838
3805
3422
Betscho-P. 3375
BN
BS
Ach-ssu-P.
10 i
Dolra-Gl.
Chewa 3980
3866
Dolra-tau 3850
4100
Gergilgasch 3267
Leirag 3721
10 c
BO
Westl. Schcheldy-Bg. 4229
Lakra 3715
3510
Kwisch-Gl.
BP
2238
Ushba-Gl.
Zalmyg 3992
Schtawler 3995
Dolra-Fl.
Ljagwal 3470
3505
3431
BF
Tscharynga 3577
BR
Bak-P. 3134
BQu

XXXXIX. Gebirgs-Armee-Korps. Dieses bestand jedoch darauf, daß auch ein Kommando der 4. Gebirgs-Division an der Elbrusbesteigung mitwirken sollte, und so stellte die Enzian-Division am 14. August zehn bergerfahrene Gebirgsjäger unter der Führung von Hauptmann Gämmerler zur Hochgebirgskompanie Groth ab.

Noch waren es rund 40 auserlesene Bergsteiger der Edelweiß- und Enzian-Division, die sich, gesichert von einem Gebirgs-Jäger-Bataillon, an das Elbrusmassiv herantasteten. Bald war die Baumgrenze erreicht. Von nun an ging es bei immer spärlicherer Vegetation über Saumpfade in das zusehens enger werdende Ullu-Kam-Tal. An seinem Talschluß angelangt, biwakierten die zum Gipfelsturm ausgewählten Gebirgsjäger.

Bevor die Elbrusbesteigung am nächsten Tag weiter fortgesetzt wurde, wurden nochmals Waffen, Munition und Ausrüstung überprüft, und kurz vor Aufbruch der 1. Gebirgs-Division der beabsichtigte Aufstieg zum rund 1000 Meter höher gelegenen Chotju-Tau-Paß mittels eines Funkgerätes gemeldet. Bereits am 16. August, um 10.00 Uhr, war das Ziel nach einem 7stündigen Bergmarsch über gewaltige Schutt- und Gesteinsmassen erreicht.

Von hier aus sahen die Gebirgsjäger schon das in 4200 Meter Höhe liegende, hotelähnliche Elbrushaus, das auf einer Felseninsel zwischen dem Asau- und dem Terskolgletscher liegt. Da sie annahmen, daß diese Unterkunft vom Feind besetzt sei, wurde Oberleutnant Schneider (Gebirgs-Nachrichten-Abteilung 54) mit einem Spähtrupp auf Erkundung geschickt. Er stieg links am Elbrushaus vorbei und besetzte mit seinem Trupp die Felsgruppen oberhalb der Stellung.

Es dauerte nicht lange, als Groth, seiner Kompanie weit vorausmarschiert, die Felseninsel betrat und in das Elbrushaus ging. Ehe er sich dort umgesehen hatte, wurde er von den Russen, die das Haus gesichert hatten, gefangengenommen. Doch Groth ließ sich nicht bange machen, sondern ging seinerseits in die Offensive. „Die Russen“, so lautete sein Angebot an die Rotarmisten, „erhalten freien Abzug, wenn sie ihm das Haus und die damit verbundene meteorologische Station überlassen. Wer bleiben will, der kann bleiben.“

Nachdem sich die Russen davon überzeugt hatten, daß die Gebirgsjäger immer näher kamen, erklärten sie sich zu dem Angebot bereit, so daß der hochalpine Stützpunkt ohne einen Schuß in die Hand der Deutschen fiel. Über 100 Mann hatten im Elbrushaus, in dem sich noch größere Vorräte an Verpflegung und Bekleidung befanden, Platz. Sofort wurde die wichtige Wetterstation nach allen Seiten hin von den Gebirgsjägern gesichert.

Schließlich waren es nur noch 19 Gebirgsjäger, die dazu ausersehen waren, den Elbrus unter der Führung der Hauptleute Groth und Gämmerler zwischen dem 18. und 21. August 1942 zu besteigen. Am 19. August wurde der erste Versuch unternommen, den Elbrusgipfel zu stürmen. Aber wegen der äußerst schlechten Wetterverhältnisse mußte das Vorhaben bald wieder eingestellt werden. Dennoch brachte der Anstieg wertvolle Hinweise für den zweiten Besteigungsversuch.

Nachdem am 20. August ein so gewaltiger Schneesturm über dem Elbrusmassiv tobte, daß niemand es wagte, die Verantwortung für eine Besteigung zu übernehmen, wurde der 21. August für den Aufstieg bestimmt, da es Hinweise gab, daß Angehörige der Waffen-SS den Gipfel von der Nordseite aus stürmen wollten.

Und das große Wagnis mit den Unbilden der Natur sollte gelingen. Josef Martin Bauer, der Erfolgsautor des bekannten Romans „So weit die Füße tragen“, hat diese Besteigung mitgemacht und in seinem Buch „Unternehmen ‚Elbrus‘ – Das kaukasische Abenteuer 1942“, die große alpinistische Leistung der Gebirgsjäger während des Zweiten Weltkrieges, eindrucksvoll beschrieben. Lesen wir einen Ausschnitt aus dem interessanten Erlebnisbericht:

„Inzwischen haben wir uns gegenseitig gesagt, was zu sagen ist vor einem Beginnen, an dessen Ende wohl ein paar aus der Reihe der neunzehn Männer abgeschrieben werden müssen ...

Heute ist der Sturm vielfach stärker als vorgestern, aber heute tun wir, was uns als Pflicht aufgegeben ist, während es vorgestern noch die Freiwilligkeit versuchte ...

Die Höhe quält jeden, auch die schneegegerbten Männer, die in den Alpen die höchsten Gipfel erstiegen haben. Meinung und Widerspruch werden gebrüllt, und es scheint zuweilen, als seien wir nicht mehr Kameraden, sondern Feinde, die ihre größte Lust darin sehen, denen einen Stoß zu geben, die es überzeugt anders meinen ...

Ein ferner Betrug, der uns genarrt hat, als wir das Tal des Kuban heraufzogen, fällt nun, da wir etwa dreihundertfünfzig Meter unter dem Gipfel stehen, zusammen. Der Elbrusgipfel, wenigstens dieser höhere, der westliche Gipfel, den wir angehen, hat nicht die breite Kuppe eines gemütlichen Schafberges, auf dem Weiden sein könnten, wenn nicht der Schnee wäre, sondern springt aus der wolligen Schneefülle jäh auf zu einer aus Stein und Eis geformten Spitze ...

Uns aber kommt kein Gefühl von Herrlichkeit und Majestät an. Beim Heraustreten aus dem schützenden Sattel hat der Sturm uns ergriffen und drückt uns an den Hang oder will uns wegreißen von dem Halt, den die in zweifachen Fäustlingen frierenden Hände gesucht haben. Der Sturm schlägt uns mit Schnee, der sich festklebt und die Sicht nimmt. Die Brille aber darf nicht abgenommen werden, weil das diffuse Berglicht uns blind machen würde. Wie die Pfoten eines

Hundes, der einen zwischen den Zähnen festgebissenen Knochen mit ungefügen Tatzen wegstreifen will, tappen die Fäustlinge über die Zelluloidscheiben, den Schnee abzustreifen, der alle Sicht verschließt.

Durch diese dumpfen Fenster sehen die Augen nichts als ein graues Weiß und in dieses Weiß gebettet große, ungefüge, schwarze Flecken. Das ist das Lavagestein. Die Hände suchen immer unsicherer nach einem Halt, während die Augen nur mehr den ganz kleinen Blickkreis haben bis zum Hang, der unmittelbar davor liegt.

So stöhnen wir hinauf, wieder einmal pfeifend und keuchend zwischen die Mühen einer Pause eingefügt. Die Stimmen der Kameraden werden von irgendwoher zu mir getragen. Als es nur mehr achtzig Meter sein können bis hinauf, versperrt mir Groth den Weg. Sein Kopfschütteln verbietet mir die letzte Gewaltanstrengung, denn ich müßte ja als der Unerfahrene mit Gewalt und sinnloser Anstrengung erreichen, was die anderen mit List und Klugheit dem Berg abzujagen wissen.

Die Klugheit aber haben alle längst über Bord geworfen.

Der Gipfelkoller hat die Bergsteiger gepackt. Wie Pferde, die eine Lücke im Plankenzaun gefunden haben, reißen sie sich los und rennen bedenkenlos den Hang empor, besessen von der Aufgabe, alles vergessend, was uns bisher zu einem geschlossenen Trupp zusammengehalten hat.

Über das ganze finstere Feld vor mir sind die Schatten der Kameraden zerstreut. Von oben her steigt Kempter mir entgegen und reicht mir über eine Felsplatte hin die Hand: nur diesen Felsbauch möge ich noch überklettern, dann sei es geschafft, dann falle der Berg zurück.

Was ich tue, weiß ich längst nicht mehr. Ich winde mich zwischen Fels und Eis empor, das Gesicht zerhauen vom eingepeitschten Rieselschnee. Der Körper wälzt sich über einen Block, der weit hinausbaucht. Dann fällt der Berg wirklich zurück.

Aber ich habe auch die letzte Kraft ausgegeben.

Groth verbietet mir jeden weiteren Schritt.

Und wenn andere später von ihm sagen, er sei nicht mehr in der Lage gewesen, diese paar Schritte auf den aus dem Krater hochragenden Block zu steigen, so weiß ich als der einzige es besser. Er bleibt, damit ich die Torheit nicht mache, die ein paar Augenblicke später doch eintritt, abwehrend vor mir stehen, um mir den Weg zu sperren. Er hat die Verantwortung für mich übernommen und blockiert das Stück Weg, das mir wahrscheinlich zum Tod würde.

Der Berg duldet kein Stehen mehr.

Während die anderen auf dem Gipfelblock Pflöcke einschlagen und die Seile eines Fahnenschaftes verspannen, stößt der Sturm alles in die Knie und treibt mit mir noch leichter als mit den berggewohnten Männern sein Spiel. Ich bin nur ein armseliges Schneetier im Angesicht solcher Majestät, als ein verlorener Ruf ankündigt, daß die anderen bereits vollbracht haben, was unsere Aufgabe war, und daß es Zeit ist zum Absteigen.

Absteigen!"[118])

Unter äußerster Kraftanstrengung hatte der kombinierte Hochgebirgszug der 1. und 4. Gebirgs-Division den sturmumbrausten Westgipfel des Elbrus erreicht und dort den Schaft der Reichskriegsflagge in den verfirnten Gipfel gerammt. Es war am 21. August 1942, um 11.00 Uhr vormittags. Der Elbrus ist der höchste Berg, auf dem je Gebirgsjäger der deutschen Gebirgstruppe gestanden und gekämpft haben.

General Lanz bemerkt über die Elbrusbesteigung in seiner Studie über den Rußlandfeldzug, „daß der örtlichen Truppenführung (1. Geb.-Div.) klar gewesen war, mit der Flaggenhissung auf dem höchsten Gipfel Europas nur einer selbstverständlichen Ehrenpflicht der deutschen Gebirgstruppe zu genügen, wozu übrigens nur eine einzige Kompanie, die gemischte ‚Elbruskompanie' der 1. und 4. Gebirgs-Division, benötigt wurde. Taktisch wichtig war aber die Wegnahme des als militärischer Stützpunkt fungierenden 4200 m hochgelegenen Elbrus-Hauses mit etwa 80 Mann russischer Besatzung. Dieser Stützpunkt beherrschte die Übergänge vom Elbrusgletscher über den Dongus-Orun-, den Asau- und den Nachar-Paß nach Süden und Südwesten in das Klitschtal und damit den Austritt aus dem Gebirge Richtung Ssuchum! ... Wenn im übrigen, die Operation auf und über den Kaukasus und schließlich bis Batum und Baku nicht den erwünschten Erfolg hatte, lag dies in erster Linie daran, daß die für einige hundert Kilometer Frontbreite verfügbaren 3 Gebirgsdivisionen, darunter 1 rumänische, nicht entfernt ausreichten und die versprochene Reserve u. a. in Form des italienischen Alpini-Korps und weiterer Spezialverbände – soweit sie überhaupt kamen – sämtlich in die Hölle von Stalingrad gesteckt und dort ‚verheizt' wurden – alles ohne jeden Erfolg!"[119])

Während droben, auf dem Elbrus, die Reichskriegsflagge im Schneesturm wehte und Hitler, Tausende von Kilometern vom Kaukasus entfernt, Notwendigkeit oder Unsinn der Besteigung im Kreise seiner Vertrauten erörterte, rückten die Gebirgsjäger in den Tälern vorwärts, den Pässen entgegen, um das gewaltige Bollwerk aus Fels und Eis zu überschreiten, um befehlsgemäß einen Teil Asiens zu erobern. Vom Kaukasus aus, so die Vorstellungen der obersten Führung, sollten Angehörige der Armeegruppe Ruoff in die grüne Küstenebene absteigen.

Der Kampf im Hochkaukasus

Jetzt war die Gebirgstruppe im Kampf um den Hochkaukasus in ihrem eigentlichen Element. Hier konnten die Gebirgsjäger, Gebirgsartilleristen, Gebirgspioniere und die anderen Einheiten der 1. Gebirgs-Division ihre in den heimatlichen Bergen gewonnenen Erfahrungen in Fels und Eis gegen den sich immer zäher verteidigenden sowjetischen Gegner in die rauhe Kriegspraxis umsetzen.

Das über die Hochpässe des westlichen Hochkaukasus auf Ssuchum angesetzte XXXXIX. Gebirgs-Armee-Korps nahm am 25. August mit der 4. Gebirgs-Division den Adsapsch- und Ssantscharo-Paß (2700 m) und erkämpfte schon am 28. August zwanzig Kilometer südlich des Hochkammes den Atschavischar-Paß (1600 m), der einen Tagesmarsch von der Küste entfernt liegt.

Die 1. Gebirgs-Division hatte bereits am 17. August den wichtigen Kluchor-Paß (2813 m) erstürmt und die Sicherung der linken Korpsflanke an den Elbrus-Pässen übernommen. Aber der Ausbruch aus der Hochgebirgsenge bei Klitsch mißlang der Division. Währenddessen drangen stärkere Feindkräfte in ihrer rechten Flanke über den Maruchskoj-Paß (2790 m) nach Norden vor.

Noch war der Angriffsschwung des XXXXIX. Gebirgs-Armee-Korps nicht erlahmt, noch marschierten die Gebirgsjäger immer weiter in den Hochkaukasus hinein – beseelt von dem Willen, das wuchtige Bollwerk zwischen Europa und Asien zu überschreiten.

In der Zeit vom 28. August bis zum 5. September gelang es dann der 1. Gebirgs-Division, eine über den Maruchskoj-Paß vordringende starke Feindbrigade im unbekannten Gebirge aus Fels und Eis, in Höhen zwischen 3000 und 4000 Metern, durch die Kampfgruppe Eisgruber zu vernichten. Dabei zeichnete sich das Hochgebirgs-Bataillon 2 unter dem bekannten Himalaja-Bezwinger Paul Bauer durch seinen entscheidenden Angriff über die Kara-Kara-Berge besonders aus.

Für die bergbegeisterten Gebirgsjäger und Hochalpinisten waren das sicherlich unvergeßliche Wochen in der grandiosen Bergwelt zwischen dem Elbrus und dem Maruchskoj-Paß. Aber schon zeichnete sich überall das Ende der deutschen Offensive im Südosten der Sowjetunion ab, so auch beim XXXXIX. Gebirgs-Armee-Korps. Der Nachschub funktionierte nicht mehr, die Front war überdehnt.

Am 28. August wurde ein erster Angriff auf Tuapse durch das XXXXIV. Armee-Korps durchgeführt, der aber aus Kräftemangel nicht durchkam. Das Erliegen des Angriffs auf Tuapse im Waldkaukasus nördlich der Paßhöhen und das Abdrehen des in zweiter Linie folgenden Alpini-Korps, das der Heeresgruppe A als Verstärkung hätte zugeführt werden sollen, in Richtung Stalingrad, zwangen die Gebirgs-

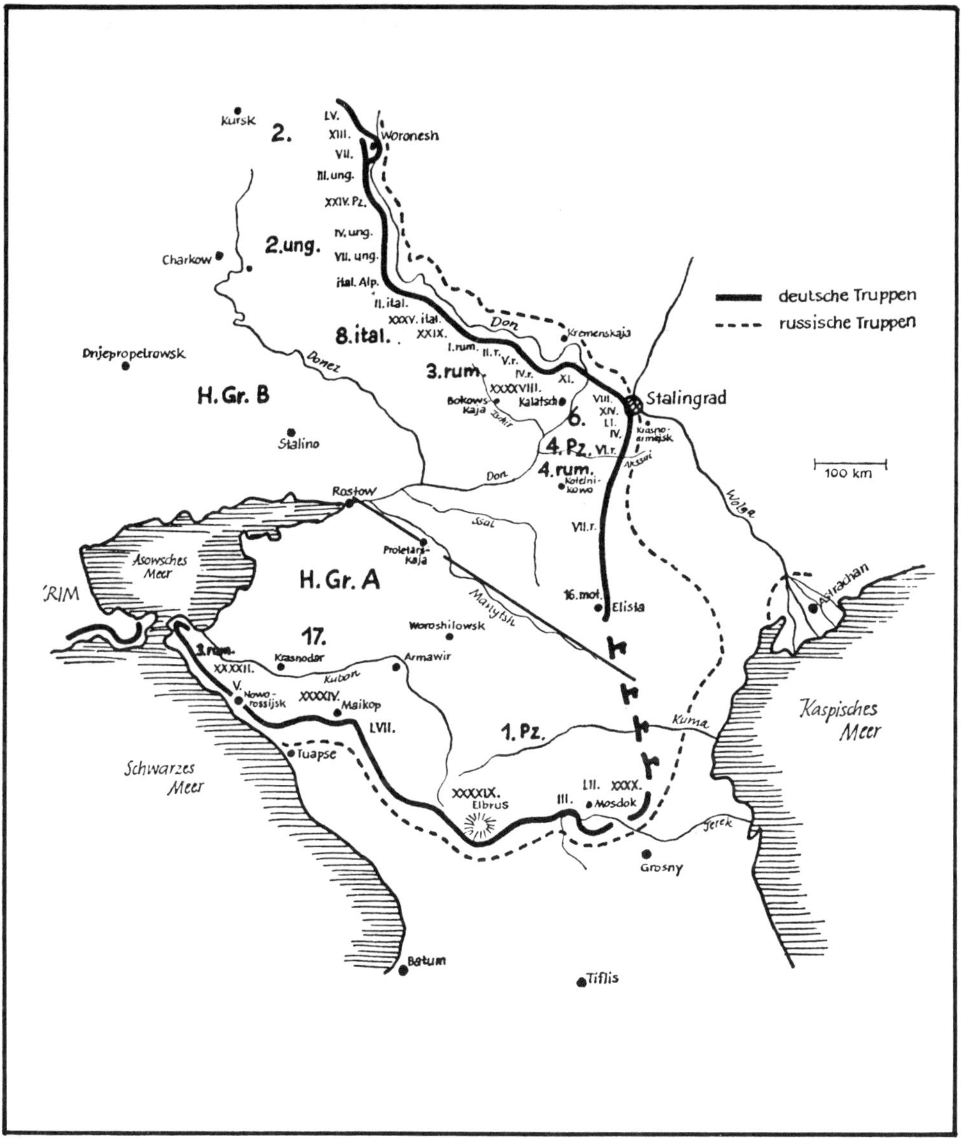

Das deutsche Ostheer hat den Zenit erreicht. Lage der Heeresgruppen A und B Mitte September 1942

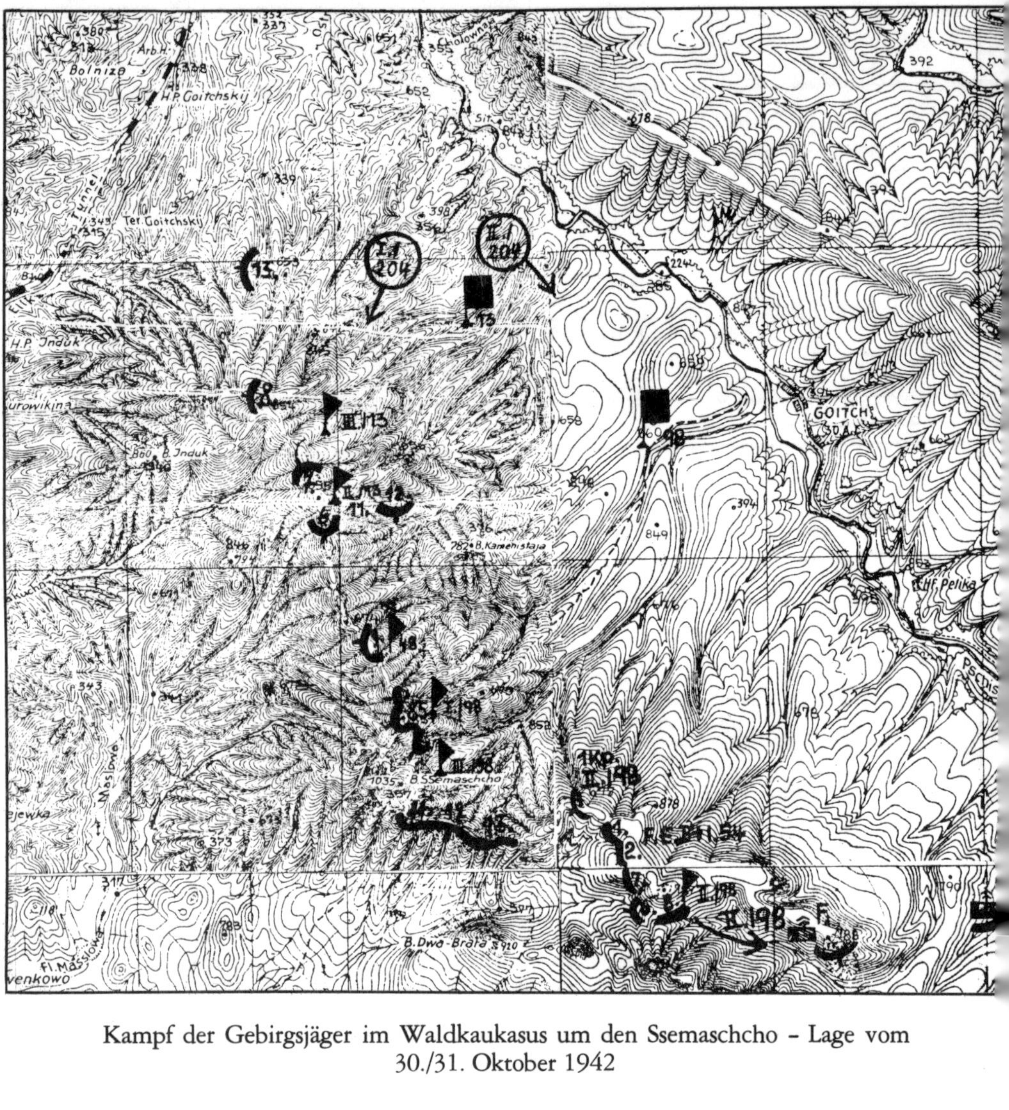

Kampf der Gebirgsjäger im Waldkaukasus um den Ssemaschcho – Lage vom 30./31. Oktober 1942

truppe endgültig zur Einstellung des Hochgebirgsangriffs. 4000 Kilometer und mehr hatten einige Einheiten seit dem Beginn des Rußlandfeldzuges zurückgelegt. Nun war der Angriffsschwung offensichtlich erlahmt.

Hitler erblickte die Schuld in dem Oberbefehlshaber der Heeresgruppe A, Generalfeldmarschall List, der das XXXXIX. Gebirgs-Armee-Korps während der harten Kämpfe im Hochkaukasus stets

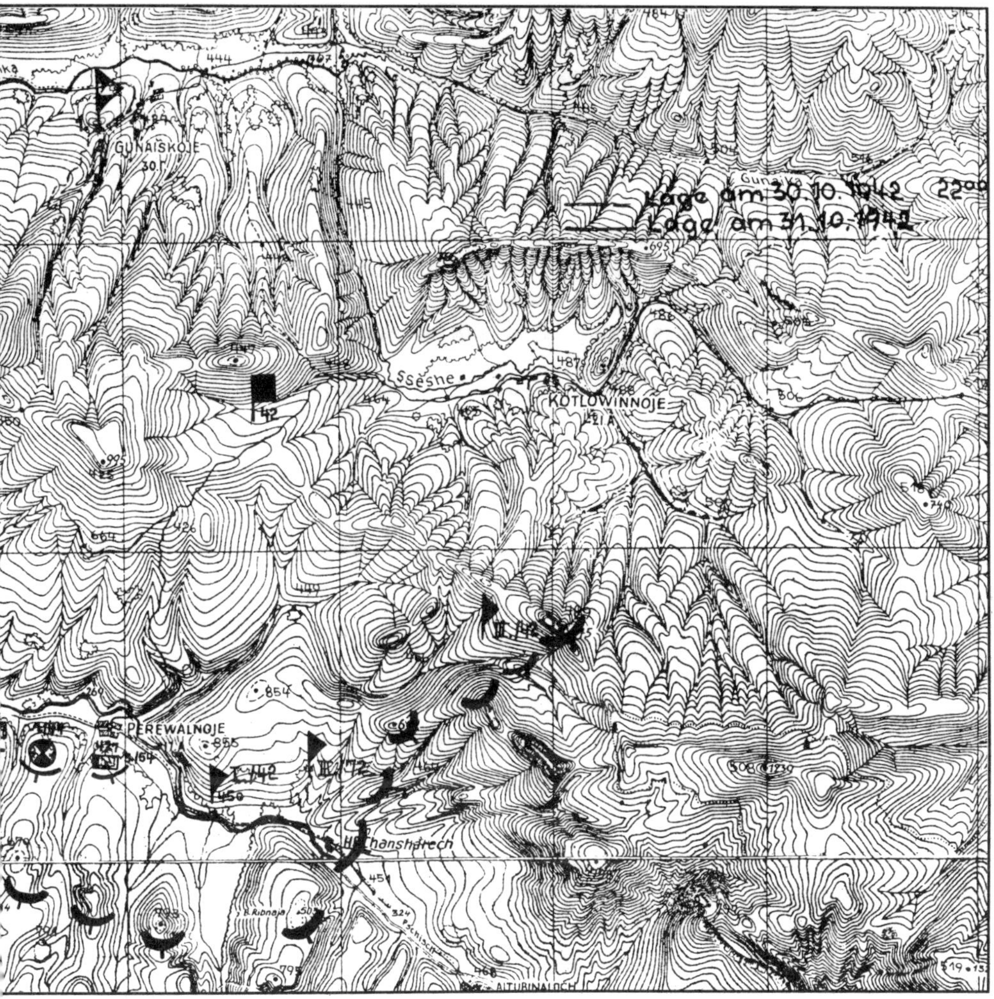

wohlwollend behandelte. Vergeblich hatte List um die Zuführung der zugesagten Verstärkungen gebeten. Als sich die Offensive der deutschen Gebirgstruppe im Kaukasus festgelaufen hatte, wurde List am 9. September 1942 entlassen. Ohne einen Nachfolger zu benennen, übernahm Hitler nun selbst – über 1000 Kilometer hinweg! – die Führung der Heeresgruppe A.

Angriff durch den Waldkaukasus auf Tuapse

Mitte September 1942 verstärkte sich der russische Druck auf die Stellungen der Gebirgsjäger immer mehr. Die ungeheuren Waffenlieferungen der Amerikaner an die Sowjetunion machten sich auf deutscher Seite zusehends bemerkbar. Jetzt wurde es auch dem einfachen Soldaten klar, daß der Höhepunkt des deutschen Vormarsches im Hochkaukasus überschritten war. Es fehlte bereits an allen Ecken und Enden an ausreichenden Kräften, um den Durchbruch über den Hochkaukasus zur Schwarzmeerküste noch erzwingen zu können. Wie eine Vision stand das Zentralmassiv des Kaukasus damals vor den Augen der Gebirgsjäger. Aber es nützte nichts, ab nun ging es wieder zurück!

Welches waren nun die Ursachen für das Scheitern der deutschen Kaukasus-Offensive?

Zum einen verloren sich die viel zu schwachen deutschen Truppenverbände in der Weite des Landes; zum anderen traf das notwendige Kriegsmaterial wegen der gewaltigen Entfernungen oft zu spät und in unzureichenden Mengen bei den Kampfverbänden ein, wodurch diese zusätzlich noch viel von ihrer Kampfkraft verloren. Dann waren die russischen Anmarschwege bedeutend kürzer als die der Deutschen!

Die Ursachen der deutschen Niederlage im Kaukasus lagen aber auch in der Zersplitterung und Überforderung der eigenen Kräfte. So kam es auch bei der 1. Gebirgs-Division vor, daß sie zeitweise in drei Kampfgruppen geteilt war, die hunderte Kilometer voneinander getrennt, im Einsatz standen. Zudem hatte die UdSSR unter Aufbietung aller Kräfte jenseits des Kaukasus und des Kaspischen Meeres neue Verbände aufgestellt und herangeführt, die nun verbissen um jeden Meter Boden kämpften und den schon sehr erschöpften deutschen Truppen empfindliche Verluste beibrachten.

Mitte September 1942 wurde die 1. Gebirgs-Division, unter Belassung des Gebirgs-Jäger-Regiments 99 (inzwischen unter Oberst von Le Suire, da General Kreß zum Kommandeur der 4. Gebirgs-Division ernannt worden war) im Elbrusgebiet, aus der Hochgebirgsfront gelöst und über Maikop in den Wald- oder Pontischen Kaukasus verlegt. Man wollte nun, nachdem der erste Angriff auf Tuapse mißlungen war, versuchen, mit der inzwischen neugebildeten „Gruppe Lanz“, deren Gros aus den Gebirgs-Jäger-Regimentern 98 und 13 bestand, zwischen Maikop und Tuapse die Schwarzmeerstraße nach Ssuchum zu gewinnen und zum Schwarzen Meer durchzustoßen. Teile der 1. und 4. Gebirgs-Division, der 46. Infanterie-Division, die den Anschluß an die Hochgebirgsfront hielt, und die 97. Jäger-Division waren für diesen Angriff vorgesehen.

Das Gelände des Wald- oder Pontischen Kaukasus ist ein fast wegeloses, kaum besiedeltes, etwa 60 Kilometer tiefes Waldgebiet mit subtropischer Vegetation und Höhen über 1000 Metern. Das Gebirgs-Jäger-Regiment 98 übernahm am 24. September die bisherigen Stellungen der 97. Jäger-Division. Drei Tage später wurde nach der Erstürmung zahlreicher Bunker und gegen zähe russische Verteidigungskräfte der wichtige Gunai-Berg (1687 m) genommen. Trotz der schweren Stuka-Angriffe, die hier nach langem wieder von der deutschen Luftwaffe durchgeführt wurden, hielten die Russen ihre Schützenlöcher und ihre über 2000 Holzbunker oft bis zum letzten Augenblick.

Das Hochgebirgs-Bataillon 1, das der „Division Lanz“ unterstellt war, erstürmte den 1060 Meter hohen Geyman-Berg, der das Gunaika-Tal beherrscht. Gleichzeitig stieß die Gruppe Buchner, der auch das I./42 unterstellt war, in einem Seitental des Gunaikabaches auf die Siedlung Kotlowina vor. Oft riß die Verbindung in dem unwegsamen Gelände ab, so daß die Truppe sich verlor und auf eigene Faust kämpfte, um wieder Anschluß zu finden.

Die Artillerie konnte auf Grund des unwegsamen Geländes nicht folgen. Nur verlastete Gebirgs-Geschütze kamen zu den kämpfenden Einheiten. Der Bau einer Straße mußte eingestellt werden, weil mit dem Beginn der Regenzeit das gesamte Gelände verschlammte. Wenn das gesteckte Ziel dennoch erreicht werden sollte, tat Eile not. Deshalb wurde der Angriff über den Pschisch nach Süden trotz aller Widrigkeiten pausenlos fortgesetzt.

Im Kriegstagebuch des Armee-Oberkommandos der 17. Armee finden wir unter dem 24. Oktober 1942 folgende Eintragung:

„... Angriffsgruppe Tuapse: Hauptwiderstand an und beiderseits der großen Straße ...

Ganzer Raum bis Tuapse an der Straße stark ausgebaut, auch vorbereitete und z. T. besetzte feindliche Höhenstellungen ...“

Der Gruppe Lawall gelang es am 28. Oktober, also 4 Wochen nach der Eroberung des Gunai-Berges, den 1036 Meter hohen Ssemaschcho, der zum „Schicksalsberg“ der „Gruppe Lanz“ werden sollte, in Besitz zu nehmen. Von diesem beherrschenden Berg übersah man das ganze Vorfeld bis in den Hafen von Tuapse. Die Gebirgsjäger sahen „nicht mehr nur das Schwarze Meer, sondern die Promenade von Tuapse und die winzigen kleinen Menschen, die sich dort bewegen.“[120])

Noch einmal lebte die Hoffnung bei den Gebirgsjägern auf, doch noch das Schwarze Meer zu erreichen. Aber schon die nächsten Tage belehrten sie eines besseren. Mit fanatischer Verbissenheit griff der Russe die deutschen Bergstellungen von allen Seiten aus an. In der Abendmeldung der Gruppe Lanz hieß es am 29. Oktober 1942 wörtlich:

„Die Gesamtlage auf dem Grat wird von Stunde zu Stunde ernster. Ich habe im Laufe des heutigen Nachmittags meine letzten Reserven in Form der Pioniere von ihren Baustellen weg zur Stützung der schwerkämpfenden Front herangezogen. Auch die schon seit Tagen aus den Trossen ausgekämmten Fahrer, Tragtierführer, Angehörige von Stäben sind in Stärke von 200 Mann als letztes Aufgebot an den Feind geführt. Ich verfüge nunmehr über keine Reserven mehr und muß mich im Vertrauen auf die Kampfkraft meiner Truppe darauf verlassen, daß diese die jetzige Stellung hält. Dabei sinken die Gefechtsstärken stündlich, so daß die Kompanien heute abend 40 Köpfe zählen. Der Ausfall an Offizieren, jetzt über 100, ist dabei besonders ernst.

Im vollen Bewußtsein meiner Verantwortung und der Bedeutung des umkämpften Geländes muß ich melden, daß ich das Halten des Grates bei Fortsetzung der feindlichen Angriffe nur noch kurze Zeit gewährleisten kann. Sollte dazu noch schlechtes Wetter eintreten, so müßte die Zurücknahme der Front erwogen werden, wenn nicht das 44. Jäg.-AK. morgen, spätestens übermorgen durch Angriff nach Süden Entlastung bringt.

Es geht bei diesem Kampf in den nächsten Tagen nicht nur um das Halten der Stellung, sondern um den Bestand der Division, der mich mit Sorge erfüllt.“[121])

Mit der 9. und 10. Schützen-Brigade griff der Russe Anfang November in rücksichtslosem Einsatz am Ssemaschcho an.

„Urrä – Urrä – Urrä!“ hallte das Angriffsgeschrei der Russen zu den Gebirgsjägern hinüber. Immer näher stampfte die sowjetrussische Menschenmauer an die Stellungen der Jäger heran:

„Urrä – Urrä – Urrä!“

Immer wieder wechselten Grat und Gipfel des Ssemaschcho den Besitzer. Schließlich blieben die deutschen Gebirgsjäger Sieger. Nun aber setzte der befürchtete Wettersturz ein und es regnete Tag und Nacht. Harmlose Bäche wurden zu reißenden Gewässern. Der lehmige Boden verwandelte sich in einen zähen Brei. Der an sich schon schwierige Nachschub kam teilweise ganz zum Erliegen. Pferde und Tragtiere, entkräftet und ausgemergelt, versanken im Schlamm. Die Kraftfahrzeuge blieben stecken und nur wenigen Zugmaschinen gelang es, sich durch den Morast zu wühlen.

Immer unhaltbarer und verzweifelter wurde die Lage der Gebirgstruppe im Waldkaukasus. Wie Hilferufe klangen die täglichen Meldungen der „Gruppe Lanz“ an die vorgesetzten Dienststellen in jenen aufreibenden Tagen. Eine Meldung vom 2. November 1942 gibt ein Bild über die Gesamtlage wieder:

„... Gesamtbild: Die feindliche Führung wirft immer neue Reserven in den Kampf. Das Kräfteverhältnis ist bedrohlich. Während der Gegner in Stärke von etwa 3 Korps (XI. Garde-Schützenkorps, 353. und 383. Sch.Div., 40. mot. Brig., 257. Kav.Rgt., 2 weitere Brigaden) aus einem mit guten Straßen versehenen Hintergelände heraus angreift, schmilzt die an sich schon kleine Schar der tapferen Verteidiger immer mehr zusammen. Setzt der Feind in der bisherigen Stärke seinen Angriff fort, so ist es nur eine Frage weniger Tage, bis die Verteidiger in ihrer exponierten Bergstellung erliegen. Angesichts dieser ernsten Lage, die mich mit großer Sorge erfüllt, melde ich, daß die Stellung nur gehalten werden kann, wenn dort in den nächsten Tagen ausreichende Kräfte eingesetzt werden ...“

Und am 14. Dezember 1942 meldete General Lanz an die vorgesetzten Dienststellen:

„Das Verhängnis nimmt seinen Lauf. Die von Stunde zu Stunde erwartete Entscheidung bleibt aus. Ohne einen positiven Beweis zu besitzen, habe ich den Eindruck, daß die Meldungen von Division und Korps nicht an die entscheidende Stelle gelangen. Was meine tapferen Männer in den vergangenen Wochen geleistet haben, übertrifft das bisher Dagewesene. Man kann nur mit Dankbarkeit und Bewunderung vor diesen Soldaten stehen, denen ich jeden Einsatz schuldig bin. Dieser Einstellung und meiner Verantwortung als Führer der Kampfgruppe entspricht dieser Bericht.“

Dem rechten Nachbarn, dem XXXXIV. Armee-Korps, war es nicht gelungen, das erkämpfte Pschisch-Tal offen zu halten, so daß die artilleristische Unterstützung der am Ssemaschcho kämpfenden Truppe wieder über die Berge erfolgen konnte. Das Wort „Pioniersattel“ behielt einen bitteren Nachgeschmack. Unaufhörlich drang der Divisions-Kommandeur auf die Zurücknahme der Front. Auch das XXXXIX. Gebirgs-Armee-Korps hatte die Räumung des Ssemaschcho beim Armeeoberbefehlshaber beantragt, da ein operativer Zweck mit dem Festhalten des Berges nicht mehr verbunden und die Versorgung dieser weit vorspringenden Bastion wegen des Hochwassers und der Verschlammung kaum mehr möglich war. General der Gebirgstruppen Konrad schrieb dazu in seinem Buch „Kampf um den Kaukasus“:

„Der Oberbefehlshaber mühte sich seit 10 Tagen um die Genehmigung zur Räumung des Berges. Aber noch immer blieb die Zustimmung aus... Die oberste Führung blieb weiterhin stumm. Sie zögerte, die Angriffsoperation am Ssemaschcho gegen Tuapse aufzugeben und dem Gegner ihren Verzicht einzugestehen. Die schweren Rückschläge bei Stalingrad schienen die oberste Führung zu bestimmen, an allen Brennpunkten der Front dem Feinde die allerhärteste Haltung zu zeigen."[122])

Anfang Dezember 1942 übernahm General Kreß, der neue Kommandeur der 4. Gebirgs-Division, einen Teil des hart umkämpften Frontabschnittes. 14 Tage später wurde vom OKW. endlich die Räumung der Stellungen jenseits des Pschisch genehmigt. Die Gebirgsjäger lösten sich von ihrem Schicksalsberg, dem Ssemaschcho, der 823 Gefallene, 2412 Verwundete und 199 Vermißte in der Zeit vom 21. Oktober bis zum 13. Dezember 1942 gekostet hatte.

Was mag damals im Innern der Soldaten der Gebirgstruppe vorgegangen sein? Tausende von Kilometern marschierten sie durch die Weite der russischen Steppe und ertrugen Durst, Staub und Hitze, erduldeten Nässe, Kälte und Schnee des russischen Winters. Und jetzt, einige Kilometer vor dem Ziel, mußten sie das mit schweren Opfern Errungene aus Mangel an Nachschub aufgegeben.

Rückzug zwischen Frost und Schlamm 1942/43

Die 1. Gebirgs-Division hatte im vergangenen Jahr, während der großen Ostoffensive, vom 22. Juni bis zum 1. November 1941, also in 132 Tagen, bei einem Marschweg von über 1650 Kilometern mit zahlreichen Gefechten und schweren Schlachten im Tagesdurchschnitt 28 Mann verloren. Die kombinierte „Gruppe Lanz" - sie bestand je zur Hälfte aus der 1. und 4. Gebirgs-Division - hatte allein während der Kämpfe im Waldkaukasus vom 27. September bis zum 17. November 1942, also in 52 Tagen, auf einer Wegstrecke von 70 Kilometern mit einem Tagesverlust von über 64 Mann die Verlusthöhe der Ostoffensive des Vorjahres in erschreckendem Maße überschritten.

Neben den Nachschubschwierigkeiten waren es vor allem die hohen Verluste, die den Angriffsschwung der Gebirgstruppe im Kaukasus lähmten. So verlor das XXXXIX. Gebirgs-Armee-Korps vom Antreten aus der Winterstellung am Mius im Sommer 1942 bis zum Jahresende

Oben: Gebirgsjäger während des Rückzuges in Rußland...

Unten: ... ein Gebirgsgeschütz sichert

2942 Gefallene und 11.039 Verwundete. Darunter befanden sich 124 Tote und 315 Verwundete der Sanitätstruppe, einschließlich der Krankenträger!

Wochenlang kämpfte die Gebirgstruppe im Kaukasus nach zwei Seiten: vorne gegen einen im Erstarken begriffenen Feind; hinter der Front gegen die höchsten Kommandostellen, die sich nicht dazu entschließen konnten, unhaltbar gewordene Stellungen planmäßig räumen zu lassen. Dann war es aber – buchstäblich in letzter Minute, als sich die Tragödie von Stalingrad bereits abzeichnete – soweit: Der Rückzug zwischen Frost und Schlamm begann.

Ende Dezember 1942 traten beim XXXXIX. Gebirgs-Armee-Korps zahlreiche personelle Veränderungen ein. Für die 1. Gebirgs-Division war dabei von Bedeutung, daß Generalleutnant Hubert Lanz die Führung der 1. Gebirgs-Division an Generalmajor Walter Stettner Ritter von Grabenhofen abgab. Lanz wurde im Februar 1943 unter Beförderung zum General der Gebirgstruppen zum Befehlshaber der Armee-Abteilung „Lanz" bei Charkow ernannt.

Um die Jahreswende 1942/43 setzte sich das XXXXIX. Gebirgs-Armee-Korps, auf einer Front von 400 Kilometern Breite, in einer über drei Monate laufenden, aber letztlich erfolgreich geführten Operation vom Hoch- und Waldkaukasus in den Kubanbrückenkopf ab und entzog sich damit dem russischen Zugriff, der das XXXXIX. Gebirgs-Armee-Korps einschließen und vernichten wollte. Der russische Durchbruch beiderseits von Stalingrad konnte nicht ohne weitreichende Folgen für die gesamte Südfront sein.

Am 31. Dezember 1942 erhielten die unterstellten Divisionen des XXXXIX. Gebirgs-Armee-Korps den Befehl, die Räumung des Gunaika-Tales vorzubereiten und auf die B-Linie („Seilbahn") zurückzugehen. Gleichzeitig hatte das Generalkommando damit begonnen, das wertvolle Wehrmachtsgut in einer von ihm festgelegten Dringlichkeitsfolge auf der Bahn und Straße zurückzuführen.

Am 4. Januar 1943 löste sich die Gruppe von Le Suire von den Hochpässen des Chotju Tau, des Kluchor, des Dombai Ulgen und des Maruchskoj, um sich nach Nordwesten abzusetzen. In der Nacht zum 14. Januar wurde das Gunaika-Tal geräumt. Nach unsäglichen Strapazen und ungewöhnlich hohen Verlusten an Pferden und Tragtieren wurden die Stellungen am Gunai-, Lyssaja- und am Geyman-Berg bezogen.

Vorsichtig und mißtrauisch folgte der Russe den zurückgehenden Gebirgsjägern.

Gebirgspioniere bewachen geräumte serbische Panzerminen

In der Nacht vom 22. auf den 23. Januar räumten die 1. Gebirgs-Division und die ihr zugeteilten Einheiten die letzten Bergstellungen am Lyssaja. Bei Maikop vereinigte sich die Division am 27. Januar mit der Gruppe von Le Suire. Damit war die 1. Gebirgs-Division nach über 4monatiger Trennung wieder vereint.

Als besonders schwierig wurde die Rückführung der Artillerie angesehen. Die Bergung der Geschütze sowie der Mannschafts- und Gefechtsfahrzeuge mit den wichtigen Munitionsbeständen wurde dem Artilleriekommandeur des XXXXIX. Gebirgs-Armee-Korps, Oberst Winkler, anvertraut. Hören wir, was der bergerfahrene und organisatorisch überaus begabte Artillerieoberst über diese Aktion, bei der sich die angriffsgewohnte Gebirgstruppe erstmals im Rückzug befand, zu berichten weiß:

„Der erste Eindruck war, daß es unmöglich sei, in der gegebenen Zeitspanne die wertvolle Artillerie aus dem 25 km langen, unerhört verschlammten Tal über 42 Furten des Gunaika und des Pschisch herauszuziehen. Eine normale taktische Rückzugsbewegung der Artillerie über den Gaiman-Gunaika-Kamm hinter die neue Stellung war nicht möglich.

Die wenigen noch vorhandenen Tiere leisteten diesen Stellungswechsel nicht, und für die motorisierte Artillerie kam er erst recht nicht in Frage. Nur 3 Gebirgsbatterien zu je 3 Gebirgs-Geschützen konnten in diesem Sinne einen Stellungswechsel vornehmen. Für die Masse der Artillerie und für die im Tal festliegenden Feldküchen, Kraftfahrzeuge, Munitionslager und sonstiges Heeresgut mußte ein etappenweiser Transport mit den verfügbaren schweren Zugmaschinen organisiert werden. Jedes andere Transportmittel versagte . . .

Der Zugmaschinentransport ging, zwischen den vier ‚Artilleriestützpunkten' pendelnd, von Kotlowina über einen Paß ins obere Gunaika-Tal (Punkt 1), dann zum Gunaika-Knie (Punkt 2), von da ins untere Gunaika-Tal (Punkt 3) und schließlich über den Pschisch an den Eisenbahndamm (Punkt 4); erst hier war eine einigermaßen feste Fahrbahn gewonnen – hinaus zur Tuapse-Straße. Also ein Transportunternehmen quer zur Front bei unerhörter Verschlammung. Eine hoffnungslose Aufgabe!

Täglich standen durchschnittlich zehn Zugmaschinen zur Verfügung. Bei der ungewöhnlichen und ununterbrochenen Überbeanspruchung war der Ausfall an Maschinen, wie erwartet, sehr hoch. Er wurde in höchster Anspannung der Werkstattleute während der Transporte meist wieder durch Flottmachen anderer Zugmaschinen ausgeglichen.

Bei den Transporten eines Geschützes oder Fahrzeuges waren oft zwei und drei Zugmaschinen notwendig, um die vorgespannte und ebenfalls eingesunkene Zugmaschine aus dem Schlamm zu ziehen. Ein Glück war, daß es während der ersten zehn Tage kein Hochwasser gab. Am elften und zwölften Tag aber steigerten Hochwasser und anschließender Frost die Lage zur Katastrophe. Eine Maschine nach der anderen fiel aus. Der Schlamm war so zäh gefroren, daß sich die Ketten der schweren Zugmaschinen nicht mehr durchwühlen konnten. Unmittelbar darauf regnete es wieder in Strömen. Hochwasser trat ein und vertiefte die Furten des reißenden Pschisch derart, daß die Zugmaschinen jeden Augenblick in Gefahr waren, mitgerissen zu werden.

Auch diese kritische Zeitspanne wurde überstanden. Die Bewegung wurde wieder planmäßiger. Und endlich wurde es klar: das gesteckte Ziel würde zum 15. Januar erreicht!

Zu danken war dies der rastlos aufopfernden Arbeit aller mitwirkenden Offiziere und Mannschaften, im besonderen der unermüdlichen Fahrer und Techniker der Zugmaschinen. Die Schwierigkeiten waren oft nervenzerreißend. Noch am 13. Januar ging ein ganzer Arbeitstag verloren: eine Zugmaschine war mit ihrem Geschütz abgerutscht und blockierte den Bergweg für alle anderen Transporte. Vier Zugmaschinen mußten auf mühsamen, gefährlichen Fahrbahnen herangebracht und vorgespannt werden, um bei einbrechender Nacht die versperrte Eisenmasse endlich wieder flottzumachen.“[123])

Das Unglaubliche war geschehen: die gesamte Artillerie, einschließlich der Heeresartillerie, und sämtliche Infanteriegeschütze des XXXXIX. Gebirgs-Armee-Korps konnten geborgen werden. Unbeschreibliche Strapazen steckten hinter dieser Leistung. Immer wieder mußte der innere Schweinehund besiegt werden, hieß es „Vorwärts, vorwärts!“, um dem nachdrängenden Feind zu entkommen.

Fast jede Nacht kamen die berühmten „Nähmaschinen“, wie die Gebirgsjäger die leichten sowjetischen Flugzeuge nannten, die den gewaltigen Rückzug der deutschen Kaukasus-Armee stoppen und vernichten sollten. Es waren die alten Doppeldecker vom Typ U 2, die der deutschen FW 44 oder der He 72 ähnlich sahen. Jedem Soldaten des deutschen Ostheeres werden die Störangriffe der russischen Flieger während der Nacht in unangenehmer Erinnerung bleiben.

Rückzug in den Kuban-Brückenkopf

Die Frage, die alle beschäftigte, war, wie es nach dem Rückzug aus dem Kaukasus im Kriegsjahr 1943 weitergehen sollte?

Die Ende 1942 eingetretene Wende wurde allmählich an allen Fronten deutlich. Die Rote Armee konnte die deutschen Fronten ständig nach Westen zurückdrängen, nachdem es ihr am 31. Januar 1943 gelungen war, die deutsche 6. Armee in Stalingrad zur Kapitulation zu zwingen. Annähernd 90.000 deutsche Soldaten marschierten in die Gefangenschaft, nachdem Tausende bereits gefallen, erfroren oder verhungert waren. Die Gesamtverluste des deutschen Ostheeres lagen bei 40% von rund 3,2 Millionen Mann. Besonders hoch war auch der Blutzoll, den die deutsche Gebirgstruppe zu erbringen hatte. Von ihrer alten, vollausgebildeten Mannschaft blieben in den Verbänden, je nach Kampfeinsatz, noch 15 bis 25% übrig. Die zugesagten personellen Ersatzquoten wurden nicht voll eingehalten, so daß noch erhebliche Fehlbestände bestanden, als sich das XXXXIX. Gebirgs-Armee-Korps aus dem Waldkaukasus in den Kuban-Brückenkopf zurückzog.

An wichtigen militärpolitischen Ereignissen des Kriegsjahres 1943 waren zu verzeichnen: die Konferenz von Casablanca mit dem Beschluß der „bedingungslosen Kapitulation" Deutschlands; der Einsatz neuer Radargeräte durch die Alliierten und damit zusammenhängend der Zusammenbruch der deutschen U-Boot-Kriegsführung; Goebbels' Verkündung des „Totalen Krieges"; die Kapitulation der deutsch-italienischen Streitkräfte in Tunis und die Landung der Alliierten auf Sizilien; der Umsturz in Rom mit der Gefangennahme Mussolinis; die Kapitulation Italiens und damit das Eintreten des Falles „Achse"; verstärkte Partisanentätigkeit auf dem Balkan; ferner die Landung der 5. US-Armee bei Salerno; sowie die Konferenzen von Moskau und Teheran mit den Vorbereitungen zur Invasion in der Normandie („Overlord").

In diesem Zusammenhang sei auch an die Gründung des „Smolensker Komitees" unter der Führung des russischen Generals Andrej Wlassow erinnert.

General Wlassow hatte sich im Herbst 1942 den Deutschen angeschlossen und aus sowjetischen Kriegsgefangenen eine Freiwilligenarmee gegen den Bolschewismus geschaffen. Doch am 8. Juli 1943 verbot Hitler den Einsatz dieser „Befreiungsarmee". Vor allem Keitel, Himmler und Bormann mißtrauten Wlassow. Sie befürchteten, daß es dem übergelaufenen Sowjetgeneral letztlich nur darum ging, das russische Großreich unter seiner Führung wiederherzustellen.

In einem Vortrag zur strategischen Lage sagte Generaloberst Jodl, der Chef des Wehrmachtführungsstabes, am 7. November 1943:

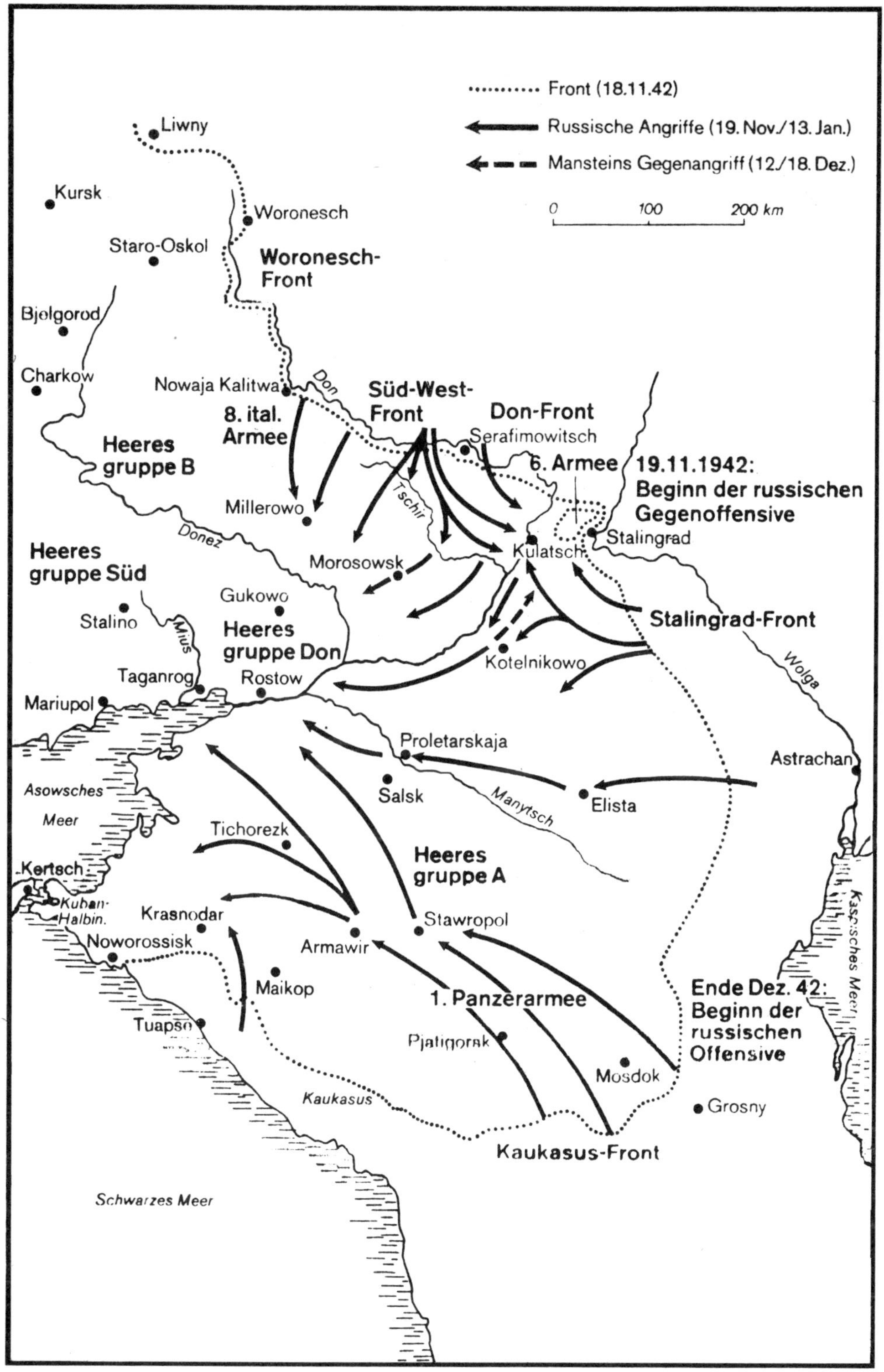

Die sowjetische Gegenoffensive und der deutsche Rückzug 1942/43 im Südabschnitt der Ostfront

„Es gab einmal eine Zeit, da ging beinahe eine Art Psychose von der Ostfront aus mit dem Schlagwort ‚Rußland kann nur durch Russen besiegt werden'. In vielen Köpfen spukte die Idee einer riesigen Wlassow-Armee. Wir haben damals mehr als 160 Bataillone aufgestellt. Die Erfahrungen waren gut, solange wir uns im siegreichen Angriff befanden . . ."

Durch ein Abkommen zwischen Himmler und Wlassow wurde die „ROA" am 16. September 1944 schließlich zum „Kampf gegen den Bolschewismus" aufgerufen. Doch zu dieser Zeit, als sich das Ende Deutschlands bereits deutlich abzeichnete, kam der Einsatz der Wlassow-Armee zu spät, um den Ausgang des Krieges noch zugunsten der Deutschen wenden zu können.

Doch zurück zur militärischen Lage im Südabschnitt der deutschen Ostfront. Anfang 1943 sah es noch so aus, und die russischen Operationen zielten darauf ab, als ob die deutschen Kaukasus-Armeen das gleiche Schicksal ereilen sollte wie die 6. Armee in Stalingrad. Doch die Heeresgruppe A (Generalfeldmarschall Ewald von Kleist), die durch den Rückzug der nördlich des Don stehenden Kräfte den Zusammenhang mit diesen zu verlieren drohte, wich mit Teilen über Rostow–Taganrog in die Ukraine aus, während sie sich mit der 17. Armee und Teilen der 1. Panzer-Armee vom Januar 1943 an auf die Kuban-Halbinsel zurückzog. Unter diesen Verbänden befand sich auch das XXXXIX. Gebirgs-Armee-Korps mit der 1. und 4. Gebirgs-Division.

Im Verlauf der schweren Kämpfe mußte zwar Krasnodar preisgegeben werden, aber es gelang den deutschen Truppen dennoch, einen Brückenkopf auf der Kuban-Halbinsel einzurichten, der – einschließlich Noworossijsk – lange gegen die heftigen Angriffe des Gegners gehalten werden konnte.

Mit dem Rückzug der deutschen Gebirgstruppe in den Kuban-Brükkenkopf begann ein neues Kapitel des Rußlandfeldzuges. Die Zeit des Vormarsches gehörte endgültig der Vergangenheit an. Die Phase des Zurückweichens der Ostfront bis zur Reichsgrenze mit ihren verlustreichen Rückzugsgefechten hatte begonnen. Die Initiative lag jetzt, begünstigt durch die Aktivitäten der Alliierten auf den anderen Kriegsschauplätzen, endgültig in der Hand der sowjetischen Militärmaschinerie.

Die Deutschen sollten von nun an das Gesetz des Handelns an der Ostfront nicht wiedererlangen.

Die Gründe waren nicht bei der kämpfenden Truppe zu suchen; diese war laufend überfordert, und der Nachschub konnte über die riesigen Entfernungen nicht bewältigt werden.

Ende Januar 1943 wurde der Kuban bei Ustj-Labinskaja überschritten. Unter starkem Nachdrängen der Sowjetverbände ging die Absetzbewegung in den Kuban-Brückenkopf weiter. Unter dem 31. Januar 1943 finden wir im „Kriegstagebuch des Oberkommandos der Wehrmacht" folgende Eintragung:

„Bei der 17. Armee erfolgreiche Abwehr- und Nachhutkämpfe. Das XXXXIX. (Geb.) A.K. begann, in die ‚Gotenstellung' (Kuban-Halbinsel) einzuziehen."[124])

Die der Nibelungen-Sage entlehnten Namen der Stellungen im Kuban-Brückenkopf ließen germanisches Heldentum anklingen: „Gotenstellung", „Gunther-Riegel", „Siegfried-Riegel", „Gernot-Riegel", „Hagen-Riegel", „Rüdiger-Riegel". Aber der Feind schien vor diesen Namen wenig Respekt zu haben, denn unaufhaltsam stapfte die „russische Dampfwalze" an die deutschen Verteidigungsstellungen heran:

„Urrä! - Urrä! - Urrä!"

Den russischen Soldaten beschrieb General Manteuffel, einer der „kühnsten Kommandeure" des deutschen Heeres, so:

„Der Vormarsch der russischen Armee ist etwas, das sich ein westlicher Mensch nicht vorstellen kann. Hinter den Panzerspitzen rollt eine riesige Horde heran, zum großen Teil auf Pferden. Jeder Soldat trägt einen Rucksack mit trockenen Brotresten und rohem Gemüse, das er auf dem Marsch in den Feldern und Dörfern aufgesammelt hatte. Die Pferde essen das Stroh von den Hausdächern - sie bekommen kaum etwas anderes. Die Russen sind gewohnt, bis zu drei Wochen auf ihren Vormärschen so primitiv zu leben."[125])

Das war der russische Soldat, mit dem es der deutsche Gebirgsjäger nun schon seit über $1^1/_2$ Jahren zu tun hatte. Und ein Ende des Feldzuges im Osten war immer noch nicht abzusehen. Doch lesen wir, wie die 1. Gebirgs-Division versuchte, die ihr ungewohnten defensiven Aufgaben im Kuban-Brückenkopf zu meistern:

„Am 1. Februar wird die Umgliederung für den Durchbruch befohlen. Alles Gerät und alle Fahrzeuge - darunter mehr als 1000 Kraftwagen -, was nicht unmittelbar zum Kampf gebraucht wird, muß vernichtet werden. Schweren Herzens geben wir dieses wertvolle Gut preis. Aber es muß sein. Die Radfahr-Abt. und das Feld-Ersatz-Batl. werden ebenso aufgelöst wie das Trägerbataillon, die Veterinär- und Nachschubkompanie, ja schließlich sogar das Hochgebirgsbatl. Bauer, um mit den dadurch frei werdenden Kräften die anderen Verbände wieder auf die nötige Kampfstärke zu bringen ...

Von der Gotenstellung (30. Januar bis 5. Februar) geht es über die Hubertusstellung (5.–10. Februar) in die Dianastellung, wo die Panzerschlacht bei Troitzkoje geschlagen wird.

Am 22. Februar beginnt dann der grauenhafte Weg über die ‚Reisstraße' in die Poseidonstellung. Unvergeßlich bleibt dieser Rückzug im Schneetreiben durch die unter Wasser stehenden Reisfelder, in deren unergründlichem Schlamm die Fahrzeuge zu Hunderten, nicht selten mit Pferden und Kanonen, versinken. Kaum ist dieser Weg des Schreckens hinter uns, als am 28. Februar die schweren Kämpfe bei Sswistelnikow am Rand der Lagunen des Asowschen Meeres beginnen."[126])

Mit äußerster Verbissenheit wurden diese Kämpfe geführt. Von Norden her versuchten die russischen Truppen in den Rücken des Kuban-Brückenkopfes einzudringen, um so die gesamte Front zum Einsturz zu bringen. Doch die Gebirgsjäger hielten stand. Am 17. März hatte die 1. Gebirgs-Division die russischen Angriffe bei Sswistelnikow endgültig abgewehrt, so daß die Front im Kuban-Brückenkopf zum Stehen kam. Als Anerkennung für diese Waffentat erhielt der Kommandeur der 1. Gebirgs-Division, General von Stettner, das Ritterkreuz des Eisernen Kreuzes. Die Kampfverbände wurden mit dem „Kuban-Schild" ausgezeichnet, der allerdings nicht mehr verliehen wurde.

Während die Angehörigen der 1. Gebirgs-Division sich auf weitere Abwehrkämpfe im Kuban-Brückenkopf einstellten, wurde über den weiteren Einsatz der Edelweiß-Division an höchster Stelle ganz anders entschieden. Im „Kriegstagebuch des Oberkommandos der Wehrmacht" finden wir darüber am 15. März 1943 folgende Eintragung:

„Der OB Südost hat am 14. März seine Absichten für den Aufmarsch zum Unternehmen ‚Schwarz' gemeldet, das nicht vor Anfang Mai beginnen kann und durchgeführt werden soll mit: SS-Div. ‚Prinz Eugen', 718. Jg.Div., 1 verst. Rgt.-Gruppe der 369. (kroat.) Div., der 2. und 3. (kroat.) Geb.-Brig., der 1. Geb.-Div., Teilen der 704. Jg.-Div. und Teilen des bulg. Okkupationskorps. Die durch die 2. (kroat.) Geb.-Brig. abzulösende 717. Div. wird Ende März/Anfang April nach Attika verlegt. Die 1. Geb.Div. muß aus Eisenbahntransportgründen über Rumänien–Bulgarien herangeführt werden. Der OB Südost hat um Unterstützung bei der im Hinblick auf den geplanten Einsatz vordringlichen Umbildung der 717. Division in eine Jg.-Division gebeten.

Der Wehrmachtsführungsstab nimmt dazu folgendermaßen Stellung: „1. Die 1. Geb.-Div. wird aus der Gotenstellung als erste der dortigen Div.en herausgelöst, was erst nach Abschluß der Schlammperiode möglich ist. Da mittlerweile Trockenheit eingetreten ist, muß beim GenStdH die zeitgerechte Zuführung gefordert werden, da nach Angabe des Feldtransportchefs der Abtransport von der Krim spätestens am 26. März beginnen muß, um die Div. rechtzeitig heranzuführen . . ."[127])

Da stand es also schwarz auf weiß: Die 1. Gebirgs-Division war für das Unternehmen „Schwarz" auf dem Balkan vorgesehen. Es war an der Protoka bei Sslawijansk, als die Division am 21. März den überraschenden Befehl für die anderweitige Verwendung erhielt.

Als die 1. Gebirgs-Division am 22. März 1943 aus dem Verband des XXXXIX. Gebirgs-Armee-Korps schied und damit auch von ihrer Schwesterdivision, der 4. Gebirgs-Division, Abschied nahm, wußte noch niemand, daß sie den russischen Kriegsschauplatz für immer verlassen sollte und daß den Gebirgsjägern schwere Monate im aufreibenden Partisanenkampf auf dem unruhig gewordenen Balkan bevorstanden.

Gewaltig waren die Marschleistungen der Ersten während ihres Einsatzes in Rußland: 4955 Kilometer wurden zu Fuß zurückgelegt, 925 Kilometer mit der Bahn.

Die Gesamtverluste der Division betrugen während des Rußlandfeldzuges bis zum 31. Dezember 1942: 13.227 Mann. Davon waren 141 Offz., 457 Uffz. und 2651 Mannschaftsdienstgrade gefallen; 288 Offz., 1218 Uffz. und 8205 Mannschaftsdienstgrade verwundet; sowie 1 Offz., 14 Uffz. und 252 Mannschaftsdienstgrade vermißt.

Siebenter Teil

Rückzugskämpfe auf dem Balkan 1943-1945

Allgemeiner Überblick

Nach der Katastrophe von Stalingrad gerieten die auf dem Balkan mit Deutschland verbündeten Länder immer mehr in den Sog der Alliierten und schlugen sich schließlich – als sich die Niederlage des Großdeutschen Reiches abzuzeichnen begann – auf deren Seite. So wurde der Balkan abermals stark erschüttert – nicht nur durch die außer Kontrolle geratenen politischen und militärischen Ereignisse, sondern in gleichem Maße durch die Partisanenbewegungen in Jugoslawien und Griechenland, die von Jahr zu Jahr angewachsen waren und starke deutsche Kräfte im Partisanenkampf banden. Die Befehlsführung und Verteidigung des Südosten wurde in der „Weisung 48", vom 26. Juli 1943, geregelt, in der wir folgendes lesen:

„... Die feindlichen Maßnahmen im Ost-Mittelmeer im Zusammenhang mit dem Angriff gegen Sizilien lassen den baldigen Beginn von Landungsunternehmen gegen die Sperrfront der Ägäis in Linie Peloponnes–Kreta–Rhodos und gegen die griechische Westküste mit den vorgelagerten Ionischen Inseln erwarten ...

Auf Grund dieser Lage wird die Befehlsführung im Südostraum im Einvernehmen mit dem verbündeten Italien nach folgenden Richtlinien neu geordnet:

A. Heer:

1.) Ob. Südost übernimmt ab 27. Juli 1943, 0.00 Uhr, den Befehl über die 11. italienische Armee.

2.) ...

3.) Die vorübergehend in Albanien, Montenegro und den von italienischen Truppen besetzten küstennahen Gebieten Kroatiens zum Einsatz kommenden deutschen Verbände sind taktisch der italienischen Heeresgruppe Ost bzw. der 2. italienischen Armee zu unterstellen ...

... III. Die wichtigste Aufgabe des Ob. Südost ist die Vorbereitung der Verteidigung der griechischen Küsten auf den Inseln und dem Festland. Als Voraussetzung hierzu kommt es darauf an, durch Vernichtung der Banden in Griechenland, Serbien und Kroatien die Nachschubstraßen, besonders die Hauptbahnstrecke, freizukämpfen und die erforderliche Rückenfreiheit sicherzustellen ...

... Im rückwärtigen Gebiet ...

... Darüber hinaus ist in den nächsten Monaten die Versammlung einer Operations-Armee entlang der Bahn Belgrad–Larissa beabsichtigt, die aus

2 Pz.- oder Pz.Gren.Div.,

2 Geb.Div., 2 Jäg.Div.

die aus dem Osten zugeführt werden, gebildet werden soll ..."[128])

War es den deutschen Truppen und ihren immer unzuverlässiger werdenden Verbündeten im Kriegsjahr 1943 auf dem Balkan noch gelungen, die Front einigermaßen zusammenzuhalten, so gerieten die Deutschen im Kriegsjahr 1944 immer mehr in die Rolle des Unterlegenen, der von zu vielen Feinden verfolgt und schließlich geschlagen wurde.

Im Osten setzten die Sowjettruppen von März bis April 1944 zu einer neuen Offensive an, in deren Folge auch die deutsch-rumänische Südfront über die rumänische Grenze hinweg zurückgedrängt wurde. Schließlich stieß die Rote Armee über die Moldau weiter nach Südwesten in das Kerngebiet Rumäniens hinein. Bulgarien und Rumänien fielen ab. Griechenland mußte eilig von den deutschen Truppen geräumt werden, damit die Gefahr einer Abtrennung bei einem weiteren Vordringen der durch rumänische und bulgarische Truppen verstärkten sowjetrussischen Streitkräfte gebannt werden konnte. Dadurch wurden die schwachen und sehr verschiedenartig gegliederten deutschen Verbände - Luftwaffe, Heer, Marine, Waffen-SS und Etappe - in dem ungewohnten Gebirgsland vor sehr schwere Aufgaben gestellt.

Kriegsschauplatz Balkan

Von den Gebirgstruppen der Deutschen Wehrmacht nahmen folgende Höhere Kommandostellen und Gebirgsdivisionen an den Kämpfen auf dem Balkan teil: das Generalkommando des XV. Gebirgs-Armee-Korps an Einsätzen an der dalmatinischen Küste und in Kroatien; das Generalkommando des XXI. Gebirgs-Armee-Korps an Partisaneneinsätzen in Albanien und Montenegro, an den Kämpfen um Sarajevo und an den Abwehrkämpfen auf dem Balkan; das Generalkommando des XXII. Gebirgs-Armee-Korps an den Einsätzen in Griechenland, auf dem Balkan und den Abwehrkämpfen südlich des Plattensees; das Generalkommando des XXXXIX. Gebirgs-Armee-Korps an den verlustreichen Kämpfen in Ungarn und in den Beskiden; sowie die 1., 3. und 4. Gebirgs-Division.

Nachdem die 1. Gebirgs-Division im März 1943 aus der Front am Kuban-Brückenkopf herausgelöst worden war, wurde sie mit Fährprähmen der deutschen Kriegsmarine über die Straße von Kertsch auf die Krim gesetzt und von dort im Eisenbahntransport über die Ukraine auf den Balkan verlegt.

Von Bulgarien zog die 1. Gebirgs-Division zum Bandeneinsatz in die schwarzen Berge Montenegros (15. April bis 16. Juni 1943) und von dort in das albanisch-griechische Grenzgebiet des Epirus (2. Juli bis 10. November 1943), wo sie unter dem XXII. Gebirgs-Armee-Korps

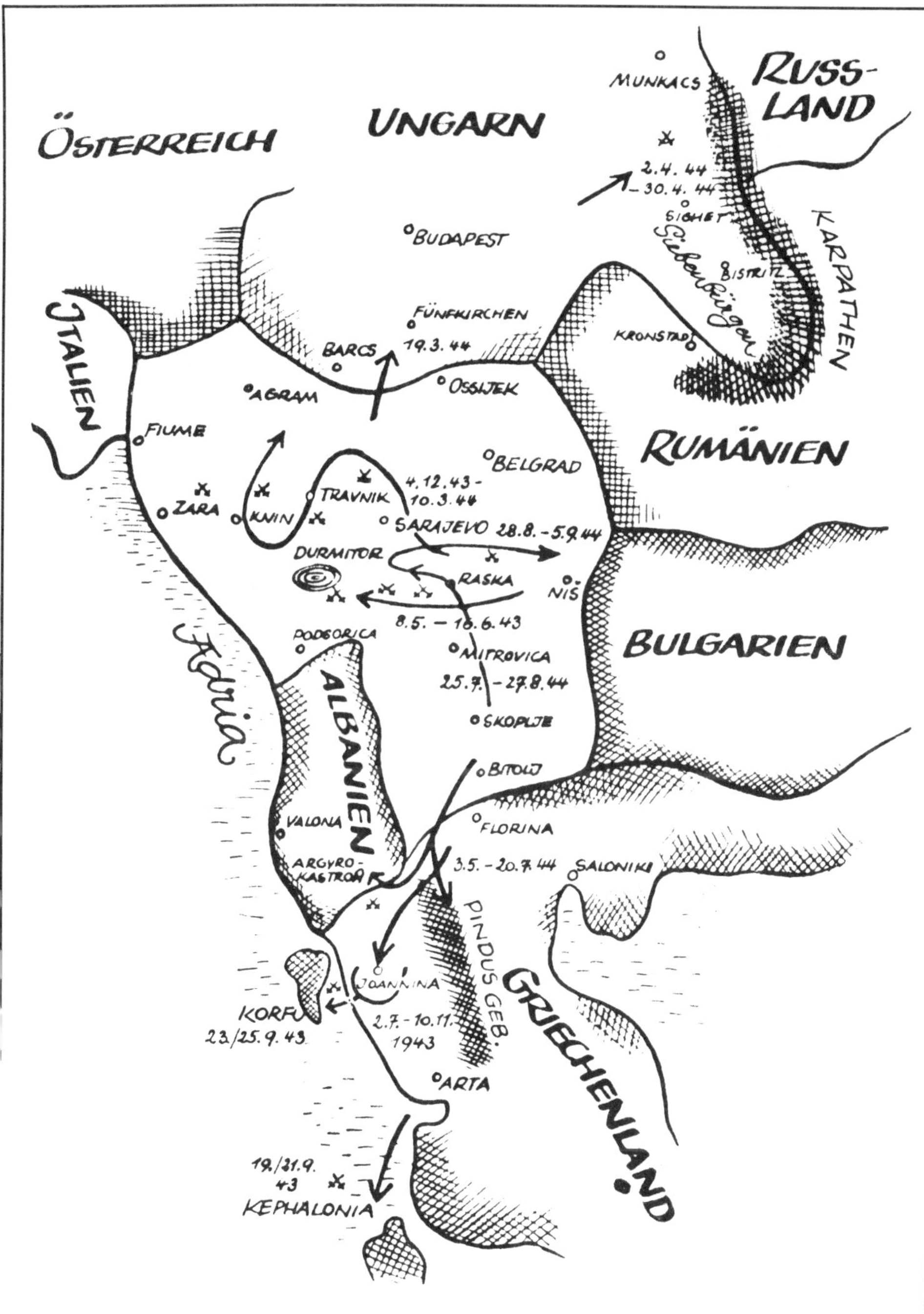

„Einsatz der 1. Gebirgs-Division auf dem Balkan“

(General der Gebirgstruppen Lanz) im unwegsamen Karstgebirge der dalmatinischen Küste schwierige Säuberungsaktionen gegen die ortskundigen Partisanen durchzuführen hatte. Hinzu kamen, als Folge der italienischen Kapitulation vom September 1943, die schweren Kämpfe mit den revoltierenden Italienern auf den ionischen Inseln Kefalonia und Korfu.

Es folgten die schweren Kämpfe 1943/44 in Kroatien und Bosnien (4. Dezember 1943 bis 10. März 1944), wo die Gebirgstruppe die deutschen Absetzbewegungen aus dem kroatischen Bergland nach Ungarn deckte. Vom 19. März bis zum 30. April 1944 war die 1. Gebirgs-Division in Ungarn eingesetzt; vom 3. Mai bis zum 20. Juli 1944 wieder in Griechenland und vom 25. Juli bis zum 27. August 1944 abermals – zugleich zum letzten Male – in Montenegro.

Es folgten der Aufmarsch zur Schlacht in Serbien vom 28. August bis zum 5. September 1944; die Abwehrkämpfe an der bulgarischen Grenze vom 6. bis 30. September 1944; die Rückzugskämpfe gegen die Morava vom 1. bis 14. Oktober 1944; der Stoß auf Belgrad vom 15. bis 17. Oktober; der Durchbruch nach Westen zwischen dem 18. und 22. Oktober; sowie die Stellungskämpfe hinter der Drau vom 23. Oktober bis zum 21. November 1944. Dazwischen lag der „Schwarze Tag von Belgrad", als die 1. Gebirgs-Division mit letzter Kraft nach Westen auszubrechen vermochte, obwohl der Kessel sich bereits geschlossen und die Russen schon die Vernichtung der Division gemeldet hatten.

Zwischen dem 23. November 1944 und dem 22. März 1945 kämpfte die 1. Gebirgs-Division zwischen der Drau und dem Plattensee, dann in der Frühjahrsschlacht am Plattensee, um einen Durchbruch der Roten Armee zu verhindern. Doch kaum war die Lage südlich des Plattensees stabilisiert, als die 1. Gebirgs-Division in das Wechselgebiet, südwestlich des Semmering, befohlen wurde, um dort beim Endkampf um die Heimat eingesetzt zu werden.

In Montenegro 1943

Der Widerstand in dem territorial geteilten Jugoslawien wurde im wesentlichen von zwei Partisanenführern organisiert, und zwar von dem Generalsekretär der kommunistischen Partei Jugoslawiens, Josip Broz Tito, und von dem jugoslawischen Oberst und späteren General Draźa Mihajlović. Beide akzeptierten die Kapitulation ihres Landes nicht und waren entschlossen, den Widerstand fortzusetzen.

Gebirgsjäger erwarten in ihrer MG-Stellung den nachdrängenden Feind

Die Taktik und die politische Zielsetzung des Kommunisten Tito und des Monarchisten Mihajlović im Hinblick auf ein befreites Jugoslawien waren jedoch so unterschiedlich, daß es nicht gelang, eine Einheitsfront gegen die deutsche und italienische Besatzungsmacht herzustellen. Seinen „Ćetniks"[129]) gegenüber motivierte Mihajlović die Ablehnung des Angebots Titos zur Zusammenarbeit:

„Mit den kommunistischen Partisanen kann es keine Zusammenarbeit geben, weil sie gegen die Dynastie und für die sozialistische Revolution kämpfen, was niemals unser Ziel sein kann."

Statt einer Zusammenarbeit kam es zu erbitterten Kämpfen der rivalisierenden Widerstandsgruppen, die bis zum Ende des Zweiten Weltkrieges andauerten.

Seit dem 4. April 1943 befand sich die 1. Gebirgs-Division im Antransport in den serbischen Raum. Am 18. April war die Division bis auf wenige kleinere Nachkommandos im neuen Einsatzgebiet versammelt. Von nun an führten die Gebirgsjäger unter dem Befehlshaber Serbien in den einsamen, unübersichtlichen Tälern und Wäldern Montenegros einen zermürbenden Bandenkrieg gegen die Partisanen Titos. Dabei wurden sie zu Beginn der verlustreichen Kämpfe von den verbündeten Truppen - Italiener, Bulgaren und den jugoslawischen „Ćetniks" - unterstützt.

Obwohl sich die verschiedenen jugoslawischen Partisanengruppen teilweise auf das heftigste bekämpften, bedeutete das für die deutschen Besatzungstruppen keineswegs, daß sie etwa nur zuzuwarten brauchten, bis die eine Seite kampfunfähig geworden war, um sodann die in diesen Kämpfen geschwächten Partisanenverbände einfach auszuschalten. Nein, die Deutschen konnten im Grunde genommen nicht einmal den Ćetnik-Partisanen vertrauen, deren Führung insgeheim mit den Westmächten verhandelte. Daraus ergaben sich immer wieder schwierige Situationen, denn es gibt für eine Truppe nichts Schlimmeres, als ihrem vermeintlichen Kampfgefährten nicht über den Weg trauen zu können, wenn sich Politik und Kriegsführung verwischen und die Fronten quer durch die eigenen Reihen verlaufen.

So sahen sich die Gebirgsjäger bald dazu gezwungen, ihre bisherigen Ćetnik-Verbündeten zu entwaffnen, gefangenzunehmen und in die rückwärtigen Gebiete abzuschieben. Das brachte wiederum Verstimmung mit dem ohnedies absprungbereiten italienischen Waffenbruder, denn das italienische Hauptquartier in Montenegro verlangte die Freilassung des Ćetnik-Anführers Djurisic, eines montenegrinischen Stammesfürsten, der ein Verwandter des italienischen Königshauses war.

Generalleutnant August Wittmann, der letzte Kommandeur der 1. (Volks-)Gebirgs-Division, während der Rückzugskämpfe

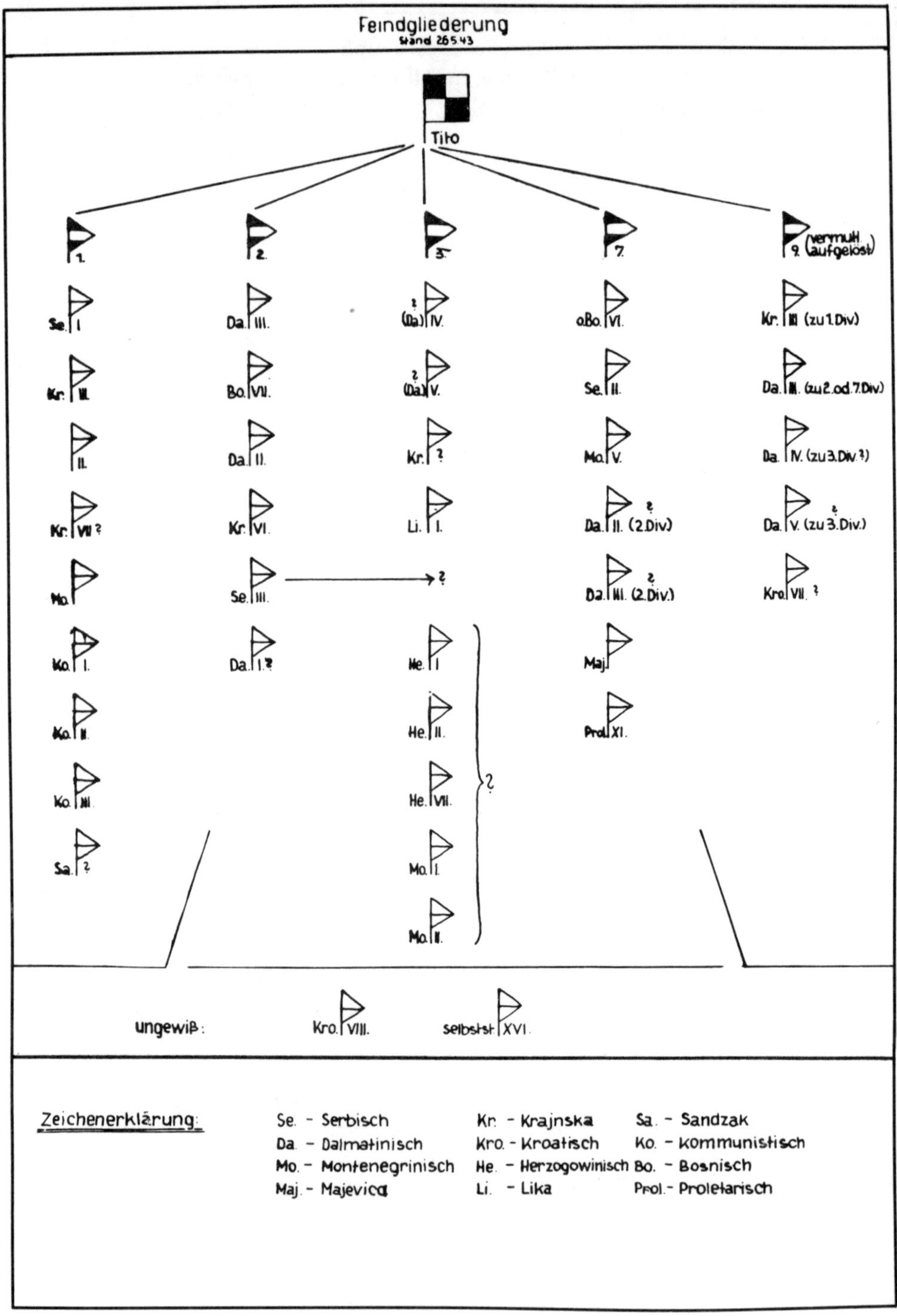

Gliederung der Partisanenarmee Titos

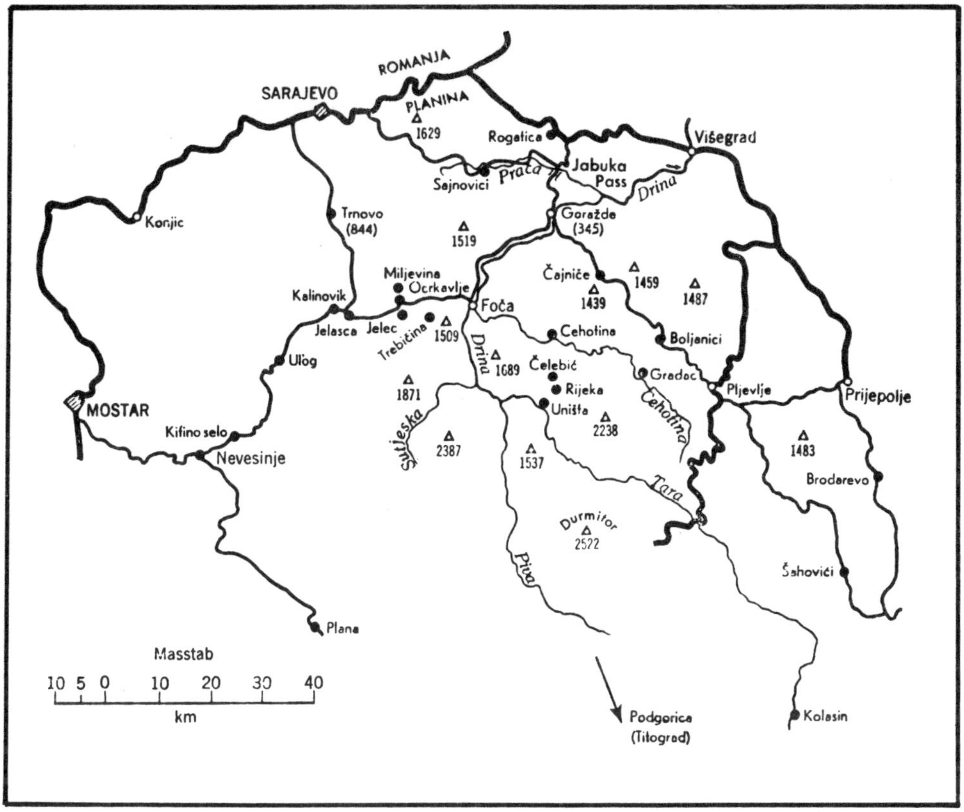

Übersichtskarte zur Operation „Schwarz" in Montenegro 1943

Während der Kommandeur der 1. Gebirgs-Division, Generalmajor von Stettner, mit den Italienern verhandelte, um die peinliche Angelegenheit zu bereinigen, wurde er von den Italienern festgenommen. Erst als ein verstärktes Bataillon des Gebirgs-Jäger-Regiments 98 anrückte, ließen die Italiener den deutschen General frei.

Das anfänglich freundschaftliche Verhältnis zwischen deutschen und italienischen Soldaten auf dem Balkan schlug von Tag zu Tag immer mehr in Mißtrauen und Intrige um. Der Vormarsch der Alliierten auf der italienischen Halbinsel und die Kriegsmüdigkeit der Italiener taten ein übriges, um das gegenseitige Mißtrauen zu verstärken.

Über den südosteuropäischen Kriegsschauplatz finden wir im KTB des OKW. vom 16. Mai 1943 eine interessante Eintragung, die die verworrene Lage auf dem Balkan eindrucksvoll dokumentiert:

Lage und Bewegungen der 1. Gebirgs-Division in Montenegro 1943

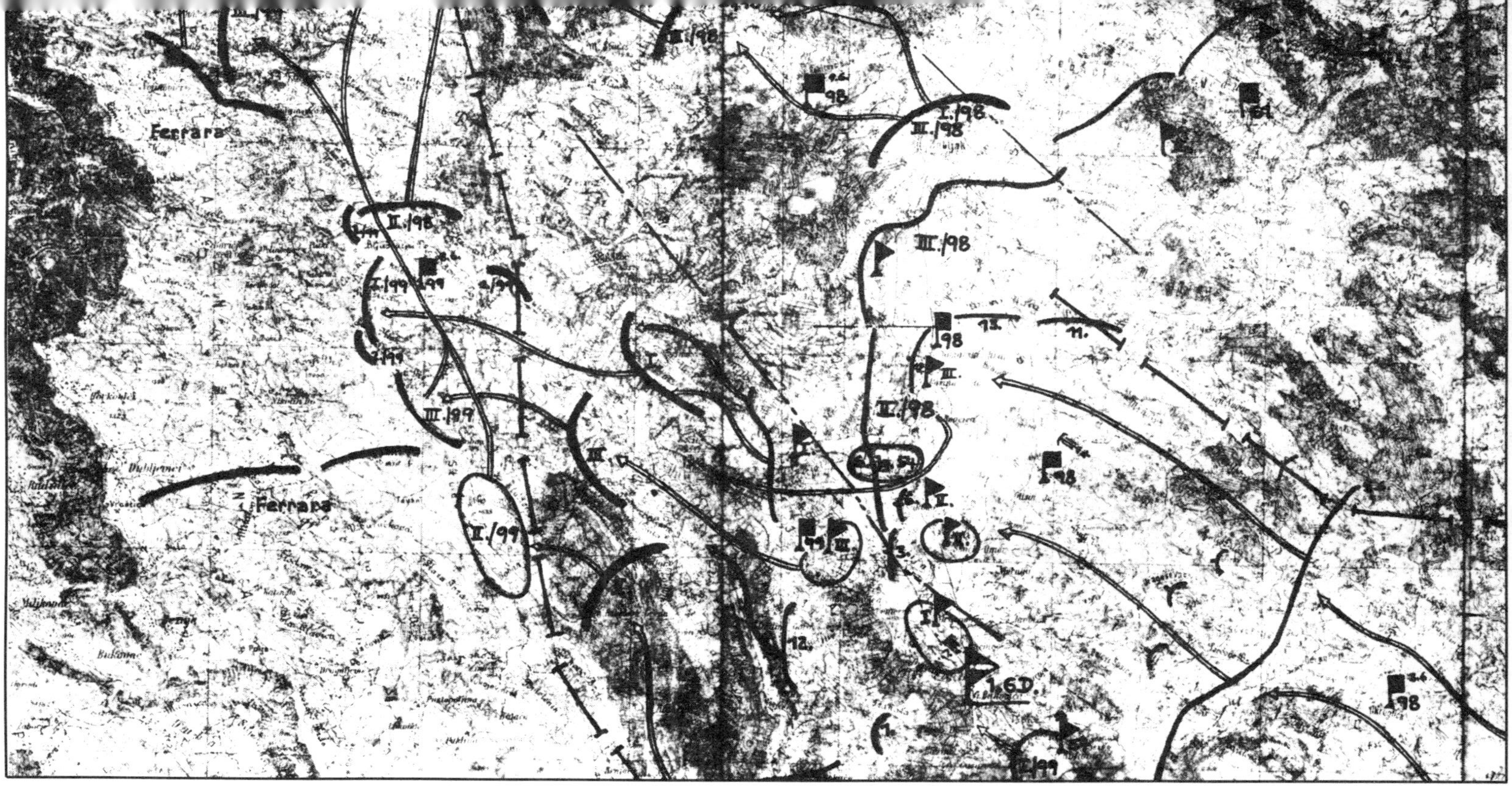
Ferrara
Ferrara
I./98
II./98
III./98
II./98
II./99
III./99
1.G.D.

„Operation ‚Schwarz‘: Verhältnis zu den Italienern: bei SS-Div. weiterhin gespannt. Italiener in Bileca (42 km nordwestl. Niksic) wiesen Verbindungsaufnahme durch den Kommandeur der SS-Div. zurück. Abzug der Cetniks vor der SS-Div. durch ital. Unterstützung (Mostar-Nevesinje mit ital. Lkw. und ital. Uniformen) wurde einwandfrei festgestellt. Widerstand wird im wesentlichen (vor 1. Geb.-Div.) nur von Kommunisten geleistet . . .

118. Jäg.-Div.: hat um 15.00 Uhr Ulog erreicht. Cetniks sind nach Süden ausgewichen. Im Raum Kalinovik wurden 530 Cetnik gefangengenommen . . .

1. Geb.-Div.: Im Raum Sahovici Feindbewegungen nach Westen. Kommunisten verteidigen die Höhen hart südl. der Stadt. Kommunisten nördl. und nordwestl. Kolasin geworfen. Bei Nachstoß von Blatina (6 km nordwestl. Kolasin) erreicht. Von 1. Geb.-Div. wurden 2000 Cetniks gefangengenommen, 3 s. Gr.W., 14 MG, 1000 Gewehre und Schriftstücke des Djurisic erbeutet. Italiener melden stärkere komm. Kräfte im Raum 12 km nördl. Podgorica (Raum 22 km west. Kolasin). Bekämpfung durch Luftwaffe infolge Wetterlage erfolglos.

Kroatien:

Befehlsbereich Dt.Bv.Gen. in Kroatien:

Am 15./16. Mai entgleiste nordwestl. Novska (27 km nordwestl. Brod) ein Panzerzug infolge Gleissprengung. Auf Südstrecke Novska-Sunja wurde eine Bahnstation überfallen, 3 Züge angezündet. Beide Strecken wieder befahrbar. Weitere Meldungen liegen wegen Gewitterstörungen noch nicht vor.

Ital. besetztes Gebiet:

Ört. Bandentätigkeit. Bei Ogulin (9 km südwestl. Karlstadt) lief ein kroat. Panzerzug auf Mine. Wiederherstellung der Strecke ist im Gange.

Serbien:

Im gesamten Raum mehrfach Auftreten von Banden. Anschläge auf Lager und Telefonleitungen. Insgesamt 156 Sühneerschossene.

Griechenland:

Im Raum Kozani-Veria (50 km nordwestl. Olymp) Bandentätigkeit. Maßnahmen zur Aushebung eingeleitet . . .“[130])

Tückisch und hinterhältig war die Kampfweise der Partisanen. Im Hochkarst des Durmitor-Massivs kämpften die Gebirgsjäger gegen die bereits eingeschlossenen Partisanenverbände des Kommunisten Tito, deren Stärke auf 15.000 Mann geschätzt wurde. Doch im unübersichtlichen Gelände und bei widrigen Witterungsverhältnissen - zahlreiche Jäger wurden damals durch Blitzschlag getötet oder verletzt - konnten große Teile des Feindes entkommen.

Groß waren die Marschleistungen und auch die Höhenunterschiede, die von den Gebirgsjägern zwischen dem 8. Mai und dem 16. Juni 1943 zurückgelegt wurden: das verstärkte Gebirgs-Jäger-Regiment 98 legte 365 Kilometer mit Höhenunterschieden von 11.500 Metern und das verstärkte Gebirgs-Jäger-Regiment 99 legte 290 Kilometer mit Höhenunterschieden von 12.500 Metern zurück.

Kaum hatten die Gebirgsjäger das karstige Gebirge mit den schwindelerregenden Felsennestern der Partisanen gesäubert, da erhielt die 1. Gebirgs-Division am 16. Juni 1943 den Befehl zum Abmarsch nach Griechenland.

In Griechenland 1943

Die deutschen Kräfte in Griechenland und in der Ägäis unterstanden der Heeresgruppe E (Generaloberst Löhr) in Saloniki. Diese wiederum unterstand, wie alle im Südosten eingesetzten Verbände, der im ganzen Südosten führenden Heeresgruppe F (OB. Südost, Generalfeldmarschall Freiherr von Weichs) in Belgrad.

Die deutsche Besetzung Griechenlands wurde ab dem Herbst 1942 durch die sich steigernde Partisanentätigkeit erschwert. Diese wurde von den Briten forciert und unterstützt, war aber durch verschiedene interne Rivalitäten aufgespalten. In kaum einem anderen Land nahmen die Engländer einen so starken Einfluß auf die Widerstandsbewegung wie in Griechenland. Die „Special Operations Executive" (SOE) unterstützte von Kairo aus den griechischen Widerstand – in erster Linie die antikommunistischen EDES-Kräfte – mit Waffen, Munition und Geld, mit dem die notwendige Verpflegung besorgt werden konnte.

Nachdem die Gebirgsjäger in Skoplje Tropenbekleidung empfangen hatten, deren kurze Hosen und Hemdblusen bei den herrschenden hohen Temperaturen als Wohltat empfunden wurden, verlegte die 1. Gebirgs-Division nach Griechenland, in den Raum von Epirus, unweit der albanischen Grenze.

Zuerst lautete der Einsatzbefehl für die Edelweißdivision: Niederkämpfen der albanisch-griechischen Partisanen in dem politisch labilen Grenzgebiet. „Mit der Teilnahme der 1. Geb.Div. am Unternehmen ‚Delta' (Säuberung in Westgriechenland) ist das OKW. einverstanden, soweit es in deren Versammlungsraum durchgeführt wird."[131])

Doch schon bald erweiterte sich der Auftrag der Division.

Nach dem Badoglio-Putsch und Sturz des italienischen Diktators Mussolini und dem Regierungswechsel im Sommer 1943 wurde der deutschen Führung klar, daß in Italien ein Frontwechsel bevorstand.

Unterbringungsräume von Teilen der 1. Gebirgs-Division um den 5. August 1943 zur Durchführung des Säuberungsunternehmens „Augustus“ in der Zeit vom 8. zum 15. August 1943 im griechischen Küstengebiet

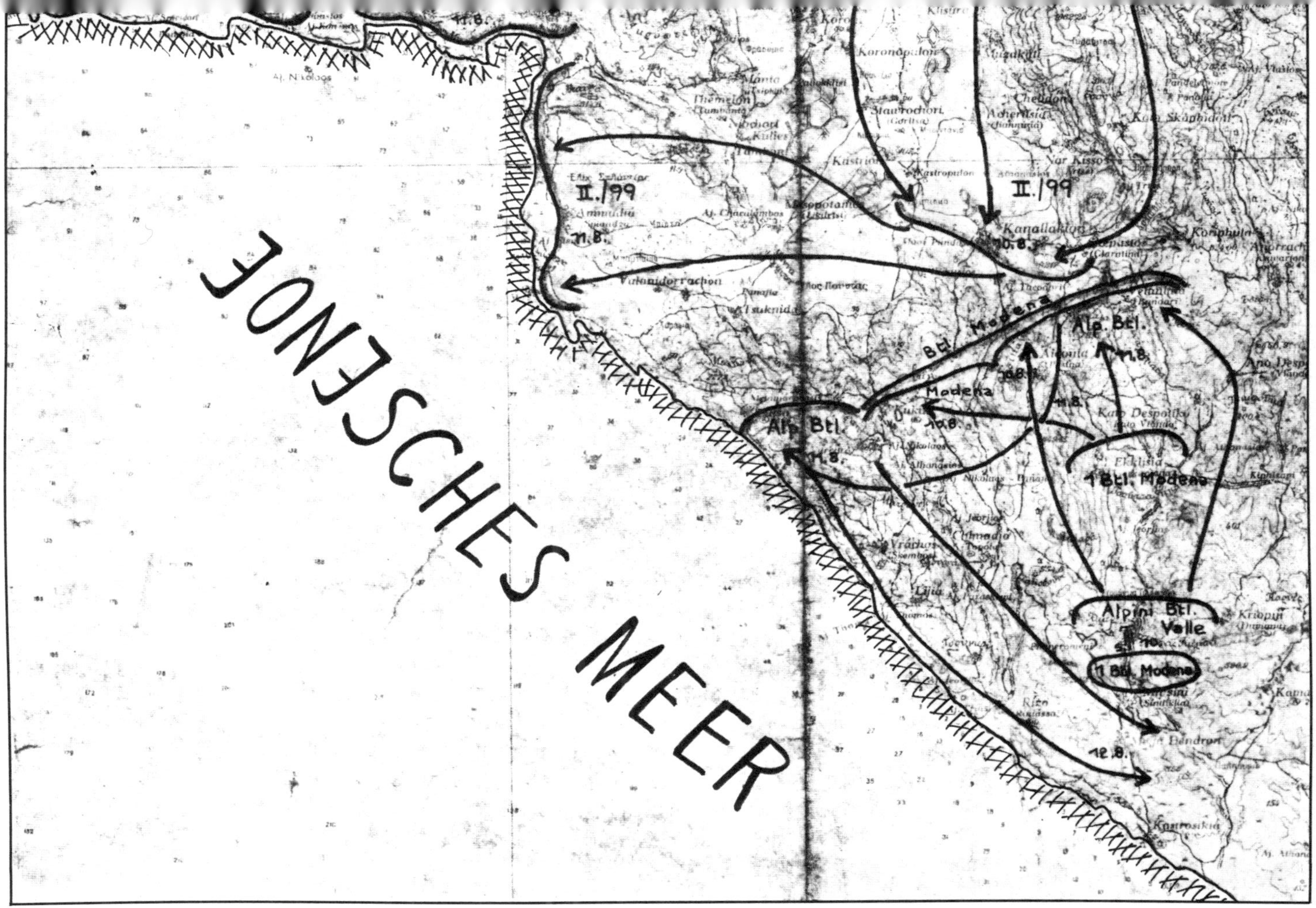
JONISCHES MEER
II./99
II./99
11.8.
10.8.
Btl. Modena
Alp. Btl.
11.8.
Modena
10.8.
Alp. Btl.
1 Btl. Modena
Alpini Btl. Valle
1 Btl. Modena
12.8.
Kanallakion
Valanidorrachon
Stavrochori
Koronopulon

Vorsorglich erließ daher das Oberkommando der Wehrmacht Richtlinien und Befehle, die sich mit der Entwaffnung des italienischen Heeres durch die deutschen Truppen - Fall „Achse“ - und mit der Rückeroberung der italienisch besetzten Inseln im Ionischen Meer befaßten.

Hierbei handelte es sich vor allem um die strategisch äußerst bedeutsamen Inseln Kefalonia und Korfu, welche die Flanke der bisherigen deutsch-italienischen Balkanfront schützten und den Zugang zur Adria sperrten. Die Operation des XXII. Gebirgs-Armee-Korps gegen die Inseln Kefalonia und Korfu im Rahmen des Falles „Achse“, im September 1943, behandelt ein Dokumentarbericht von Dr. Gert Fricke, der dabei auf bisher unveröffentlichte deutsche Akten zurückgreifen konnte.[132])

Bei der deutschen Führung achtete man nun besonders darauf, daß an allen ins Wanken geratenen Frontabschnitten des Balkans Truppen stationiert wurden, die jederzeit an allen wichtigen Punkten einzugreifen vermochten. So trat folgende Befehlsregelung in Kraft:

„1. Ob. Südost (H.Gr.F) - Hauptquartier in Belgrad - übernimmt die Führung im gesamten deutschen Operationsgebiet auf dem Balkan.
Grenze zu H.Gr.B: Nordwestgrenze Kroatiens.
2. Ob. Südost (H.Gr.F) werden unterstellt:
a) H.Gr.E - Hauptquartier in Saloniki
b) Pz.AOK. 2 - Hauptquartier in Kragujevac
Trennungslinie zwischen H.Gr.E und Pz.AOK. 2: Nordgrenze Griechenlands . . .“[133])

„Im Zuge der . . . Neuaufstellung von Generalkommandos und Militärbefehlshabern im Südostraum wurde unter Auflösung und Ausnutzung des Stabes Kommandierender General und Befehlshaber Südgriechenland die Aufstellung des Generalkommandos XXII. Geb.AK. befohlen.“[134])

Kommandierender General des XXII. Gebirgs-Armee-Korps wurde General der Gebirgstruppen Lanz. Seine Aufgabe lautete:

„XXII. Geb.AK. ist in erster Linie mit der getarnten Vorbereitung des Einsatzes an der Westküste Griechenlands und der dann vorgesehenen Übernahme des Befehls über 1. Geb.Div. und 104. Jg.Div. zu beauftragen.“[135])

Im Kriegstagebuch des XXII. Gebirgs-Armee-Korps kommt klar zum Ausdruck, daß für den Fall „Achse“ - also für das Abspringen Italiens - die italienischen Dienststellen, Unterkünfte und dergleichen zu übernehmen und die ionischen Inseln Kefalonia und Korfu zu besetzen waren.

Am 17. September 1943 stach die Kampfgruppe von Hirschfeld, bestehend aus Teilen des Gebirgs-Jäger-Regiments 98 und der 104. Jäger-Division, sowie aus Gebirgsartillerie und Pioniertruppen, von Prewesa aus in See und landete im Abwehrfeuer der italienischen Küstenbatterien an der Westküste Kefalonias. General Lanz war am 17. September selbst auf die Insel gekommen und erteilte „auf Grund des Gefechtseindrucks an Ort und Stelle und bei dem beiderseitigen Kräfteverhältnis für die weitere Kampfführung“[136]) folgenden Befehl:

„1. Befehls- und Truppengliederung:
Oberstleutnant Barge habe ich auf Grund seiner bisherigen Kampfführung seiner Stellung als Inselkommandant enthoben und zum Kommandanten der Halbinsel Lixuri ernannt.
Auftrag:
Schutz der Halbinsel Lixuri gegen etwaige feindliche Landung sowie gegen die dortigen Banden, von denen erst gestern 16 Mann mit Blinkgerät ausgehoben wurden. Im besonderen Schutz der eigenen Ausladungen in der Bucht nördlich Kap Akrotiri.
Truppen: Reste Fest.Btl. 909, bestehend aus 4 Zügen unter Führung des Hauptmanns v. Stephasius . . .
. . . 1 Zug Sturmgeschütz.Komp. (um das Auslaufen feindlicher Schiffe aus Gegend Lixuri zu verhindern),
. . . 1 beweglich gemachte ital. 7,5-cm-Batterie.
Falls eine Verstärkung obiger Truppen durch die Lage notwendig ist, ist sie durch Teile des Festgs.-Btl. 910 beabsichtigt.
2. Mit der Durchführung der Gesamtoperation habe ich den Major von Hirschfeld, Eichenlaubträger und besonders bewährter Kommandeur im G.J.R. 98, beauftragt und ihm hierzu folgende Truppen unterstellt:
Rgts.-Stab Hirschfeld
III./G.J.R 98
Geb.Jg.Btl. 54 (nach Eintreffen)
I./Jg.Rgt. 724 (bestehend aus 2 verst. Kpen. nach Eintreffen)
Festgs.-Btl. 910
2 Geb.Haub.Battr. mit Abt.Stab (davon 1 eingetroffen)
Auftrag:
Bis 19. früh Halten der Linie Pharsa Nord-Petrikata Ost-Angenas Ost - um die eigene Versammlung zu sichern.
19. Vormittag Angriff mit versammelten Kräften entweder gegen die feindliche Südgruppe nördlich Argostolion oder gegen die feindliche Nordgruppe im Raum Marketaja je nach Lage. Währenddessen Abwehr der nicht angegriffenen Feindgruppe. Alsdann Vernichtung der

2. Feindgruppe. Voraussichtlicher Zeitbedarf für 1. Feindgruppe 19.–20., für 2. Feindgruppe unter gleichzeitiger Umgruppierung der eigenen Kräfte 21.–23.
3. Das Heranführen der noch nicht auf der Insel befindlichen eigenen Kräfte hängt ausschließlich von dem verfügbaren Schiffsraum und dem Zeitbedarf für die Ausschiffung ab. Die Einschiffung wird so beschleunigt, daß das I./724 (Stab und 2 verst. Kpen.) voraussichtlich bis 18. Vormittag, das Geb.Jg.Btl. 54 mit Rgts.Stab, Abt.-Stab und 1 weiteren Geb.Haub.Battr. in einer 1. Staffel bis 19. vormittags, mit 2. Staffel bis 19. abends auf der Insel eintreffen . . .
4. Die Zusammenarbeit mit der Luftwaffe erfolgt in der bisherigen bewährten Weise. Der seitherige Einsatz hat den feindlichen Artillerie- und Flakbeschuß stark geschwächt, doch ist es General Gandin durch Umgruppierung gelungen, das Feuer mit mindestens der Hälfte der Batterien wieder aufzunehmen.
5. . . . . . .
6. Für 19. und 20. werde ich meinen vorgeschobenen Gefechtsstand auf die Insel Kefalonia verlegen . . .“[137])

Am 19. September 1943 entbrannten um die Insel erbitterte Kämpfe. Bereits nach zwei Tagen fiel die Stadt Argostolion. Die auf Kefalonia stationierten italienischen Truppen waren von den Gebirgsjägern überwältigt worden, noch bevor der Gegenangriff der italienischen Division „Acqui“ zum Tragen gekommen war. Den Verlauf der entscheidenden Kampfhandlungen der Kampfgruppe von Hirschfeld hat Major v. Hirschfeld selbst in einem Gefechtsbericht festgehalten:

„Die Kampfgruppe Klebe (III./98, G.J.B. 54) überwindet das schwierige Berggelände in anstrengendem Nachtmarsch und zerbricht in kurzem, aber hartem Nachtgefecht feindliche Sperrstellungen am Paß 5 km nördlich Dilinata, um mit den vordersten Teilen in Dilinata einzudringen. II./724 wirft um Mitternacht den Feind von Punkt 852 nach Süden und steigt im Morgengrauen, von Norden angreifend, gegen Punkt 750 an. Gegen die im Morgengrauen erkannte, stark massierte Feindbesetzung auf Punkt 750 wird G.J. 54, das sich auf den Serpentinen der Paß-Straße befindet, nach Westen eingedreht, während Teile des Festgs.-Btl. 910 im Angriff auf Pharsa den Rückweg nach Südosten verlegen. Das III./317 ist auf Punkt 750 völlig eingeschlossen und läuft nach kurzem Gefecht in aufgelöstem Zustand über. Um 10.00 Uhr stürmt II./724 gegen hartnäckige Feindabwehr bei starker feindlicher Art. Tätigkeit Lamia und Btl. 910 Davgata. Teile des II./317 werden vernichtet, die Reste auf das Feind-Rgt. 17 zurückgeworfen. Um 12.00 Uhr setzt II./724 trotz Munitionsmangels den An-

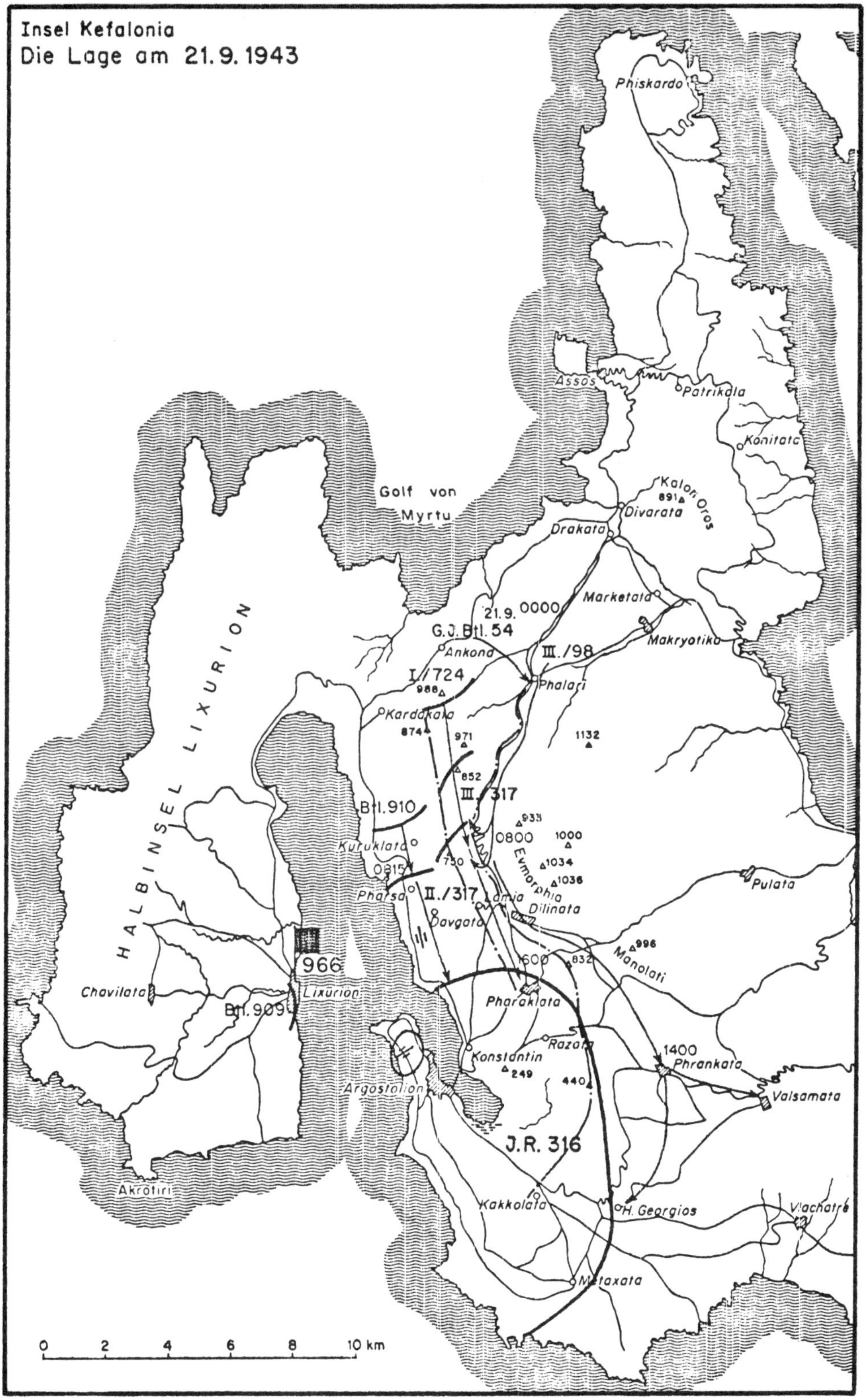

Die Rückeroberung der ionischen Insel Kefalonia durch die Kampfgruppe von Hirschfeld

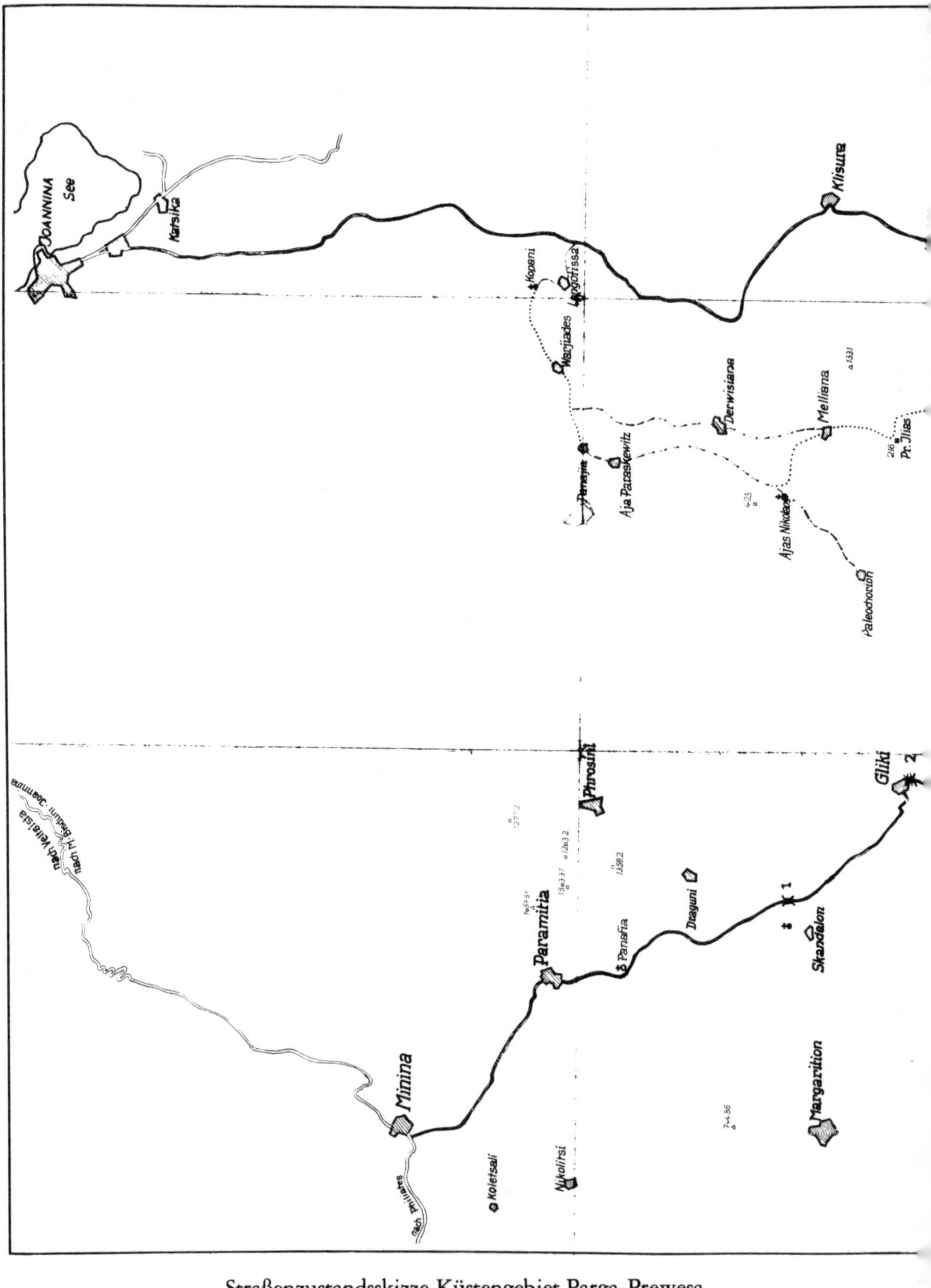

Straßenzustandsskizze Küstengebiet Parga-Prewesa

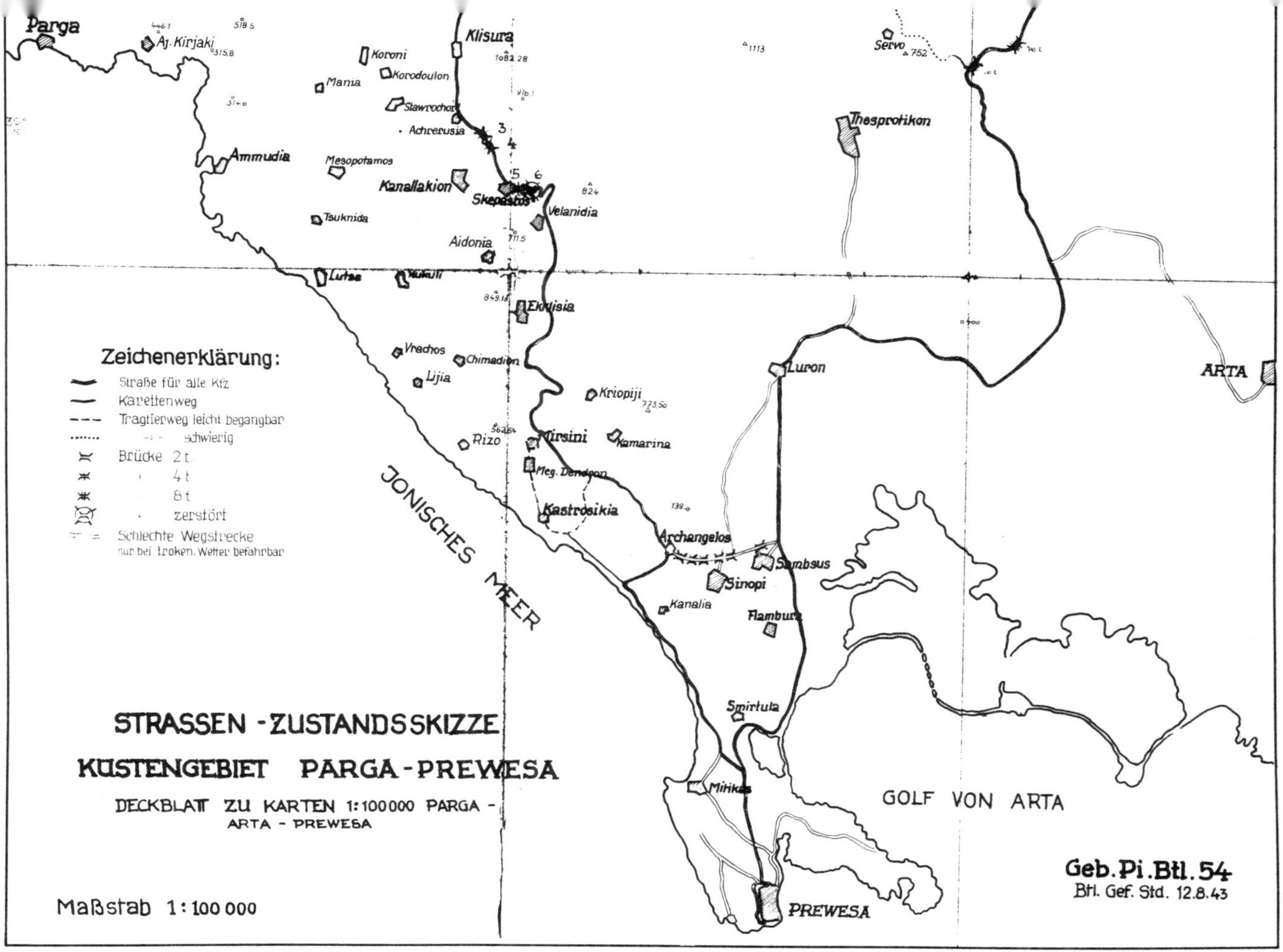
Parga
Aj. Kirjaki
Koroni
Korodoulon
Mania
Slawrochori
Achrerusia
Klisura
Ammudia
Mesopotamos
Kanallakion
Skepastos
Velanidia
Tsuknida
Aidonia
Lutse
Ekklisia
Vrachos
Chimadion
Lijia
Kriopiji
Rizo
Mirsini
Kamarina
Meg. Dendron
Kastrosikia
Archangelos
Sambsus
Sinopi
Kanalia
Flambura
Smirtula
Mitikas
PREWESA
Luron
Thesprotikon
Servo
ARTA
JONISCHES MEER
GOLF VON ARTA
Zeichenerklärung:
Straße für alle Kfz
Karettenweg
Tragtierweg leicht begangbar
schwierig
Brücke 2 t
4 t
8 t
zerstört
Schlechte Wegstrecke
nur bei troken. Wetter befahrbar
STRASSEN - ZUSTANDSSKIZZE
KÜSTENGEBIET PARGA - PREWESA
DECKBLATT ZU KARTEN 1:100000 PARGA - ARTA - PREWESA
Maßstab 1:100 000
Geb. Pi. Btl. 54
Btl. Gef. Std. 12.8.43

griff auf Pharaklata fort und erweckt dadurch beim Feind den Eindruck, daß die über die Paß-Straße vorgestoßene Umfassungsgruppe aus dem Raum Dilinata hier angreift. Damit kann die Kampfgruppe Klebe unbemerkt hinter der Höhe 832 verschwinden und um 14.00 Uhr völlig überraschend in Phrangata eindringen. Gegen 18.00 Uhr wird Pharaklata und eine Höhenstellung südlich Davgata von den Btl. II./724 und 910 in hartem Kampf gestürmt. Um 22.00 Uhr überfällt Kampfgruppe Klebe nach zwanzigstündigem Marsch und 3 Stunden Rast ein in Ruhe befindliches Btl. bei H. Georgius, vernichtet es und befreit 470 deutsche Kriegsgefangene.
Damit ist die Entscheidung gefallen. Mit Morgengrauen des 22. September greift III./98 über Metaxata ausholend Argostolion an, während G.J. 54 über Kakkolata vorgeht und II./724 das stark befestigte Razata nimmt. Btl. 910 kann um 10.00 Uhr Konstantin wegnehmen. Um 11.00 Uhr dringt das III./98 in Argostolion ein. Der Bergrücken, der sich von Kutavos zum Südostende des Hafens von Argostolion hinzieht, wird von Süden durch 9./J.R. 54, von Nordosten von II./724 und von Norden von Btl. 910 gegen den letzten harten, vom feindlichen Divisionskommandeur persönlich geleiteten Widerstand gestürmt. Um 12.00 Uhr ist der Feind in voller Auflösung, die Masse der feindlichen Batteriestellungen genommen, die Säuberung von versprengten, noch Widerstand leistenden Feindteilen im Gange. Um 14.00 Uhr ist die Gefechtstätigkeit beendet. Um 21.00 Uhr meldet sich im Strom der überlaufenden, völlig durcheinandergeworfenen Feindteile der feindliche Divisionskommandeur zur bedingungslosen Übergabe . . .
Abschlußmeldung:
Division ‚Acqui' wurde in 36stündigem, in einem Zuge mit nur kurzen Unterbrechungen geführtem Angriff von 2 Geb.Jäg.Btl., 1 Jäg.Halbbtl. und 1 nur 400 Mann starken Festgs.-Btl., verstärkt durch $2^1/_2$ Batterien, vernichtet."[138])

Am Abend des 22. September 1943 meldete ein Funkspruch des Kommandierenden Generals des XXII. Gebirgs-Armee-Korps, General Lanz, an die Heeresgruppe E das Ende der Kämpfe auf Kefalonia, die auf deutscher Seite 40 Tote gekostet hatten:

„Masse der Division Acqui (ohne Rgt. 18 Korfu) vernichtet. General Gandin mit seinem Stabe gefangengenommen."[139]

Oben: Auszeichnungen für die tapferen Gebirgsjäger . . .

Unten: . . . für ihre Kampfeinsätze auf dem Balkan

Bereits am 18. September war vom Divisionsstab der 1. Gebirgs-Division auch der vorbereitende Befehl zur Rückeroberung der Insel Korfu ergangen, der von General Lanz in einer Kommandeursbesprechung am 20. September gebilligt worden war:

„1. In Verfolgung des geschichtlich einmaligen Verrates, den die italienische Regierung an Deutschland begangen hat, hat sich der italienische Kommandant von Korfu entschlossen, eine Besetzung der Insel Korfu durch deutsche Truppen mit Waffengewalt zu verhindern. Seit 13. September wurden deutsche Flugzeuge, die die Insel überflogen, und am 13. September die zur Besetzung der Insel ausgelaufene Kampfgruppe Dodel beschossen. Damit hat sich die Besatzung der Insel Korfu, die im wesentlichen aus dem ital. I.R. 18 besteht, dem feigen Verrat angeschlossen und ist darüber hinaus sogar zu offenem Kampf auf die Seite unserer Feinde übergegangen . . .
2. 1 Gebirgsdivision greift am X Tag den Feind auf der Insel Korfu an, vernichtet ihn und besetzt die Insel. Das Unternehmen trägt den Decknamen ‚Verrat'."[140])

Es war vorgesehen, das Gebirgs-Jäger-Regiment 99 von Igumenica aus auf Korfu überzusetzen, sobald man die italienischen Küstenbefestigungen an der Südostküste niedergekämpft hatte. Den Angriffsbeginn gegen die Insel Korfu setzte General Lanz mit Billigung der Heeresgruppe E mit 24. September 1943, 0.00 Uhr, fest. Dr. Gert Fricke schildert die Rückeroberung der ionischen Insel Korfu in seinem Dokumentarbericht:

„Die Flottille mit der Gruppe Dittmann lief befehlsgemäß am Nachmittag des 23. September aus Preveza aus und erreichte nach Mitternacht die geplante Landungsstelle an der Lagune Korissia. Hier wurde ohne Feindwiderstand schon um 1 Uhr der erste Landekopf durch 6. Gebirgs-Jäger-Regiment 98 (ohne 1. Zug) gebildet, deren erste Teile nach Überwindung des Küstenstreifens bis an die Lagune gelangten.

Inzwischen war das Landeunternehmen von der italienischen Inselbesatzung erkannt worden. Zwei Batterien und mehrere schwere Granatwerfer eröffneten aus der Gegend von Braganiotika und Argirades ein schlecht gezieltes Feuer, so daß bis 2.00 Uhr die gesamte Gruppe Dittmann fast ungehindert an Land gehen konnte. Die 6. Kompanie

Oben: Beisetzung eines im Kampf gegen Partisanen gefallenen Gebirgsjägers . . .

Unten: . . . ich hatt' einen Kameraden . . .

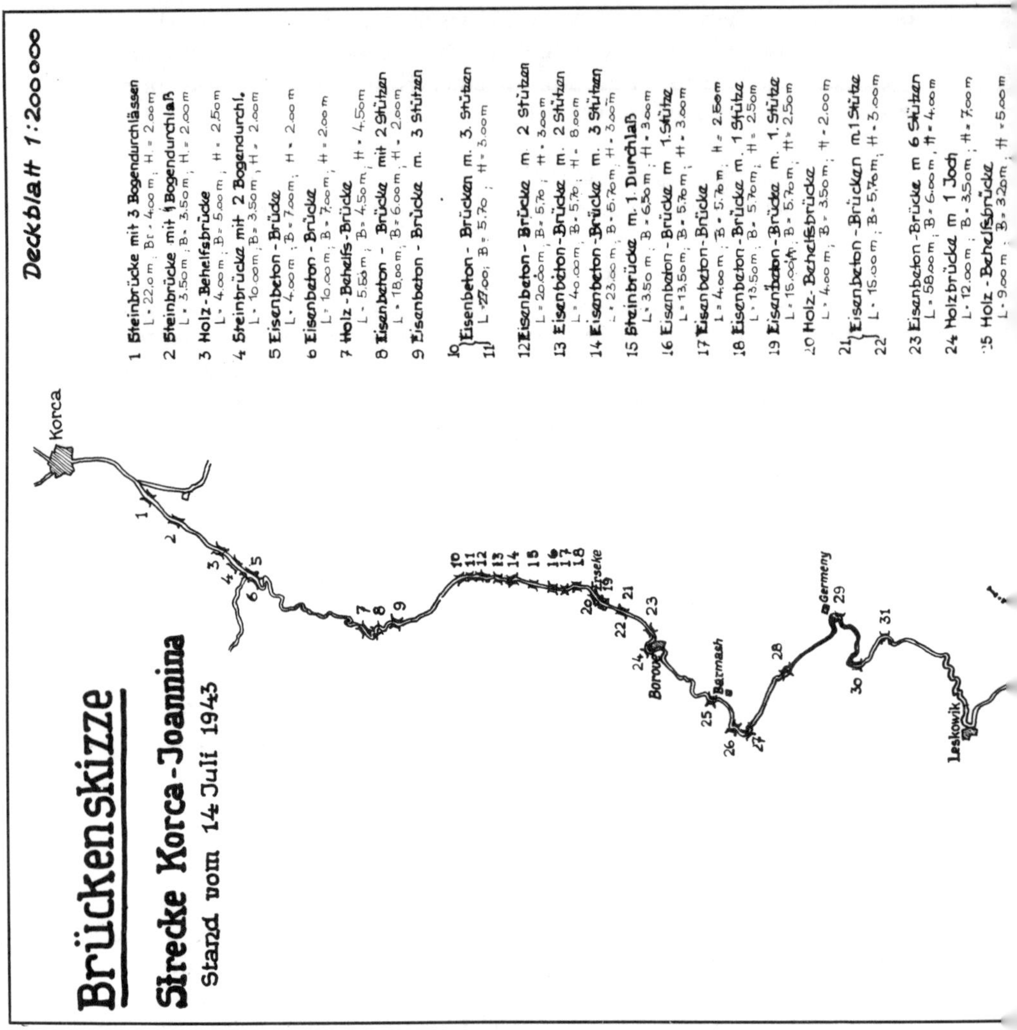

Brückenskizze, Strecke Korca-Joannina

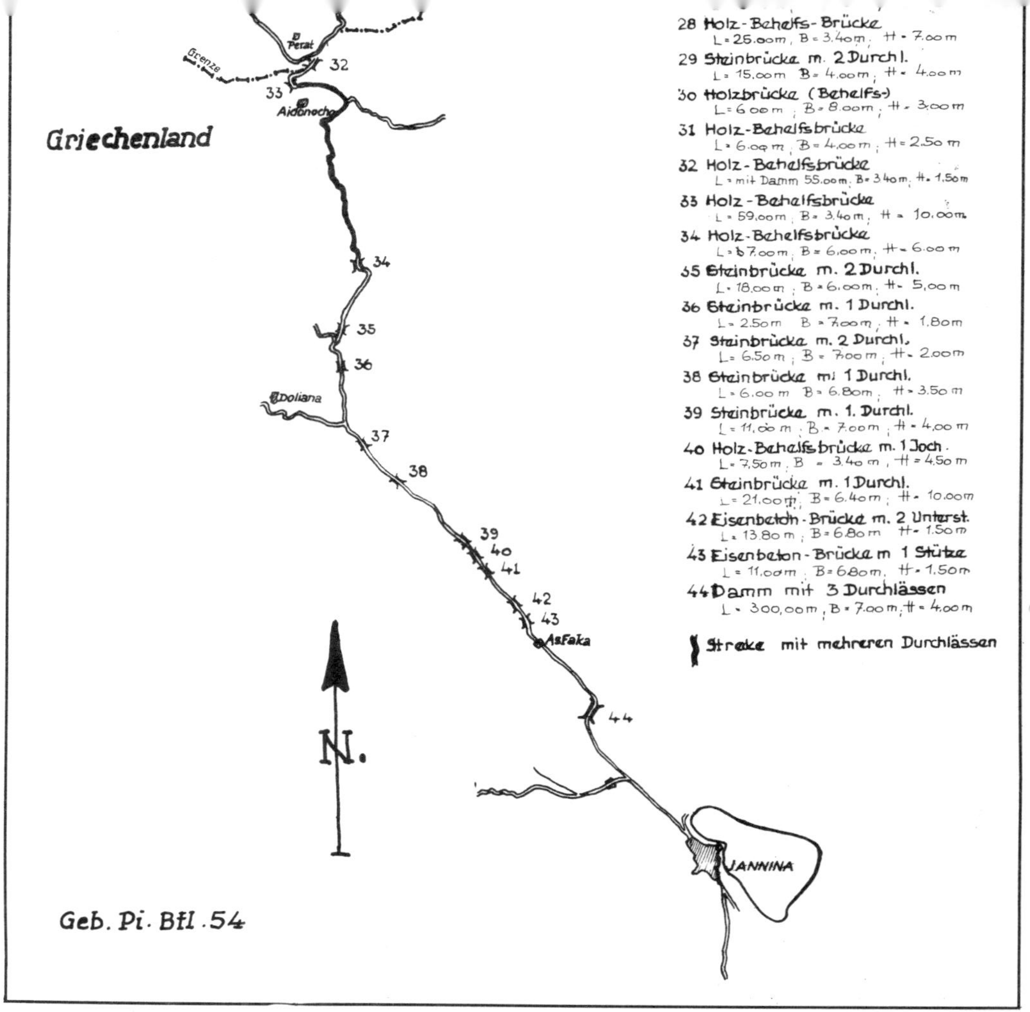

Griechenland
Perat
Grenze
32
33
Aidonochori
34
35
36
Doliana
37
38
39
40
41
42
43
Asfaka
44
JANNINA
N.
Geb. Pi. Btl. 54
28 Holz-Behelfs-Brücke
L = 25.00 m, B = 3.40 m; H = 7.00 m
29 Steinbrücke m. 2 Durchl.
L = 15.00 m B = 4.00 m; H = 4.00 m
30 Holzbrücke (Behelfs-)
L = 6.00 m; B = 8.00 m; H = 3.00 m
31 Holz-Behelfsbrücke
L = 6.00 m; B = 4.00 m; H = 2.50 m
32 Holz-Behelfsbrücke
L = mit Damm 55.00 m; B = 3.40 m; H = 1.50 m
33 Holz-Behelfsbrücke
L = 59.00 m; B = 3.40 m; H = 10.00 m
34 Holz-Behelfsbrücke
L = 67.00 m; B = 6.00 m; H = 6.00 m
35 Steinbrücke m. 2 Durchl.
L = 18.00 m; B = 6.00 m; H = 5.00 m
36 Steinbrücke m. 1 Durchl.
L = 2.50 m B = 7.00 m; H = 1.80 m
37 Steinbrücke m. 2 Durchl.
L = 6.50 m; B = 7.00 m; H = 2.00 m
38 Steinbrücke m. 1 Durchl.
L = 6.00 m B = 6.80 m; H = 3.50 m
39 Steinbrücke m. 1. Durchl.
L = 11.00 m; B = 7.00 m; H = 4.00 m
40 Holz-Behelfsbrücke m. 1 Joch.
L = 7.50 m, B = 3.40 m, H = 4.50 m
41 Steinbrücke m. 1 Durchl.
L = 21.00 m; B = 6.40 m; H = 10.00 m
42 Eisenbeton-Brücke m. 2 Unterst.
L = 13.80 m; B = 6.80 m H = 1.50 m
43 Eisenbeton-Brücke m 1 Stütze
L = 11.00 m; B = 6.80 m, H = 1.50 m
44 Damm mit 3 Durchlässen
L = 300,00 m; B = 7.00 m; H = 4.00 m
Strecke mit mehreren Durchlässen

durchwatete die Lagune und kam im weiteren Vorstoß in die Gegend 2 km südostwärts Braganiotika in Gefechtsberührung mit feindlicher Infanterie, von der zwei Züge im Nahkampf vernichtet wurden. Die anderen an Land gegangenen Kampfgruppen stießen gegen die Straße vor, die den südlichen Teil Korfus der Länge nach durchquert. Sie wurde gegen 3 Uhr von einem Zug der 6. Kompanie und einem Zug 3./Pionierbataillon 54 überschritten. Die 7. Kompanie wurde ‚in nördlicher Richtung auf die Straße angesetzt, mit dem Auftrag, die linke Flanke des Brückenkopfes zu decken' und feindliche Kräfte, die sich an 6./Gebirgs-Jäger-Regiment 98 von Braganiotika herangeschoben hatten, im Rücken zu fassen. Im Verlauf dieses Angriffs wurde eine italienische Kompanie vollständig aufgerieben. Gleichzeitig stieß die 8. Kompanie ‚im Anschluß an die links angreifende 6. nach Norden vor', um die Ostküste der Insel auftragsgemäß zu erreichen. Im Zuge dieses Vorgehens gelang es, ‚bis 4.00 Uhr die beherrschende Höhe von Maltauna gegen zähen Feindwiderstand zu nehmen' und nach Mesongi durchzustoßen. Die italienischen Kräfte flüchteten, soweit sie nicht im Nahkampf vernichtet waren, nach Norden. Damit war im Morgengrauen des 24. September der erste Teil des Auftrages, auf Korfu einen Brückenkopf mit der Sperrlinie Lagune Korissia - Mesongi zu bilden, erfüllt."[141])

Die anschließende Säuberung des eroberten Gebietes erfolgte ohne nennenswerten Widerstand. Nachdem die beiden Küstenbatterien ausgeschaltet worden waren, konnte das Anlanden von Verstärkungen - wie es im Divisionsbefehl für das Unternehmen „Achse" geplant gewesen war - anlaufen.

Die Rückeroberung der Insel Korfu durch die Gruppe Remold führte zu einem vollen Erfolg. Annähernd 6000 italienische Soldaten legten ihre Waffen nieder. Nach dem Norden der Insel entkommene Italiener wurden weiterverfolgt und gestellt. Unter anderem ließ sich ein italienisches Bataillon widerstandslos entwaffnen.

Anschließende Säuberungsaktionen der Gebirgsjäger auf der Insel nahmen die letzten Italiener gefangen. Aller Widerstand wurde gebrochen. In einem Gefechtsbericht der 1. Gebirgs-Division über die Kampfhandlungen auf Korfu lesen wir:

„Über 10.000 Italiener waren gefangengenommen oder in geschlossenen Abteilungen übergelaufen, 600 waren gefallen."[142])

In Bosnien und Kroatien 1943/44

Nachdem die 1. Gebirgs-Division ihren Auftrag in Griechenland erfüllt und die ionischen Inseln Kefalonia und Korfu zurückerobert hatte, war die Division vom 4. Dezember 1943 bis zum 10. März 1944 dem V. SS-Gebirgs-Armee-Korps von der 2. Panzer-Armee unterstellt und in Bosnien und Kroatien eingesetzt. Wieder lautete der Auftrag: Kampf gegen die Partisanen Titos an der Seite der Ćetniks, nachdem Draža Mihailowić die Ćetniks neu organisiert hatte. Im KTB. des OKW. finden wir unter dem 5. Dezember 1943 folgende interessante Eintragung:

„Lage Balkan: Bei anhaltender feindlicher Lufttätigkeit an der albanisch-dalmatinischen Küste lebhafte örtliche Bandentätigkeit im kroatischen Raum. Bei dem Unternehmen ‚Kugelblitz' nahm die 1. Gebirgs-Division Nova Varos und stellte mit der 24. bulg. Div. Verbindung her. Bewegungen der SS-Div. ‚Prinz Eugen' planmäßig, bisher ohne Feindberührung.

Der in den Marschallrang erhobene Bandenführer Tito beruft ein jugoslawisches Parlament ein, wogegen die jugoslaw. Exilregierung in Kairo eine Protesterklärung erläßt."[143])

Titos Partisanenbewegung war immer mächtiger, die Methoden der subversiven Kriegsführung waren immer brutaler geworden. Im Grunde genommen konnten die Gebirgsjäger niemandem mehr trauen – auch nicht den harmlosen Bewohnern der Dörfer, die sich tagsüber freundlich mit ihnen unterhielten oder sie im Geschäft bedienten. Sobald sich nämlich die Gelegenheit dazu bot, zogen sich die Partisanen stets in die Berge zurück und überfielen die Gebirgsjäger aus dem Hinterhalt. Das war der Partisanen- und Bandenkrieg mit all seinen Hinterhältigkeiten und seiner unüberschaubaren Front.

Für diese Art der Kriegsführung war der deutsche Soldat einfach nicht geeignet. Sie entsprach zweifellos mehr dem Naturell der Balkanvölker.

Während des Zweiten Weltkrieges kämpften auf dem Balkan Serben gegen Kroaten, Christen gegen Moslems, Albaner gegen Montenegriner, und schließlich bekämpften und töteten sich auch Angehörige der gleichen Nation, ja sogar der gleichen Sippe und Familie: Kommunisten und Antikommunisten standen einander gegenüber, ideologische Loyalität und Familienbande stießen auf furchtbare Weise an- und aufeinander. Kommunistische Söhne erschossen ihre monarchistischen Väter, um ihre Treue zur Ideologie zu beweisen.

Als den Höhepunkt ihrer zahlreichen Einsätze in Bosnien und Kroatien betrachteten die Gebirgsjäger sicherlich die Umzingelung von Titos Hauptquartier bei Drvar. Am 2. Januar 1944, mitten im rauhen bosnischen Gebirgswinter, traten die Gebirgsjäger zum – wie sie glaubten und hofften – entscheidenden Schlag gegen die kommunistischen Partisanen an. Die entscheidende Phase des Unternehmens hielt Wolfgang Gorter in einem Bericht fest:

„Da kommt eine alarmierende Nachricht: Tito, der Anführer der Widerstandsbewegung Jugoslawiens, wird in Kürze in unserer Hand sein! Sein Hauptquartier wurde irgendwo in einem Fels- und Waldversteck ausfindig gemacht und wird bereits eingekreist. Immer enger schließt sich der Ring, immer größer wird die Erwartung! Flieger beobachten die Bewegungen des Feindes. Die Einkreisungsaktion läuft Tag und Nacht! Ein Entrinnen scheint unmöglich!

Doch als die ersten Jäger Titos Hauptquartier in einer mächtigen weiträumigen Felsenhöhle betreten, ist kein Mensch mehr anwesend, nur leere Büchsen, verkohltes Holz und eine Menge Papierfetzen liegen umher. Wie, wann und wo sind Tito und seine Leute hier entkommen? Ein bis heute ungelöstes Rätsel. Auf jeden Fall eine geniale Leistung des Rebellenführers!“[144)]

In Ungarn 1944

Die 1. Gebirgs-Division war auf dem Balkan stets so etwas wie eine Krisenfeuerwehr gewesen. Ihr nächster Einsatz führte sie aber nun im März 1944 nach Ungarn, das bereits deutliche Zeichen von Kriegsmüdigkeit erkennen ließ. Insgeheim hatte die politische Führung des einstigen Teilstaates der Habsburger Donaumonarchie bereits Friedensverhandlungen mit den Alliierten aufgenommen. Die Deutschen reagierten auf den bevorstehenden ungarischen Frontwechsel mit dem Fall „Margarethe“, der Besetzung Ungarns, die vom 19. März bis 31. März 1944 vor sich ging.

Der Auftrag für die 1. Gebirgs-Division – die jetzt direkt dem OKH./OKW. unterstand (bis August 1944) – lautete wieder einmal: Entwaffnung des einstigen Bundesgenossen und Bereinigungen der verworrenen Lage im Landesinnern. Ohne Waffengewalt gelang es diesmal der Division, die Ungarn zu entwaffnen. In ihrem Einsatzgebiet hatte man es noch mit den traditionsgemäß deutschfreundlichen Ungarn zu tun. In anderen Landesteilen ließen sich die ungarischen Truppen von den Deutschen nicht so ohne weiteres entwaffnen.

Nachdem die Division in ihrem Abschnitt wieder für klare Verhältnisse gesorgt hatte, wurde sie aus Südwestungarn auf Grund eines Füh-

Die Verteilung der deutschen Truppen am 24. August 1944 nach der Lagekarte des Oberbefehlshabers Südost

rerbefehls vom 30. März herausgezogen und zur Verteidigung der wichtigen Karpatenpässe gegen die Sowjettruppen eingesetzt. Auch in dieser Situation konnten die Gebirgstruppen die ins Wanken geratene militärische Lage festigen. Doch schon wurden sie Anfang Mai 1944 wieder nach Griechenland zurückgerufen.

Letzter Einsatz in Griechenland 1944

Nach dem Abfall Bulgariens hatten die Ägäischen Inseln, die bis dahin als Sicherungslinie sowie zur Gewähr der Neutralität der Türkei besetzt gehalten wurden, ihren militärischen Wert verloren. So wurden die Inseln auf Drängen der militärischen Stellen im August 1944 geräumt. Von Kreta wurden 60.000 Mann mit Schiffen und Flugzeugen zurücktransportiert. Am 12. September wurde Mytilene, am 17. Oktober Lemnos geräumt.

Nachdem sich die Gebirgsjäger der 1. Gebirgs-Division bereits 1943 in Griechenland aufgehalten hatten, um die italienischen Truppen zunächst beim Küstenschutz zu unterstützen und dann, später im Herbst 1943 zu entwaffnen, kamen sie 1944 abermals dorthin. In der Zeit vom 3. Mai bis zum 20. Juli wurden sie gegen die Partisanen eingesetzt, die ihre Tätigkeit immer mehr verstärkten.

Darüber schrieb Karl Wilhelm Thilo, der spätere Generalmajor und vierte Kommandeur der 1. Gebirgsdivision der deutschen Bundeswehr:

„Nahezu ununterbrochen durchkämmen die Bataillone der Jäger den Raum, brechen den Widerstand zahlreicher Bergnester, zerschlagen Ansammlungen der Partisanen und versuchen das Land zu befrieden. Bei Metsovon, das an dem von Epirus nach Thessalien führenden Pindus-Paß liegt, gleichzeitig bei Argyrokastron, einer alten Türkenfestung in Südalbanien, kommt es zu harten, oft krisen- und verlustreichen Kämpfen. Nochmals gelingt es der Tapferkeit und der fast unsagbare Strapazen überwindenden Kraft der Männer mit dem Edelweiß, die Lage zu meistern und das lodernde Feuer des Aufstandes wenigstens einzudämmen.“[145])

Doch bald darauf mußte Griechenland endgültig geräumt werden. Bis zum 21. September 1944 wurde Westgriechenland bis Pindos verlassen, am 12. Oktober räumten die Nachhuten den zur Sicherung der Rückzugsoperation von den Ägäischen Inseln wichtigen Hafen von Piräus. Am 31. Oktober wurde Saloniki preisgegeben. Am 2. November war der Rückzug aus Griechenland abgeschlossen. Zahlreiche Brücken, Tunnels und Engpässe waren zuvor noch gesprengt worden, um den

Vormarsch der nachdrängenden Feindkräfte wenigstens vorübergehend aufzuhalten.

Der Zusammenbruch der Südfront stand bevor. Bulgarische und rumänische Truppen - bis vor kurzem noch Verbündete der Deutschen - marschierten mit den Sowjetrussen - ihren neuen Verbündeten - gegen die Deutschen. Überall wuchs der Feind gleich einer vielköpfigen Hydra aus dem unruhigen Boden des Balkans empor.

Letzter Einsatz in Montenegro 1944

Während ihres abermaligen und zugleich letzten Einsatzes in Montenegro, in der Zeit vom 25. Juli bis zum 27. August 1944, trafen die Gebirgsjäger auf bereits straff organisierte Partisanenverbände Titos, die in Bataillone, Regimenter und Brigaden gegliedert waren und deren Angehörige bereits Uniformen trugen. Ausgerüstet waren diese Verbände mit Panzern englischer Herkunft, mit leichten und schweren Geschützen sowie mit erbeuteten italienischem Kriegsmaterial. Unterstützt wurden die Partisanenverbände stets durch englische Tiefflieger, die den deutschen Truppen teilweise schwere Verluste zufügten, da die Luftherrschaft bereits verlorengegangen war.

„Als die Vorkommandos der 1. Gebirgs-Division wiederum bei Mitrovica die Bahn verlassen", schreibt Thilo, „haben die feindlichen Vorhuten diese bei Raska bereits nach Osten überschritten ... Nur schwer gelingt es, auf den Höhen westlich des Ibar Fuß zu fassen ... Englische Schlachtflieger durchrasen das Ibartal ...

In wenigen Tagen kann die Division melden, daß sie den Durchbruch des Feindes zum Stehen gebracht hat, ja daß der Gegner nach Westen zurückgeht ... Die zersprengten Truppen Titos ziehen sich in das bosnische Bergland zurück."[146])

Damit begann wieder das alte zermürbende Kriegsspiel der kommunistischen Partisanenverbände in Neuauflage. In den unwegsamen, zerklüfteten Bergen sammelten und formierten sich die gegnerischen Verbände neu, wurden mit alliiertem Kriegsmaterial ausgerüstet und stellten sich in neuem Angriffsschwung den deutschen Truppen, die, von allen Verbündeten verlassen, allein gegen eine gewaltige Übermacht weiterkämpften.

Zwischen dem 28. August und dem 5. September 1944 marschierte die 1. Gebirgs-Division innerhalb der Heeresgruppe F zur Schlacht in Serbien auf, nachdem die Russen in Rumänien eingebrochen waren und zur Donau vordrangen. Zur Entwaffnung des bulgarischen Bundesgenossen kamen die Gebirgsjäger nach mancherlei widersprüchlichen Befehlen der vorgesetzten Dienststellen - auf Grund der sich überstürzenden politischen Ereignisse - gerade noch zurecht, als sie auch schon ihrem Einsatz in Jugoslawien zustrebten.

Kämpfe in Jugoslawien 1944

Im September 1944 - vom 8. September bis 30. September - stand die 1. Gebirgs-Division weit auseinandergezogen zwischen Vlasotine und Zajecar an der jugoslawisch-bulgarischen Grenze in teilweise schweren Abwehrkämpfen. Die Eisenbahnlinien waren von Sabotagetrupps nachhaltig zerstört worden, so daß schnell durchzuführende Truppenbewegungen nicht mehr in Frage kamen.

Jenseits der Grenze marschierten russische, bulgarische und rumänische Streitkräfte auf. Hinter der Front führten Titos Partisanenverbände einen gnadenlosen Kampf. Überall lauerte der heimtückische Gegner. Jugoslawien befand sich im Aufruhr. Die 1. Gebirgs-Division war mit der 7. SS-Freiwilligen-Gebirgs-Division „Prinz Eugen“, den beiden kampfstärksten Verbänden an diesem Frontabschnitt, in einen Hexenkessel geraten.

Durch einen feindlichen Panzervorstoß, in der Stärke von zwei sowjetischen Schützen-Korps mit 5 Divisionen und einer Panzer-Brigade, Teilen des sowjetischen IV. mechanischen Korps sowie mindestens zwei, wenn nicht mehr Divisionen Titos, wurde die Division am 30. September in Richtung Morava in drei Teile gespalten, und zwar in die

a) *Hauptgruppe von Stettner* (Divisionskommandeur der 1. Gebirgs-Division) mit der Masse der Kampftruppen der 1. Gebirgs-Division (rund 12.000 Mann), die sich am 1. Oktober 1944 von Negotin abgesetzt hatte und in zähem Kampf gegen eine erdrückende Übermacht in Richtung Pozarevac auswich;
b) *Kampfgruppe Groth* in Zajecar mit III./99 ohne Stab, 11. (Gum) und 16./99, Feld-Ersatz-Batl. 79 (Wissmann), I./Geb.Art.Rgt. 79 (Dreher), AA. 54 ohne 4. (Kost - Eckert), BrüKo 54 (Kellermann), Marine-Batl. Dentsch, Art.Abt. Kuhn, einigen Panzern, einer 8,8 cm-Flak-Battr. und versprengten Luftwaffeneinheiten;
Die Kampfgruppe Groth versuchte wiederholt, von Boljevac aus, den Anschluß an die Gruppe v. Stettner zu gewinnen. Da dies mißlang, wurde sie Anfang Oktober der Gruppe des Generals Fischer (Korps F. W. Müller) unterstellt.
c) *Qu.-Abteilung* des Majors i. G. Lingg, die aus dem Raume Nisch im

Verband des Korps Müller zunächst in den Raum von Kraljevo rückte, um erst im Januar 1945 über Cacak und Zwornik wieder bei der Division einzutreffen.

Der dreigeteilten 1. Gebirgs-Division, die ihren Auftrag, die Donauschleife zu säubern, wegen des bedeutend stärkeren Feindes nicht mehr erfüllen konnte, standen folgende Kräfte des Gegners gegenüber:

a) *Im Raume Sala - Negotin - Brza Palanka:* 2 Schützen-Korps mit 5 Divisionen und 1 Panzerbrigade.
b) *Im Raume Dl. Belareka - Slatina:* Teile des IV. mech. Garde-Korps.
c) *Im Raume zwischen dem Timok und der Morava:* Mehrere Tito-Divisionen, darunter die 25. und 23. Kom.Division.

Wegen der aussichtslosen Lage wurde die 1. Gebirgs-Division vom 1. bis 14. Oktober gegen die Morava zurückgenommen, wobei es zu erbitterten Gefechten kam. Während dieser Zeit wurde das Feld-Ersatz-Bataillon 79 der 1. Gebirgs-Division fast vollständig aufgerieben. Auf den Höhen bei Zajecar hatte es starke russische Angriffe abzuwehren und die Ostflanke der 7. SS-Freiwilligen-Gebirgs-Division „Prinz Eugen" zu schützen gehabt. Doch die russische Übermacht überrollte schließlich die Gebirgsjäger der Waffen-SS.

Die Verbindung zwischen der 7. SS-Freiwilligen-Gebirgs-Division „Prinz-Eugen" und der 1. Gebirgs-Division wurde zerrissen. Doch gelang es dem 14. SS-Gebirgs-Jäger-Regiment wenigstens am 5. Oktober, mit zwei Bataillonen in Zajecar einzudringen und mit den eingeschlossenen Kräften des Feld-Ersatz-Bataillons 79 und Teilen der Panzerjäger-Abteilung 117 am 8. Oktober unter schweren Kämpfen wieder aus dem Kessel auszubrechen. Rund 620 gefallene, verwundete und vermißte Angehörige hatten diese Kämpfe dem Feld-Ersatz-Bataillon 79 gekostet.

Bis Mitte Oktober zog die 1. Gebirgs-Division über Pozarevac in den Raum südlich von Belgrad. Eine Nebenabteilung der Division befand sich etwa zu gleicher Zeit weiter südlich (17. Oktober 1944) im Rückmarsch nach Westen auf Grn. Milanovac.

Der Inhalt eines Originalgefechtsberichtes des Gebirgs-Jäger-Regiments 99 vom 7. November 1944 läßt ein klares Bild von den außergewöhnlichen Anforderungen gewinnen, die an Truppe und Führung während der harten Kämpfe in Jugoslawien vor den Toren Belgrads gestellt wurden:

„Am 5. Oktober 1944 versammelt das Regiment (ohne Rgt.St.Kp., Trosse, Feldküchen, ohne 3., 7., 13. und 16. Kp.) nach anstrengendem zwölfstündigem Marsch über den Crni Vrk (1201 m), absteigend mit Einbruch der Dunkelheit im Raum von Luke und ostwärts davon. Luke ist von Banden besetzt und wird nach hartem Nachtangriff von I./99 (ohne 3. Kp.) genommen.

Das Regiment greift am frühen Morgen des 6. Oktober 1944 beiderseits der im Ravna-Tal verlaufenden Straße über Bela-Reka nach Slatina an, um die Verbindung mit der Gruppe Fischer herzustellen. Masse des I./99 im Tal und eine verst. Kp. über das Höhengelände von Topla als rechter Flankenschutz. III./99 (ohne 13. Kp.) ist links westlich an Glogovica vorbei über die Höhen 569, 518, 519, 534, 426 angesetzt. II./79 unterstützt hinter dem Rgt.-Stab im Ravna-Tal folgend den Angriff. II./99 (ohne 7./99) verbleibt auf Befehl der Div. in einer Sicherungslinie zwischen Luke und Höhe 1004 (2 km südl. Crni Vrk). Kurz nach dem Antreten stößt das I./99 auf stärkeren Feind, der die Höhen südlich Luke in ausgebauten Stellungen verteidigt. Das Regiment erzwingt sich nach hartem Kampf den Weitermarsch. Im Verlauf des weiteren Angriffs drängt der nach Süden und Westen ausgewichene Feind wieder nach und bedroht die rechte Flanke des Regiments. Es gelingt ihm, von dem Höhenzug von Topla herunterzustoßen und sich zwischen I./99 und dem Rgt.-Stab und zwischen II./99 und der Artillerie auf die Straße zu setzen und die Drahtverbindung zu zerstören. Der Angriff auf Rgt.-Stab und Artillerie wird mit den letzten Reserven abgewiesen. III./99 steht auf dem Höhenrücken westlich Glogovica im harten Kampf mit sowjetischen Kräften.

Trotz des sich versteifenden Feindwiderstandes gewinnt der Angriff an Boden, und bis zu den Abendstunden sind die Höhen unmittelbar nördlich und nordöstlich von Bela Reka genommen.

Das Regiment richtet sich für die Nacht zur Verteidigung ein. Auf dem Regiment liegt Artillerie- und Grantwerferfeuer. Aufklärung stellt Bela Reka stark von Russen besetzt fest.

Am Morgen des 7. Oktobers 1944, um 5.50 Uhr, tritt das Regiment erneut zum Angriff an. Um 6.30 Uhr meldet I./99, daß Feind (Russen), Stärke 3 Kpn., mit schwerer Waffen- und Artillerieunterstützung in den eigenen Angriff hineingestoßen ist. Bandenangriff von den Höhen westlich des Ravna-Tales.

Zur gleichen Zeit erfolgt starker Angriff von Banden auf Rgt.-Gef.-Stand und auf die Artilleriestellung aus dem Raum südöstlich Topla.

7 Uhr Meldung des III./99, starker Feind, ein Bataillon, greift mit 10 Panzern von Glogovica Rücken und Flanke des Regiments an. I./99 meldet Ausfall des Btl.-Führer und des Btl.-Adj. durch Artillerievolltreffer. Angriff bleibt liegen. Starker Bandendruck in Rücken und Flanke. Munition zu zwei Drittel verschossen; es fehlt Granatwerfer- und MG-Munition.

Zwischen I./99 und dem Rgt.-Gef.-Stand sind die Banden erneut auf die Straße ins Ravna-Tal durchgestoßen.

Beurteilung der Lage: Der Feind hat die Absicht des Regiments erkannt und schiebt einen starken Sperriegel vor seine Vormarschstraße Zajecar - Slatina - Bor. Drei sowjetische Kompanien mit schweren Waffen und Artillerie halten Bela Reka besetzt und sind mit Anbruch des Tages zum Angriff angetreten. Dieser Angriff trifft auf die im Ravna-Tal zum Angriff angetretene verst. 1. Kompanie des I./99.

Gut und planmäßig geführte Bandenkräfte, die mit vielen Maschinenwaffen und Granatwerfern ausgerüstet sind, sind auf dem Höhenrücken südlich Topla gegen die zum rechten Flankenschutz eingesetzte 2./99 zum Angriff angetreten. Teilen dieser Banden ist hinter der 2./99 der Durchstoß auf die Straße ins Ravna-Tal und damit in den Rücken des Bataillons gelungen. Teile dieser Bandengruppe stehen im Angriff gegen den 5 km nördlich Bela Reka liegenden Rgt.-Gef.Stand und die Artilleriestellungen.

Der Einsatz von 10 Panzern mit aufgesessener Infanterie aus dem Raum Glogovica läßt deutlich erkennen, daß Feind den Durchstoß auf seine Vormarschstraße unter allen Umständen verhindern will. Das auf den Westrand von Glogovica über Höhe 518–426 angesetzte III./99 wird von diesem Panzerstoß in der linken Flanke gefaßt.

Diesem Feind hat das Regiment zwei, durch das Fehlen von je einer Kompanie und durch Verluste stark geschwächte Bataillone entgegenzusetzen. Weittragende Panzerabwehrwaffen fehlen. Das Regiment verfügt nur über Panzerfäuste und Panzerschreck. Überlegener feindlicher Artillerie stehen vier Gebirgskanonen mit geringer Munitionsmenge gegenüber. Eine Munitionsversorgung durch die Division steht für die nächsten Tage nicht in Aussicht. Normale Verpflegung für die Truppe ist seit 7 bzw. 5 Tagen nicht mehr erfolgt. Die Verwundeten von 6 Tagen müssen bei der Truppe unter schwierigsten Umständen mitgeführt werden; ihre Betreuung und Sicherung beansprucht Zeit und Kräfte, die der kämpfenden Truppe weggenommen werden müssen. Es herrscht empfindlicher Mangel an Verbandsmaterial.

Die zahlenmäßige und materielle Überlegenheit des Feindes ist offensichtlich. Das Regiment ist gegenüber einem mech. und mot. Feind in einem panzergängigen Gelände mit seinen empfindlichen Tragtierkolonnen, ohne wirksame Panzerabwehrwaffen und ohne genügende Artillerieunterstützung stark verwundbar und erheblich unterlegen. Das Regiment ist in die Verteidigung gedrängt, das I./99 teilweise eingeschlossen. Das III./99 steht in einem ungleichen Kampf mit sowjetischen Panzerkräften.

An eine Fortsetzung des Angriffes mit den zur Verfügung stehenden Kräften ist in dieser Lage nicht zu denken. Ein Liegenbleiben in diesem für die Verteidigung ungünstigen Gelände kommt für das Regiment ebenfalls nicht in Frage.

Das Regiment entschließt sich deshalb zur sofortigen Zurücknahme beider Bataillone in die geländemäßig günstige Sicherungslinie des II./99 zwischen Luke und Höhe 1004 (2 km südlich Crni Vrk).

Um 8.40 Uhr trifft Funkspruch von der Division ein: Gruppe Fischer auf Podgorac ausgewichen, Feindangriff aus Richtung Zlot und Sumrakovac. Gruppe Malter angreift über Sumrakovac nach Podgorac.

Dieser Befehl ist durch die Entwicklung der Feindlage für das Regiment im Augenblick nicht durchführbar. Der Angriff über Sumrakovac nach Podgorac setzt zunächst das Durchstoßen der feindlichen HKL. in Höhe Bela Reka voraus. Es muß der sowjetische Aufmarschraum quer durchstoßen werden, wobei mehrere Vormarschstraßen und eine Bahnlinie überschritten werden müssen. Die Masse der Wege, Flußläufe und Höhenzüge liegt quer zur Angriffsrichtung, und bis zum Angriffsziel Podgorac sind 40–50 km im Rücken des Feindes zu überwinden. Die in diesem Gelände zu erwartenden Kämpfe setzen zunächst eine neue Auffrischung der Munitionsbestände des I. und II./99 und der II./79 voraus.

Der Abschub der Verwundeten (12 Ochsengespanne mit 24 liegenden und 30 zum Teil reitenden bzw. marschfähigen Verwundeten) ist notwendig, um dem Regiment größte Bewegungsfreiheit zu geben.

Von seiten der Division ist weder der Nachschub von Munition noch von Verbandsmaterial oder gar der Abschub von Verwundeten in Aussicht gestellt.

Die neue HKL. ist um 15 Uhr (7. Oktober) bezogen.

Um 6 Uhr meldet das III./99 starke sowjetische Kräftezusammenziehung, 20 Panzer, 2 Salvengeschütze, im Raum von Glogovica.

20.20 Uhr trifft der Divisionsbefehl für den 8. Oktober mit dem Auftrag ein, über den Vrata-Paß nach Süden zu stoßen und die Straße bei B.P. 581 zu sperren (B.P. 581 = Höhe 796, 10 km nordwestl. Bor).

Am 8. Oktober 1 Uhr tritt Gruppe Malter über Tanda den Marsch zum Vrata-Paß an. Dieser Marsch beginnt mit einem mühsamen Hindurchkämpfen durch das Crnaika-Tal bis Tanda. Starke, verbissen kämpfende Bandenkräfte sperren die Straße von den Höhen beiderseits des Tales. II./99 kämpft unter Verlusten die Straße frei. Pioniere beseitigen die Hindernisse und schaffen Umgehungswege für die Ochsenfahrzeuge der Verwundeten. Die Marschbewegung wird durch Kampf und Hindernisbeseitigung verlangsamt.

Das Nachhut-Btl. (III./99) steht in dauerndem Abwehrkampf gegen die stark nachdrängenden Banden. Der Transport der Verwundeten aus dem tief eingeschnittenen Tal von Tanda auf den Höhenrücken nordwestlich davon gestaltet sich besonders schwierig und zeitraubend, weil der steil ansteigende Weg teils weggeschwemmt und teils durch tiefe Wasserrinnen ausgespült ist. Während der Pionierarbeiten bringen die Banden am jenseitigen südlichen Höhenrücken (Höhe 488) mehrere MGs. in Stellung.

Das in breiter Front auf den Vrata-Paß angesetzte Regiment steht inzwischen mit dem rechts angesetzten II./99 4 km südöstlich Gornjanj im Kampf mit Banden, die den Höhenkamm Höhe 556 – Gornjanj – Vrata-Paß besetzt halten. Auch das links in dem von Tanda nach Westen laufenden Tal über Höhe 550 angesetzte I./99 bekommt Feindberührung. In fortschreitendem Angriff auf Gronjanj bekommt das II./99 starkes MG. und Granatwerferfeuer in Flanke und Rücken aus Richtung Höhe 556 (4 km ostwärts Gornjanj). Es entstehen größere Verluste, besonders bei der Artillerie, wo eine ganze Geschützbedienung ausfällt. Dieser Feind macht den Ansatz des III./99 (Nachhut-Btl.) auf die Höhe 556 notwendig.

Nach Funkverständigung mit der Division konnte der Verwundetenabschub in Richtung Crnaika erfolgen. Dort Übernahme durch ein Geleit der Division. Gleichzeitig erfolgt Munitionszuführung an Rgt.

Um 16 Uhr (8. Oktober) ist der Feind geworfen und Gornjanj von ersten Teilen des Regiments erreicht. Der Feind hat sich mit Masse auf den Paß zurückgezogen und sich in vorbereiteten, gut ausgebauten Stellungen festgesetzt. II./99 bekommt den Befehl zur sofortigen Fortsetzung des Angriffs auf den Vrata-Paß. Der Angriff bleibt mit Einbruch der Dunkelheit unmittelbar vor der Paßhöhe im Nahkampf und im starken Handgranatenabwehrfeuer liegen. Neuer Angriff wird auf 9. Oktober 2 Uhr festgesetzt.

In der Nacht konzentrischer Bandenangriff auf Gornjanj. Die Artilleriestellungen sind zeitweilig sehr gefährdet. Es kommt zu erbitterten Nahkämpfen; über 40 gezählte Feindtote bleiben liegen.

Im Laufe der Nacht erfolgt die erste Munitionsversorgung durch die Luft. Zehn 10,5 Granaten müssen vernichtet werden.

Am 9. Oktober 8 Uhr ist der Paß genommen. Rund 80 Feindtote werden gezählt. Auf der Paßhöhe sind starke Mot.-, Panzer- und Inf.-Kolonnen auf der Straße von B.P. 581 (= Höhe 796) nach Westen in lückenloser Aufeinanderfolge zu beobachten. Nach Einwohneraussagen dauert dieser Verkehr schon einen Tag lang an. Die Bewegung wird sofort an die Division gemeldet.

Beurteilung der Lage: Der Feind ist mit sehr starken Mot.- und Panzerkräften seit 24 Stunden über B. P. 581 (= Höhe 796) auf der Straße nach Zagubica durchgebrochen. Die Sperrung der Straße muß, um ein weiteres Nachfließen von Feindkräften zu verhindern, auf kürzestem Wege so rasch als möglich erfolgen. Da das I./99 (Spitzen-Btl.) auf dem nach Süden führenden Weg sofort in Richtung B.P. 581 angesetzt

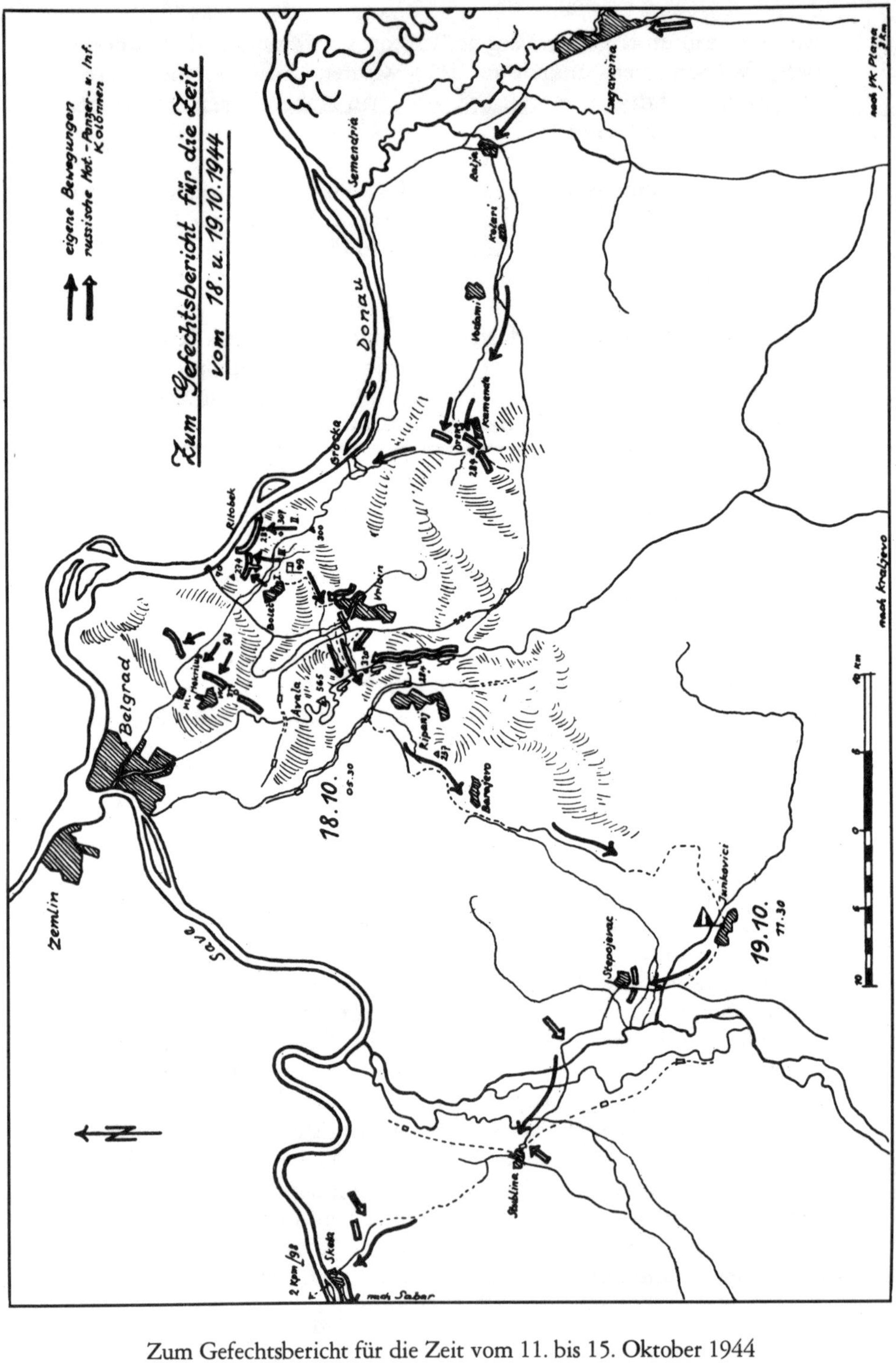

Zum Gefechtsbericht für die Zeit vom 11. bis 15. Oktober 1944

worden ist, muß angenommen werden, daß die Absicht des Regiments beim Feinde erkannt und bekannt ist. Es stand zu erwarten, daß er vor der Straße in Gegend B.P. 581 einen Sperriegel aufbaut, der wie bei Reka einen Durchstoß auf die Straße verhindern soll. Die Wahrscheinlichkeit ist um so größer, als alle Bewegungen des Regiments bei Tag ablaufen müssen, flankiert von dem markanten Gebirgskamm des Veliki Krs. Gefechtslärm bei I./99 bestätigt, daß der vom Vrata-Paß geworfene Feind in Anlehnung an den Gebirgsstock Veliki Krs nach Süden ausgewichen ist und sich der Angriffsbewegung des Regiments vorlegt. Das Moment der Überraschung ist damit völlig verlorengegangen. In der Absicht, die Flankenbedrohung von Veliki Krs und den zu erwartenden Sperriegel auszuschalten, kommt das Regiment zu dem Entschluß, das I./99 zunächst zur Täuschung des Feindes in der Gegend 551 zu belassen, mit der Masse des Regiments über Vlaole im Schutz der Nacht die beherrschende Höhe 981 bei B.P. 550 zu gewinnen, sich dort auf die Straße zu setzen und über 551 nach 581 vorzustoßen.

Am 10. Oktober ist um 8 Uhr der Bereitstellungsraum des Regiments unmittelbar nördlich B.P. 550 nach anstrengendem Marsch erreicht. Die Bereitstellung und der Angriffsbeginn verzögern sich stark, weil der Bereitstellungsraum eingesehen ist und zeitraubende Umgehungen und Verschiebungen notwendig sind.

Der überaus starke Mot.-, Fahrzeug- und Kolonnen-Verkehr rollt auf gut einzusehender Straße vor dem Regiment ab. Es werden innerhalb einer Stunde 80 Panzer, 25 Geschütze, 100 Lkw und mindestens zwei Bataillone Infanterie gezählt. Nach Zivilistenaussagen dauert dieser Vormarsch der Sowjets schon zwei Tage und Nächte an ...“[147])

Vor den Toren Belgrads zeichnete sich für die 1. Gebirgs-Division eine Katastrophe ab, denn die allgemeine Lage hatte sich im Südostraum der Stadt dramatisch zugespitzt. Seit dem 5. Oktober 1944 standen starke sowjetische Kräfte am Nordufer der Donau, gegenüber Belgrad, während Titos Partisanen im Rücken der Gebirgsjäger Brücken, Straßen und sonstige Anmarschwege zerstörten.

„In richtiger Beurteilung der Lage“, schildert General Wittmann, „hatte General v. Stettner die mot. Gruppe Osterwitz (II. und III./Brandenburg) über Kucevo – Petrovac – Svilajnac in das Moravatal entsandt, um diesen wichtigen Abschnitt für die Division offenzuhalten. Bei ihrem Eintreffen dort wird sie von der Korpsgruppe Schneckenburger, die eine Aufnahmestellung hinter der Morava zu organisieren hatte, mit der Verteidigung von Pozarevac und der Moravabrücke südwestlich davon beauftragt.

Die Division selbst ist bestrebt, so rasch wie möglich das jenseitige

Moravaufer zu gewinnen, um sich dort zu verteidigen. Durch Weisungen des Korps Müller wird sie aber immer wieder nach Süden gebunden, obwohl dort das Rgt. 99 ohne Artillerie und Pak und ohne Versorgung – ihre Trosse sind bei der Gruppe Groth – wenig ausrichten kann."[148])

Doch zu spät! Erst am 12. Oktober erhielt die 1. Gebirgs-Division, nachdem sie ab 10. Oktober wieder dem Militärbefehlshaber Serbien (General Felber) unterstellt worden war, den Befehl zum sofortigen Rückzug hinter die Morava. Dabei richtete General Felber folgendes Fernschreiben an den Kommandeur der Ersten:

„Ich verlasse mich beim Durchstoß über Petrovac auf Vk. Palanka auf rückhaltlose und rascheste Durchführung meiner Befehle und auf den oft erprobten Kampfgeist Ihrer bewährten 1. Gebirgs-Division. Von Ihnen, Herr v. Stettner, hängt der Gesamterfolg der Operation am Balkan ab!"

Die Worte des Befehlshabers in Serbien sollten, das war aus dem Fernschreiben zu entnehmen, die Bedeutung des neuen Auftrages für die arg strapazierte Edelweißdivision noch einmal besonders hervorheben.

Es dauerte knapp 24 Stunden, und die Sowjettruppen standen vor Belgrad. Hatte die 1. Gebirgs-Division stets versucht, sich einen freien Ausgang offenzuhalten, so sah sie sich plötzlich von allen Seiten eingekreist.

„So ist die Kampfgruppe v. Stettner, zu der neben der 1. Geb.Div. die Gruppe Wittmann (mot. Brigade 92, Pz.Jäg.Abt. 44, 2./Sturmbrigade 191, A.A. 116, II./737, Rgt. Rhodos, Abt. Osterwitz und Scherenberg) getreten ist, ganz auf sich selbst gestellt", schrieb General Wittmann, vertretungsweise Kommandeur der 1. Gebirgs-Division während der Kämpfe in Jugoslawien, in seinem Beitrag für das Buch „Gebirgsjäger" von Hubert Lanz. Und General Wittmann, der den Weg der Ersten von der Morava bis zum Avala-Berg auf Grund zahlreicher Kriegstagebücher, Gefechtsberichte und Originaldokumente[149]) bisher am weitesten geklärt hat, fährt in seinem Beitrag fort:

„Jeder Mann erkennt den Ernst der Lage. Noch lebt der alte Jägergeist. Schlimm steht es aber um ihre Kampfkraft, nur rund 10.000 Mann mag die Division insgesamt noch zählen. Dazu kommen einige Tausend aus fremden Verbänden und weitere Tausend verängstigter Wehrmachtsangehöriger, die sich auf der Flucht aus Bulgarien und Ostserbien uns angeschlossen haben. Mehr Ballast als Hilfe."[150])

Zwischen dem 15. und 17. Oktober 1944 versuchte die 1. Gebirgs-Division auf Belgrad vorzustoßen, um den Befehl aufzuführen, den sie

vom Befehlshaber Serbien erhalten hatte. Doch bis zum 17. Oktober hatte der Angriff nicht den gewünschten Erfolg gebracht, so daß für einen erneuten Angriff eine Umgruppierung vorgenommen werden mußte, die dann folgendermaßen aussah:
a) *Angriffsgruppe Wittmann:* Rechts Geb.Jäg.Rgt. 98, links Geb. Jäg.Rgt. 99; erstes Angriffsziel: Avala und Höhen nordostwärts davon;
b) *Kampfgruppe Hillebrandt:* Mot. Brigade 92 und 2 Regimenter der Division Brandenburg. Aufgabe: Schutz der Nordflanke zunächst südostwärts Mokri Lug;
c) *Kampfgruppe Langrock:* Rücken- und Flankensicherung mit Geb.Jäg.Batl. 54, Aufkl.Abt. 116 und den aus Trossen zusammengestellten Alarmeinheiten.

Doch als eben noch die neugebildeten Kampfgruppen in ihre Bereitstellungsräume einrückten, ergab sich für den Kommandeur der 1. Gebirgs-Division abermals eine andere Lage, die den Angriff auf Belgrad als sinnlos erscheinen ließ.

Am 17. Oktober 1944 gab General von Stettner zufolge der vorliegenden Feindmeldungen den ursprünglich beabsichtigten Durchstoß auf Belgrad auf und entschloß sich zum Ausbruch nach Westen. Er selbst empfand diesen Entschluß – sich der Tragik und der Schwere der ganzen verfahrenen Lage voll bewußt – als den „schwersten Entschluß meines Lebens", wie er es seinem Ic, Obtl. Dr. Rothfuchs, am Abend des 17. Oktober, um 21.00 Uhr, mitteilte.

Im Tagebuch des Generalfeldmarschalls von Weichs steht über jene Tage folgendes eingetragen:

„Durch Offizier, der westlich Belgrad über Save kam, ist festgestellt: Stettner hat bereits am 17. Oktober 44 abends nach Mißlingen des Angriffs auf Belgrad befohlen, sich unter Zerstörung des Geräts nach Westen zur Save durchzuschlagen."

Eilig mußte die 1. Gebirgs-Division – fast ohne Nachrichtenmittel und auf hoffnungslos verstopften Straßen – bei völliger Dunkelheit für den Ausbruch nach Westen umgruppiert werden. Und das Unmögliche gelang den Gebirgsjägern in ihrer hoffnungslosen Lage: Innerhalb von zwei Stunden war die Division bereit, um den Ausbruch aus dem Kessel von Belgrad zu riskieren, nachdem sämtliche Waffen und Gerät, die nicht auf Tragtieren verlastet werden konnten, zerstört worden waren.

Am 18. Oktober, um 22.30 Uhr, begann der verzweifelte Versuch der Gebirgsjäger, aus dem Kessel auszubrechen. Zurück blieben die nicht gehfähigen Verwundeten unter der Obhut des Oberarztes Dr. Marte und einiger treusorgender Sanitäter.

Rasch drängte der übermächtige Gegner nach und verwickelte die

Gebirgsjäger in verlustreiche Kämpfe. Doch noch während der Morgendämmerung gelang es den Jägern, die feindlichen Stellungen südlich vom Avala-Berg, der seine Umgebung mit einer Höhe von 565 Metern nach allen Seiten hin um 250 bis 300 Meter überragt, zu überrennen. Das Tor nach Westen, in die Freiheit, war damit aufgestoßen.

Sowjetische Panzer, die auf den Straßen aus allen Rohren auf die ausbrechenden Gebirgsjäger feuerten, wurden mit Panzerabwehrwaffen bekämpft. Dicht nebeneinander standen die Feindgeschütze und feuerten in direktem Beschuß auf die deutschen Kolonnen. Es war ein Kampf wie David gegen Goliath.

„Mit wütendem Hurra, erbittert durch die Verluste der Kameraden, ihrer Geschütze und Fahrzeuge", so berichtet General Wittmann, „stürzen sich die Gebirgler auf den Feind. Sie wissen, daß es nur Tod oder Leben gibt. Wie ein reißender Gebirgsbach, der alles in seinem Strudel verschlingt, brechen sie über alle Hindernisse hinweg! Und sie schaffen es – anders als einst die Russen aus dem Berekagrund im Mai 1942. Was hier an Tapferkeit, an Mut und Verzweiflung, an Kameradschaft und Nächstenliebe geleistet wird, vermag keine Feder zu beschreiben."[151])

Das Kriegstagebuch des Wehrmacht-Nachrichten-Führers bei der Armee-Abteilung Serbien berichtet am 19. Oktober 1944:

„In Belgrad verstärkt der Feind seinen Druck gegen die eigenen Brückenköpfe. An Stellen, an denen bisher nur Partisanen eingesetzt waren, greifen nunmehr auch russische Kräfte an . . ."

Und unter dem 20. Oktober 1944 steht zu lesen:

„In der Nacht vom 20. Oktober 1944 Zurücknahme eigener Brückenkopf Belgrad nördliches Save-Ufer und Aufnahme Teile Korpsgruppe von Stettner im Raum südlich Surcin–Boljevci unter Einsatz . . ."

Am 19. Oktober 1944 ordnete Generalfeldmarschall von Weichs die Räumung Belgrads an. Am 20. Oktober verließen die letzten deutschen Besatzungstruppen nach zähem Kampf die Stadt. Daß Belgrad damit in die Hand der deutschen Kriegsgegner gefallen war, war in vielerlei Hinsicht bedeutsam. Der Leiter der britischen Militär-Mission, Fitzroy MacLean, schrieb darüber:

„. . . Einige Tage nach dem Fall von Belgrad kam Tito dort an . . . Mit dem Fall von Belgrad hatte die Phase des Guerillakrieges für die nationale Befreiung ein Ende. Es gab noch viele bittere Kämpfe, doch waren die Tage der echten Guerillakriegführung vorbei . . ."

Nach vierjährigem Kampf hatte Tito nun sein Ziel erreicht, das er zäh verfolgt hatte. Für die Partisanen war der Gewinn Belgrads bedeutsam, weil sie sich nun dank der interalliierten Politik fast unangefochten in den Besitz der Staatsmacht setzen konnten. Politisch, militärisch und wirtschaftlich wurden sie nun zu einer beachtlichen Machtgruppe, denn die Kontrolle über die militärischen Kräfte, über die Polizei, den Rundfunk, die Presse und die Industrie verliehen ihnen diese staatliche Führungskraft.

Nur wenigen Einheiten der bewährten 1. Gebirgs-Division gelang es, nach Westen, zur Drina, durchzustoßen. Etwa 5000 Gebirgsjäger blieben im Kessel von Belgrad - darunter der Kommandeur der Division, Generalleutnant Stettner Ritter von Grabenhofen. Schwerverwundet fiel er den Feinden in die Hände. Seitdem fehlt von ihm - wie von den meisten der von der Ersten als vermißt gemeldeten Soldaten - jede Spur!

Einige Tage nach dem Ausbruch aus dem Kessel von Belgrad wurde das Gebirgs-Feld-Ersatz-Bataillon 54 von Titopartisanen überfallen und nahezu vollständig vernichtet. Sein Kommandeur, Major Dodel, geriet mit zahlreichen Gebirgsjägern in Gefangenschaft und gilt seitdem als verschollen. Am Heiligen Abend des Jahres 1944 soll er nach Augenzeugen in einer Kiesgrube bei Belgrad von Titopartisanen erschossen worden sein. Dodels grausames Ende teilten in jenen verworrenen Schlußmonaten des Zweiten Weltkrieges eine ungeheure Anzahl deutscher Soldaten auf dem Balkan.

General Wittmann hatte noch im Oktober 1944 die Führung jener Teile der 1. Gebirgs-Division übernommen, die aus dem Kessel entkommen konnten, und baute im Drina-Save-Dreieck eine neue Abwehrfront auf. Einen Monat lang, zwischen dem 23. Oktober und dem 21. November 1944, war die Division in Stellungskämpfe hinter der Drina verwickelt. Nach getrennt geführten Einsätzen - die Südgruppe Groth kämpfte im Raum Kraljevo - gelangte die Division endlich wieder südlich des Plattensees geschlossen zum Einsatz.

Doch die 1. Gebirgs-Division war nach dem Aderlaß von Belgrad nicht mehr jene Division, die sie vorher gewesen war. Zu groß waren ihre Verluste gewesen, zu viele Niederlagen hatten die Gebirgsjäger hinnehmen müssen, als daß sie noch an ein gutes Ende zu glauben vermochten. Die dauernde physische und psychische Überforderung aller wirkte sich auch ungünstig auf die Kameradschaft aus, sowohl beim Offizierskorps als auch bei der Mannschaft.

Auch in anderer Hinsicht war die 1. Gebirgs-Division seit den Tagen von Belgrad nicht mehr die alte Erste. Es wurden ihr zu viele Soldaten zukommandiert, die nie der Gebirgstruppe angehört haben, so daß diese im Gebirgskrieg unerfahrenen Truppenteile schließlich dominierten. Es war aber die einzige Möglichkeit, die Edelweißdivision wieder einigermaßen aufzufüllen, da eine vollwertige Auffrischung über ihre angestammten Ersatztruppenteile einfach nicht mehr möglich war.

Zu ihrer Bewaffnung und Ausstattung wurden der unzuverlässig gewordenen und aus bosnisch-muselmanischen Freiwilligen bestehenden 13. Waffen-Geb.Div. der SS „Handschar“ (kroatische Nr. 1) Waffen und Gerät abgenommen. Diese Maßnahme fand aber das Mißfallen des Reichsführers SS, Heinrich Himmler, und mußte am 31. Oktober 1944 wieder rückgängig gemacht werden, nachdem neue Waffen für die 1. Gebirgs-Division eingetroffen waren.

Dennoch, mit der alten Ersten hatte die Division nicht mehr viel gemeinsam. Das OKH./OKW. zog daraus schließlich die Konsequenzen und formierte die 1. Gebirgs-Division im März 1945 in eine „Volks-Gebirgs-Division“ um. Seltsam erscheint es in diesem Zusammenhang, daß die meisten Autoren, die sich bisher in Beiträgen oder Büchern mit der 1. Gebirgs-Division, der Stammdivision der Gebirgstruppe der Deutschen Wehrmacht, befaßt haben, diese Umbenennung ignoriert haben.

Einsatz in Ungarn 1944/45

Nach dem Fall von Belgrad und dem Rückzug der deutschen Truppen zur Reichsgrenze hatte die Schlacht um den ungarischen Zentralraum begonnen. Die Würfel über das Schicksal und die Zukunft des einstigen Reichsteiles der alten Habsburger Doppelmonarchie war jedoch schon längst zuvor gefallen. Bereits am 21. Februar 1944 hatte die britische Zeitung „Daily Mail“ geschrieben:

„Die Sowjetherrschaft ist zumindest in Ost- und Mitteleuropa unvermeidlich. Wir freuen uns auch über die sowjetisch-tschechische Freundschaft; Finnland, Ungarn, Rumänien und Bulgarien aber verdienen das ihnen von den Bolschewisten zugedachte Schicksal.“[152])

Und so war es in der Tat. Während die Westmächte die letzte deutsche Offensive des Zweiten Weltkrieges in den Ardennen abfingen, drangen die sowjetrussischen Truppen tief in den Zentralraum Ungarns vor.

Am 8. Dezember 1944 begann die sowjetische Großoffensive aus den Donaubrückenköpfen heraus mit dem Ziel der Einschließung von Budapest. Weihnachten 1944 war die ungarische Hauptstadt, nachdem die Sowjets Gran erobert hatten, von allen Seiten eingeschlossen. Budapest wurde zur Festung erklärt. Obwohl dafür alle Voraussetzungen fehlten, wurde die Stadt von den 33.000 Mann des IX. Waffen-Gebirgs-Korps der SS (Pfeffer von Wildenbruch) und von 37.000 Ungarn des I. ungarischen Korps (Hindy) geschickt verteidigt. Doch mehrere deutsche Entsatzversuche, die wegen der ungünstigen Gesamtlage nur schwach angesetzt werden konnten, schlugen fehl. So drangen Anfang Februar 1945 zwei sowjetische Korps und rumänische Kräfte in die Stadt ein, zumal die deutsch-ungarischen Kampfgruppen nur mehr schwachen Widerstand leisteten und sich schließlich ergeben mußten. Nur 785 Mann erreichten nach einem Ausbruchsversuch die deutschen Linien.

Doch zurück zur 1. Gebirgs-Division. Vom 23. November 1944 bis 5. März 1945 war sie zwischen der Drau und dem Plattensee, vom 6. März bis 22. März 1945 in der sogenannten Frühjahrschlacht am Plattensee eingesetzt. Auch bei diesen Kämpfen kam die Division nicht immer geschlossen zum Einsatz, so daß ihre ohnehin schon stark reduzierte Kampfkraft noch mehr verzettelt wurde. Aber daran hatte man sich bei der Ersten mittlerweile schon gewöhnt.

Dessen ungeachtet gelang es den einzelnen Verbänden der Edelweißdivision immer wieder, die erdrückende feindliche Übermacht wenigstens zeitweise aufzuhalten, um das Schlimmste zu verhindern. So brachte die Division die ins Wanken geratene deutsche Front wieder zum Stehen, nachdem sie sich am 4. Dezember 1944 in die Zwischenstellung Nemetlad-Kadarkut und tags darauf in die Linie Labod-Kutas-Nagybajom zurückgezogen hatte, um alle verbissenen sowjetischen Angriffe, die teilweise mit massierter Panzerunterstützung geführt wurden, aufzufangen.

Die Auffrischung der Division fand während der winterlichen Stellungskämpfe zwischen Drau und Plattensee ihren Abschluß. Am 17. Dezember 1944 wurde General Josef Kübler, der Bruder des Generals der Gebirgstruppen Ludwig Kübler, neuer Kommandeur der Ersten.

Die Truppe war so sehr angespannt, daß sie den inzwischen hereingebrochenen Winter kaum wahrnahm. Der Himmel war meist bedeckt und trüb, die Temperaturen lagen unter dem Gefrierpunkt.

„Weihnachtsgedanken kommen nicht auf“, notierte General Wittmann in seinem persönlichen Kriegstagebuch.

Sorgenvoll endete für die Deutschen das Kriegsjahr 1944. Sorgenvoll begann für sie das Kriegsjahr 1945. Die meisten Gebirgsjäger erahnten wohl, daß es das letzte sein würde, aber niemand wagte es auszusprechen. Es gab nicht mehr allzuviele, die an die sogenannten Wunderwaffen und an den immer wieder propagierten Endsieg glaubten. Ein Blick auf die Karte Mitteleuropas, in die die immer näher an das Reichsgebiet heranrückenden Fronten der Alliierten im Westen und

Süden, im Osten und Südosten eingezeichnet waren, zeigte die bittere Realität.

Die meisten Deutschen bewegte die bange Frage:

„Wie lange noch?“ und „Was dann?“

Die Donaufront war durch den Angriff von Süden aufgerollt und Budapest gefallen, aber die Heeresgruppe Süd (General Wöhler) konnte sich dennoch mit den Resten der ungarischen Armee halten, indem sie sich an den Plattensee und an den Bakonywald anlehnte.

Anfang März 1945 war eine letzte deutsche Offensive der von Westen herangeführten 6. SS-Panzer-Armee unter dem bekannten Panzergeneral Sepp Dietrich, und der 6. Armee, unter General Balck, nördlich des Plattensees fehlgeschlagen. Zurückgenommene und verkürzte Linien konnten dann noch einmal kurz gehalten werden, bis sie Anfang April durch den sowjetischen Stoß auf Wien und Graz endgültig zerrissen wurden und nachdem ein neuer russischer Angriff am 16. März zwischen Stuhlweißenburg und dem Vertes-Gebirge den Durchbruch eingeleitet hatte.

Im Frühjahr 1945 nahm die 1. Gebirgs-Division vom 6. März bis zum 22. März im Verband des XXII. Gebirgs-Armee-Korps (General der Gebirgstruppen Lanz) an der letzten großen Entscheidungsschlacht des südöstlichen Kriegschauplatzes südlich des Plattensees in Ungarn teil. Über die Lage der Heeresgruppe Süd lesen wir im KTB des OKW. unter dem 7. März 1945:

„Bei den über die Drau vorgestoßenen Kräften, die 2 Brückenköpfe bildeten, mußte die Spitze wieder zurückgenommen werden. Erreicht ist eine Tiefe von 4–6 km. Die 104. Jäger-Div. seit Nachmittag beim Uferwechsel. Feindl. Feuer gegen die Brücken, ferner Luftwaffen-Einsätze. Gegen Esseg wurde die 36. Tito-Div. erkannt, gegenüber der 11. Lw.-Feld-Div. die 16. Tito-Div. Die 2. Pz.-Armee greift an mit 4 Div.en, nämlich der 71. Inf.-Div. und der 13. SS-Div. (Tarnbezeichnung für die 16. SS-Pz.-Gren.-Div. aus Italien), der 1. Volks-Geb.-Div. und der 118. Inf.-Div. Fortschritte am Südflügel trotz stärkeren Widerstandes. Heute früh Fortsetzung des Angriffs, wegen des Wetters geringe Tätigkeit der Luftwaffe ... Das Gelände ist noch sehr schlecht; die Panzer bleiben stecken. Besserung der Wegeverhältnisse wird erwartet. Bei der 8. Armee weiter Druck und neue Einbrüche.“[153])

Trotz örtlicher Erfolge nahm das unausweichliche Schicksal seinen Lauf, in den auch die nunmehr so benannte 1. Volks-Gebirgs-Division hineingezogen wurde. Ohne die Zuführung neuer Kräfte war die Division nicht mehr in der Lage, Entlastungsangriffe durchzuführen. Nachdem der großangelegte Panzerangriff der 6. SS-Panzer-Armee gescheitert war, mußten die Verbände nördlich des Plattensees zurückweichen. Beim Panzer-Armee-Oberkommando 2 wurde die 1. Volks-Gebirgs-Division in den Raum nördlich des Plattensees verlegt.[154])

Mitte März 1945 wurde Generalleutnant Josef Kübler als Kommandeur der 1. Volks-Gebirgs-Division verabschiedet. Generalleutnant August Wittmann, der die Division bereits ersatzweise geführt hatte, wurde nun auch ihr neuer Kommandeur. Lange nach Beendigung des Zweiten Weltkrieges - im Jahre 1947 - wurden die Gebrüder Kübler - der verwundet in Gefangenschaft geratene General der Gebirgstruppen Ludwig Kübler wie auch sein Bruder, Generalleutnant Josef Kübler, der von den Amerikanern im März 1946 an Jugoslawien ausgeliefert worden war - ein Opfer der Partisanenjustiz Titos.

Letzter Kampf in der Steiermark

„Vorwärts, Kameraden, wir müssen zurück!" lautete bereits seit Tagen die Parole.

Am 26. März 1945 gelang es dem Gegner erneut, nördlich des Plattensees weiter in südwestlicher Richtung vorzustoßen. Unter dem 27. März 1945 finden wir im KTB des OKW. folgende Eintragung:

„Heeresgr. Süd: Vordringen des Feindes nach Westen nördlich des Plattensees und Erweiterung des Einbruchsraums bei Leva. Im einzelnen: Nördlich des Plattensees sind die eigenen Kräfte auf die Hälfte des Sees zurückgegangen. Von der 1. Volks-Geb.-Div. sind bereits Teile in den Kampf getreten. Der Gegner erreichte den Raab-Abschnitt und den Rand der Stadt. Der Brückenkopf der 3. ungar. Armee bei Gran ist nunmehr geräumt worden. Über den unteren Gran hat der Gegner weitere Brückenköpfe gebildet. Bei Leva kam er nach Westen weiter vor. Westlich Altsohl errang er örtliche Erfolge. Nördlich Neusohl hat sich die Lage weiter verschärft, da hier stehende ungar. Kräfte auswichen und Banden in den Kampf eintraten."[155])

Von nun an überschlugen sich die Ereignisse förmlich. Weisungen ergingen an die Heeresgruppe Süd, die jedoch infolge der sich bei den deutschen Verbänden dramatisch zuspitzenden Ereignisse schon überholt waren, bevor sie von der Heeresgruppe an die Divisionen weitergegeben wurden.

Die Endkämpfe der 1. Volks-Gebirgs-Division um die Heimat dauerten vom 23. März bis zum 9. Mai 1945, dem Tag der bitteren bedingungslosen Kapitulation der Deutschen Wehrmacht. Zur Sicherung des Raab-Überganges bei Kam ging die Division am 28. März auf die

Linie Also Hegy–Beicz Gyertyanos zurück. Das Absetzen in die sogenannte „Reichsschutzstellung“ gestaltete sich zu einem Wettlauf mit dem Feind, den die Division vorerst für sich entscheiden konnte. Der relativ gut ausgebaute Stellungsabschnitt zwischen Raab und Eisenberg gab den Gebirgsjägern wieder etwas Vertrauen und Rückhalt.

Es war schon unglaublich, was die Gebirgsjäger nach 67 Kriegsmonaten noch leisteten! Da war zum Beispiel die beherrschende Höhe von Neudauberg, die den Blick auf Stegersbach und Burgau mit seinem weiten Tal freigibt. Diese Höhe wurde besonders hart umkämpft. Der Russe wollte sie unbedingt in seinen Besitz bringen, um die durch das Lafnitztal zurückgehenden deutschen Truppen in seine Hand zu bekommen. Trotz des schon zu erwartenden Kriegsendes verteidigten die Jäger diese Höhe mit enormem Einsatz, um den Kameraden die Heimkehr in die Heimat zu ermöglichen. Und auch die zurückgelegten Marschleistungen der Division vom Einsatz auf dem Balkan bis zum bitteren Ende waren enorm: 5745 Kilometer wurden zu Fuß, 890 Kilometer motorisiert und 6980 Kilometer mit der Bahn zurückgelegt.

Im Feistritztal erfolgte Ende April 1945 der letzte größere Angriff der 1. Volks-Gebirgs-Division, um eine bedrohliche Lücke am Semmering zu schließen. Aus der Linie Breitenstein–Rettenegg stießen die Truppenteile der Division (Geb.Jäg.Rgt. 98, Geb.Pi.Batl. 54, Geb.Pz.-Jäg.Batl. 54, IV./Geb.Art.Rgt. 79) gegen den Feind vor – und hatten nochmals das Soldatenglück auf ihrer Seite, als es ihnen gelang, die feindlichen Angriffe bis Kriegsende zum Stehen zu bringen.

Trotzdem sich die Gebirgsjäger immer wieder hervorragend schlugen und bewährten – zuletzt aus einer Stellung an der burgenländisch-steiermärkischen Landesgrenze und im Hochwechselgebiet, als sie den Einbruch starker sowjetischer Verbände in die grüne Steiermark verhinderten –, blieb die Gesamtlage der Ersten weiterhin kritisch, ja aussichtslos.

Am 1. Mai 1945, der sich alles andere als ein Wonnemonat – weder meteorologisch noch militärisch – eingestellt hatte, notierte Generalleutnant August Wittmann, der letzte Kommandeur der 1. Volks-Gebirgs-Division, in seinem Tagebuch:

„Regen – Schnee – Kälte – Nebel. Es ist Winter geworden. Die Lebens- und Kampfbedingungen sind sehr hart geworden. Ablösung gut verlaufen ... Mittags Angriff gegen Linie Ochsenkopf ...
Meldung. Der Führer gefallen. Nun ist uns auch das Schwerste nicht erspart geblieben. Und trotzdem müssen wir durch die Finsternis hindurch zum Licht, zu unserer neuen Zukunft. Gebe Gott, daß unser Volk (nicht zerbricht) ...“[156])

Die Welt hielt, trotzdem die Niederlage des Deutschen Reiches nur noch eine Frage der Zeit geworden war, den Atem an. Es war, als hätte der von dem deutschen Philosophen Georg Wilhelm Friedrich Hegel apostrophierte „Weltgeist“ - den Hegel zum „Macher“ der Geschichte erklärte - sein Werkzeug, Adolf Hitler, mit dessen Hilfe er die Welt entscheidend veränderte, aus der Hand fallen lassen.

Im Bergwald des Hochwechsels ereilte die 1. Volks-Gebirgs-Division schließlich das Schicksal der bedingungslosen Kapitulation. Am 7. Mai 1945 erhielt die Erste den Befehl, sich am 8. Mai bis 21.00 Uhr hinter die Enns abzusetzen.

Pünktlich lösten sich die Truppenteile aus der Front. Auf verschiedenen Wegen erreichten sie das Mürztal. Von Bruck an der Mur rückte die Division in mehreren Marschgruppen - z. T. mit der Bahn oder auf Kraftfahrzeugen - über die Linie Hieflau-Liezen an der Enns hinter die amerikanische Demarkationslinie (Stainach-Irdnig).

Der Krieg war aus.

Die Gebirgssoldaten der 1. (Volks-)Gebirgs-Division haben Unvergleichliches geleistet.

Bis zum 12. Mai 1945 leitete der Divisionsstab bei Liezen noch das Einschleusen der aus dem Osten kommenden deutschen Soldaten hinter die amerikanische Demarkationslinie. Im amerikanischen Kriegsgefangenenlager von Mauerkirchen endete für die 1. (Volks-) Gebirgs-Division der verlorene Zweite Weltkrieg. Bis Mitte Juli 1945 waren alle Gebirgsjäger entlassen.

„Hart mitgenommen, aber seelisch ungebrochen, kehrt sie“, wie General der Gebirgstruppen Hubert Lanz es formulierte, „ohne lautes Wort in ihre heimatlichen Berge, in den Schoß ihres Volkes zurück, aus dem sie gekommen war.“

Epilog

Im Zeichen des Edelweiß kämpften und starben die Soldaten der deutschen Gebirgstruppe während des Zweiten Weltkrieges von 1939 bis 1945 an den verschiedensten Fronten: in den Sümpfen Polens und auf den Schlachtfeldern Frankreichs, in der steinigen Wildnis Norwegens und in den einsamen Tundren Lapplands, am Eismeer und in Karelien, auf dem Balkan und bei der Landung auf Kreta, in der kaukasischen Steppe und auf der Halbinsel Krim, an der Metaxaslinie Griechenlands und am Monte Cassino Italiens, im Kaukasus und in den Westalpen.

Sie haben in den langen Jahren des Krieges viele Schlachten und Gefechte gewonnen, aber der Krieg ging trotzdem verloren.

Es drängt sich die Frage auf, wofür die Millionen Soldaten gefallen sind? Wofür andere Millionen verwundet oder verkrüppelt, gedemütigt oder gepeinigt wurden? Für ein besseres, größeres Deutschland, gewissermaßen als Bollwerk gegen den übermächtigen östlichen Nachbarn, der das Abendland zu erdrücken droht? Eine Antwort auf die Frage nach dem Gang der Weltgeschichte ist schwer zu finden. Die Fäden, die zu ihr führen, sind zu verworren und kommen aus schwer zu ergründenden Ursachen.

Eines steht jedoch fest: Das Ausharren der Kämpfer im Osten, auch in aussichtsloser Lage, hatte seine historische Berechtigung - galt es doch, den Ansturm des Bolschewismus auf Westeuropa aufzuhalten und damit die abendländisch-christliche Kultur zu retten. Das gelang nur teilweise, weil die Westalliierten in Stalin nicht den Exponenten des alten russischen Imperialismus sehen wollten. So mußte Europa, mußte Deutschland im Osten gewaltige Einbußen hinnehmen.

Hätte der deutsche Soldat die Waffen früher weggeworfen, wäre der hinterlassene europäische Trümmerhaufen sicherlich noch bedeutend größer gewesen. Der Einsatz der Deutschen Wehrmacht - und in ihrem Rahmen der der Gebirgstruppe - bis zum bitteren Ende war also nicht umsonst gewesen. So gesehen, ist kein deutscher Soldat sinnlos gestorben, kein Gebirgsjäger umsonst bei der Verteidigung seiner Heimat gefallen.

„Für jeden Mann von Ehre blieb keine andere Wahl. Es gab wohl wenige Männer meiner Division", schrieb General August Wittmann nach dem Zweiten Weltkrieg, „die anders dachten. Diese hochanständige, männliche Haltung und Gesinnung der überwältigenden Mehrzahl des deutschen Ostkämpfers gab mir immer wieder die Hoffnung, daß trotz vieler Mißgriffe unserer Führung noch nicht alles verloren sein mußte.

Erst mit dem Zusammenbruch der Atlantikfront in Frankreich Ende Juni 1944 gab ich den Kampf gegen die Westmächte verloren ...

Auf uns Ostkämpfer konnte und durfte die Hoffnungslosigkeit der Lage im Westen keinen Einfluß haben. Es ging hier nicht mehr um die Partei oder um Deutschland allein. Hier rief die unerbittliche Pflicht, uns bis zum Äußersten zur Erhaltung Europas und seiner Kulturwerte einzusetzen ...“[157])

Anmerkungen

1) Vertrags-Ploetz: Konferenzen und Verträge. 2. Aufl. Würzburg 1959, T. II, Bd.4 A, S. 43.
2) Völkischer Beobachter, Sondernummer, 16. März 1935.
3) Zahlreiche Anekdoten erzählen vom Verhältnis des Generals Kübler zu den Tragtieren.
4) Hohe: Anekdoten aus der Gebirgsjägerzeit. In: Die Gebirgstruppe, 1955, Nr. 1, S. 20.
5) Lanz: Gebirgsjäger, S. 13.
6) Völkischer Beobachter, 1936, Nr. 1/2.
7) Müller-Hillebrand: Das Heer 1933–1945, Bd. 1, S. 24.
8) Clausewitz, Carl von: Vom Kriege. 18. Aufl. Bonn: Dümmler 1973, S. 707 ff.
9) Steinbach: Briefe und Aufzeichnungen. In: Die Gebirgstruppe, 1957, Nr. 2–4, S. 283.
10) Wittmann: Unsere Berghütten. In: Die Gebirgstruppe, 1955, Nr. 4, S. 14 f.
11) Winkler: Gebirgsartillerie. In: Die Gebirgstruppe, 1954, Nr. 5, S. 23.
12) Farmbacher: Unsere Freunde, die Tragtiere. In: Die Gebirgstruppe, 1960, Nr. 1, S. 32 ff.
13) Rendulic: Soldat in stürzenden Reichen, S. 208.
14) Bernhardt: Die deutsche Aufrüstung 1934–1939, S. 125.
15) Das deutsche Heer 1939, S. 132 ff.
16) Ruef: Gebirgsjäger zwischen Kreta und Murmansk, S. 13 f.
17) Ebenda, S. 14.
18) Das deutsche Heer 1939, S. 756.
19) Foertsch: Schuld und Verhängnis, 1951, S. 178.
20) Der Nationalsozialismus. Hrsg. von Hofer, S. 197 f.
21) Rendulic: Soldat in stürzenden Reichen, S. 203 f.
22) Winkler: Gebirgsartillerie. In: Die Gebirgstruppe, 1954, Nr. 5, S. 24.
23) Der Nationalsozialismus. Hrsg. von Hofer, S. 202 f.
24) Rendulic: Soldat in stürzenden Reichen, S. 209.
25) Der Nationalsozialismus. Hrsg. von Hofer, S. 205 ff.
26) Ebenda, S. 205.
27) Ebenda, S. 219.
28) Deutsches Nachrichtenbüro, 15. März 1939.
29) Ebenda.
30) Bei allen folgenden Weisungen, Befehlen und dergleichen Sperrdruck und Verteiler nicht übernommen. Hinweis: Die Schreibweise der Ortsnamen in den Dokumenten differieren. Bisweilen gibt es zahlreiche verschiedene Formen.
31) Kampferlebnisse aus dem Polenfeldzug 1939. Hrsg. v. Generalstab des Heeres. Berlin 1940, a. a. O.
32) Der großdeutsche Freiheitskampf. Reden Hitlers vom 1. September 1939–10. März 1940, Bd. 1, S. 29.
33) Hierzu gibt es auch Angaben, die von den vorliegenden abweichen.

34) Tessin: Verbände und Truppen der deutschen Wehrmacht und Waffen-SS im Zweiten Weltkrieg 1939–1945, Bd. 2, S. 23.
35) Hierzu gibt es ebenfalls andere Angaben, die von den vorliegenden abweichen.
36) Steinbach: Briefe und Aufzeichnungen. In: Die Gebirgstruppe, 1957, Nr. 2–4, S. 284.
37) Wehrmachtsbericht vom 24. September 1939.
38) Rendulic: Soldat in stürzenden Reichen, S. 48 ff.
39) Ebenda, S. 50.
40) Loges: Feuertaufe in Polen. In: Die Gebirgstruppe, 1956, Nr. 6, S. 32 ff.
41) Snyder, Louis L.: So sahen sie den Krieg. München: Heyne 1966, S. 18 ff.
42) Lanz: Gebirgsjäger, S. 55 f.
43) Kräutler/Springenschmid: Es war ein Edelweiß, S. 30.
44) Lanz: Gebirgsjäger, S. 73.
45) Hitlers Weisungen für die Kriegsführung 1939–1945, S. 32 f.
46) So waren im Vorfeld der Maginot-Linie an der Saar („Saar-Offensive") von den Franzosen kleinere Geländegewinne erzielt worden, die aber in den letzten Septembertagen 1939 wieder aufgegeben wurden.
47) Leeb: Tagebuchaufzeichnungen und Lagebeurteilungen aus zwei Weltkriegen, S. 174.
48) Steinbach: Briefe und Aufzeichnungen. In: Die Gebirgstruppe, 1957, Nr. 2–4, S. 285.
49) Gehring: Der Stoß in Frankreichs Herz, S. 9
50) Hierzu gibt es auch andere Angaben, die von den vorliegenden abweichen.
51) Gehring: Der Stoß in Frankreichs Herz, S. 11.
52) Der großdeutsche Freiheitskampf, Bd. 2, S. 17 f.
53) Alvensleben: Lauter Abschiede, S. 62.
54) Kitterle: Wir marschieren, marschieren ... In: Die Gebirgstruppe, 1959, Nr. 3–4, S. 63 ff.
55) Ebenda, S. 66 f.
56) Buchner: Ein schwerer Tag der 1. Gebirgs-Division. In: Die Gebirgstruppe, 1965, Nr. 3, S. 6 f.
57) Ebenda, S. 17.
58) Winkler: Gebirgsartillerie. In: Die Gebirgstruppe, 1954, Nr. 5, S. 27 f.
59) Gehring: Der Stoß in Frankreichs Herz, S. 60 f.
60) Lanz: Gebirgsjäger, S. 82.
61) Gehring: Der Stoß in Frankreichs Herz, S. 74 f.
62) Ebenda, S. 76 ff.
63) Ebenda, S. 104.
64) Vertrags-Ploetz: Konferenzen und Verträge. T. II, Bd. 4 A, S. 189 f.
65) Hitlers Weisungen für die Kriegsführung 1939–1945, S. 61 ff.
66) Andere Angaben: 168 Transportschiffe, 1910 Kähne und Prähme, 419 Schlepper.
67) Remold: Tagebuch eines Bataillons-Kommandeurs, S. 111 f.
68) Lanz: Gibraltar und die Gebirgstruppe. In: Die Gebirgstruppe, 1961, Nr. 3, S. 24.

69) Hitlers Weisungen für die Kriegsführung 1939–1945, S. 67 ff.
70) Kriegstagebuch des Oberkommandos der Wehrmacht, Bd. I, S. 217.
71) Lanz: Gibraltar und die Gebirgstruppe. In: Die Gebirgstruppe, 1961, Nr. 3, S. 34 ff.
72) Kriegstagebuch des Oberkommandos der Wehrmacht, Bd. I, S. 222.
73) Ciano: Tagebücher 1947, S. 278 f.
74) Heeresadjutant bei Hitler. 1938–1943. Aufzeichnungen des Majors Engel. Stuttgart: Deutsche Verl.-Anstalt 1974, S. 88.
75) Hart: Geschichte des Zweiten Weltkrieges, S. 175.
76) Hitlers Weisungen für die Kriegsführung 1939–1945, S. 106 ff.
77) Olshausen: Zwischenspiel auf dem Balkan, S. 98 f.
78) Lanz: Gebirgsjäger, S. 121 ff.
79) Kriegstagebuch des Oberkommandos der Wehrmacht, Bd. I, S. 380 f.
80) Ebenda, S. 380.
81) Ebenda, S. 381.
82) Lanz: Gebirgsjäger, S. 124.
83) Olshausen: Zwischenspiel auf dem Balkan, S. 100.
84) Ebenda, S. 222 f.
85) Hitlers Weisungen für die Kriegsführung 1939–1945, S. 84 ff.
86) Lanz: Wie es zum Rußlandfeldzug kam – und warum wir ihn verloren haben, S. 35 f.
87) Hegele: So begann's. In: Die Gebirgstruppe, 1961, Nr. 6, S. 30 f.
88) Ebenda, S. 34 ff.
89) Kriegsgeschichtliches Journal, Jg. 1961, H. 4.
90) Hegele: So begann's. In: Die Gebirgstruppe, 1961, Nr. 6, S. 36 f.
91) Ebenda, S. 37 ff.
92) Ebenda, S. 39 f.
93) Ebenda, S. 40 f.
94) Ebenda, S. 41 f.
95) Ebenda, S. 13.
96) Ebenda, S. 15 f.
97) Steets: Weg und Kampf der 1. Gebirgs-Division im Sommer 1941. In: Deutsches Soldatenjahrbuch, 1972, S. 89 f.
98) Furchtlos und treu, S. 31.
99) Lanz: Der große Marsch nach Osten. In: Die Gebirgstruppe, 1964, Nr. 3, S. 11 f.
100) Der Zweite Weltkrieg in Bildern und Dokumenten. Wiesbaden: Löwit 1963, Bd. II, S. 404.
101) Steets: Gebirgsjäger bei Uman, S. 50 f.
102) Lanz: Gebirgsjäger, S. 144 f.
103) Hart: Geschichte des Zweiten Weltkrieges, S. 209.
104) Alvensleben: Lauter Abschiede, S. 198.
105) Lanz: Gebirgsjäger, S. 149.
106) Kriegstagebuch des Oberkommandos der Wehrmacht, Bd. I, S. 1233.
107) Steets: Gebirgsjäger zwischen Dnjepr und Don, S. 53 f.
108) Alvensleben: Lauter Abschiede, S. 209.
109) Konrad: Kampf um den Kaukasus, S. 4.

110) Ebenda, S. 8 ff.
111) Lanz: Gebirgsjäger, S. 155 f.
112) Kriegstagebuch der 1. Gebirgs-Division, a. a. O.
113) Hitlers Weisungen für die Kriegsführung 1939–1945, S. 196 ff.
114) Bauer: Unternehmen „Elbrus", S. 65.
115) Die Hochgebirgspässe im Kaukasus. Studie der Hochgebirgsschule Fulpmes/Tirol.
116) Übersetzt am 4. August 1942 von W. Westhoff, Sonderführer (K).
117) Herzfeld: Die Moderne Welt, T. 2, S. 380.
118) Bauer: Unternehmen „Elbrus", S. 175 ff.
119) Lanz: Wie es zum Rußlandfeldzug kam – und warum wir ihn verloren haben, S. 80.
120) Bauer: Unternehmen „Elbrus", S. 257.
121) Konrad: Kampf um den Kaukasus, S. 42.
122) Ebenda: Kampf um den Kaukasus, S. 44.
123) Ebenda, S. 49 f.
124) Kriegstagebuch des Oberkommandos der Wehrmacht, Bd III/1, S. 86.
125) Hart: Geschichte des Zweiten Weltkrieges, S. 708.
126) Lanz: Gebirgsjäger, S. 167.
127) Kriegstagebuch des Oberkommandos der Wehrmacht, Bd III/1, S. 215.
128) Hitlers Weisungen für die Kriegsführung 1939–1945, S. 218 ff.
129) Traditionelle Bezeichnung für die serbischen Freischärler; von ceta = Bande, Schar, Kompanie.
130) Kriegstagebuch des Oberkommandos der Wehrmacht, Bd III/1, S. 486.
131) Ebenda, Bd III/2, S. 841.
132) Fricke, Gert: Das Unternehmen des XXII. Gebirgsarmeekorps gegen die Inseln Kefalonia und Korfu im Rahmen des Falles „Achse". In: Militärgeschichtliche Mitteilungen, 1967, H. 1.
133) Kriegstagebuch des Oberkommandos der Wehrmacht, Bd. III, S. 1453 f.
134) Kriegstagebuch des XXII. Geb.A.K., Nr. I, Bd. 1.
135) Ebenda, Bd. 3.
136) Ebenda.
137) Ebenda.
138) Ebenda, Anl. 136.
139) Ebenda, Anl. 126.
140) Ebenda, Anl. 129a.
141) Fricke: Das Unternehmen des XXII. Gebirgsarmeekorps gegen die Inseln Kefalonia und Korfu im Rahmen des Falles „Achse". In: Militärgeschichtliche Mitteilungen, 1967, H. 1, S. 52 f.
142) Kriegstagebuch 1. Geb.Div., Gefechtsbericht Korfu.
143) Kriegstagebuch des Oberkommandos der Wehrmacht, Bd. III/2, S. 1339.
144) Gorter: Gebirgsjäger im bosnischen Bergwinter. In: Die Gebirgstruppe, 1974, Nr. 3, S. 36.
145) Lanz: Gebirgsjäger, S. 258.
146) Ebenda, S. 258 f.
147) Original-Gefechtsbericht des Geb.-Jäger-Rgts. 99. In: Die Gebirgstruppe, 1959, Nr. 3–4, S. 45 ff.

148) Lanz: Gebirgsjäger, S. 281.
149) u. a. Kriegstagebuch von Groth, 3 Bd.
150) Lanz: Gebirgsjäger, S. 282.
151) Ebenda, S. 286.
152) In: Militärwissenschaftliche Mitteilungen, 75. Jg., März 1944, S. 133.
153) Kriegstagebuch des Oberkommandos der Wehrmacht, Bd. IV/2, S. 1151.
154) Ebenda, S. 1194.
155) Ebenda, S. 1201.
156) Wittmann: Kriegstagebuch.
157) Wittmann: Lebens- und Charakterbild.

Anhang 1

Unterstellungsverhältnisse der 1. Gebirgs-Division*

a) als 1. Gebirgs-Division:

1939	Sept.	in Zuf.	zu	Süd	Osten	Südpolen Lemberg
	Okt.	z. Vfg.	4. Armee	„B“	Westen	Eifel
	Dez.	z. Vfg.	12. Armee	„A“	Westen	Eifel
1940	Jan./Mai	z. Vfg.	12. Armee	„A“	Westen	Eifel, Maas
	Juni	XXXXIV	6. Armee	„B“	Westen	Aisne, Loire
	Juli	XVIII	12. Armee	„C“	Westen	Schw. Grenze
	Aug./Dez.	VII	16. Armee	„A“	Westen	Arras f. „Seelöwe“
1941	Jan./März	XXXXIX	1. Armee	„D“	Westen	Besançon f. Gibraltar
	April	XXXXIX	2. Armee	-	Südosten	Kärnten, Jugoslawien
	Mai	XXXXIX	17. Armee	„A“	Osten	Slowakei
	Juni/Sept.	XXXXIX	17. Armee	Süd	Osten	Lemberg, Uman
	Okt.	XXXXIX	11. Armee	Süd	Osten	Stalino
	Nov./Dez.	XXXXIX	1. Pz. Armee	Süd	Osten	Mius
1942	Jan./Febr.	XXXXIX	1. Pz. Armee	Süd	Osten	Mius
	März/Mai	III	Kleist	Süd	Osten	Mius
	Juni	XI	1. Pz. Armee	Süd	Osten	Charkow, Donez
	Juli	z. Vfg.	1. Pz. Armee	Süd	Osten	Donez
	Aug./Dez.	XXXXIX	17. Armee	„A“	Ostern	Kaukasus
1943	Jan./März	XXXXIX	17. Armee	„A“	Osten	Kaukasus, Kuban
	April	z. Auffr.	-	„E“	Südosten	Serbien
	Mai/Juni	Bfh. Serbien	-	„E“	Südosten	Montenegro
	Juli/Aug.	Bfh. Sal./ Ägäis	-	„E“	Südosten	Griechenland, Epirus
	Sept.	XXVI it.	11. it. Armee	„E“	Südosten	Epirus, Korfu, Kefalonia
	Okt./Nov.	XXII	„E“	„F“	Südosten	Korfu
	Dez.	V. SS	2. Pz. Armee	„F“	Südosten	Bosnien
1944	Jan./März	V. SS	2. Pz. Armee	„F“	Südosten	Kroatien
	April	z. Vfg.	OKH./OKW.		Südosten	Ungarn
	Mai/Aug.	z. Vfg.	OKH./OKW.		Südosten	Siebenbürgen, Griechenland, Montenegro
	Sept.	Schnecken-burger	Bfh. SO	„F“	Südosten	Serbien, Nisch
	Okt.	Müller	Bfh. SO	„F“	Südosten	Serbien, Belgrad

	Nov./Dez.	LXVIII	2. Pz. Armee	„F“	Südosten	Ungarn (Drau)
1945	Jan./Febr.	XXII	2. Pz. Armee	Süd	Osten	Ungarn, Plattensee

b) als 1. Volks-Gebirgs-Division:

März	XXII	2. Pz. Armee	Süd	Osten	Ungarn, Plattensee
April	III	6. Armee	Süd	Osten	Alpen
Mai	IV. SS	6. Armee	Ostmark	Osten	Alpen

Die Divisionskommandeure der 1. Gebirgs-Division

Gen. d. Geb.Tr. Ludwig Kübler	Aufstellung 1935 - Oktober 1940
Gen. d. Geb.Tr. Hubert Lanz	Oktober 1940 - Januar 1943
Gen.Lt. Walter Stettner Ritter von Grabenhofen	Januar 1943 - Oktober 1944
Gen.Lt. August Wittmann (i. V.)	Oktober 1944 - Dezember 1944
Gen.Lt. Josef Kübler	Dezember 1944 - März 1945
Gen.Lt. August Wittmann	März 1945 - Kriegsende

Die Marschleistungen**

der 1. Gebirgs-Division 1939-1945

Die Bahntransporte zu den einzelnen Kriegsschauplätzen sind bei diesen mit aufgeführt. Es handelt sich bei allen Zahlen um Mittelwerte aus der Division

Kriegsschauplatz	zu Fuß	mot.	Bahn
Polen:	475 km	260 km	1.250 km
Frankreich:	1.810 km	445 km	2.950 km
Jugoslawien:	410 km	1.880 km	2.000 km
Rußland:	4.955 km	-	925 km
Balkan:	5.125 km	890 km	6.980 km
Ungarn - Ende:	620 km	-	-
Gesamte Marschleistungen:	13.395 km	3.475 km	14.105 km

Die landsmannschaftliche Zusammensetzung***

der 1. Gebirgs-Division nach einer Statistik vom 11. November 1943

12.657 Schwaben und Bayern
3.401 Österreicher
1.551 Rheinländer, Westfalen, Hessen
1.463 Schlesier und Sudetenländer
761 Badenser, Pfälzer, Elsässer
701 Sachsen, Thüringer, Anhalter
482 Berliner, Pommern, Hannoveraner, Hanseaten
441 Ostpreußen, Danziger, Westpreußen

Die Verluste der 1. Gebirgs-Division****

Kriegsschauplatz	Gesamtverluste	gefallen			verwundet			vermißt		
		Offiz.	Uffz.	Mannsch.	Offz.	Uffz.	Mannsch.	Offz.	Uffz.	Mannsch.
Polen	1.402	23	69	313	42	150	726	-	8	71
Frankreich	1.826	17	76	353	47	209	1.106	1	3	14
Jugoslawien	15	-	1	5	-	3	6	-	-	-
Rußland (bis 31. 12. 1942)	13.227	141	457	2.651	288	1.218	8.205	1	14	252

Den Gesamtverlusten (ohne Kranke) in Rußland von 430 Offizieren, 1.676 Unteroffizieren und 11.108 Mann steht ein Ersatz von 83 Offizieren, 740 Unteroffizieren und 12.505 Mann gegenüber. Für die Zeit vom 1. 1. 1943 bis Kriegsende sind keine zuverlässigen Unterlagen über die Verluste der Division verfügbar.

Auszeichnungen*****

Es wurden nur die Namen derjenigen aufgenommen, denen die Auszeichnungen während ihrer Zugehörigkeit oder Zuteilung zur 1. Gebirgs-Division verliehen wurden.

Gesamtübersicht nach Feldzügen

	Polen	Frankreich	Rußland
Eichenlaub zum Ritterkreuz	-	-	2
Ritterkreuz des Eisernen Kreuzes	1	5	23
Deutsches Kreuz in Gold	-	-	50
Deutsches Kreuz in Silber	-	-	1
Nennungen im Ehrenblatt des Heeres	-	-	10
Eisernes Kreuz I. Klasse	27	166	956
Spange zum E.K. I.	16	18	10
Eisernes Kreuz II. Klasse	1.129	2.939	8.482
Spange zum E.K. II	72	47	27
Kr. Verd.Kreuz I. Klasse	Keine Unterlagen		39
Kr. Verd.Kreuz II. Klasse	Keine Unterlagen		2.839

Gesamtübersicht nach Rangstufen

I. Eichenlaub zum Ritterkreuz des Eisernen Kreuzes

1.	Generalleutnant **Lanz**	Kommandeur 1. Geb.Div.	23. 12. 1942[1])
2.	Major v. **Hirschfeld**	Kommandeur II./98	23. 12. 1942[2])
3.	Oberstleutnant **Spindler**	Kommandeur G.J.R. 99	31. 1. 1945

II. Ritterkreuz des Eisernen Kreuzes

1.	Generalleutnant **Kübler**	Kommandeur 1. Geb.Div.	27. 10. 1939[3])
2.	Leutnant **Pössinger**	Zugführer 16./98	19. 7. 1940[4])
3.	Major **Seitz**	Kommandeur II./99	5. 8. 1940
4.	Oberleutnant **Daumiller**	Chef 11./98	29. 9. 1940
5.	Leutnant **Mosandl**	Zugführer 6./99	28. 11. 1940
6.	Oberleutnant **Spindler**	Zugführer 13./98	21. 12. 1940
7.	Oberleutnant **Mugler**	Chef 3./Pi. 54	8. 7. 1941
8.	Oberwachtmeister **Alex**	Zugführer Stu.Gesch.Battr. 243	1. 8. 1941
9.	Hauptmann **Kaiser**	Chef 1./Pz.Jg.Abt. 44	21. 8. 1941
10.	Oberstleutnant **Lang**	Kommandeur Pz.Jg.Abt. 44	23. 8. 1941
11.	Major **Salminger**	Kommandeur III./98	31. 8. 1941
12.	Oberfeldwebel **Hengstler**	Zugführer 3./98	12. 9. 1941
13.	Oberst v. **Hirschfeld**	Chef 7./98	15. 11. 1941

14. Oberst **Picker**	Kommandeur G.J.R. 98	18. 11. 1941
15. Oberfeldwebel **Häfele**	Zugführer 11./99	18. 11. 1941
16. Oberst **Kress**	Kommandeur G.J.R. 99	20. 12. 1941
17. Obergefreiter **Grübl**	Gruppenführer 11./98	20. 12. 1941
18. Major **Fleischmann**	Kommandeur I./99	31. 3. 1942
19. Major **Müller**	Kommandeur Panzer-Abt. 60	3. 4. 1942
20. Oberjäger **Bauer**	Gruppenführer 6./99	27. 6. 1942
21. Obergefreiter **Doff**	Gruppenführer 8./98	21. 7. 1942
22. Oberleutnant **Feldmann**	Chef 2./Gren.Rgt. 42	2. 11. 1942
23. Hauptmann **Roos**	Kommandeur II./13	4. 11. 1942
24. Leutnant **Helmer**	Zugführer G.J.R. 13	4. 11. 1942
25. Major **Dr. Lawall**	Führer G.J.R. 98	5. 11. 1942
26. Hauptmann **Kopp**	Kommandeur I./99	6. 11. 1942
27. Oberleutnant **Rall**	Chef 11./98	30. 1. 1943
28. Oberleutnant **Ludwig**	Komp.Chef Pi. 74	20. 2. 1943
29. Generalmajor **v. Stettner**	Kommandeur 1. Geb.Div.	23. 4. 1943
30. Major **Eisl**	Führer G.J.R. 98	15. 11. 1944
31. Hauptmann **Hölz**	Kommandeur III./98	26. 12. 1944
32. Leutnant **Villinger**	Führer 6./99	1. 2. 1945
33. Stabsgefreiter **Autenrieth**	Gruppenführer 3./99	10. 2. 1945
34. Hauptmann **Göller**	Kommandeur II./98	30. 5. 1945[5)]
35. Oberstleutnant **Eisgruber**	Kommandeur G.J.R. 98	1. 6. 1945[5)]
36. Major d. R. **Groth**	Kommandeur G.J.R. 99	1. 6. 1945[5)]
37. Hauptmann **Vögtle**	Kommandeur II./99	1. 6. 1945[5)]
38. Hauptmann **Starl**	Kommandeur I./98	1. 6. 1945[5)]

III. Deutsches Kreuz in Gold

Die Namensliste ist unvollständig, da für die Verleihungen ab 1943 die Unterlagen größtenteils fehlen.

1. Oberst **Winkler**	Kommandeur G.A.R. 79	19. 12. 1941
2. Major **Dr. Lawall**	Kommandeur Radf.Abt. 54	19. 12. 1941
3. Oberfeldwebel **Strixner**	Zugführer 8./98	19. 12. 1941
4. Hauptmann **Wilfert**	Chef 11./99	19. 12. 1941
5. Major **Wölfinger**	Kommandeur I./98	23. 12. 1941
6. Major **Fleischmann**	Kommandeur I./99	20. 12. 1941
7. Feldwebel **Herzberg**	Zugführer 6./99	29. 12. 1941
8. Oberleutnant **Dehmel**	Chef 6./Fla 48	2. 1. 1942
9. Oberfeldw. **Schmerzbeck**	Zugführer 7./98	17. 1. 1942
10. Oberleutnant **Spindler**	Chef 13./98	1. 2. 1942
11. Leutnant **Mosandl**	Chef 3./99	12. 2. 1942
12. Oberleutnant **Lukas**	Chef 2./98	5. 3. 1942
13. Hauptmann **Fredlmeier**	Chef 7./99	5. 3. 1942
14. Oberleutnant **Groth**	Chef 13./99	2. 4. 1942
15. Oberstleutnant i. G. **Steets**	Ia 1. Geb.Div.	11. 4. 1942
16. Majör **Hörl**	Kommandeur III./99	11. 4. 1942

17. Leutnant **Ahrendt**	Zugführer Panzer-Abt. 60	21. 4. 1942
18. Oberfeldwebel **Bader**	Zugführer 1./98	13. 5. 1942
19. Major **Eisgruber**	Kdr. Feld-Ers.-Batl. 54	24. 5. 1942
20. Hauptmann **Eisl**	Chef 15./98	14. 6. 1942
21. Leutnant **Heller**	Chef 7./98	14. 6. 1942
22. Oberfeldw. **Wineberger**	Zugführer 11./98	14. 6. 1942
23. Oberfeldwebel **Mayer**	Zugführer 11./99	14. 6. 1942
24. Hauptmann **Müller**	Chef 8./98	1. 7. 1942
25. Oberzahlmeister **Schröppel**	Stab II./99	1. 7. 1942
26. Oberfeldwebel **Strobel**	Zugführer 9./99	1. 7. 1942
27. Oberfeldwebel **Machhaus**	Zugführer 11./98	2. 7. 1942
28. Leutnant **Henglhaupt**	Chef 11./99	9. 7. 1942
29. Oberleutnant **Hahn**	Chef 1./98	9. 7. 1942
30. Oberlt. **Frhr. v. Hertling**	Chef 6./99	9. 7. 1942
31. Major **Grosse-Leege**	Kommandeur III./79	9. 7. 1942
32. Feldwebel **Stark**	Stab. G.J.R. 99	28. 7. 1942
33. Oberleutnant **Feser**	Chef 2./99	28. 7. 1942
34. Oberfeldwebel **Schweizer**	Zugführer 1./98	16. 8. 1942
35. Leutnant **Mertel**	Chef 2./Radf.Abt. 54	27. 8. 1942
36. Oberleutnant **Stredele**	Chef 3./Radf.Abt. 54	20. 9. 1942
37. Major **Salminger**	Kommandeur III./98	15. 10. 1942
38. Major **v. Le Fort**	Kommandeur II./79	10. 11. 1942
39. Hauptmann **Schlotterbeck**	Kommandeur III./13	13. 11. 1942
40. Oberleutnant **Eck**	Chef 1./99	14. 11. 1942
41. Oberfeldwebel **Ulmer**	Zugführer 10./13	30. 11. 1942
42. Feldwebel **Seeger**	Zugführer 6./13	30. 11. 1942
43. Oberleutnant **Hermann**	Chef im Pi.Batl. 74	13. 12. 1942
44. Major **Bader**	Kommandeur I./98	20. 12. 1942
45. Oberleutnant **Wenninger**	Chef im I./Gren.Rgt. 42	20. 12. 1942
46. Oberfeldwebel **Schmatz**	Zugführer 6./99	20. 12. 1942
47. Feldwebel **Müller**	Zugführer 2./Grenz.Rgt. 42	20. 12. 1942
48. Oberjäger **Wittmann**	Zugführer 2./98	20. 12. 1942
49. Oberjäger **Beuerle**	Zugführer 1./98	20. 12. 1942
50. Oberjäger **Pscheidl**	Zugführer 6./98	20. 12. 1942
51. Hauptmann **Pössinger**	Geb.Jg.Rgt. 98	1. 6. 1943
52. Oberst **Remold**	Kommandeur G.J.R. 99	4. 6. 1944
53. Oberleutnant **Delacher**	Chef 10./98	24. 3. 1945
54. Oberfeldwebel **Irlacher**	Zugführer Pi.Batl. 54	24. 5. 1945[6)]
55. Major **Dreher**	Kommandeur I./79	1. 6. 1945[6)]
56. Major **Gum**	Kommandeur III./99	12. 6. 1945[6)]

IV. Deutsches Kreuz in Silber

1. Oberstlt. **Dr. Hofmann**	Kommandeur Div.Nachsch.Tr.	15. 1. 1943

* Tessin, Georg: Verbände und Truppen der Deutschen Wehrmacht und Waffen-SS im Zweiten Weltkrieg 1939-1945, Band 2, S. 23-24.
** Lanz, Gebirgsjäger, S. 301, u. Keilig, Wolf: Das deutsche Heer 1939-1945, Bd. 3, S. 211.
*** Lanz, Gebirgsjäger, S. 318.
**** Lanz, Gebirgsjäger, S. 318.
***** Lanz, Gebirgsjäger, S. 316-318.
Seemen, Gerhard von: Die Ritterkreuzträger. 1939-1945. Ausgabe 1976.

1) Als 160. Angehöriger der Deutschen Wehrmacht. Ritterkreuz am 1. 10. 1940 als Chef des Gen.St. XVIII. Geb.A.K.

2) Als 164. Angehöriger der Deutschen Wehrmacht.

3) Kübler erhielt in Anbetracht seiner Verdienste in der Friedenserziehung seiner Division und wegen seiner Erfolge im Polenfeldzug am 27. Oktober auf einem Empfang in der Reichskanzlei als einziger Divisionskommandeur des Heeres das Ritterkreuz verliehen.

4) Pössinger wurde als Major bei einer Volks-Grenadier-Division in Ostpreußen am 20. 12. 1944 mit dem Eichenlaub ausgezeichnet.

5) Den unter 34-38 Genannten wurde das Ritterkreuz nach Beendigung des Krieges auf Grund früherer Vorschläge vom Armeeoberkommando 6 (General der Infanterie Schubert) mit Verfügung IIa vom 30. 5. 1945 bzw. vom 1. 6. 1945 verliehen.

6) Den unter 54 bis 56 Genannten wurde das Deutsche Kreuz in Gold erst nachträglich auf Grund früherer Vorschläge vom Armeeoberkommando 6 (General der Infanterie Schubert) mit Verfügung IIa vom 24. 5., 1. 6. und 12. 6. 1945 verliehen.

Zeittafel*

1. Gebirgs-Division
Standorte im Wehrkreis VII München

1935	
Juni	Aufstellung der Gebirgs-Brigade
Oktober	Aufstellung der Gebirgs-Jäger-Regimenter 99 und 100
1936	
Oktober	Aufstellung des Gebirgs-Artillerie-Regiments 79 und des Gebirgs-Pionier-Bataillons 54
1937	
Oktober	Aufstellung des Gebirgs-Jäger-Regiments 98, der Gebirgs-Nachrichten-Abteilung 54 und der Gebirgs-Sanitäts-Abteilung 41
1938	
März	Einmarsch in Österreich
April	Aufstellung der 1. Gebirgs-Division**
Oktober	Einmarsch in das Sudetenland
1939	
März	Annexion des Reststaates der Tschechoslowakei. Verlegung des III./Gebirgs-Jäger-Regiments 100 nach Nordmähren
September	Polenfeldzug 1. Gebirgs-Division in Zuführung zur Heeresgruppe Süd über die Slowakei in den Raum Käsmark. Vormarsch über Presov - Gorlice - Zmigrod - Dukla. Vorstoß über Sanok - Sambor auf Lemberg
1940	Westfeldzug
Mai-Juni	Vorstoß über St. Hubert (Belgien), Hirson, St-Gobain zum Oise-Aisne-Kanal, Abdrehen nach Süden, über die Aisne, Soissons, die Marne (bei Château Tierry), Nogent s. Seine und die Loire bis zum Cher-Abschnitt bei Bourges
September	Abgabe des Geb.Jäg.Rgts. 100 und des I./Geb. Art.Rgt.79 an die neuaufgestellte 5. Gebirgs-Division (General Ringel)

1941	Jugoslawienfeldzug
April	Vorstoß über Windischgrätz, Cilli bis Bihác
	Rußlandfeldzug
Juni-Oktober	Vormarsch aus dem Raum Przemysl über Lemberg, Shitomir, Winniza, Gaissin, Uman zum Dnjepr
	Dnjepr-Übergang bei Berislaw
	Kämpfe in der Nogaischen Steppe
	Panzergraben vor Timoschewka
November-Dezember	Kämpfe um Stalino und um Mius
1942	
Januar-Juni	Kämpfe um Stalino und am Mius
	Vorstoß über die Ssamara, Barwinkowa, Gusarowka in den Raum südlich Charkow
	Donez-Übergang bei St. Sawinzi
Juli-August	Marsch über Isjum, Taganrog nach Rostow
August-Dezember	Vorstoß zum Kaukasus über Krasnodar, Maikop bis vor Tuapsse
	Vormarsch über Pjatigorsk, den Elbrus, Naltschik bis Ordschonikidse
1943	
Januar-März	Rückzug in den Kuban-Brückenkopf
	Kämpfe an der Protoka
	Übersetzen über die Straße von Kertsch auf die Krim
April	See- und E-Transport über Rumänien zum Balkan
	Kriegsschauplatz Südost
April-Juni	Einsatz in Montenegro, Raum Novi Pazar
Juli-November	Partisanen-Einsatz in Nord-Griechenland
	Florina - Joanina - Insel Kefalonia und Korfu
	E-Transport von Larissa nach Jugoslawien
Dezember	Raum Bosn. Brod-Sarajewo
1944	
Januar-März	Raum Bosn. Brod-Sarajewo
März-April	Einsatz in Ungarn
Mai-Juli	Zweiter Einsatz in Griechenland und
August	in Montenegro
August-September	Kämpfe bei Nisch und am Eisernen Tor (Donau-Bogen)

Oktober	Rückzug nach Belgrad Einkesselung und verlustreiche Kämpfe am Avala-Berg
November- Dezember	Durchbruch der Reste zur Drau
1945	
März	Durchbruch der Reste zur Drau Kämpfe südlich Plattensee
März-Mai	Absetzen in die Reichsschutzstellung zwischen Raab und Eisenberg Abwehrkämpfe südlich Semmering Nach der Kapitulation über die Enns in amerikanische Gefangenschaft

* Zusammengestellt nach Tessin: Verbände und Truppen der deutschen Wehrmacht und Waffen-SS im Zweiten Weltkrieg 1939-1945 und Deutsches Rotes Kreuz: Suchdienst, Divisionsschicksale, Band I, München 1958-1960, S. 1-4.

** Am 12. März 1945 wurde die 1. Gebirgs-Division in „1. Volks-Gebirgs-Division" umbenannt.

Quellen- und Literaturverzeichnis

Kriegstagebücher der 1. Gebirgs-Division befinden sich im Bundesarchiv/Militärarchiv Freiburg i. Br. Der Bestand RH 28-1 (1. Gebirgs-Division) umfaßt 283 Bände; das Kriegstagebuch I a reicht vom 8. Mai 1940 bis 12. November 1943 (Lücke vom 6. Juli 1940 bis 18. April 1941); das Kriegstagebuch I b reicht vom 26. August 1939 bis 31. Dezember 1943. Aus späterer Zeit liegen noch die Kriegstagebücher vorgesetzter Kommandobehörden (z. B. XXII. Gebirgs-Armee-Korps) vor. Neben diesen Kriegstagebüchern sowie zahlreichen Gefechtsberichten verschiedener Regimenter, Bataillone und anderer Einheiten der 1. Gebirgs-Division wurde u. a. noch folgende Literatur herangezogen:

Monographien und Sammelwerke

Alman, Karl: Mit Eichenlaub und Schwertern. Der Lebensweg von 19 Soldaten, die mit den Schwertern zum Ritterkreuz ausgezeichnet wurden. 2. Aufl. Rastatt: Pabel 1975.

Alvensleben, Udo von: Lauter Abschiede. Tagebuch im Kriege. Hrsg. v. Koenigswald. Frankfurt am Main, Berlin: Ullstein Propyläen 1971.

Bauer, Josef Martin: Unternehmen „Elbrus“. Das kaukasische Abenteuer 1942. München, Wien: Herbig 1976.

Bernhardt, Walter: Die deutsche Aufrüstung 1934–1939. Militärische und politische Konzeptionen und ihre Einschätzung durch die Alliierten. Frankfurt am Main: Bernard & Graefe 1969.

Braun, Julius: Enzian und Edelweiß. Die 4. Gebirgsdivision 1940–1945. Bad Nauheim: Podzun o. J.

Buchner, Alex: Der Bergkrieg im Kaukasus. Die Gebirgstruppe 1942. Friedberg: Podzun-Pallas 1977.

Buchner, Alex: Die deutsche Gebirgstruppe. Der Kampf der deutschen Gebirgsjäger an allen Fronten 1939–1945. Bad Nauheim: Podzun o. J.

Buchner, Alex: Gebirgsjäger an allen Fronten. Berichte von den Kämpfen der deutschen und österreichischen Gebirgsdivisionen. Hannover: Sponholtz o. J.

Carell, Paul: Unternehmen Barbarossa. Der Marsch nach Rußland. Frankfurt am Main, Berlin: Ullstein 1975.

Carell, Paul: Verbrannte Erde. Schlacht zwischen Wolga und Weichsel. Frankfurt am Main, Berlin: Ullstein 1975.

Das Deutsche Heer 1939. Gliederung, Standorte, Stellenbesetzung und Verzeichnis sämtlicher Offiziere am 3. Januar 1939. Hrsg. von Hans-Henning Podzun. Bad Nauheim: Podzun 1953.

Deutscher Soldatenkalender. Hrsg. Helmut Damerau. Jg. 1-10. München-Lochhausen: Schild-Verl. 1953-1962.

Deutsches Rotes Kreuz, Suchdienst, Divisionsschicksale, Band I, München 1958-1960, S. 1-4.

Deutsches Soldatenjahrbuch. Hrsg. Helmut Damerau. Jg. 11 ff. München-Lochhausen: Schild-Verlag 1963 ff.

Djilas, Milovan: Der Krieg der Partisanen. Jugoslawien 1941-1945. Wien, München: Molden 1978.

Furchtlos und treu. Zum fünfundsiebzigsten Geburtstag von General der Gebirgstruppe a. D. Hubert Lanz. Hrsg. v. Charles B. Burdick. Köln: Markus-Verlagsgesellschaft 1971.

Gehring, Egid: Der Stoß in Frankreichs Herz. Der Feldzug einer Gebirgs-Division in Frankreich. Hrsg. im Auftrag d. Gen.Kdo. VII. A.K. München: Eher 1941.

Gehring, Egid: Unterm Edelweiß in Jugoslawien. Hrsg. im Auftrag d. Gen.Kdo. VII. A.K. München: Eher o. J.

Guderian, Heinz: Erinnerungen eines Soldaten. 11. Auflage. Stuttgart: Motorbuch Verlag 1979.

Hart, Liddell: Geschichte des Zweiten Weltkrieges. Wiesbaden: Fourier Verlag o. J.

Haupt, Werner: Heeresgruppe Mitte. 1941-1945. Dornheim: Podzun 1968.

Herzfeld, Hans: Die moderne Welt. 1789-1945. II. T. Weltmächte und Weltkriege. Die Geschichte unserer Epoche 1890-1945. 5., erg. Auflage. Braunschweig: Westermann 1976.

Hitlers Weisungen für die Kriegsführung 1939-1945. Dokumente des

Oberkommandos der Wehrmacht. Hrsg. von Walther Hubatsch. Frankfurt am Main: Bernard & Graefe 1962.

Die Hochgebirgspässe im Kaukasus. Studie der Hochgebirgsschule Fulpmes/Tirol.

Kaltenegger, Roland: Das Buch der Gebirgsjäger. Die 1. Gebirgsdivision der Bundeswehr. Stuttgart: Motorbuch Verlag 1980.

Kaltenegger, Roland: Deutsche Gebirgsjäger im Zweiten Weltkrieg. Stuttgart: Motorbuch Verlag 1977.

Kaltenegger, Roland: Die Geschichte der deutschen Gebirgstruppe 1915 bis heute. Vom Deutschen Alpenkorps des Ersten Weltkrieges zur 1. Gebirgsdivision der Bundeswehr. Stuttgart: Motorbuch Verlag 1980.

Kaukasus. Die deutsche Gebirgstruppe von 1939-1945. Hambug: Jahr-Verlag 1976.

Keilig, Wolf: Das deutsche Heer 1939-1945. Gliederung, Einsatz, Stellenbesetzung. Bd. 1-3. Bad Nauheim: Podzun 1956.

Kern, Erich: Die letzte Schlacht. Kampf in der Pußta zwischen Budapest und Plattensee. Verb. Neuaufl. Pr. Oldendorf: Schütz o. J.

Klatt, Paul: Die 3. Gebirgsdivision 1939-1945. Bad Nauheim: Podzun o. J.

Kollatz, Karl: Nächte am Mius. Rastatt: Pabel 1959.

Konrad, Rudolf: Kampf um den Kaukasus. München: Copress-Verlag o. J.

Kräutler, Mathias und Karl Springenschmid: Es war ein Edelweiß. Schicksal und Weg der zweiten Gebirgsdivision. Ein Gedenkbuch. 4. Aufl. Graz: Stocker 1962.

Kriegstagebuch des Oberkommandos der Wehrmacht (Wehrmachtführungsstab) 1940-1945. Geführt von Helmuth Greiner und Percy Ernst Schramm. Im Auftrage des Arbeitskreises für Wehrforschung hrsg. v. Percy Ernst Schramm. Bd. I-IV. Frankfurt am Main: Bernard & Graefe 1963-1969.

Kurowski, Franz: Grenadiere - Generale - Kameraden. Der Kampf der motorisierten deutschen Infanterie in Porträts ihrer hochausgezeichneten Soldaten. 2. Aufl. Rastatt: Pabel 1975.

Lanz, Hubert: Gebirgsjäger. Die 1. Gebirgsdivision 1935-1945. Bad Nauheim: Podzun 1954.

Lanz, Hubert: Gebirgs-Jäger-Regiment 100. Kurzgeschichte. München: Selbst-Verl. Kameradenkreis der ehem. Gebirgstruppe o. J.

Lanz, Hubert: Wie es zum Rußlandfeldzug kam - und warum wir ihn verloren haben. München: Selbst-Verl. Kameradenkreis der ehem. Gebirgstruppe o. J.

Leeb, Wilhelm Ritter von: Tagebuchaufzeichnungen und Lagebeurteilungen aus zwei Weltkriegen. Hrsg. v. Georg Meyer. Stuttgart: Deutsche Verl.-Anstalt 1976.

Mackensen, Eberhard von: Vom Bug zum Kaukasus. Das III. Panzerkorps im Feldzug gegen Sowjetrußland 1941/1942. Neckargemünd: Vowinckel 1967.

Manstein, Erich von: Verlorene Siege. München: Bernard & Graefe 1976.

Müller-Hillebrand, Burkhardt: Das Heer 1933-1945, Bd. 1. Frankfurt am Main: Mittler 1954.

Murawski, Erich: Der deutsche Wehrmachtsbericht 1939-1945. Boppard/Rhein: Boldt-Verlag.

Der Nationalsozialismus. Dokumente 1933-1945. Hrsg. von Walter Hofer. 549.-568 Tausd. Frankfurt am Main, Hamburg: Fischer 1971.

Nerbuch, Volker: Parole Lemberg. Die Sturmfahrt der 1. Gebirgsdivision im Polenfeldzug 1939. München: Moewig o. J.

Olshausen, Klaus: Zwischenspiel auf dem Balkan. Die deutsche Politik gegenüber Jugoslawien und Grichenland von März bis Juli 1941. Stuttgart: Deutsche Verl.-Anstalt 1973.

Ott, Ernst: Jäger am Feind. Geschichte und Opfergang der 97. Jäger-Division 1940-1945. München: Selbstverl. Kameradschaft der Spielhahnjäger 1966.

Pfeuffer, Hans: Kameraden vom Edelweiß. Drei Jahre Kampf für Großdeutschland 1938-1940. 2. Aufl. Gütersloh: Bertelsmann 1942.

Pickert, Wolfgang: Vom Kuban-Brückenkopf bis Sewastopol.

Flakartillerie im Verband der 17. Armee. Neckargemünd: Vowinckel 1955.

Remold, Josef: Tagebuch eines Bataillons-Kommandeurs. Das III./Gebirgsjäger-Rgt. 99 im Frankreichfeldzug. München-Lochhausen: Schild-Verl. 1967.

Rendulic, Lothar: Gekämpft, gesiegt, geschlagen. Wels: Welsermühl Verl. 1952.

Rendulic, Lothar: Soldat in stürzenden Reichen. München: Damm Verl. 1965.

Ruef, Karl: Gebirgsjäger zwischen Kreta und Murmansk. Die Schicksale der 6. Gebirgsdivision. 3. Aufl. Graz: Stocker o. J.

Ruef, Karl: Odyssee einer Gebirgsdivision. Die 3. Geb.Div. im Einsatz. Graz: Stocker 1976.

Schraml, Franz: Kriegsschauplatz Kroatien. Die deutsch-kroatischen Legions-Divisionen ... Neckargemünd: Vowinckel 1962.

Seidel, Max: Wir tragen stolz das Edelweiß, Gebirgsartillerie in Frankreich. Stuttgart: Belser Verlagsbuchhandlung 1941.

Steets, Hans: Gebirgsjäger bei Uman. Die Korpsschlacht des XXXXIX. Gebirgs-Armeekorps bei Podwyssokoje 1941. Heidelberg: Vowinckel 1955.

Steets, Hans: Gebirgsjäger in der Nogaischen Steppe. Vom Dnjepr zum Asowschen Meer. August–Oktober 1941. Heidelberg: Vowinckel 1956.

Steets, Hans: Gebirgsjäger zwischen Dnjepr und Don. Vom Tschernigowka zum Mius. Oktober–Dezember 1941. Heidelberg: Vowinckel 1957.

Tessin, Georg: Verbände und Truppen der deutschen Wehrmacht und Waffen-SS im Zweiten Weltkrieg 1939–1945. Bd. 1–13. Frankfurt am Main: Mittler bzw. Osnabrück: Biblio Verl. 1966–1977.

Tieke, Wilhelm: Kampf um die Krim 1941–1944. Der deutsche Bericht über die Eroberung der Krim durch die 11. Armee und die Verteidigung durch die 17. Armee bis zum bitteren Ende. München: Damm Verl.

Tieke, Wilhelm: Der Kaukasus und das Öl. Der deutsch-sowjetische Krieg in Kaukasien 1942/43. Osnabrück: Munin Verl. 1970.

Tuider, Othmar: Die Kämpfe im Vorgelände der Fischbacher Alpen 1945. 2. Aufl. Wien: 1978. (Militärhistorische Schriftenreihe, H. 17.)

Unterm Edelweiß in Jugoslawien. Aus den Erlebnissen einer Gebirgsdivision. München: Eher 1941.

Wagener, Carl: Heeresgruppe Süd. Der Kampf im Süden der Ostfront 1941-1945. Bad Nauheim: Podzun o. J.

Weinberger, Andreas: Das Gelbe Edelweiß. Wege und Werden einer Gebirgsdivision. München: Eher 1943.

Wittmann, August: Kriegstagebuch (unveröffentlicht). 1941-1945.

Wittmann, August: Lebens- und Charakterbild (i. Ms.).

Zeitschriften und Zeitungen

Die Gebirgstruppe. Mitteilungsblatt des Kameradenkreises der ehem. Gebirgstruppe. Jg. 1 ff. München 1952 ff.

Heeres-Verordnungsblatt. Hrsg. vom Oberkommando des Heeres. Alle Jahrgänge. Berlin 1933–1945.

Militärgeschichtliche Mitteilungen. Hrsg. vom Militärgeschichtlichen Forschungsamt Freiburg i. Br. Nr. 1 ff. Freiburg i. Br.: Verl. Rombach 1968 ff.

Militärwissenschaftliche und technische Mitteilungen. Hrsg. vom österreichischen Bundesministerium für Heerwesen. Sonderschrift der „Gebirgskrieg". LVIII. Jg., September/Oktober 1927. Wien 1927.

Völkischer Beobachter, Sondernummern.

Wehrkunde. Zeitschrift für alle Wehrfragen. Organ der Gesellschaft für Wehrkunde München. Jg. 1 ff. München: Walther de Bouché (später) Verl. Europäische Wehrkunde 1952 ff.

Die Wehrmacht. Hrsg. vom Reichskriegsministerium/Oberkommando der Wehrmacht. Berlin 1935–1945.

Inhaltsverzeichnis

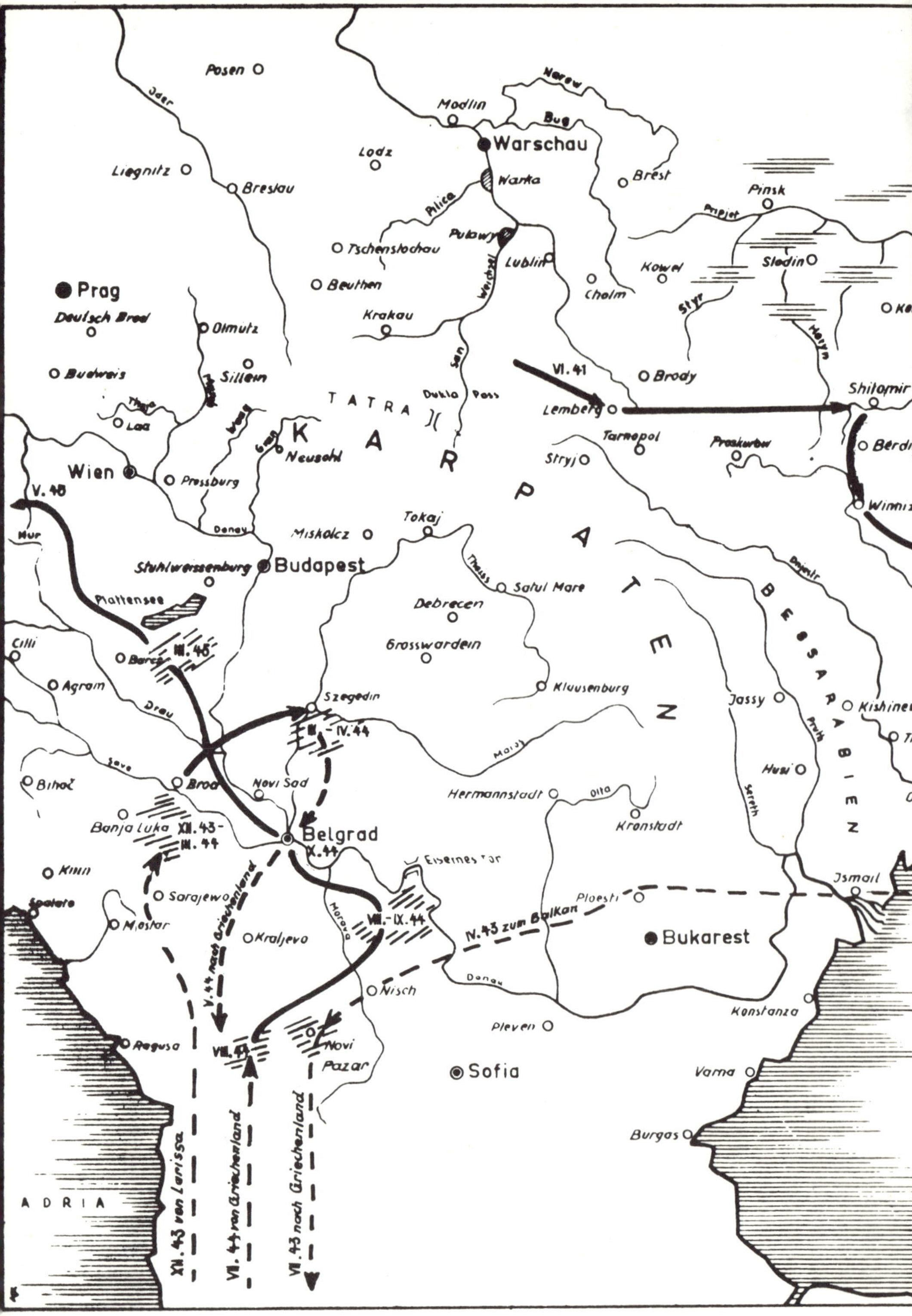

Posen
Oder
Modlin
Narew
Bug
Warschau
Lodz
Liegnitz
Breslau
Warka
Brest
Pinsk
Pilica
Pripjet
Pulawy
Tschenstochau
Lublin
Kowel
Sledin
Prag
Beuthen
Cholm
Deutsch Brod
Olmütz
Krakau
Styr
Weichsel
Horyn
San
Budweis
Sillein
VI. 41
Brody
Shitomir
TATRA
Dukla Pass
Laa
Lemberg
K
A
R
P
A
T
E
N
Tarnopol
Proskurow
Berdit
Neusohl
Stryj
Wien
Pressburg
V. 45
Winniza
Donau
Miskolcz
Tokaj
Mur
Stuhlweissenburg
Budapest
Dnjestr
Theiss
Satul Mare
Plattensee
Debrecen
B
E
S
S
A
R
A
B
I
E
N
Cilli
III. 45
Grosswardein
Agram
Klausenburg
Szegedin
Jassy
Kishinew
Drau
III.-IV. 44
Pruth
Mures
Save
Brod
Novi Sad
Husi
Bihač
Hermannstadt
Olta
Sereth
Banja Luka
XII. 43-III. 44
Belgrad
X. 44
Kronstadt
Knin
Eisernes Tor
Ismail
Sarajewo
V. 44 nach Griechenland
Ploesti
Mostar
Morava
VIII.-IX. 44
IV. 43 zum Balkan
Kraljevo
Bukarest
Donau
Nisch
Konstanza
Pleven
Ragusa
VIII. 43
Novi Pazar
Sofia
Varna
Burgas
ADRIA
XII. 43 von Larissa
VI. 44 von Griechenland
VI. 43 nach Griechenland